Ediciones Cydonia S.L.
http://www.edicionescydonia.com/
Apartado de Correos 222
PORRIÑO - Pontevedra

Primera edición, septiembre 2021

Printed in Spain - Impreso en España
I.S.B.N. 978-84-122403-7-5
Depósito Legal: VG 510-2021
Diseño de cubierta: Ignacio Docampo
Maquetación: CGF
Imprime: Reprográficas Malpe

LA VERDAD PROHIBIDA

MIGUEL PEDRERO

EDICIONES Cydonia

ÍNDICE

Introducción muy personal

Somos tan frágiles, tan poca cosa, que nos creamos nuestro propio mundo de fantasía pensando que somos especiales o diferentes al resto, cuando lo cierto es que la mierda de todos huele más o menos igual. Pero tampoco es para preocuparse, porque estamos programados para mentirnos constantemente. Esa es la razón por la que recordamos los años de instituto o de servicio militar como épocas felices. No fueron tiempos tan fantásticos, incluso es probable que peores que el presente, pero así funciona nuestro cerebro. Su función no es mostrarnos la realidad tal como es, sino suficientemente edulcurada para que la estructura biológica que somos pueda seguir sobreviviendo. Ese es el principal objetivo de nuestro órgano rector: que continuemos existiendo.

La verdad es lo menos importante. Haga la prueba. Solo necesita una hora libre, sin interrupciones, y dispóngase a analizar objetivamente, sin concesiones, todas las mentiras en las que se basa su vida. Se lo aseguro, si es sincero consigo mismo tendrá que parar a la media hora o de lo contrario deberá replantearse toda su existencia. Porque al otro lado de la puerta que acaba de abrir solo hay abismo y soledad, sin seguridades, sin asideros, sin verdades absolutas. Mejor cerrar la puerta y regresar a lo de siempre… o quizá no, y vivir como lo que es la auténtica vida:

futuro abierto, impredecible, imprevisible, insegura, emocionante, decepcionante…

Al cerrar esa puerta es posible que se sienta protegido por una falsa sensación de seguridad, pero todo volverá a ser tan insoportable como de costumbre. Si por el contrario decide traspasar ese umbral, la vida cobra sentido, precisamente porque no lo tiene. Después de esa "iniciación" será obsequiado por el don que yo denomino la "mirada torcida", que consiste en analizar todo intentando ser lo más objetivo posible, desconfiando principalmente de las verdades y marcos conceptuales que intentan proyectar sobre nuestras mentes corporaciones, gobiernos, partidos políticos, organizaciones religiosas y medios de comunicación.

Exige un esfuerzo, porque supone que hay que informarse, analizar datos y llegar a conclusiones. Y seguramente nos equivoquemos, pero esa equivocación será la nuestra y no la que otros intentan imponernos para mayor gloria de sus intereses ideológicos, políticos y económicos.

Nuestros pensamientos son el último territorio de independencia que ya queda en pie, pero existen numerosos asaltantes extraordinariamente bien armados y dispuestos para tomar nuestro cerebro y manipular nuestros pensamientos. Y para ello cuentan con las más modernas tecnologías y con los mejores expertos. Si son capaces de conocer cómo funciona exactamente nuestro órgano rector, manipularlo solo será cuestión de tocar el "botón" adecuado, y nosotros nada podremos hacer para oponernos. Si nos clavan un cuchillo, sangramos, nos guste o no. Del mismo modo, si los manipuladores de la opinión pública consiguen proyectar adecuadamente en la gente ciertas emociones, en la proporción y modo adecuado, pueden hacer con nosotros prácticamente lo que deseen.

En este libro pretendo todo lo contrario: mostrar muchas "miradas torcidas" sobre verdades aparentemente inamovibles, grabadas en columnas de oro, pero sobre las que solo hace falta rascar un poco para darse cuenta que de mármol nada, sino más bien cartón del malo. Si se atreve a darme la oportunidad de hacerle dudar, le aseguro que al menos pasará un buen rato con las "caras B" que propongo y, quién sabe, quizá se llegue a replantear alguna de sus convicciones.

Cada uno de los capítulos de este libro podría constituir un libro en sí mismo, así que por mi parte los contemplo como los cimientos de investigaciones más amplias que cualquiera de los lectores puede realizar por su cuenta. Yo he tirado de unos cuantos hilos, poniendo a disposición de los lectores numerosas pistas que seguir. Este no es un libro donde el autor da a conocer una serie de revelaciones que el lector se limita a recibir pasivamente, sino que es un llamamiento para todo lo contrario: para la proactividad y para la investigación propia, continuando con las vías que propongo.

Como me dijo en cierta ocasión un alto cargo de los servicios secretos españoles: «La gente se cree que nosotros tenemos la verdad de las cosas porque accedemos a información secreta, pero no es verdad. La mayoría de los datos para comprender cualquier hecho están ahí para quien quiera encontrarlos. Son fuentes abiertas, a disposición del que desee verdaderamente llegar hasta ellas. Pero eso no es suficiente, sino que hay que llevar a cabo un trabajo de análisis y contrastación, y casi nadie, ni los periodistas, se molestan en hacerlo, porque eso supone tiempo, esfuerzo, honestidad consigo mismo y, sobre todo, dejar a un lado nuestras convicciones, creencias y marcos conceptuales preferidos, para llegar a una conclusión lo más cercana a la verdad».

Ese es mi objetivo con este puñado de páginas que sostiene en las manos: analizar los entresijos de la verdad aparente para mostrar otra versión que, desde mi punto de vista, está más cerca de la auténtica verdad.

I
GUERRA SECRETA POR EL CONTROL DE NUESTRAS MENTES

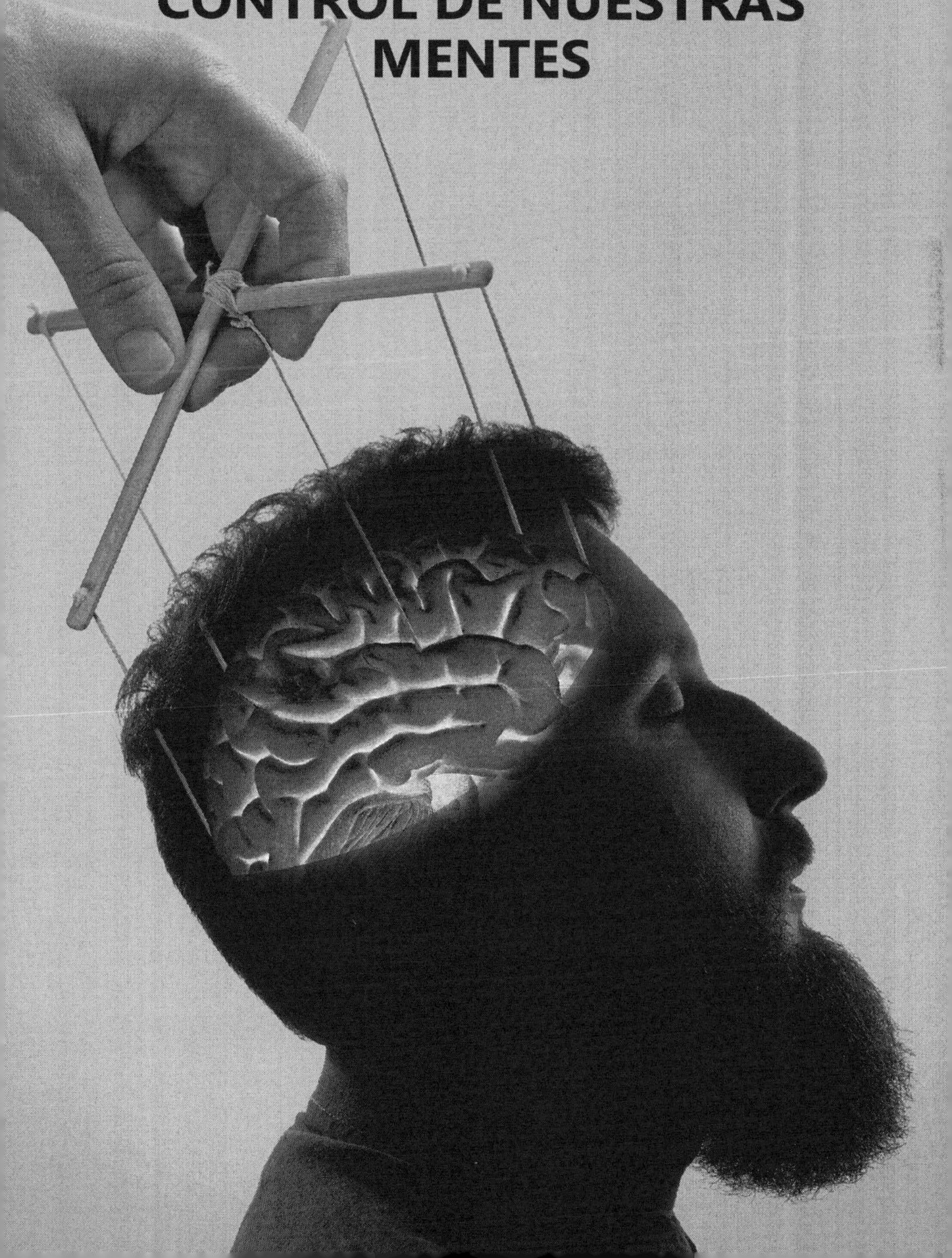

1.
CONTROL MENTAL PLANETARIO

SERVICIOS SECRETOS Y CORPORACIONES EMPLEAN TÉCNICAS MASIVAS DE MANIPULACIÓN MENTAL PARA DIRIGIR EL PENSAMIENTO DE LA POBLACIÓN DE OCCIDENTE

"Las élites económicas crearon una serie de poderosas instituciones que son financiadas con miles de millones de dólares cada año, a fin de ejecutar operaciones de guerra psicológica contra las masas, empleando los medios de comunicación masivos, los servicios de inteligencia, la propaganda, la publicidad y la industria del entretenimiento.

El poderoso banquero David Rockefeller (1915-2017) se convirtió en el máximo exponente mundial de la globalización política y económica, cuestión que tanto él como el resto de los miembros del clan familiar siempre tuvieron como uno de sus principales objetivos. Dicho objetivo mundializador, que pretendía el fin de los estados-nación y el nacimiento de superestructuras políticas que no estuviesen bajo el control de la ciudadanía, sino de grandes corporaciones transnacionales –tal como está ocurriendo hoy en día–, contó desde el principio con la colaboración de otras poderosas familias de banqueros como los Morgan, los Rothschild o los Warburg.

Estos clanes de banqueros estuvieron detrás de la creación en 1954 del Club Bilderberg. Desde entonces, una vez al año se reúnen en un punto del mundo diferente líderes políticos, directivos y propietarios de las más importantes multinacionales del planeta e intelectuales del "sistema", a fin de llegar a acuerdos y tomar decisiones conjuntas respecto a ciertos temas de calado internacional. Pero el Club Bilderberg, a pesar de su innegable influencia en la política mundial, constituye solo uno de los "peones" de la élite mundial para imponer un sistema político-económico controlado por una serie de transnacionales y entidades financieras, en el que la democracia tal como la entendemos ya no tendría razón de existir.

El gobierno invisible de las élites

En 1923, el padre de David, John D. Rockefeller, contrató a un equipo de asesores con el único cometido de fichar a individuos influyentes en distintos ámbitos del mundo occidental, a fin de incorporarlos a su empresa. Para tal cometido creo la Fundación Rockefeller, que desde su nacimiento constituyó la fuente de financiación de los más importantes 'think-tanks' (laboratorios de ideas) del planeta. Dichas organizaciones ejercen una influencia capital en gobiernos y medios de comunicación de medio mundo. Es más, periódicos, radios, televisiones, partidos políticos, universidades y otras instituciones tanto públicas como privadas reciben ayudas y financiación de los más poderosos "think-tanks", que vendrían a ser algo así como los creadores en la sombra de la llamada opinión pública y de la ideología capitalista dominante en la actualidad.

Son, por tanto, gobiernos en la sombra. De hecho, en lo que se ha bautizado como el efecto de las puertas giratorias, prominentes miembros de estos gabinetes estratégicos suelen terminar ocupando relevantes cargos políticos, académicos o en consejos de administración de empresas, para retornar luego a su puesto en el 'think-tank' de turno, una vez logrado el objetivo para el que fueron promocionados en su momento.

En 1973, David Rockefeller decidió crear la mayor "multinacional ideológica" del planeta. Para ello organizó una reunión de dos días –el 23 y el 24 de junio de 1972– en su mansión de Pocantico Hills, situada a unos cuarenta kilómetros de Nueva York, a la que acudieron personas muy cercanas al banquero, como McGeorgeBundy, secretario de Seguridad Nacional durante la presidencia de Kennedy y presidente de la influyente Fundación Ford, o Karl Carstens, que años después se convertiría en presidente de la República Federal de Alemania, además de otros prominentes políticos y financieros. El fin de dicha «multinacional ideológica», bautizada como Comisión Trilateral –pues agrupa a algunos de los personajes más poderosos e influyentes de Europa, EE UU y Japón–, tal como declaró años después de su creación el propio Rockfeller en un alarde de sinceridad, es «sustituir a la soberanía de los pueblos por una élite de técnicos y financieros que gobierne en la sombra». Casi nada…

Tecnología contra las masas

Los cazatalentos de Rockefeller descubrieron a principios de los años 70 al que se convirtió desde entonces en ideólogo de la Trilateral: el politólogo polaco emigrado a EE UU Zbigniew Brzezinski. Ya entonces, éste defendía la próxima caída del imperio soviético y el advenimiento de una época en la que el desarrollo tecnológico posibilitaría que una élite de financieros y pensadores dirigiera el planeta en una especie de dictadura encubierta. De hecho, Brzezinski –que años después ocupó relevantes cargos en el Departamento de Estado de EE UU y en el Consejo de Seguridad Nacional de dicho país– ya entonces era un furibundo defensor de recortar el poder de gobiernos e instituciones democráticas en beneficio de las multinacionales.

Brzezinski ideó algunas de las operaciones más exitosas de los servicios secretos de EE UU, y son muchos los autores que defienden que planificó la caída la URSS. De hecho, se sabe que ideó la "trampa afgana", que provocó la invasión de Afganistán por el Ejército soviético. También salió de su brillante mente la

Zbigniew Brzezinski actuó durante décadas como uno de los principales estrategas de las élites económicas y del Gobierno de EE UU (Tobias Kleinschmidt-Wiki Commons).

creación del movimiento muyahidín, liderado por Bin Laden y financiado por la CIA a través del ISI, el servicio de inteligencia paquistaní. El resto es historia. Las tropas de Bin Laden expulsaron a los soviéticos del país, lo que constituyó el principio del fin del bloque soviético. Posteriormente, el saudí acabó convirtiéndose en el principal enemigo de EE UU.

En su obra 'La Era Tecnotrónica', publicada en el lejano 1970, Brzezinski escribió: «El desarrollo tecnológico va diseñando paulatinamente una sociedad más controlada. Esa sociedad será dominada por una élite de personas libres, no constreñidas por los valores tradicionales, que no dudarán en realizar sus objetivos mediante el uso de los últimos avances técnicos en la manipulación del comportamiento humano. Controlarán y vigilarán con todo detalle a la sociedad, hasta el punto de que llegará a ser posible establecer una vigilancia casi permanente sobre cada uno de los ciudadanos del planeta».

En el mismo libro preveía que el advenimiento de «una crisis social continua, la aparición de una personalidad carismática y la explotación de los medios masivos de comunicación para obtener el apoyo de la opinión pública, constituirían los pasos fundamentales en la transformación paulatina de EE UU en una sociedad altamente controlada (...) Incluso podría ser posible –incluso tentador– la explotación de los frutos de la investigación técnica sobre el cerebro y el comportamiento humano para determinados propósitos político-estratégicos (de las élites)». Como veremos a continuación, dicho objetivo ya se encuentra en un proceso más que avanzado...

Modificando la conducta de la población

Según defienden múltiples investigadores, el principal instrumento de las élites para la manipulación mental de la población mundial es el Instituto Tavistock de Relaciones Humanas, cuya sede central está ubicada en Londres. Su financiación proviene de numerosos mecenas, entre los que destacan fundaciones vinculadas a los intereses de la élite globalista, principalmente al clan de los Rockefeller. Sería, por tanto, el organismo encargado de "fabricar" el pensamiento dominante en el mundo occidental, para mayor gloria de organizaciones como el Club Bilderberg o la Comisión Trilateral que, como hemos visto, no son otra cosa que instrumentos de las mayores corporaciones del planeta. El Instituto Tavistock se fundó en 1946 por un grupo de renombrados psiquiatras, entre los que destacaba John Rawlings Rees, cuyas aportaciones al campo de la psicología han sido fundamentales para el devenir de esta ciencia.

Rees se convirtió en uno de los grandes maestros de la llamada guerra psicológica. Fruto de sus estudios en tan controvertido campo es su libro 'La transformación de la psiquiatría mediante la guerra'. En 1945, propuso a un equipo de psiquiatras del Ejército de EE UU la creación de grupos de especialistas de la salud mental que pusiesen en marcha programas de control mental de las masas, empleando las técnicas de modificación de conducta que él y sus colaboradores habían desarrollado. Defendía que dicha medida de control social era absolutamente necesaria para que la población acatase el orden económico y político surgido tras la Segunda Guerra Mundial (1939-1945).

Los especialistas de Tavistock comenzaron realizando un estudio preliminar sobre la "neurosis de guerra" en soldados durante la Primera Guerra Mundial, causada sobre todo por los largos e intensos bombardeos de artillería. La finalidad de la investigación consistía en hallar el "punto de ruptura" del equilibrio psicológico de las personas sometidas a un estrés muy intenso. Los hallazgos de éste y otros estudios similares desarrollados en Tavistock durante los siguientes años, sirvieron para poner en marcha proyectos de control y manipulación mental, tanto del individuo como de las masas. Según especialistas como el Dr. Byron Weeks y otros críticos con las actividades del instituto londinense, estas técnicas de control mental de la población se ejecutan principalmente a través de los medios de comunicación, los programas educativos y la llamada cultura del entretenimiento.

Weeks asegura que los programas de guerra psicológica desarrollados por los ejércitos de EE UU y Gran Bretaña siguen las directrices dictadas por los analistas de Tavistock. Según dicho autor: «Actualmente, el Instituto Tavistock maneja una red de fundaciones de 60.000 millones de dólares en EE UU. Las diez mayores fundaciones están bajo el control directo del instituto londinense, y cuentan en total con 400 filiales y 2.000 grupos de estudios y centros de pensamiento, que ponen en funcionamiento distintos tipos de proyectos para incrementar el control de las élites sobre el pueblo estadounidense». Precisamente sobre este peligro advirtió en su momento el presidente de EE UU Dwight D. Eisenhower, quien llamó la atención sobre «un posible riesgo para la política pública, que podría quedar bajo el control de una élite científico-tecnológica».

En el "sistema operativo" de la bestia

El Instituto Tavistock sería, por tanto, la cúspide de una pirámide formada por otras muchas fundaciones, laboratorios de ideas e institutos de relaciones públicas, también financiadas por las empresas multinacionales y las élites financieras, cuyo objetivo sería la consecución de un gobierno mundial controlado por las grandes corporaciones. Entre las instituciones dependientes o vinculadas a Tavistock, podemos referirnos a las siguientes:

–**Institución Brookings:** dedicada a la llamada "agenda nacional", sus técnicos han escrito los discursos de un buen puñado de presidentes estadounidenses, además de aconsejar a distintas administraciones sobre políticas sociales.

–**Instituto Hudson:** especializado en políticas de Defensa y relaciones con Rusia, sus analistas suelen ocupar puestos de responsabilidad en el Departamento de Defensa, en la CIA y en otras agencias de espionaje de EE UU.

–**Laboratorios Nacionales de Formación:** desde los años 50 han formado a la mayoría de los directivos de las grandes corporaciones estadounidenses, además de a los líderes de las más importantes instituciones educativas y del Departamento de Estado de EE UU.

–**Instituto de Estudios Políticos:** es uno de los laboratorios de ideas más influyentes del planeta. Sus miembros han ocupado relevantes cargos políticos en todas las administraciones estadounidenses.

–**Instituto de Investigación de Stanford:** otra de las "joyas de la corona" de Tavistock. Su nutrido grupo de especialistas realiza análisis y planifica planes del Departamento de Defensa de EE UU, la CIA, los servicios secretos de la Marina y del Ejército de Tierra, etc. También trabaja para algunas de las corporaciones y bancos más poderosos del mundo, ideando planes de desarrollo de negocios. Unos 200 laboratorios de ideas que estudian cada aspecto de la sociedad occidental dependen directamente del Instituto de Investigación de Stanford.

–Corporación RAND: quizá el "think-tank" más poderoso en la actualidad. Sus especialistas dirigen en gran medida la política exterior de EE UU, los objetivos de los programas de Defensa y espaciales y las estrategias a largo plazo de la CIA, el Departamento de Defensa de EE UU y las corporaciones más poderosas del país. Son millares las instituciones públicas y privadas que utilizan los servicios de RAND o bien siguen sus directrices.

La estrategia del terror

John Rawlings Rees, el principal fundador del Instituto Tavistock, reclutó para la institución al psiquiatra Kurt Lewin, especialista en técnicas de modificación de conducta y guerra psicológica, que años después se convertiría en director de Tavistock. Lewin comenzó su carrera en la Universidad de Cornell (EE UU), donde puso en marcha ciertos estudios sobre los efectos de la presión social en los hábitos alimenticios de los niños.

En su libro 'La perspectiva temporal y la moral', Lewin desgrana parte de los objetivos de sus investigaciones. En uno de sus reveladores pasajes leemos: «Una de las técnicas principales para destruir la moral por medio de una 'estrategia de terror' consiste en la siguiente táctica: que la persona no sepa con claridad en qué posición se encuentra ni qué puede esperar. Si, además, se consigue confundir su 'estructura cognitiva' sobre dicha posición mediante decisiones poco claras en cuanto a tomar medidas disciplinarias severas o proporcionar un trato amable, junto con la propagación de noticias contradictorias, es posible que la persona no llegue a saber siquiera si un plan en particular va a acercarla o a alejarla de su objetivo. En esas circunstancias, hasta los individuos con objetivos claros y dispuestos a correr riesgos, quedarán paralizados por un grave conflicto interno respecto a cómo deben actuar».

Medios masivos de desinformación

El 18 de enero de 1919 comenzaron en París las negociaciones para establecer las condiciones de la derrota de Alemania en la I Guerra Mundial (1914-1918). Los acuerdos de las potencias vencedoras dieron lugar al nacimiento de la Sociedad de Naciones. Sin embargo, los libros de historia suelen pasar por alto que algunos de los representantes políticos presentes en dichas negociaciones aprovecharon para dar forma al Instituto Real de Asuntos Internacionales (RIIA, por sus siglas en inglés), el "think-thank' que configuró la sociedad occidental del siglo XX y lo sigue haciendo en el XXI.

Los fundadores del RIIA, más conocido como Chatam House, partían de la premisa de que el futuro del mundo pasaba únicamente por la pervivencia de un sistema capitalista global, dirigido por una élite de financieros y de «sabios» académicos. Y tal objetivo solo se podría llevar a cabo mediante una «eterna alianza» entre las élites estadounidenses y británicas, por encima de gobiernos y circunstancias políticas.

Entre otros, los fundadores del RIIA por el lado estadounidense fueron los hermanos Allen y Foster Dulles –que ocuparían los cargos de director de la CIA y secretario del Departamento de Estado respectivamente–, entonces representantes de las dos familias de financieros más importantes del mundo: los Morgan y los Rockefeller; Robert Lansing, secretario de Estado de EE UU; y Tasker Bliss, jefe de la Marina estadounidense. Entre los británicos destacaban Robert Cecil, asistente del secretario de Estado del Reino Unido, y Edward Grigg, asesor militar del Príncipe de Gales. En 1921 nació la sección estadounidense del RIIA, bautizado como Consejo de Relaciones Exteriores (CFR, por sus siglas en inglés).

Precisamente, uno de los fundadores del CFR fue Walter Lippman, intelectual, escritor y dos veces ganador del prestigioso Premio Pulitzer. Lippman estaba obsesionado con hallar el modo en el que sería posible controlar a una determinada población mediante el uso de los medios de comunicación de masas. En su obra «Opinión pública» (1922) relaciona a las masas con «una gran bestia» y un «rebaño desconcertado» que necesita ser guiado por una élite gobernante. Los miembros de dicha camarilla dirigente, defiende Lippman, deben aprender a emplear los medios de comunicación y propaganda para dominar a las masas sin emplear la coacción física.

La "superentidad" que manipula tus pensamientos

Otro de los pensadores de los dueños del mundo fue Edward Bernays, sobrino de Sigmund Freud. Su tesis de partida era que la población debía ser gobernada por un gobierno invisible como único modo de que perviviera el sistema político occidental. «La manipulación consciente e inteligente de los hábitos y opiniones de las masas –escribía Bernays– es un elemento importante en la sociedad democrática. Aquellos que manipulan este mecanismo invisible de la sociedad constituyen un poder en la sombra que es el verdadero poder gobernante en nuestro país. Somos gobernados, nuestras mentes son moldeadas, nuestros gustos formados y nuestras ideas sugeridas, en gran medida por hombres de los que nunca hemos oído hablar».

Las campañas de "marketing" ideadas por Bernays crearon el modelo consumista capitalista, en el que la compra de productos no tiene que ver con la necesidad sino con la obtención de placer, pues un determinado bien es asociado por nuestro inconsciente a cierto concepto positivo –éxito, paz, sexo, tranquilidad, etc.– por influencia de la publicidad.

En las últimas décadas, la fusión de grandes conglomerados de empresas de los medios de comunicación, ha facilitado la uniformidad cultural en prácticamente todo el mundo, principalmente en Occidente. Si uno se preocupa en investigar qué multinacionales detentan la propiedad de los más importantes medios de comunicación, descubrirá con sorpresa que incluso grandes periódicos o emisoras de televisión que aparentemente son competencia y defienden líneas editoriales diametralmente opuestas, en realidad poseen idénticos dueños. Hoy en día, cinco empresas poseen la mayoría de los más importantes medios de comunicación del planeta. Y dichas empresas, a su vez, están participadas por ciertas multinacionales que comparten acciones con otras, que también dependen de ciertas corporaciones, y así hasta perdernos en un "mar" de compañías interpuestas e intereses varios que es imposible "decodificar" si uno no tiene los conocimientos adecuados.

Sin embargo, tres expertos suizos en sistemas complejos –Stefania Vitali, James B. Glattfelder y Stefano Battison– desarrollaron un modelo matemático para conocer cómo están entrelazadas las grandes corporaciones. «Este trabajo es el primer análisis global sobre el control de las transnacionales. En particular, analizamos la arquitectura de sus redes de propiedad, que nos permite computar el control que ejerce cada uno de los jugadores globales», explica Vitali. Los resultados de la investigación muestran que 737 compañías controlan el 80% de la red corporativa transnacional, y 147 de las mismas –lo que los investigadores denominan "superentidad"– tienen bajo su mando el 40% de dicha red global.

Radiaciones de microondas: el arma silenciosa

En 1976 tuvo lugar un extraño incidente en la embajada de EE UU en Moscú. El embajador Walter Stoessel sufrió una extraña enfermedad en la sangre parecida a la leucemia, además de padecer constantes dolores de cabeza y sangrar habitualmente por la nariz. Otros empleados de la legación presentaron síntomas similares e incluso dos de ellos desarrollaron cáncer. La CIA sospechó que los problemas de salud de sus compatriotas eran causados por la emisión de radiaciones electromagnéticas hacia la embajada por parte de agentes de la KGB. Lo lógico sería que ante tal suposición sacaran del país a los estadounidenses, pero la inteligencia de EE UU decidió encargar al doctor Milton Zaret que investigara la bautizada como "señal de Moscú". «La CIA me preguntó si yo creía que la radiación electromagnética emitida al cerebro desde cierta distancia podría afectar a la conducta de una persona y si las microondas podrían emplearse para el lavado de cerebro y para la ruptura mental de los prisioneros», confesó años después Zaret.

Con los datos obtenidos por la CIA, el Departamento de Defensa de EE UU puso en marcha una serie de proyectos para estudiar el uso de las radiaciones de microondas para el control mental, aunque años antes ya había comenzado a investigar los efectos de las radiaciones electromagnéticas sobre las formas de vida. Por ejemplo, en 1972, el Ejército de EE UU publicó un informe titulado 'Análisis de las microondas para la guerra de barreras', que describía el empleo de dicha tecnología contra personas, vehículos y armas.

Diez años después, en 1982, otro documento de la Fuerza Aérea de EE UU daba a conocer los resultados de varios experimentos militares en relación a la influencia del electromagnetismo sobre los individuos. En el mismo se puede leer: «Los datos actualmente disponibles permiten la proyección de que los campos de radiación de radiofrecuencia pueden plantear serias amenazas militares antipersonas. La terapia de electrochoque indica que la corriente eléctrica inducida es capaz de interrumpir completamente el funcionamiento mental durante cortos períodos de tiempo, obtener cognición durante períodos más largos y reestructurar la respuesta emocional en intervalos prolongados».

A mediados de los años 80, Eldon Byrd, ingeniero del Centro de Armas Navales de Superficie, organismo dependiente de la Marina estadounidense, declaró: «Entre 1981 y 1982, la Marina me encargó que investigara el desarrollo de dispositivos electromagnéticos que la Infantería de Marina pudiera emplear como armas no letales para el control de disturbios, rescate de rehenes, seguridad de embajadas y navíos y en operaciones clandestinas». Byrd experimentó con animales, descubriendo que las bestias irradiadas «mostraron a largo plazo una degradación de su inteligencia, imposibilitando que aprendieran sencillas tareas (...) A cierta frecuencia e intensidad de las emisiones electromagnéticas podía provocar que el animal se tumbara o diese vueltas».

Control electrónico de los ciudadanos

Son bastantes las evidencias que muestran que desde mediados y finales de los 80 se ha empleado armamento de microondas contra grupos de individuos, sobre todo durante manifestaciones en las cercanías de instalaciones militares. Por ejemplo, en 1985 miembros de un grupo pacifista se concentraron frente a la base de la Real Fuerza Aérea británica en Greenham Common (Gran Bretaña) para protestar contra la militarización de un espacio público. En cuanto los guardas de la instalación dejaron sus puestos y fueron sustituidos por aparatos de vigilancia electrónica, los manifestantes comenzaron a sufrir fuertes dolores de cabeza, depresión, desorientación, pérdida de memoria y vértigo, etc. El ingeniero de radar Kim Besly y la doctora Rosalie Bertell midieron los niveles electromagnéticos de la zona, encontrando una proporción cien veces superior a lugares circundantes.

Ahora bien, lo que muchos nos preguntamos es si mediante el empleo de dicha tecnología es posible "atacar" a la estabilidad mental de grandes grupos poblacionales. Pues bien, si hemos de hacer caso a lo revelado por varios investigadores, la respuesta es sí. De hecho, ya a principios de los años 70, el físico Robert C. Beck, asesor de la Marina de EE UU, aseguró que los proyectos militares en los que había colaborado demostraban que «un transmisor de bolsillo con niveles por debajo de 100 milivatios puede cambiar drásticamente la disposición de ánimo de las personas que no están al tanto de los ataques. Por tanto, es posible manipular en secreto la disposición de ánimo de poblaciones en enormes áreas geográficas mediante transmisiones invisibles y remotas de energía electromagnética». En la actualidad, las investigaciones militares del Ejército estadounidense sobre esta clase de armamento se desarrollan en el más absoluto de los secretos, como subproyectos dentro de la Iniciativa Estratégica de Defensa, conocida popularmente como "Guerra de las Galaxias".

Implantación masiva de chips

Los teóricos de la conspiración aseguran que la pronta desaparición del dinero físico (situación acelerada por la pandemia de coronavirus) devendrá en la imposición de un único documento electrónico que servirá como tarjeta de crédito, cédula de identidad, cartilla de la seguridad social, etc. El objetivo de los dueños del mundo sería que pasados los años nos implantemos un chip en el cuerpo que haga las funciones de dicha "tarjeta multiusos", de modo que estaremos completamente controlados por las élites en una especie de dictadura mundial encubierta.

La doctora Rauni-Leena Luukanen-Kilde, que investigó durante años los desarrollos militares en el campo de los microchips, escribió lo siguiente: «Es posible seguir a todas partes a los humanos que disponen de microchips. Grandes ordenadores pueden monitorear sus funciones cerebrales e incluso modificarlas alterando las frecuencias (...) Los microchips actuales funcionan por medio de ondas de radio de baja frecuencia. Con ayuda de satélites, es posible seguir la pista de personas con chips en cualquier lugar del mundo. Esta técnica fue una de las muchas que se probaron durante la última Guerra de Irak. Cuando un microchip de cinco micromilímetros se inserta en el nervio óptico del ojo, extrae los impulsos nerviosos del cerebro que incorporan las experiencias, los olores, todo lo observado y los sonidos que percibe la persona. En cuanto se transfieren y almacenan en un ordenador, estos impulsos nerviosos pueden volver a proyectarse a la persona (...) Un operador informático puede enviar mensajes electromagnéticos (codificados en señales) al sistema nervioso e influir en la conducta de la persona».

Dominio absoluto de nuestras vidas

Sea como fuere, de lo que no cabe ninguna duda es que el avance de la tecnología permite el control de la población como nunca antes en la historia de la humanidad. El futuro geopolítico del mundo, según la mayoría de los estudios prospectivos (que intentan avanzar el futuro basándose en los datos disponibles en el presente) de fundaciones, universidades, centros de investigación y servicios secretos, tendrá más que ver con el auge de ciudades que de naciones. Las ciudades más importantes del planeta se convertirán en algo así como ciudades-estados, cada vez con mayores competencias en detrimento de los países a los que pertenecen. El orden mundial que viene estará basado en grandes instituciones internacionales y esta clase de enormes ciudades-estado.

Pues bien, gobiernos como el de Arabia Saudí o empresas como Google llevan años desarrollando proyectos para dar forma a estas urbes del futuro. Se han bautizado como "ciudades de nueva generación", en las que todas las actividades –comercio, tráfico, salud, transporte...– y los movimientos de los ciudadanos estarán completamente controlados por las autoridades a través de medios tecnológicos.

Pero es en China donde ya existen algunas ciudades de esta clase. Para las empresas tecnológicas suponen un nicho de mercado muy prometedor y para el Gobierno chino una oportunidad inmejorable para mantener bajo vigilancia y control a la población. Un buen ejemplo es Hangzhou, una ciudad de más de diez millones de almas que alberga la sede central de Alibaba, la multinacional china de comercio por Internet. Tecnología basada en inteligencia artificial detecta y resuelve problemas de tráfico, avisa a la Policía de accidentes, advierte de futuros problemas a los habitantes, etc. Además, es posible pagar en tiendas y restaurantes mediante un sistema de reconocimiento facial, y en muchos de estos establecimientos ya no existen empleados, sino que todo está automatizado.

Desde hace ya algunos años, el Ministerio de Seguridad Pública de China está centrado en extender por todo el país una red de videovigilancia basada en tecnologías de reconocimiento facial. De momento ya se emplea para identificar a absentistas en universidades, reconocer a los visitantes en centros oficiales o detectar a los peatones que cometen alguna infracción.

El "ranking social" que viene

Pero el proyecto que están desarrollando las autoridades del gigante asiático para obtener el control absoluto de su población es el llamado "ranking social": un informe de cada persona que comprende todos sus datos personales, incluidas sus actividades financieras y en redes sociales o sus relaciones de amistad. En teoría, la participación es voluntaria, pero lo cierto es que ya se está poniendo en práctica en algunas ciudades sin el consentimiento de los ciudadanos. Es más, el intercambio de información entre el Estado chino y las multinacionales de datos que operan en el país cada vez es más estrecho, de modo que las bases de datos del "ranking social" operan en una doble vía: en la esfera pública (Estado) y en la esfera privada (empresas).

Estar dentro del programa de "ranking social" de China supone ventajas en el acceso al crédito, reservas de hoteles y vuelos, obtención de documentos oficiales, etc. Incluso el comportamiento de los amigos en redes sociales influye en la calificación del individuo. Poco a poco, formar parte de dicho programa se convertirá en esencial para vivir en las grandes ciudades de China. En cuanto a Occidente, los centros de poder miran con envidia al gigante asiático y ya están planeando introducir un sistema similar –adaptado a las características de la sociedad occidental– de control absoluto de la población.

Liu Hu es un periodista chino que escribe sobre censura y corrupción del Gobierno de China. Como consecuencia de su trabajo, Liu ha sido arrestado y multado. Sin que nadie le informara de ello, el Gobierno lo incluyó en 2019 en una lista negra del programa de "ranking social" bajo el epígrafe de "no calificado" para comprar un billete de avión, viajar en ciertas líneas de tren o solicitar un préstamo. «No había ningún expediente, ni orden policial, ni notificación oficial previa –aseguró Liu a 'The Globe and Mail'–. Simplemente me aislaron de las cosas a las que alguna vez tuve derecho. Lo que realmente da miedo es que no hay nada que puedas hacer al respecto. No puedes informar a nadie. Estás atrapado en medio de la nada».

La OTAN dicta tus opiniones

En enero de 2017, Thierry Meyssan, periodista francés que dirige Red Voltaire (voltairenet.org) –medio de comunicación contrario a las operaciones militares y de inteligencia de Occidente, y que las autoridades de EE UU acusan de actuar al servicio de Rusia–, publicó un amplio reportaje en el que desvelaba una compleja trama coordinada desde varias instalaciones de la OTAN y dirigida por la CIA. En 2009 se creó el Centro de Comunicación Estratégica de la OTAN con sede en Riga (Letonia) y, en 2014, el Gobierno británico creó la 77 Brigada, compuesta por unos 500 militares y más de un millar de civiles, procedentes del MI6 (servicio de inteligencia exterior del Reino Unido) y del Ministerio de Exteriores. La 77 Brigada trabaja mano a mano con otro grupo similar dependiente del Ejército estadounidense, y ambas tienen sus sedes en dependencias de la OTAN en Italia y Alemania. Su objetivo consiste en sabotear páginas de Internet que ofrecen informaciones alternativas sobre los atentados del 11-S y la guerra de Siria.

En 2015, también bajo el paraguas de la OTAN, nace el Centro de Análisis de Política Europea, un laboratorio de ideas que tiene como objetivo contrarrestar la información contraria a los intereses de Occidente en el centro y este de Europa. Y unos meses después, Federica Mogherini, alta representante de la Unión Europea para Asuntos Exteriores y Política de Seguridad,

El periodista Thierry Meyssan dio a conocer una compleja trama coordinada desde varias instalaciones de la OTAN para llevar a cabo una amplia operación de guerra psicológica y desinformativa (Wiki Commons).

comandó un equipo especializado en comunicación estratégica que elaboró varios documentos dirigidos a los más importantes medios de comunicación occidentales. Este equipo se convirtió en el germen del Servicio Europeo para la Acción Exterior (EEAS, por sus siglas en inglés): en realidad una unidad de inteligencia especializada en comunicación estratégica, contrainformación y desinformación, que está dirigida por varios agentes del MI6 y que distribuye informes semanales sobre asuntos de actualidad a periodistas internacionales, analistas políticos, dirigentes gubernamentales, etc.

Desde principios de 2016, todas estas organizaciones y otras muchas quedaron bajo la coordinación del Centro de Comunicación Estratégica de la OTAN, desplegándose de esta forma toda una serie de operaciones masivas de relaciones públicas, desinformación y contrainformación.

Todo lo anterior supone, nada menos, que gran parte de las informaciones sobre asuntos internacionales que transmiten los 'mass media' están influidas, si no dirigidas y "cocinadas" por los especialistas del Centro de Comunicación Estratégica de la OTAN.

Operaciones de guerra psicológica en Internet

En febrero de 2017 tuvieron lugar una serie de manifestaciones en las principales ciudades de Rumanía contra el Gobierno de ese país. Para diversos analistas de asuntos militares, las protestas fueron organizadas por los departamentos de guerra psicológica de la OTAN, no para derrocar al presidente Klaus Werner Iohannis, sino para probar la capacidad de acción de la sección de guerra psicológica del servicio secreto ruso, que posee una enorme influencia en Rumanía. Las manifestaciones se organizaron a través de redes sociales.

Para Valentin Vasilescu, miembro destacado de la oposición rumana y experto en geoestrategia:

> «Toda operación militar y, por tanto, toda operación psicológica tiene que contar con una cadena de mando. El aná-

lisis detallado de los mensajes a través de Twitter y Facebook ha permitido descubrir "nodos de red", o sea, estados mayores implicados en la operación. Estos están entrenados en el uso de métodos de control de las multitudes para crear una situación de contagio entre individuos de diferentes medios y orígenes. Los especialistas en operaciones psicológicas disponen de un panorama instantáneo de la situación en el terreno. De esta manera, los estados mayores logran localizar fácilmente a los "repetidores de opinión", es decir, a los individuos que influyen en los demás.

Los especialistas pueden entonces optar entre informarlos sobre el proyecto o mantenerlos en la ignorancia de lo que está sucediendo. Eso explica por qué algunos medios rumanos evitaron revelar detalles de las operaciones psicológicas o las interpretaron voluntariamente de forma errónea para disimular a los autores».

Como consecuencia de dicha operación –en teoría desarrollada por los expertos de guerra psicológica de la OTAN–, el 22 de febrero de 2017, Sergei Chougu, ministro de Defensa ruso, anunció en el Parlamento la puesta en marcha de poderosas estructuras especializadas en operaciones psicológicas militares.

Actualmente, las Fuerzas Armadas de Rusia cuentan con unidades de guerra cibernética y radioeléctrica y de operaciones psicológicas, distribuidas en cuatro mandos estratégicos (Oeste,

Reunión de ministros de Defensa de la OTAN (www.defense.org).

Este, Norte y Sur). Estas secciones del Ejército ruso han desarrollado en el último año lo que ha pasado a denominarse "guerra híbrida". Consiste en identificar las debilidades del enemigo en su territorio para explotarlas y exagerarlas mediante la creación de realidades falsas, transmitidas a través de Internet, las redes sociales y los medios de comunicación locales, manipulados con la creación de noticias ficticias. Se busca debilitar el respaldo de la población a las instituciones del estado que es blanco de las operaciones de desestabilización psicológica de Rusia. Incluso cuentan con desarrollos informáticos capaces de saturar el tráfico de información en Internet con informaciones falsas, o simplemente suprimirlo durante un tiempo determinado.

Guerra abierta en el ciberespacio

En agosto de 2016, un grupo de 'hackers' que se hace llamar 'The Shadow Brokers' consiguió robar varias armas cibernéticas –virus y programas empleados en operaciones de ciberespionaje– de la Agencia de Seguridad Nacional de EE UU (NSA, por sus siglas en inglés), ante la incapacidad de sus técnicos en seguridad para evitarlo. Los ladrones acabaron colgando los programas en Internet para que cualquiera pudiera descargárselos y utilizarlos. Los directivos de la NSA nunca supieron si el robo de las armas cibernéticas se hizo mediante una operación con ele-

Sede de la Agencia de Seguridad Nacional de EE UU (NSA, por sus siglas en inglés).

mentos externos o contó con la colaboración de algún empleado de la NSA.

Como resultado de este hecho, la NSA tuvo que paralizar la mayoría de sus operaciones en curso, al tiempo que agencias federales estadounidenses, empresas, servicios secretos y gobiernos de diferentes países recibieron ataques informáticos empleando las armas cibernéticas de la NSA. Jake Williams, que trabajó durante años en el equipo de 'hackers' de la agencia de espionaje, declaró que el robo constituye «un desastre en múltiples niveles». También Leon Panetta, antiguo director de la CIA (2009-2011) y secretario de Defensa (2011-2013), aseguró que las filtraciones «han sido increíblemente dañinas para nuestra inteligencia y capacidades cibernéticas», puesto que «el propósito fundamental del espionaje electrónico es penetrar eficazmente a nuestros adversarios para reunir inteligencia vital», algo que solo funciona «si se mantiene en secreto y nuestros códigos están protegidos».

Altos cargos de la NSA y la CIA no tardaron en apuntar a los servicios secretos rusos, a los que acusan de intentar influir constantemente en la política interna de EE UU y de varios países de Europa dando a conocer información reservada para desestabilizar a dichas naciones.

El propio Barack Obama responsabilizó a Rusia del robo de miles de documentos internos del Partido Demócrata –luego

El exdirector de la CIA Leon Panetta denunció que el robo de armas cibernéticas de la NSA por un grupo de 'hackers' al servicio de Rusia causó un enorme daño a la inteligencia de EE UU.

filtrados por WikiLeaks– que ofrecieron una ventaja sin precedentes a Donald Trump en la campaña electoral contra Hillary Clinton. Sin embargo, nadie esperaba que los correos electrónicos del máximo experto en Rusia del Gobierno estadounidense acabaran en Internet a disposición de cualquiera. En julio de 2017, un 'hacker' que se hace llamar 'Johnnie Walker' difundió los 'mails' que envió y recibió Robert Otto durante dos años.

Otto era entonces director de la División de Asuntos Internos de Rusia en el Departamento de Estado. Los correos electrónicos demuestran que el especialista marcaba en gran medida las informaciones sobre Rusia que publicaban las grandes agencias de prensa y medios de comunicación, y manipulaba la percepción sobre este país de gobiernos europeos, oenegés, empresas, fundaciones y los más poderosos laboratorios de ideas. EE UU acusó a Rusia de esta operación cibernética de inteligencia, circunstancia que Putin negó durante una entrevista en la cadena NBC: «Es posible que alguien construya deliberadamente una cadena de ataques de tal forma que parezca que procedan de Rusia», aseguró intentando desmontar las abundantes pistas que apuntan a la responsabilidad de los 'hackers' del espionaje ruso en tales operaciones.

2. ASÍ MANIPULAN NUESTRO CEREBRO REPTILIANO

LAS GRANDES CORPORACIONES HAN AVERIGUADO CÓMO FUNCIONA NUESTRA MENTE ANCESTRAL PARA VENDERNOS SUS PRODUCTOS

"Las mayores multinacionales del planeta están invirtiendo enormes sumas de dinero en averiguar cómo funciona nuestro cerebro reptiliano: la parte más ancestral de nuestro órgano rector, encargada de regir aquellas funciones básicas para nuestra supervivencia, como son el instinto de conservación, la necesidad de alimentarnos y la reproducción (el sexo). Una vez descubiertos los estímulos adecuados para activar el cerebro reptiliano, es sencillo manipularnos para que compremos un producto, pensemos de una determinada manera o votemos a cierto partido político...

Gilbert Clotaire Rapaille es un consultor de marketing francés, pero residente en EE UU, cuyos hallazgos sobre el funcionamiento de la mente humana lo convirtieron en multimillonario. ¿Cómo? Poniendo sus conocimientos a disposición de las 100 empresas más poderosas del planeta, porque Rapaille ha hallado una herramienta invencible para manipular nuestra mente y vendernos cualquier producto. Una herramienta ante la que carecemos de defensa. Somos entidades biológicas diseñadas

El experto en marketing Clotaire Rapaille descubrió algunos aspectos del funcionamiento de nuestro "cerebro reptiliano" que lo convirtieron en multimillonario.

para actuar de una forma determinada ante ciertos estímulos, de modo que solo hay que saber cómo activar cierta parte de nuestro cerebro empleando los estímulos adecuados.

Nuestro protagonista comenzó en el mundo de la consultoría de marketing de manera casual. En su juventud estaba muy interesado en descubrir cómo los niños aprenden una lengua. Eso le llevó a trabajar con pequeños autistas que tenían dificultades para expresarse. Clotaire Rapaille descubrió que se forma una marca muy profunda en nuestro cerebro cada vez que aprendemos una palabra por primera vez, sobre todo en nuestra niñez. «Siempre hay un momento en el que grabamos un vocablo en nuestro cerebro, y en todos los casos lo vinculamos con algo, con alguna clase de concepto», asegura.

También descubrió una característica del lenguaje que bautizó como "código cultural", y que a la postre iba a convertirse en uno de los pilares de su éxito en el mundo de la publicidad. El experto en marketing tira del siguiente ejemplo para explicar qué es un código cultural: la palabra sol. En español y en francés es un vocablo masculino, y todos sabemos que el astro rey es brillante, poderoso y dominante, entre otros muchos atributos simbólicos que podríamos asociar al mismo. «Así tienen que comportarse los hombres en esos países», dice Rapaille. En estos mismos idiomas, "Luna" es una palabra de género femenino, por lo que las mujeres deben ser poderosas en la noche, en la oscuridad, es decir, dentro del hogar. Sin embargo, en alemán es exactamente lo contrario. Como el sol es femenino, las mujeres se vinculan al brillo y al poder, a la capacidad de tomar decisiones importantes; y como la luna es de género masculino, los hombres se vinculan «a la introspección, al pensamiento, a la filosofía», asevera convencido Clotaire Rapaille.

Cómo "romper" las defensas mentales

«Cada palabra lleva impuestos una serie de significantes culturales que podemos llamar códigos. Si únicamente nos centramos en traducir una palabra de un idioma a otro, nos perderemos el significado profundo de esa palabra», siempre vinculada a nuestras primeras impresiones cuando la grabamos en nuestro cerebro por vez primera. El trabajo del experto en marketing es averiguar cuáles son esos códigos culturales para conocer de qué manera las grandes multinacionales nos pueden vender sus productos.

Hace más de treinta años acudió a una de sus conferencias sobre niños y lenguaje cierta persona vinculada a una importante empresa, que le hizo una oferta irrechazable para que empleara sus hallazgos en implementar una estrategia de mercado para unos productos que iban a lanzar próximamente. Esa colaboración se saldó con un rotundo éxito, y Rapaille entró por la puerta grande en el campo del marketing. Uno de sus logros consistió en hacer que una marca de café que no triunfaba en EE UU, se acabara encaramando al primer puesto de ventas. Los responsables de la empresa no se explicaban por qué su producto no tenía salida en el mercado estadounidense, sobre todo teniendo en cuenta que era de buena calidad, empaquetado de manera primorosa y a un precio muy competitivo. A algún alto directivo se le ocurrió contratar a Rapaille, y este enseguida se puso manos a la obra para tratar de averiguar cuál es el código cultural de la palabra café en EE UU.

Sabía que en su Francia natal el código cultural asociado a ese vocablo era el sabor, pero decidió empezar su investigación sin ningún juicio previo. Finalmente averiguó que los ciudadanos de EE UU prefieren un café que huela muy fuerte, y habitualmente lo toman en buenas cantidades durante el desayuno. De modo que la mayoría de las personas acceden a su primera impresión sobre el café a los dos años aproximadamente, cuando están desayunando junto a sus padres, así que vinculan ese olor tan característico del café a su madre –el referente de un pequeño a esa edad–, a ser alimentado y a la sensación de protección y seguridad. Por tanto, nuestro protagonista recomendó a los directivos de la empresa que en la publicidad del producto se centraran únicamente en el olor del café. «Nada de gente bebiéndolo y disfrutando de su sabor, sino oliendo su aroma; esa era la clave para el triunfo».

Nuestros tres cerebros

En varias conferencias, Clotaire Rapaille ha revelado cuál es su método de trabajo para encontrar los códigos culturales de una determinada palabra, y en qué cree él que se apoya el secreto de su éxito. El experto en marketing se basa en el teoría de los tres cerebros del neurólogo Paul D. MacLean: el córtex, el cerebro límbico y el reptiliano.

–El reptiliano o paleocerebro es el más primitivo –se desarrolló hace unos 500 millones de años– y es herencia de nuestros primeros ancestros: los reptiles. Su función está relacionada con nuestros instintos más primarios, como son los de luchar o huir ante una situación de peligro (o, dicho de otro modo, la supervivencia), alimentarnos para no perecer y reproducirnos (la necesidad sexual). También se encarga de regular las funciones instintivas del organismo, como es el caso de la respiración.

–El cerebro emocional o sistema límbico se desarrolló millones de años después del reptiliano, y está asociado a la capacidad de sentir y desear, e íntimamente vinculado a los procesos emocionales (amor, odio, envidia, ira...). Dicho de un modo excesivamente simplista, el límbico es nuestro inconsciente.

–Según la teoría de los tres cerebros, el córtex fue el último en aparecer durante nuestro proceso evolutivo, y solo lo poseen los primates y ciertos mamíferos. Entre sus funciones está la de manejar el pensamiento lógico y reflexivo.

Clotaire Rapaille y su equipo trabajan siempre con voluntarios en sesiones de tres horas de duración. Durante la primera, los dejan hablar a su aire sobre el asunto propuesto. Después de esos sesenta minutos, «ellos creen que han hecho grandes aportaciones al tema, pero se equivocan; todo lo que han dicho ya lo sabíamos nosotros», afirma Rapaille. Y continúa explicando: «No nos importa lo que digan, eso no tiene interés, simplemente se trata de que su cerebro se centre en el asunto en cuestión».

Estado mental reptiliano

En la segunda hora, los investigadores arrastran a los voluntarios a ahondar en su emociones, siempre vinculadas a sus relaciones personales y familiares. Los expertos tratan en esta fase de descubrir las tensiones implícitas de las personas. «Por ejemplo, una tensión emocional común en cualquier parte del mundo es el de las madres respecto a sus hijos –asegura Rapaille–. Todas quieren que crezcan sanos para que se puedan valer por sí mismos, pero a la vez desearían que siempre fueran niños dependientes de ellas, que nunca se hicieran adultos».

Por último, en la tercera hora, les piden a los voluntarios que se tumben y, mediante un proceso de relajación profunda, tratan de que revivan lo que se les pasó por la cabeza en los cinco o diez primeros minutos después de levantarse por la mañana. «Ese es el pensamiento más puro del día –defiende Rapaille–, donde tienen cabida nuestros sueños y deseos profundos (...). En esos cinco o diez minutos, el córtex –nuestro cerebro lógico– todavía no actúa, y la persona se mueve entre el cerebro límbico y el reptiliano. Ese es el estado mental que queremos recrear en los voluntarios». Luego, las prisas y la dura realidad a la que nos tenemos que enfrentar en nuestro discurrir diario, "matan" cualquier atisbo de esos anhelos.

Es en este punto cuando surgen grandes sorpresas, «y es habitual que los individuos, de pronto, recuerden algo de hace treinta o cuarenta años». En dichas "memorias reptilianas" está la clave para comprender los códigos culturales del cerebro y forzar la puerta de nuestra mente. «Mi teoría es que el reptiliano gana siempre. Si tocas el reptiliano, ¡boom!, premio», defiende el experto en marketing.

Un buen ejemplo de su teoría es un complejo y largo estudio global que se realizó con hombres heterosexuales de diferentes continentes y culturas. A todos ellos se les conectó unos electrodos a sus cerebros para saber cuál era su nivel de excitación sexual ante distintos tipos de mujeres que les mostraban en una pantalla. Cuando el cuerpo de las mujeres carecía de curvas, prácticamente no había nivel de excitación. La reacción era mucho mayor cuando presentaban una figura con curvas, y todavía más elevada si la cifra resultante al dividir la medida de la cintura por la de la cadera era de 0,7. «El cerebro reptiliano de los hombres está programado para aparearse con la mujer que más probabilidades tenga de reproducir sus genes», afirma Rapaille, y las de figura curvilínea, sobre todo en esa proporción de 0,7, mostrarían una mayor capacidad reproductiva. «Otros estudios demostraron que las 'mujeres 0,7' tienen más hijos y viven más años. Y esa proporción no está relacionada con la gordura, sino con la distribución de la gordura. En su tiempo, la moda del corsé o de las faldas ampulosas, en realidad trataba de reproducir ese 0,7», aunque no fuera conscientemente.

Un secreto que no tiene precio

Según el experto en marketing, que no comprendamos por qué actuamos de una determinada manera, no significa que ese comportamiento no dependa de una serie de procesos mentales muy profundos. Por ejemplo, afirma que ha logrado descifrar el código cultural de la palabra lujo. «En este caso, es un código global, válido para cualquier país y cultura», asegura. Sorprende cuando desvela que se trata del concepto "hecho a mano", es decir, único, solo para ese comprador y para nadie más. Por esa razón, los muebles o los coches fabricados a la medida del cliente triunfan absolutamente a pesar de su enorme precio. Como la mayoría de consumidores no pueden adquirir esos productos singulares, las marcas han ideado pequeños detalles que el comprador puede encargar a su gusto, como el salpicadero de un automóvil o algo tan simple como cierto elemento en el que el conductor puede colocar la bandera que le dé la gana. Se trata de vendernos la ilusión de exclusividad y singularidad, cuando eso no es verdad.

Empleando sus singulares técnicas, Clotaire Rapaille consiguió que una marca de papel higiénico se convirtiera en la más vendida de EE UU. Descubrió que el código cultural de ese producto es el concepto de independencia, porque los estadounidenses vinculan el papel higiénico a la primera vez en sus vidas que consiguieron la auténtica independencia: cuando pudieron ir al baño solos, sin necesitar la ayuda de sus padres o cuidadores. Únicamente hizo falta que las campañas publicitarias vincularan esa marca de papel higiénico a la independencia personal, para que las ventas se dispararan hasta cotas estratosféricas.

Exactamente lo mismo hizo para una marca muy conocida de tabaco, que contrató a su firma para que averiguara por qué la gente seguía fumando a pesar de que es evidente que fumar entraña considerables riesgos para la salud. Nuestro protagonista y su equipo descubrieron que el primer contacto de las personas con el tabaco, en la inmensa mayoría de los casos conlleva una atribución positiva de la actividad de fumar, porque el niño ve que es una acción que realizan los adultos y de la cual él es excluido. Al llegar a la adolescencia, en su afán de ser admitido en el círculo de los mayores, el joven considera el hecho de fumar como una especie de rito de paso hacia la edad adulta. Por lo tanto, el tabaco está vinculado a un código cultural positivo. «Esta es la verdadera razón por la cual esta marca pone bien claro en sus cajetillas que deben mantenerse fuera del alcance de los niños», aclara Rapaille, a la vez que suelta una estruendosa carcajada. Porque precisamente alejar a los niños del acto social de fumar, es lo que provoca que en un futuro esos pequeños se conviertan en fumadores.

Comida, lucha y sexo

Expertos como Xavier Piqué apuntan que nuestro cerebro está expuesto a innumerables impactos publicitarios cada día, así que ha tenido que desarrollar estrategias para filtrar tan enorme cantidad de información. En un artículo que publica en la página web del Stratex Institute, una escuela de estudios comerciales, Piqué defiende que es el sistema límbico o subconsciente el que realiza la función de filtro ante un impacto publicitario, dependiendo de su "interés emocional". Si lo deja abrirse paso, alcanza el córtex, que procesa racionalmente esa información, analizando los beneficios que nos puede aportar.

A pesar de que nuestro cálculo lógico indique que el producto es favorable para paliar alguna de nuestras necesidades, eso no significa que al final lo compremos. Ese último empujón depende, en última instancia, del cerebro reptiliano. «Por tanto, la decisión real que tomará nuestra mente para llevar a cabo esa acción –comprar–, está basada en algún elemento irracional, primario, instintivo», escribe Piqué en el citado artículo.

El especialista recomienda un proceso en tres pasos para construir una comunicación comercial eficaz: influir en el cerebro límbico o emocional del potencial comprador; persuadir al córtex o cerebro racional de que los beneficios del producto cubren convenientemente nuestras necesidades; y, por último, provocar la reacción del cerebro reptiliano para que el potencial comprador se decida a gastarse su dinero en el producto ofrecido.

De una opinión similar es Patrick Renvoisé, que se convirtió en el asesor en "neuromarketing" del equipo electoral de Barack Obama cuando ganó su primera elección presidencial. En una entrevista concedida a la 'Revista Ñ' aseguró que la inmensa mayoría de nuestras decisiones no las tomamos racionalmente, sino que son una consecuencia de nuestros instintos. «Los seres humanos, entre dos opciones, no elegimos siempre la más racional, sino la que prefiere nuestro cerebro reptil. Y no siempre es la obvia», advierte Renvoisé.

También se muestra convencido de que sin nuestro cerebro reptiliano, la especie humana se habría extinguido: «El reptil no tiene compasión ni empatía. Solo entiende los grandes contrastes: blanco o negro. No tiene tiempo de más. El reptil reduce opciones a lo binario para sobrevivir, aunque la realidad es más compleja y comprenderla a fondo requeriría una lógica difusa». El especialista en neuromarketing añade que «somos criaturas dolientes, siempre temiendo por nuestra supervivencia; y sobrevivir son las cuatro 'efes': 'food' (comida), 'fight' (lucha), 'fly' (huir) y 'fuck' (follar)». Renvoisé no se anda con medias tintas, tampoco cuando afirma que el cerebro reptiliano funciona en el campo de la política, porque las grandes decisiones de los seres humanos se basan en el miedo, y ese sentimiento es el que se afanan por explotar los expertos en comunicación política.

Es el miedo, idiota

Exactamente lo mismo piensa Martin Lindstrom, considerado uno de los mayores expertos en neuromarketing de la actualidad y autor de libros tan exitosos como 'Así se manipula al consumidor' (Gestión, 2000) o 'Buylogy: verdades y mentiras de por qué compramos' (Gestión, 2010). Lindstrom, que ha asesorado a las más importantes compañías multinacionales, escribe en 'Buylogy': «A pesar de las afirmaciones generalizadas de que la publicidad política pone énfasis en el optimismo, la esperanza, la construcción en vez de la destrucción, y todo lo demás, el miedo funciona. Es lo que el cerebro recuerda».

En efecto, cuando la publicidad basada en el miedo ataca nuestras angustias e inseguridades, puede convertirse en un arma de destrucción masiva para la venta. En las sociedades occidentales, la mayoría de las personas vivimos inmersas en un sistema que nos expone a grandes dosis de estrés y, por tanto, al aumento continuo de nuestros temores. Así que buscamos desesperadamente asideros a los que agarrarnos. Ocurre que «cuanto más buscamos cimientos sólidos, más dependemos de la dopamina. Y cuanta más dopamina se libere en el cerebro, más cosas deseamos», escribe Lindstrom. Cada vez son más las empresas que explotan nuestros miedos y nos convencen de que si no compramos sus productos estamos desprotegidos o acabaremos convertidos en unos marginados sociales.

Pero, ¿qué es exactamente el neuromarketing? Podríamos definirlo como la aplicación de técnicas pertenecientes a las neurociencias al ámbito de la mercadotecnia. Hace años que las grandes corporaciones transnacionales realizan prospecciones de mercado empleando dicha técnica, que implica el uso de mediciones biométricas (actividad cerebral, ritmo cardíaco, respuesta

Martin Lindstrom es uno de los mayores especialistas en neuromarketing. Trabaja con las más sofisticadas tecnologías al servicio de las grandes corporaciones.

galvánica de la piel, etc.) de los sujetos estudiados para planificar futuras campañas publicitarias que "impongan" el consumo de productos a escala masiva. Para ello se utiliza la técnica de las Imágenes por Resonancia Magnética Funcional (FMRI, por sus siglas en ingles).

Según el periodista y analista de comunicación estratégica Manuel Freytas, «valiéndose de estas imágenes, que cada día ganan en resolución y precisión, los científicos pudieron establecer principios de acción-reacción que experimenta el público frente a un hecho comunicacional que las grandes agencias, controladoras de la mayoría de la torta del mercado publicitario, comenzaron a utilizar en sus campañas para imponer masivamente marcas y productos». Freytas continúa explicando: «En primer lugar, las investigaciones revelaron que la decisión de comprar o no un determinado producto no es racional, sino que deriva de fuerzas inconscientes (...) Estas técnicas exploratorias indagan en las reacciones emocionales, en los miedos y en los deseos que los individuos tienen registrados en sus contenidos mentales, dentro de un sistema social (el capitalismo) que hace del consumo de productos la principal vía de aceptación y realización social». Ahora bien, como apunta el especialista, dichas técnicas quizá se estén aplicando ya en otras áreas para imponernos candidatos electorales, proyectos políticos, reglas de conducta o ideologías.

Clotaire Rapaille es de la opinión que hablar del cerebro reptiliano puede ser políticamente incorrecto, pero lo cierto es que si no existiera, la especie humana no habría sobrevivido. Eso probablemente es cierto, pero también lo es que caer dominados por ese reptil que llevamos dentro nos abocaría a la autodestrucción, pues acabaríamos arrastrados por nuestros instintos y pulsiones sin ningún tipo de freno. En realidad, nuestros tres cerebros están en constante negociación, en una especie de juego de pesos y contrapesos cuya finalidad es que la entidad biológica que somos sobreviva.

Rapaille defiende que las sociedades exitosas son aquellas cuyos miembros saben negociar adecuadamente con su cerebro reptiliano, aprovechando bien sus cualidades, pero sin dejarse arrastrar por el mismo. Y fracasarán tanto aquellas que se entreguen a los instintos competitivos suicidas e hiperindividualistas (el sistema neoliberal al que el poder económico y financiero está abocando al mundo), como las que nieguen a sus ciudadanos la posibilidad de competir dentro de un orden y progresar, obligando a su población a llevar una vida conformista y totalmente igualitaria (el comunismo). En el término medio estaría la clave.

Clotaire Rapaille escribió un libro titulado 'Move up' (Taurus, 2014) junto al mexicano Andrés Roemer, Embajador de Buena Voluntad para el Cambio Social y el Libre Intercambio de Conocimiento de la UNESCO, además de economista, abogado, diplomático y periodista. Con motivo de la promoción de su libro, Roemer aseguró en una entrevista al diario 'El Mundo': «En realidad, la biología nos ha hecho competitivos, pero también generosos. El gen altruista existe, y muchas veces se impone al gen egoísta por el bien del instinto de conservación de la especie». Pero también es cierto que no podemos cerrar los ojos ante la existencia en cada uno de nosotros de ese cerebro reptil competitivo y violento, sin el cual no habríamos logrado sobrevivir como especie. Roemer apuesta por «desarrollar culturas que reconozcan esos instintos y permitan que sus ciudadanos prosperen. Hay sociedades que no ayudan, no reconocen el mérito, fían al destino las consecuencias de sus actos, no tratan con equidad a los ciudadanos». En definitiva, se trataría de reconocer esa parte salvaje de nuestro yo para "negociar" con él y, finalmente, tomar la decisión más sensata en cada situación de conflicto.

Control mental global

En la actualidad, la mayoría de los neurólogos se muestran en desacuerdo con la teoría de los tres cerebros, pero está claro que cuando Clotaire Rapaille y otros expertos en neuromarketing se refieren al cerebro reptiliano, en realidad están aludiendo a las funciones más básicas de nuestro órgano rector, vinculadas con nuestra supervivencia como entidades biológicas: el instinto de conservación, la alimentación y la reproducción. Descubrir de qué manera es posible activar esos resortes básicos, significa un arma muy poderosa en manos de los estrategas políticos y directivos de las corporaciones, porque tendrán la capacidad de convencernos para que pensemos de un determinado modo, compremos cierto producto o votemos a un partido político. Lo pavoroso del asunto es que no se trata de una posibilidad, sino de una realidad. Las multinacionales se están gastando miles de millones de dólares para saber cómo funciona nuestro cerebro y de qué forma manipularlo, y ante eso los ciudadanos no tenemos defensa posible.

Pero en la actualidad, las grandes estrategias de control mental se proyectan en Internet y las redes sociales. Jaron Lanier desarrolló aplicaciones básicas para el funcionamiento de Internet, está considerado el padre de la realidad virtual y es uno de los ingenieros informáticos más brillantes de Silicon Valley, además de escritor, filósofo y compositor de música clásica y electrónica. A pesar de que actualmente es asesor científico de Microsoft, no se muerde la lengua a la hora de denunciar que las corporaciones que controlan las redes sociales de Internet han creado sibilinos métodos para engañarnos.

Lanier ha desvelado que los algoritmos matemáticos que constituyen la base del funcionamiento de las redes sociales están diseñados para manipular a nuestro cerebro. ¿Cómo? En primer lugar, convirtiéndonos en adictos a dichas aplicaciones, y luego modificando nuestro comportamiento para que actuemos de la manera más provechosa para los intereses de las corporaciones. En realidad, estos algoritmos se están constantemente ajustando para captar la atención de los usuarios y hacer que se comporten de la manera más rentable para las empresas que controlan las redes sociales que todos utilizamos habitualmente.

Jaron Lanier desarrolló aplicaciones básicas para el funcionamiento de Internet y está considerado el padre de la realidad virtual (Creative Commons).

Según Lanier, los creadores de los algoritmos han descubierto que es más beneficioso económicamente explotar las emociones negativas de los usuarios, como la indignación, el odio, la envidia o el narcisismo. Esa es la razón del éxito del Estado Islámico en las redes o del «aumento del movimiento nacionalista y racista en EE UU, de una manera que no habíamos visto en generaciones», apunta el popular ingeniero informático.

Bienvenidos a la era del control mental planetario…

3.
EL GOBIERNO SECRETO DEL IV REICH

LA CIA CREÓ UN SUPEREJÉRCITO PARALELO FORMADO POR NAZIS Y FASCISTAS QUE OPERA EN EUROPA Y LATINOAMÉRICA

"Investigaciones judiciales, revelaciones periodísticas y confesiones de primeros ministros y jefes de servicios secretos destaparon el mayor secreto de las últimas décadas: la existencia de un superejército dirigido por antiguos nazis y fascistas, en cuya cúspide se encontraba el servicio secreto de EE UU. Golpes de estado, atentados terroristas y asesinatos políticos, aparentemente sin conexión entre sí, en realidad respondían a una estrategia común coordinada por la CIA.

El 27 de octubre de 1990, el entonces primer ministro de la República Italiana, Giulio Andreotti, realizó un comunicado oficial que removió las estructuras políticas de Occidente. «Después de la Segunda Guerra Mundial, el miedo al expansionismo soviético y la inferioridad de las fuerzas de la OTAN con relación al 'Kominform' (Pacto de Varsovia), condujeron a las naciones de Europa Occidental a idear nuevas formas de defensa no convencionales, creando en sus territorios una red oculta de resistencia destinada a actuar en caso de ocupación enemiga. Su misión: recoger información, cometer operacio-

Cuando era presidente de la República Italiana, Giulio Andreotti reconoció la existencia de la Red Gladio.

nes de sabotaje, propaganda y actos de guerrilla. A raíz de los recientes y significativos sucesos que han transformado Europa del Este (como la caída del muro de Berlín), el Gobierno se ha impuesto reconsiderar todas las disposiciones en materia de guerra no ortodoxa...».

En realidad, Andreotti se estaba refiriendo a los 'stay-behinds', una serie de ejércitos paralelos existentes en el seno de Europa occidental, creados y coordinados por la CIA en el más absoluto de los secretos. Eso sí, el primer ministro pasó por alto que los líderes de estas organizaciones eran antiguos militares nazis, muchos de ellos con horribles crímenes de guerra a sus espaldas, los cuales habían sido protegidos por la CIA y otros servicios secretos occidentales. Tampoco dijo una palabra sobre los asesinatos políticos, atentados y operaciones de desestabilización que estos exnazis llevaron a cabo en la Vieja Europa, siempre bajo el control de la inteligencia estadounidense.

La estrategia del terror

Tras la Segunda Guerra Mundial, la Oficina de Servicios Estratégicos (OSS, por sus siglas en inglés) estadounidense, antecesora de la CIA, y la Agencia para la Coordinación de Objetivos de Inteligencia (JIOA, por sus siglas en inglés) de EE UU, pusieron en marcha una magna operación, bautizada como "Proyecto Pisapapeles". Su objetivo era borrar el pasado nazi de militares, científicos y agentes secretos del III Reich, con el objetivo de incorporarlos a las filas de Occidente para hacer frente a la amenaza de la URSS. Muchos de ellos pasaron a dirigir y engrosar las filas de los 'stay-behinds', y otros tantos fueron trasladados a Latinoamérica para colaborar con las dictaduras fascistas sostenidas por EE UU. Estos antiguos militares del III Reich pusieron en marcha una serie de redes de espionaje y escuadrones de la muerte, que acabaron integrándose en la llamada "Operación Cóndor", una estrategia conjunta de los servicios secretos de las dictaduras latinoamericanas, entre finales de los 60 y principios de los 90, cuyo fin era eliminar a líderes izquierdistas y sindicalistas, periodistas y políticos que no comulgaban con esos gobiernos totalitarios. La "Operación Cóndor", como no podía ser de otro modo, estaba coordinada por la CIA.

Gracias al "Proyecto Pisapapeles", los mejores científicos del III Reich se convirtieron en ciudadanos estadounidenses sin atisbo de su pasado nazi. Uno de los primeros en ser reclutado fue Wernher von Braun, el más brillante ingeniero de la Segunda Guerra Mundial y creador de los temibles V-2, cohetes supersónicos que constituyeron la principal arma de guerra nazi. Von Braun era el más aventajado discípulo de Hermann Oberth, padre de la cohetería alemana, además de prominente miembro de las SS.

Los nazis que llevaron al hombre a la Luna

La OSS y la JIOA no tardaron en pedirle a Von Braun una lista de los ingenieros de guerra nazis que le gustaría que formaran parte de su equipo en EE UU. E. W. Gruhn, uno de los jefes de la JOIA, consiguió la colaboración de otro exnazi: Werner Osenberg, quien había dirigido el departamento de la Gestapo encargado de investigar la fidelidad a la causa del III Reich de los más importantes científicos alemanes.

Wernher von Braun, el mejor ingeniero del Ejército del III Reich, acabó trabajando en la NASA. En la foto de la izquierda, en su despacho de la NASA. A la derecha, junto a militares nazis.

Osenberg por un lado y Von Braun por otro, se encargaron de contactar con los ingenieros nazis, la mayoría de los cuales aceptaron encantados la propuesta estadounidense. Walter Jessel, teniente del Ejército estadounidense, se ocupó de evaluar el grado de adhesión a la nueva causa de los ingenieros del III Reich, antes de que la maquinaria de espionaje se pusiera en marcha para encubrir su oscuro pasado.

Von Braun acabó convirtiéndose en el primer director del Marshall Flight Center, el centro espacial de la NASA en Huntsville, uno de los puestos más deseados dentro de la Agencia Espacial. Y su antiguo correligionario Arthur Rudolph fue nombrado jefe del programa del Saturno V, cohete empleado en los proyectos Apolo y que acabaría llevando a los primeros seres humanos a la Luna. Otro antiguo militar del Ejército nazi, Kurt Debus, quien militó en las SS y las SA, se convirtió, nada menos, que en el primer director del Kennedy Space Center de Cabo Cañaveral. Estos tres hombres, Von Braun, Rudolph y Debus, fueron los responsables de desarrollar la tecnología de cohetes adecuada para que el Apolo XI alunizara en nuestro satélite en 1969. Lo que entonces ignoraba la opinión pública es que detrás del «pequeño paso para el hombre, pero gran salto para la humanidad» se encontraba un equipo de ingenieros de guerra nazis, los cuales también acabaron trabajando para la industria de defensa estadounidense. EE UU se convirtió en la primera potencia militar del planeta gracias a los desarrollos tecnológicos ideados por estos antiguos ingenieros del III Reich.

El ingeniero Arthur Rudolph trabajó para los nazis durante la Segunda Guerra Mundial y luego fue nombrado jefe del programa del cohete Saturno V de la NASA.

Doctores muerte al servicio de EE UU

Según un revelador trabajo dado a conocer a través de Red Voltaire', un puñado de científicos nazis, acusados de haber realizado experimentos con humanos y haber participado en la "solución final", el asesinato masivo de más de seis millones de judíos, acabaron incorporándose a varios centros de investigación sobre guerra química y bacteriológica dependientes del Ejército de EE UU.

Uno de los beneficiados del "Proyecto Pisapapeles" fue Otto Ambros. En el citado reportaje leemos: «Director del IG Farben –conglomerado alemán de compañías químicas– durante la guerra, Ambros participó en la decisión de utilizar el gas Zyklon B en las cámaras de gas, escogiendo el campo de concentración de Auschwitz para instalar una fábrica. Esto le permitió producir, con mano de obra en condiciones de esclavitud, gases asfixiantes que probaba allí mismo con los prisioneros antes de extender su uso al resto de campos. Declarado culpable en los Juicios de Nuremberg por esclavizar a seres humanos y asesinato en serie, se benefició de la clemencia del tribunal y solo fue condenado a ocho años de prisión». La JOIA y la OSS reclutaron a Ambros, que terminó trabajando para varias multinacionales de la industria química y para los Cuerpos de Guerra Química de la Armada estadounidense.

Buena parte de los científicos nazis especializados en guerra química y bacteriológica fueron trasladados a la ultrasecreta base militar de Edgewood Arsenal, en Maryland (EE UU), el principal centro de investigación de guerra química estadounidense. Entre 1947 y 1966, dichos nazis fueron los encargados de crear el "armamento no convencional" que los servicios de inteligencia probaron en escuelas, estaciones de tren, hospitales y cárceles sin el consentimiento de ninguno de los "conejillos de indias". Cuando en 1992 varias investigaciones periodísticas destaparon el escándalo, el Departamento de Defensa y la CIA se vieron obligados a desclasificar varios documentos altamente confidenciales en relación a estas oscuras operaciones de guerra química y bacteriológica sobre la población estadounidense. Incluso el entonces presidente, Bill

Clinton, pidió disculpas públicamente a la nación, prometiendo que esta clase de actividades nunca se volverían a repetir en territorio estadounidense.

A partir de 1949, los científicos nazis de Edgewood Arsenal recibieron el encargo de probar la utilidad del ácido lisérgico (LSD) como arma de guerra y para operaciones de espionaje e interrogatorios. Entre 1955 y 1975, el LSD y otras drogas y gases letales se emplearon sobre unos 10.000 soldados estadounidenses sin su consentimiento, para comprobar sus efectos, provocando la muerte de varios de ellos.

En la actualidad, las técnicas de desestabilización de gobiernos, golpes de estado, asesinatos y creación de escuadrones de la muerte, empleadas por la CIA en todo el planeta, son deudoras de las utilizadas por los espías y militares de operaciones especiales nazis que, tras el fin de la Segunda Guerra Mundial, pusieron su talento al servicio de EE UU gracias al "Proyecto Pisapapeles". Lo mismo puede aplicarse a su poderosa industria armamentística, carrera espacial y guerra química y bacteriológica, campos en los que EE UU ocupa un papel prominente debido a la colaboración de los mejores científicos del III Reich, algunos de los cuales llegaron a ocupar puestos de relevancia dentro de las estructuras de poder estadounidenses.

Un juez valiente descubre el secreto

Entre 1969 y 1987 tuvieron lugar en Italia una serie de sangrientos atentados con bombas que dejaron cientos de fallecidos y miles de heridos. La versión oficial defendía que eran obra de grupos terroristas comunistas, pero gracias al tesón del juez Felice Casson acabó saliendo a la luz la terrible verdad: en realidad fueron perpetrados por militantes de grupos nazis, fascistas y de extrema derecha pertenecientes a la Red Gladio –nombre por el que era conocido el 'stay-behind' que operaba en Italia–, armados y financiados por los servicios secretos italianos, y siempre bajo el control último de la CIA. La finalidad consistía en deslegitimar al entonces poderoso Partido Comunista Italiano de cara a la opinión pública, además de crear una "estrategia de la tensión" para que los votantes eligieran a gobiernos de derechas que impusieran el orden y la seguridad ciudadana.

La acción terrorista que destapó el secreto tuvo lugar el 31 de mayo de 1972, cuando estalló un coche bomba en el pequeño pueblo de Petano, que acabó con la vida de un carabinero e hirió de gravedad a un ciudadano. La Policía culpó enseguida a los asesinos comunistas de las Brigadas Rojas, pero el juez Felice Casson, que se hizo cargo del caso, descubrió que el explosivo se trataba de C4, que entonces formaba parte del arsenal de la OTAN. Unas semanas antes, la Policía italiana había descubierto un escondite con un auténtico arsenal, en el que había una gran cantidad de C4. Años después se sabría que en realidad los carabineros habían hallado uno de los miles de escondites de armas en Italia de la Red Gladio, ejército secreto formado por militantes de la extrema derecha italiana y antiguos militares y espías nazis al servicio de la OTAN y la CIA.

«Solo seguí las órdenes de la CIA y la OTAN»

El juez Casson, inasequible al desaliento, logró detener al responsable del atentado de Petano, Vincenzo Vinciguerra, miembro del grupo de extrema derecha Ordine Nuovo, quien confesó que había logrado huir de Italia gracia al servicio de inteligencia de ese país, abriendo así la primera caja china de la Red Gladio. Vinciguerra declaró ante el juez Casson que «existe en Italia una organización paralela a las Fuerzas Armadas, que se compone de civiles y militares de vocación antisoviética, o sea, destinados a organizar la resistencia contra una eventual ocupación del suelo italiano por el Ejército Rojo». Y añadió: «Esta superorganización, a falta de la invasión soviética, recibió la orden de la OTAN de luchar contra un deslizamiento del poder en el país hacia la izquierda. Y eso fue lo que hicieron con el apoyo de los servicios secretos, el poder político y el Ejército».

Estas palabras fueron refrendadas por el general Vito Miceli, nada menos que el jefe del SID, el servicio de inteligencia italiano, quien en 1974 confesó ante otro valiente juez,

Giovanni Tamburino, que «disponía de un 'superSID' a mis órdenes. Pero no lo monté yo para dar un golpe de estado. No hice más que seguir las órdenes de EE UU y la OTAN». Décadas después, en 2001, el general Giandelio Maletti, antiguo jefe del departamento de contraespionaje del SID, declaró: «La CIA, siguiendo las directrices de su Gobierno, quería crear un nacionalismo italiano capaz de obstaculizar lo que consideraba un deslizamiento hacia la izquierda y, con ese objetivo, pudo utilizar el terrorismo de extrema derecha (...) Uno tenía la impresión de que los norteamericanos estaban dispuestos a todo para evitar que Italia se inclinara a la izquierda (...) Italia fue tratada como una especie de protectorado. Me avergüenza que todavía estemos siendo objeto de un control especial».

En el vértice de la pirámide

En 1990, el juez Casson obtuvo el permiso para acceder a los archivos secretos del SISMI, nombre con el que pasó a llamarse desde 1978 el antiguo SID, el servicio secreto italiano. Allí descubrió los expedientes confidenciales que demostraban documentalmente la implicación de la OTAN y la CIA en la creación de ejércitos secretos con decenas de miles de miembros, la mayoría de ellos fascistas y antiguos nazis, que llevaron a cabo infinidad de operaciones de sabotaje, actos terroristas y asesinatos en Europa Occidental.

Semanas después, Giulio Andreotti, el entonces primer ministro italiano, se vio obligado a reconocer públicamente la existencia de Gladio, declaraciones con las que abríamos este capítulo. También el presidente de la República Italiana, Francesco Cossiga, dijo refiriéndose a la Red Gladio: «Tengo que decir que estoy orgulloso de que hubiéramos conseguido guardar este secreto durante 45 años». El Parlamento italiano abrió una comisión de investigación sobre el asunto, que años después dio a conocer sus conclusiones. Entre las mismas leemos: «Aquellas matanzas, bombas y operaciones militares fueron organizadas, instigadas y apoyadas por personas que trabajaban para las instituciones italianas y, como se descubrió recientemente, por individuos vinculados a las estructuras de poder de la inteligencia estadounidense».

En este sentido, el general italiano Paolo Inzerilli, quien tuvo un papel predominante en la dirección de Gladio durante algunos años, aseguró públicamente que los «omnipresentes estadounidenses» controlaban el secreto Comité de Planificación y Coordinación (CPC, por sus siglas en inglés) del Cuartel General de las Potencias Aliadas en Europa: uno de los dos mandos militares estratégicos de la OTAN. El CPC era el organismo encargado de planificar la guerra clandestina en Europa Occidental. Según Inzarelli, «la coordinación entre las acciones de nuestra Red Gladio y de las estructuras análogas en Europa las hacía el CPC». Su predecesor al mando de Gladio, el también general Gerardo Serravalle, declaró que «durante los años 70 –cuando él perteneció a esa estructura militar paralela–, los miembros del CPC eran los oficiales responsables de las estructuras secretas de Gran Bretaña, Francia, Alemania, Bélgica, Luxemburgo, Holanda e Italia. Esos representantes de las redes clandestinas se reunían cada año en una de las capitales europeas». Y añadió: «Siempre había representantes de la CIA en las reuniones de los ejércitos'stay-behind'».

Mismos perros, distintos collares

Si la CIA puso al servicio de la italiana Red Gladio a prominentes fascistas y a simpatizantes de las tesis hitleristas, en Alemania, como no podía ser de otro modo, su ejército paralelo 'stay-behind' estaba conformado por antiguos nazis. Uno de los primeros en engrosar las filas del la Red Gladio alemana fue Klaus Barbie, más conocido por el apodo del "carnicero de Lyon". Barbie jugó un papel más que relevante en el asalto al gueto judío de Ámsterdam y, más tarde, fue nombrado jefe de la Gestapo –la policía secreta del III Reich– en la ciudad de Lyon cuando Francia estaba ocupada por las tropas hitlerianas.

Desde el primer momento se destacó por su crueldad con los prisioneros. Por ejemplo, capturó, torturó y asesinó a Jean Moulin, legendario jefe de la resistencia francesa. Cuando en 1951 sus delitos salieron a la luz, los servicios secretos estadounidenses, que lo habían protegido en Alemania, lo enviaron a Latinoamérica, donde se integró en la "Operación Cóndor", colaborando por cuenta de la CIA con varios dictadores del "patio trasero" de EE UU. De hecho, fue el responsable de varios golpes de estado en Bolivia, que llevaron al poder a militares fascistas. Durante la dictadura de Luis García Meza Tejada (1980-1981) organizó varios grupos paramilitares al servicio del régimen, además de convertirse en jefe del servicio secreto boliviano.

Pero el principal cabecilla de la Red Gladio alemana fue Reinhard Gehlen, antiguo jefe del servicio de inteligencia nazi en el Frente Oriental y general de brigada del III Reich. Al terminar la guerra se ofreció para trabajar con la inteligencia estadounidense, entregando a las autoridades militares de EE UU miles de microfilms con los archivos más secretos del espionaje nazi. Gehlen acabaría convirtiéndose en el principal agente de la CIA en Alemania. De hecho, la CIA lo eligió para crear el BND, el servicio de inteligencia de Alemania Occidental, del que fue su primer director.

Gehlen reclutó para el 'stay-behind' alemán a decenas de miles de nazis, que se incorporaron a las estructuras de espionaje de la CIA y la OTAN. Durante décadas, el exgeneral nazi y su red infiltraron las más importantes estructuras del poder político y militar de la URSS y Alemania Oriental, obteniendo

Klaus Barbie, apodado "el carnicero de Lyon" por su crueldad, ocupó el cargo de jefe de la Gestapo en dicha ciudad francesa. Luego pasó a engrosar las filas de la Red Gladio.

para la CIA la información más sensible sobre el bloque del Este. Finalmente, tuvo que dimitir como director del BND en 1961, cuando la inteligencia estadounidense descubrió que agentes del KGB habían logrado infiltrarse en las redes nazis que dirigía Gehlen por cuenta de la CIA.

«Tenemos miles de arsenales por todo el país»

Dabringhaus, un exagente de los Tribunales de Contrainteligencia, organización fundada tras la Segunda Guerra Mundial por el Pentágono, encargada tanto de encontrar a criminales de guerra nazis para juzgarlos como de reclutarlos para la causa antisoviética, cuenta que entabló contactos con un antiguo alto cargo de las SS, quien cierto día lo llevó a un escondrijo de armas. El SS le dijo: «Tenemos miles de escondites así por todo el país». Dabringhaus informó a sus superiores, quienes le respondieron que no se preocupara, pues eran muchos los nazis que formaban parte de un ejército secreto controlado por la inteligencia estadounidense, que actuaría en caso de que las tropas de la URSS decidieran invadir Europa.

El secreto del 'stay-behind' alemán no duró mucho tiempo, pues en 1952 el exoficial de las SS Hans Otto se presentó a la Policía para denunciar que formaba parte de un poderoso ejército en la sombra. «La mayoría de nosotros somos exoficiales de la 'Luftwaffe', la 'Wehrmacht' o las SS», declaró, además de confesar que habían sido entrenados por un misterioso estadounidense –probablemente agente de inteligencia– en técnicas de asesinato que tendrían que aplicar llegado el momento, quitando de en medio a determinadas figuras políticas, periodistas y militares de Alemania. Gracias a Otto las autoridades policiales encontraron diversos escondites de armamento y se llevaron a cabo varias detenciones. Sin embargo, la organización a la que pertenecía el antiguo SS simplemente era una de las ramas, ni siquiera la más importante, dentro de la estructura del 'stand-behind' alemán.

En 1990, uno de los implicados habló claramente. Dieter von Glahn, que había escapado de un campo de prisioneros soviético durante la Segunda Guerra Mundial, acabó siendo captado por la inteligencia de EE UU para formar parte del 'stay-behind' alemán. Según confesó en su autobiografía, publicada en 1994, «los estadounidenses decidieron reclutar y constituir una unidad alemana confiable con vista al día D, la invasión de Alemania por el Ejército Rojo. La unidad tenía que formarse con armamento americano, disponer de sus propios escondites de armas y pasar a la clandestinidad en caso de ofensiva». La CIA entrenaba a estos antiguos nazis y simpatizantes del III Reich en la base estadounidense de Grafenwöhr. «Yo participé varias veces en aquellos entrenamientos –relataba Glahn–. Los hombres que iban ataviados con un uniforme americano parduzco solo estaban autorizados a llamarse entre sí por sus nombres de pila. Éstos venían de los cuatro puntos cardinales de Alemania (...) Durante cuatro semanas estábamos completamente aislados del mundo exterior».

Por otro lado, las riquezas obtenidas por la Alemania nazi y Japón durante la Segunda Guerra Mundial, cayeron en manos de la inteligencia estadounidense, que empleó ese capital para financiar la creación de la CIA. El Ejército del III Reich expolió infinidad de riquezas de los países que invadió, especialmente Francia, además de hacerse con los bienes de millones de judíos asesinados en las cámaras de gas. Al finalizar la Segunda Guerra Mundial, dichas riquezas acabaron en manos de los servicios secretos estadounidenses. Así, en 1945, el oficial de inteligencia Allen Dulles, que terminaría siendo director de la CIA, advirtió al general Patton de la existencia de una parte del tesoro nazi, valorado en 315 millones de dólares, oculto en una mina alemana.

La fortuna acabó siendo transferida al Banco Central de Alemania bajo fuertes medidas de seguridad, y fue empleada luego para financiar operaciones secretas de la inteligencia estadounidense en Alemania, como la creación del 'stay-behind' en ese país. Los servicios secretos de EE UU también se hicieron con el control del tesoro expoliado por las tropas japonesas, aliadas de Hitler durante la guerra. Su valor se calcula en miles de millones de dólares, que fueron invertidos en la financiación de la recién creada CIA que, de este modo, podía llevar a cabo toda clase de operaciones sin depender de los fondos públicos y, por tanto, sin que el Congreso de EE UU tuviese conocimiento de las mismas.

El héroe nazi y el Mossad

En lo que respecta a España, durante la dictadura franquista (1939-1975) infinidad de exnazis y fascistas italianos encontraron refugio en dicho país. El exiliado de más renombre fue, sin duda, Otto Skorzeny, teniente coronel de las SS que llevó a cabo la operación que liberó al dictador italiano Benito Mussolini de sus captores. A partir de entonces fue conocido por los Aliados como "el hombre más peligroso de Europa". En la España de Franco creó la empresa de mercenarios Paladin Group, que realizó trabajos para multinacionales, el régimen franquista, el apartheid sudafricano, diversos servicios secretos occidentales y, por supuesto, los 'stay-behind', los ejércitos secretos de la OTAN y la CIA en el Viejo Continente.

Se cree que Skorzeny fue uno de los creadores de las redes de huida de prominentes nazis hacia Latinoamérica. Además, según relatan Michael Bar-Zohar y Nissim Mishal –los dos mayores especialistas en espionaje de Israel– en su libro 'Las grandes operaciones del Mossad' (Galaxia Guttemberg, 2013),

Cuando era oficial de inteligencia, Allen Dulles (que llegaría a director de la CIA) localizó parte del tesoro nazi valorado en 315 millones de dólares, que fueron empleados para financiar operaciones encubiertas.

Skorzeny llegó a un acuerdo con la inteligencia israelí para ofrecer información sobre exmilitares nazis que colaboraban con gobiernos árabes enemigos del Estado hebreo, a cambio de la promesa de que no sería detenido ni asesinado por agentes del Mossad.

'Stay behind' sigue en activo

Según un documento secreto de la CIA dado a conocer en 1996, la organización de los ejércitos secretos europeos 'stay-behind' se dividía en cuatro grandes grupos: el de guerra psicológica (prensa, radio, televisión), el de guerra política, el de guerra económica y el de acción directa (sabotaje, asesinatos, creación de guerrillas, infiltración en la redes enemigas, etc.). En la actualidad, se sabe bastante de este último, pero de los otros tres grupos prácticamente nada han logrado sacar a la luz periodistas y jueces. Muchos sospechamos que 'stay-behind' sigue muy en activo, sobre todo en lo que respecta al ámbito de la guerra psicológica, económica y política...

De hecho, un atisbo de guerra psicológica lo tenemos en el asunto de los dosieres secretos que espías italianos realizaron por encargo de la CIA sobre las más altas personalidades del Estado. Interesaba sobre todo lo relacionado con "comportamientos anormales", es decir, relaciones extraconyugales, ho-

El teniente coronel de las SS Otto Skorzeny, considerado por los Aliados "el hombre más peligroso de Europa", acabó pactando con la CIA y el Mossad años después de terminada la guerra.

mosexuales y sexo de pago. Durante décadas, la CIA presionó a políticos, magistrados, periodistas y empresarios con desvelar sus más oscuros secretos de alcoba si no colaboraban con la Red Gladio. La comisión del Parlamento italiano que investigó esta cuestión concluyó que los agentes del servicio secreto transalpino trabajaban bajo el mandato de la inteligencia estadounidense. «Se espiaba a la gente con cámaras capaces de filmar primeros planos a muy grandes distancias, se controlaba su correspondencia, se grababan sus conversaciones y se acumulaban fotografías sobre sus hábitos sexuales», declaró uno de los implicados ante la comisión parlamentaria.

Una secta en el centro de la conspiración

Un aspecto muy relacionado con la guerra política de los 'stay-behind' es la existencia de la logia paramasónica Propaganda-2 (P2), creada en 1970 por Licio Gelli, antiguo militante de las Camisas Negras de Benito Mussolini que había servido en las SS hitlerianas durante la Segunda Guerra Mundial, al servicio de Herman Goering, lugarteniente de Hitler. Al finalizar la contienda, Gelli fue reclutado por los servicios secretos estadounidenses, convirtiéndose durante décadas en el hombre de Washington en Italia. Con la inestimable colaboración de la CIA, Gelli captó para su logia paramasónica a los hombres más poderosos del espionaje, la política, la industria y el periodismo en Italia, con ramificaciones más que notables en el seno del Vaticano. En 1981, en el marco de una amplia investigación criminal, la Policía registró su residencia en Arezzo, descubriendo los documentos secretos de la P2. Este hecho causó un enorme escándalo, pero enseguida acabó enterrado por las arenas del tiempo y Gelli continuó con sus operaciones, siempre al servicio de la Red Gladio y la CIA.

La importancia de Gelli para los intereses estadounidenses queda fuera de toda duda. De hecho, fue invitado a asistir a la ceremonia de investidura de tres presidentes de EE UU: Gerald Ford, Jimmy Carter y Ronald Reagan. En la de este último tenía un sitio reservado en la primera fila. Gelli acabaría confesando que «los estadounidenses ofrecían mucho dinero a los combatientes de Gladio. Además, garantizaban un apoyo financiero a sus familias en caso de perecer en combate (...) El hecho de que el Partido Comunista Italiano nunca lograra llegar al poder en todos estos años, a pesar de sus repetidos intentos, se debe a la organización Gladio».

El ejército paralelo de Latinoamérica

El periodista Santiago Camacho escribe en su libro 'Biografía no autorizada del Vaticano' (Martínez Roca, 2005) lo siguiente:

> «Licio Gelli había sido socio del criminal de guerra Klaus Barbie, a quien ayudó a organizar un escuadrón de la muerte en Bolivia (...) La Junta Militar boliviana agradeció los servicios de Gelli y Barbie dándoles concesiones especiales sobre las plantaciones de coca, de cuya comercialización se encargaban los no pocos contactos que Gelli tenía en la mafia siciliana (...) Gelli también había contribuido económicamente al régimen de Juan Domingo Perón en Argentina (...) Además, había sido uno de los principales patrocinadores del régimen de Anastasio Somoza en Nicaragua y de los comandos fascistas de la Triple A en Argentina, Colombia y Brasil (...) Con toda esta experiencia, no es de extrañar que obtuviera notables éxitos cuando decidió dedicarse al comercio de armas, teniendo como principales clientes a las dictaduras de extrema derecha latinoamericanas y a un Estado de Israel que no debía conocer sus tratos con criminales de guerra nazis».

En un magnífico reportaje titulado "Las redes estadounidenses de desestabilización e injerencia", el conocido periodista de investigación Thierry Meyssan escribe que a mediados de los años 70 las actividades de los 'stay-behind' fueron reforzadas en Latinoamérica:

«Una coordinación de servicios argentinos, bolivianos, chilenos, etc., fue creada en esos países para aterrorizar y eliminar a los líderes de la oposición. Esta coordinación contaba con el apoyo de los 'stay-behind' europeos. Un ejemplo fue la "Operación Cóndor", cuya dirección operacional fue confiada a Klaus Barbie, el "carnicero de Lyon", un nazi refugiado en Bolivia. Los responsables latinoamericanos de los 'stay-behind' fueron formados en EE UU, en la tristemente célebre Escuela de las Américas en Fort Bragg (Georgia, EE UU) (...) La Escuela de las Américas fue fuertemente criticada después de que se publicaran sus manuales internos de formación, donde se demostró que sus alumnos eran adiestrados en el uso de torturas».

50.000 asesinatos

La CIA puso en marcha la "Operación Cóndor" para acabar con los grupos izquierdistas, comunistas y demócratas que se oponían a las dictaduras militares en Latinoamérica apoyadas por EE UU. Se estableció en noviembre de 1975 durante una reunión patrocinada por la CIA en Santiago de Chile, en la que participaron los líderes de los servicios secretos de las dictaduras chilena, boliviana, uruguaya, paraguaya y del Gobierno argentino (dirigido por Isabel Martínez Perón).

La magnitud de la "Operación Cóndor" no se conoció hasta 1992, cuando el juez paraguayo José Fernández accedió a una serie de documentos policiales desde entonces conocidos como "archivos del terror". En los mismos se detalla que miles de latinoamericanos fueron secuestrados, torturados y asesinados por los servicios de seguridad de las dictaduras de Bolivia, Argentina, Brasil, Chile, Paraguay y Uruguay, en el marco de una coalición continental secreta. Dichos documentos y otros que se revelaron posteriormente muestran que 50.000 personas fueron asesinadas, 30.000 desaparecieron y 400.000 sufrieron cárcel y torturas.

Documentos secretos liberados por la CIA gracias a la Ley de Libertad de Información mostraron que Manuel Contreras, el jefe de la inteligencia de la dictadura de Pinochet, permaneció dos semanas recibiendo instrucciones en la sede central de la CIA en Langley (Virginia). Poco después, se convirtió en el "alma mater" de la "Operación Cóndor" al reunir a sus homólogos de otros servicios secretos para poner en marcha en macabro plan.

El secreto de la Colonia Dignidad

Manuel Contreras mantuvo unas excelentes relaciones con Paul Schäfer, fundador en 1961 de un pueblo de inmigrantes alemanes llamado Colonia Dignidad, emplazado en las cercanías de Parral, en la región chilena de Maule. Schäfer militó en las Juventudes Hitlerianas y actuó de médico en los batallones nazis durante la Segunda Guerra Mundial. En 1974, el propio Augusto Pinochet visitó Colonia Dignidad en compañía de Contreras y su hijo. La Comisión de la Verdad y Reconciliación –organismo oficial creado tras el fin de la dictadura pinochetista para esclarecer las graves violaciones a los derechos humanos durante el régimen militar– averiguó que Colonia Dignidad se había empleado como centro de detención y tortura de los opositores a la dictadura.

Durante un registro policial se encontró un verdadero arsenal de armas de guerra y explosivos, además de lápices, bastones o cámaras fotográficas que en realidad funcionaban como pistolas, probablemente empleados para cometer asesinatos contra los opositores a Pinochet. Schäfer acabó siendo condenado a veinte años de prisión por abusos a varios menores en Colonia Dignidad, falleciendo en 2005 en la cárcel.

En el año 2000, el Gobierno estadounidense liberó un cable que en 1978 dirigió el embajador de EE UU en Paraguay, Robert White, al entonces secretario de Estado Cyrus Vance. En el mismo, White informaba de que durante una conversación con Alejandro Fretes Dávalos, jefe del Estado Mayor de las Fuerzas Armadas de Paraguay, éste le confesó que los jefes de los servicios de inteligencia involucrados en la "Operación Cóndor" «se mantienen en contacto unos con otros a través de una instalación de EE UU en la zona del

Canal de Panamá que cubre toda América Latina». White temía que la implicación estadounidense en "Cóndor" saliera a la luz, sobre todo a raíz de que el exministro chileno Orlando Letelier y su ayudante estadounidense Ronni Moffitt fueran asesinados en Washington D. C. por agentes de la dictadura chilena de Pinochet.

En definitiva, desconocemos hasta qué punto continúan operando las estructuras secretas que hemos mostrado hasta el momento en este capítulo, creadas por la inteligencia estadounidense y antiguos nazis.

De todos modos, en relación a la existencia de poderosas redes secretas nazifascistas, podemos explayarnos en el desconocido y escandaloso hecho de que en 1934 los más prominentes industriales de EE UU, muchos de ellos confesos admiradores del régimen fascista italiano y de Hitler, se reunieron con el objetivo de poner en marcha un golpe de estado de corte fascista en EE UU. Un año antes, en 1933, estos industriales comenzaron a financiar a diversos grupos de corte racista que sumaban más de un millón de militantes en EE UU, además de ganarse para su causa a Gerald G. MacGuire, dirigente de la ultraconservadora Legión Americana, que agrupaba a unos 500.000 veteranos de guerra.

Los conspiradores eligieron como cabeza visible de su proyecto a un héroe de guerra, el general Smedley Darlington Butler, quien debería convertirse en el particular "Hitler estadounidense". Sin embargo, Butler decidió denunciar la trama cuando se dio cuenta que no era ninguna broma, pues solo uno de los industriales implicados en la conspiración puso encima de la mesa treinta millones de dólares para financiar el golpe de estado. Poco después, el 20 de noviembre de 1934, se creó un comité en el Congreso de EE UU encargado de investigar la conspiración. Dicho comité acabó descubriendo a todos los implicados en el proyecto de golpe de estado. Sin embargo, no se dio a conocer al público ni se procedió a realizar detenciones, pues los conspiradores eran lo más granado de la industria estadounidense.

4.
ABDUCCIONES MILITARES

EXPERIMENTOS CON HUMANOS BAJO LA "PANTALLA" DE LOS SECUESTROS EXTRATERRESTRES

"Miles de personas en todo el mundo claman haber sido secuestradas por entidades alienígenas. Sin embargo, algunos tozudos investigadores han encontrado evidencias de que tras muchos de estos casos se encuentran agencias de inteligencia que hacen creer a sus "conejillos de indias" que son víctimas de extraterrestres, cuando en realidad están siendo sometidos a toda clase de experimentos secretos de control mental empleando tecnología de vanguardia.

El ufólogo Nick Redfern se refiere en uno de sus interesantes reportajes al caso protagonizado por una mujer llamada Alison, que vive en una solitaria cabaña con sus dos perros a unos kilómetros de la población de Sedona, en Arizona (EE UU). Entre los 27 y los 31 años recordó cinco episodios de abducción. Siempre se desarrollaban de la misma manera: estaba en el salón durante la noche, cuando sentía que Lucy y Summer, sus fieles animales, mostraban signos de inquietud y miedo. Horas después aparecía en otra estancia de la vivienda con un fuerte dolor de cabeza, la boca seca y signos claros de aturdimiento. Al mirar el reloj, se daba cuenta de que habían transcurrido varias horas desde su anterior recuerdo. Esa misma madrugada o al día siguiente comenzaba a evocar escenas inconexas de ese tiempo perdido: todas las luces de la casa se apagaban; escuchaba un molesto zumbido procedente del exterior de su hogar; unos potentes haces entraban por las ventanas e inundaban de luz el salón; unas figuras oscuras moviéndose a su lado; una camilla sobre la que se sentía recostada, dentro de lo que parecía una nave espacial y, finalmente, era sometida a un análisis ginecológico y sus captores le introducían una sonda por cualquiera de sus fosas nasales.

Durante años creyó que estaba siendo víctima de secuestros por parte de alienígenas. Trató de informarse, así que a través de Internet y en innumerables libros leyó casos muy similares al suyo. Sin embargo, sus creencias se vinieron abajo en el transcurso de su última experiencia de abducción. En un momento dado, recuperó el sentido, abrió los ojos y a su alrededor se encontró con una escena totalmente inesperada. No estaba frente a los icónicos "grises", seres de pequeño tamaño, cabeza enorme en forma de pera invertida y oscuros ojos negros de aspecto almendrado, sino ante unos hombres corpulentos y ataviados con unos uniformes negros. Uno de los intrusos gritó: «Pero,¿qué ha pasado?», y todos empezaron a retroceder. Alison hizo el ademán de incorporarse del sillón en el que estaba recostada, pero uno de los individuos le indicó con la mano que se quedara donde estaba.

Cuando todos salieron por la puerta, nuestra protagonista se acercó corriendo a la ventana más cercana, desde donde observó cómo los hombres se introducían en un helicóptero negro que despegaba a la vez que emitía un potente foco de luz que iluminaba el cielo y su propiedad. En la actualidad, Alison está convencida de que durante un lustro se convirtió en el conejillo de indias de alguna agencia federal o corporación que experimentó con ella diversas técnicas de control mental e incluso armamento no letal, haciéndole creer que era víctima de los desmanes de criaturas de otro mundo.

Alienígenas muy humanos

El caso de Alison no es único, ni mucho menos. En las últimas dos décadas son numerosas las personas que sufren episodios de abducciones extraterrestres, pero que se acuerdan de detalles en nada congruentes con seres alienígenas, sino con humanos que llevan a cabo con ellas experimentos de control mental. Es el caso de la estadounidense Katharina Wilson, que recuerda haber sostenido entre sus manos una máscara que simulaba las facciones de un "gris" durante uno de sus episodios de abducción.

Michelle, una abducida investigada por el Dr. Kouguell, consultor de la MUFON –el más importante grupo de investigación OVNI en el mundo–, asegura que sus captores alienígenas la introdujeron en un tanque de agua. Pero, además, recuerda imágenes de militares, humanos con bata blanca y 'jeeps' del ejército, visiones que no logra ubicar dentro de su experiencia de abducción extraterrestre. Los supuestos secuestradores de otro mundo, al igual que en muchos otros casos de abducción, utilizaron vulgares jeringuillas para inyectarle algún tipo de droga y le introdujeron un pequeño aparato a través de su oreja, una de las técnicas habituales para colocar estos pequeños chips por parte de científicos terrestres. Posteriormente, Michelle acudió al médico por una inflamación en su oreja y el facultativo logró extraer un objeto extraño. Por lo que parece, los extraterrestres, a pesar de sus miles de años de superioridad sobre los humanos –unos 20.000 aseguraba el popular investigador del fenómeno abducción Budd Hopkins–, utilizan una técnica bastante chapucera, incluso superada por los conocimientos científicos de hoy en día.

Otro interesante caso es el de Debbie Jordan, uno de los testimonios estrella de 'Intrusos', el 'bestseller' de Budd Hopkins cuya tesis es que miles de personas están siendo secuestradas por una raza de alienígenas. Debby recuerda que

Budd Hopkins era el más popular investigador del fenómeno abducción.

en una ocasión la llevaron a una especie de hospital, donde la examinó un médico que le extrajo un implante del interior de su oído. Durante una charla en Los Angeles, Hopkins recordó el testimonio de un abducido al que los extraterrestres amenazaron para que disparara contra una persona atada a una silla. Lo curioso es que no se trataba de un arma de rayos láser, sino de un vulgar revolver. Finalmente, el abducido no disparó y los supuestos extraterrestres tampoco cumplieron sus amenazas.

El ufólogo Martin Cannon entrevistó a una abducida a la que los extraterrestres entregaron un arma que tendría que utilizar en una determinada acción cuando en su mente recibiera una clave poshipnótica. Curiosamente, uno de los objetivos fundamentales del "Proyecto MK-Ultra" de control mental –desarrollado por la CIA durante décadas– y otros similares consistía en averiguar si podía usarse la hipnosis o cualquier otra técnica de manipulación cerebral para inducir a un determinado "agente durmiente" a cometer un asesinato.

También la conocida ufóloga británica Jenny Randles pudo entrevistar a una mujer llamada Mary que aseguraba haber sido secuestrada y sometida a un minucioso reconocimiento por una serie de individuos que parecían médicos. Luego, sus captores emplearon técnicas hipnóticas para introducir en su mente imágenes que, según le dijeron, entendería en el futuro. Mary pudo escuchar como uno de los hombres dijo en un tono divertido: «Creerán que son platillos voladores».

Control mental

Algunos de los experimentos desarrollados por la CIA dentro del "Proyecto MK-Ultra" y otros posteriores se dirigían a estudiar cómo los sonidos, los colores o las imágenes de contenido agradable o desagradable podían influir en el cerebro de un individuo. Curiosamente, los extraterrestres también practicaban con los abducidos este tipo de experimentos. El investigador de abducciones David M. Jacobs escribe en su libro 'Vida Secreta' que «las víctimas (según él de los extraterrestres) han informado también de procedimientos en los que se les han colocado aparatos en la cabeza o en torno a la misma. Algunos de estos artilugios parece que obligan a mover los músculos mayores de brazos y piernas. Otros hacen que la víctima vea colores vivos y figuras geométricas».

En su obra, el investigador también relata sorprendentes detalles de la abducción protagonizada por Karen Morgan: «La mujer declaró que durante un episodio los alienígenas la hicieron yacer en una mesa y después uno de los seres pequeños se le acercó con un pincel de algún tipo y le pintó con un líquido marrón en el cuerpo, en amplias ringleras. Después colocaron unos aparatos semejantes a electrodos en los codos y en los muslos de la joven, a quien se le pidió que moviera brazos y piernas, cada cosa a su vez, mientras los seres o bien la observaban o bien medían algo». Jacobs tampoco se explica por qué los alienígenas suelen mostrar a los abducidos en una pantalla imágenes terribles de guerras y destrucciones, en las que muchas veces aparecen personas que el abducido conoce, y en secuestros posteriores le enseñan estampas agradables, románticas y de contenido sexual.

El abducido Steve Thompson asegura que los alienígenas le colocaron un artefacto en la cabeza que le produjo tal dolor que terminó desmayándose. Precisamente, una de las finalidades del "MK-Ultra" era saber hasta qué punto una persona podía resistir el dolor provocado por electrodos aplicados a la cabeza.

En 1980, una mujer llamada Myrna Hansen, de 28 años, y su hijo de seis sufrieron un secuestro por parte de presuntos seres extraterrestres en una carretera de Cimarrón, en Nuevo México (EE UU). Ambos fueron sometidos a un examen médico. A ella le introdujeron una sonda por la vagina que días después le causo una infección. Posteriormente, los sometieron a un doloroso proceso que incluía ruidos atronadores y luces cegadoras. En un despiste de sus captores, Myrna echó a correr y entró a una habitación en la que distinguió enormes recipientes en los que flotaban partes del cuerpo de animales y personas. En otro momento del secuestro, la mujer observó un ser humano que parecía ser el jefe de los extraterrestres.

Experimentos con humanos

El Dr. Helmut Lammer es un geofísico que ha trabajado en numerosos proyectos espaciales para la NASA y la Agencia Espacial Europea (ESA, por sus siglas en inglés), aunque es conocido en el ámbito ufológico por 'MILABS: military mind control and alien abductions' (MILABS: control mental y abducciones extraterrestres), libro en el que presenta abundantes evidencias de que agencias federales estadounidenses están llevando a cabo experimentos de control mental con individuos sin su consentimiento, empleando para ello la pantalla de los secuestros alienígenas.

En octubre de 2017 publicó un artículo titulado "Nuevas evidencias de la participación de militares en secuestros", en el que da a conocer el testimonio de tres mujeres que durante años sufrieron constantes abducciones por parte de criaturas alienígenas, pero que recordaban una serie de escenas que en nada casaban con ese contexto, como ser obligadas a sumergirse en un tanque que contenía «un líquido tibio, más espeso que el agua». Cuando estaban a punto de ahogarse, se dieron cuenta de que podían respirar perfectamente dicha sustancia.

Dan Wright, director durante años del proyecto de recopilación de incidentes de abducción de la MUFON, también ha archivado infinidad de casos en los que los abducidos son introducidos en tanques que contenían algún tipo de líquido. En tres de los mismos, sus protagonistas fueron obligados a respirar sumergidos en dicho fluido. También los abducidos Kim Carlsberg y James Austino, entre otros, afirman haber vivido esta experiencia. Austino incluso recuerda a una mujer con bata blanca que estaba ayudando a los alienígenas. Hace algunos años, entrevisté a un contactado y abducido portugués llamado Carlos Cavalho que, en el transcurso de una larga entrevista, nos confesó que los alienígenas lo habían introducido en un tanque con un líquido que se podía respirar.

En 'Vida secreta', David M. Jacobs afirma, refiriéndose a esta clase de experiencias de los abducidos, que el propósito de los extraterrestres es por el momento desconocida. Sin embargo, puede que no sorprenda tanto a varios científicos que llevan investigando sobre estas cuestiones desde los años 60.

El doctor J. Kylstra, un psicólogo de la Universidad Estatal de Nueva York (EE UU) que trabajó para la Marina estadounidense, pensó que las soluciones saladas podían ser saturadas con oxígeno a alta presión. Realizó experimentos sumergiendo a ratas en dicho fluido durante horas. Una vez en tierra firme, los animales llegaban a sobrevivir casi un día antes de fallecer. Desde entonces, se llevaron a cabo numerosos estudios sobre el asunto, buena parte de ellos en el más absoluto de los secretos y financiados por diversas agencias federales.

En marzo de 2017, la revista científica 'Phys.org' publicó un artículo al respecto, en el que leemos: «La ventilación líquida (respirar un líquido en lugar de aire) ha sido durante mucho tiempo materia de ciencia ficción y, a pesar de los numerosos experimentos y de la posibilidad de emplear esta técnica para tratar traumatismos pulmonares o cardíacos graves y para buceo profundo y viajes espaciales, todavía no se entiende su funcionamiento». Actualmente, equipos de científicos están trabajando con perfluorocarbono –líquido oxigenado–, sintetizado por primera vez en los años 20 y desarrollado durante la Segunda Guerra Mundial. Científicos han conseguido que un gato permanezca varias semanas con vida sumergido en este líquido, pero al volver a respirar oxígeno acababa falleciendo inmediatamente.

Operaciones negras

En noviembre de 1996, varios diarios de Gran Bretaña accedieron a informes secretos que demostraban la implicación del Ministerio de Defensa de ese país en experimentos secretos con humanos durante los últimos cuarenta años, sobre todo en relación al efecto de las radiaciones en el organismo. Dos años antes, el Gobierno de EE UU desclasificó cientos de expedientes altamente confidenciales sobre unos ensayos muy similares. Al menos entre 1944 y 1975 se pusieron en marcha varias operaciones para probar en individuos desfavorecidos cómo reaccionaban ante la exposición a radiaciones, gas nervioso, LSD y diversos agentes biológicos. Estas escalofriantes pruebas se llevaron a cabo incluso con niños en orfanatos, pero también con mujeres embarazadas, enfermos y reclusos en hospitales y cárceles. Más de 23.000 estadounidenses sufrieron graves dolencias y fallecieron a causa de estos inhumanos experimentos que se clasificaron en casi 1.400 proyectos diferentes.

Al mismo tiempo, la CIA regaba de millones y millones de dólares el ultrasecreto "MK-Ultra", proyecto que tenía como objetivo aprender a manipular y quebrar la mente de un individuo. También miles de inocentes se vieron sometidos sin su consentimiento a pruebas que involucraban el uso de hipnosis, drogas y cámaras de aislamiento; el control de la mente a distancia a través de microondas; el estudio de la influencia de luces y sonidos sobre el cerebro; y un largo etcétera.

Ante la presión de los medios de comunicación y la opinión pública, en 1994 el entonces presidente de EE UU, Bill Clinton, se dirigió a la nación en una alocución en la que pidió perdón en nombre de los anteriores gobiernos que habían consentido tales experimentos, y prometió que jamás se volverían a repetir tales hechos. El Congreso incluso creó una comisión de investigación ante la que testificaron decenas de víctimas de esos experimentos, muchos de ellos encaminados a obtener el control total de la mente de un individuo, incluso probando con los "conejillos de indias" el funcionamiento de implantes cerebrales.

A pesar de las buenas palabras de Clinton, numerosas informaciones muestran que dichos "proyectos negros" continuaron funcionando con otros nombres. Quizá dentro de unas décadas periodistas y activistas logren que el Gobierno desclasifique los informes en los que se describen tales operaciones. Por el momento contamos con el testimonio y las pruebas aportadas por personas como Dave Bader, un estadounidense que comenzó a escuchar voces en el interior de su cerebro. Después de algunos meses, se identificaron como entidades de origen extraterrestre, pero el sano escepticismo de Bader hizo que se revelara contra esa situación, por lo que comenzó a escuchar palabras sin sentido y ruidos estridentes, a la vez que perdía el control de sus pensamientos y voluntad.

A principios de 1994 se hizo unas radiografías de su cabeza y, para su sorpresa y la de los médicos, descubrió que tenía alojado un pequeño objeto de apariencia metálica en la parte interna de su mandíbula, justo donde un dentista de la empresa para la que trabajaba le había extraído unas piezas dentales en enero de 1993, cuando empezó a escuchar las extrañas voces. Si Bader hubiera aceptado sin más que estaba en comunicación con seres de otros mundos, quizá se habría convertido en un contactado más o en el líder de una secta. ¿Cuántos contactados o abducidos, nos preguntamos, no estarán siendo controlados o manipulados a través de implantes cerebrales de origen terrestre?

Implantes cerebrales

Desde hace unos años, a un buen puñado de personas que decían ser víctimas de experimentos de control mental llevados a cabo por agencias de inteligencia, se les han encontrado pequeños implantes en el interior de sus cabezas. Es el caso de Jeannie Jones, una brillante socióloga que fue sometida desde su infancia a terribles experimentos de control mental. El Dr. Richard Thompson, que analizó las radiografías de su cabeza, escribió en su informe: «La radiografía lateral muestra un extraño objeto implantado en el lóbulo temporal, directamente adyacente a las fosas nasales. Este objeto es probablemente un radiotransmisor que provoca problemas en la circulación de la sangre (…) Esto, de hecho, causa falta de oxígeno y reduce los nutrientes en esas áreas del cerebro, por lo que los cambios en la actividad neuronal son inevitables».

En una fecha tan lejana como 1983, el profesor P. A. Lindstrom, de la Universidad de California (EE UU), descubrió en las radiografías de Robert Naeslund, otra víctima del control mental, un extraño objeto alojado en la base del hemisferio derecho del cerebro. Otro caso interesante es el de Jhon Gregory Lambros, quien afirma que en Río de Janeiro fue secuestrado por agentes estadounidenses y brasileños que realizaron con él todo tipo de experimentos de control mental, implantándole finalmente un pequeño aparato en el cerebro. Años después del incidente, Lambros se sometería a una delicada operación en la que le fue extraído el implante.

A la vista de lo expuesto, no puede dejar de sorprendernos que uno de los denominadores comunes de los secuestrados por extraterrestres es que sus captores les colocan un implante a través de las fosas nasales o de la oreja. Pero no solo contamos con testimonios, sino que en varios casos también se hallaron en las radiografías cerebrales de estos abducidos pequeños objetos en el interior de su cabeza, pies, manos o espalda. Algunos de esos implantes incluso pudieron ser extraídos y analizados, como le ocurrió a una mujer brasileña llamada Carmen, quien desde marzo de 1990 venia recibiendo mensajes telepáticos de un "comandante extraterrestre" que se identificaba por el nombre de Defe. Tras asistir a una charla sobre ufología, Carmen recordó que años atrás se había realizado unas radiografías de la cabeza en las que se podía apreciar un extraño objeto redondeado con un orificio en el centro, situado en la pared derecha del lado interno del cráneo. Posteriormente, los pretendidos extraterrestres le cambiarían el implante por otro que le introdujeron a través de sus fosas nasales.

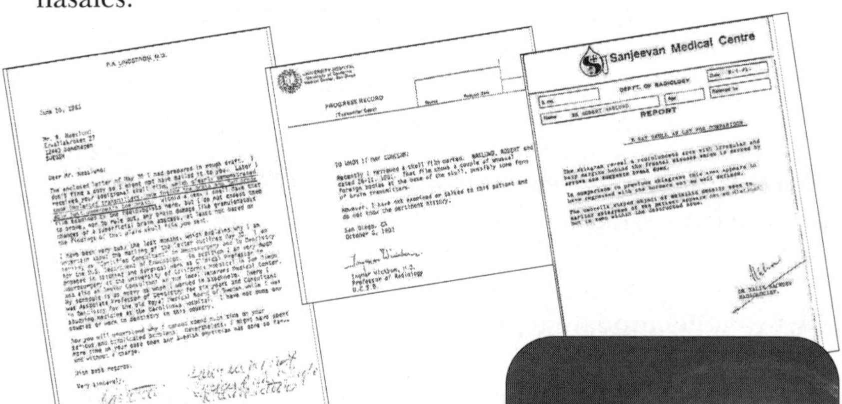
PROGRESS RECORD

Sanjeevan Medical Centre

DEPT. OF RADIOLOGY

REPORT

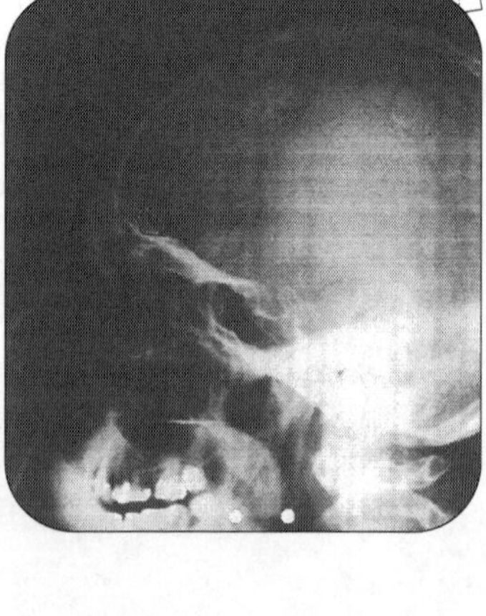

Derecha: Radiografía del supuesto implante localizado en la cabeza de Robert Naeslund.

Arriba: Informes médicos sobre el implante de Naeslund.

Tecnología de ciencia ficción

Lo cierto es que sobre el asunto de los implantes cerebrales llevan mucho tiempo trabajando servicios secretos, ejércitos y corporaciones. Ya en 1989, el Dr. Daniel Mann patentó un diminuto dispositivo que puede implantarse en seres humanos solo con una pequeña incisión y que permite localizar en todo momento a un individuo. El chip, dotado de una pequeña batería, puede cargarse en cualquier momento con un artilugio del tamaño de una pila. De este modo se evitaría la desaparición de niños, clamaba Mann para promocionar su creación.

Tan solo unos años después, en 1995, expertos en asuntos de seguridad nacional, como los doctores Steven Metz y James Kievit, abogaron en un amplio informe –que pasó de mano en mano en los despachos del Pentágono– por desarrollar la tecnología adecuada para que militares de operaciones especiales y agentes encubiertos portaran en todo momento un implante bajo su piel que marcase su posición constantemente. El chip podría desactivarse y activarse desde un centro de control en EE UU para evitar que el artilugio acabase siendo detectado por los sistemas de control de un aeropuerto o de un edificio de alta seguridad.

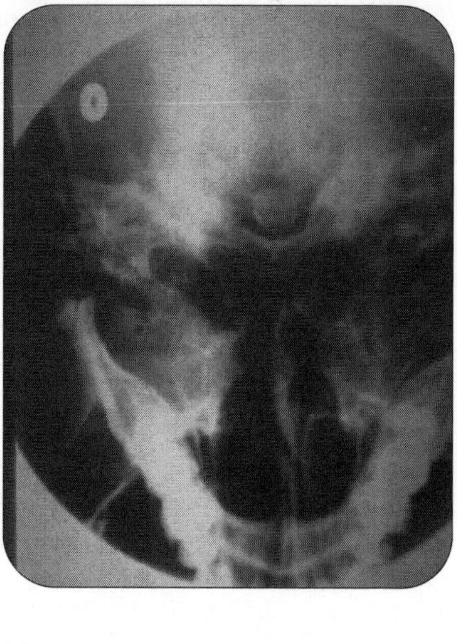

Radiografía de otro pretendido implante situado en la pared derecha del lado interno del cráneo de una mujer llamada Carmen.

También en 1995, la Fuerza Aérea de EE UU publicó un documento titulado "Fuerza Aérea 2025. Operaciones de información: nuevas capacidades para el combate en la guerra", donde se muestra claramente el objetivo de construir implantes cerebrales microscópicos –biochips– que conectarían a un soldado en situación de guerra con uno o varios satélites, capaces de transmitirle sonidos e imágenes para ubicar las posiciones del enemigo, ampliar ciertas áreas de combate, ofrecer en tiempo real información geográfica y meteorológica, identificar las características del armamento empleado por los militares enemigos, etc. Desde entonces han pasado más de veinte años y muchos de estos desarrollos ya son una realidad, aunque por el momento permanezcan en secreto.

Por otro lado, no es un secreto que diversas agencias vinculadas al Pentágono y numerosas corporaciones se están gastando miles de millones de dólares en la creación de implantes cerebrales. Veamos algunas de estos futuristas desarrollos:

–Neurobiólgos de distintas universidades han implantado electrodos a varias partes del córtex de monos, que de este modo son capaces de mover con su mente brazos robóticos y otros artilugios a miles de kilómetros de distancia.

–Neurobiólogos e ingenieros de la Universidad de Nueva York llevan años trabajando en experimentos que han conseguido manejar los movimientos de ratas con implantes cerebrales mediante la emisión de impulsos eléctricos por control remoto.

–La Agencia de Proyectos de Investigación Avanzados de Defensa de EE UU (DARPA por sus siglas en inglés) está invirtiendo cientos de millones de dólares en investigaciones encaminadas a lograr una conexión a distancia entre seres humanos y ordenadores, convirtiendo al cerebro en un módem gracias a varios implantes.

–Facebook está desarrollando interfaces cerebro-ordenador para que cualquier usuario pueda escribir con sus pensamientos y escuchar con la piel gracias a unos implantes cerebrales capaces de traducir frecuencias a palabras.

Mención aparte merecen las investigaciones apadrinadas por el visionario y emprendedor Elon Musk, fundador o cofundador de compañías como Tesla Motors, PayPal, SpaceX, Hyperloop, SolarCity, The Boring Company, OpenAI y Neuralink. Precisamente con esta última, con Neuralink, pretende la creación de interfaces cerebro-computadora que lleguen a estar disponibles para el público general, integrándose como tecnología imprescindible en la vida diaria, de la misma manera que ahora utilizamos un teléfono móvil. Pero a este binomio ordenador-chips, Musk añade un nuevo elemento: la Inteligencia Artificial (IA).

Convencido de que los sistemas de IA en un futuro próximo se tornarán peligrosos para la especie humana, porque nos superarán en habilidades y es posible que pretendan tomar el control en vez de obedecer, Musk apuesta por solucionar el problema logrando que la IA no se desarrolle de forma externa a nosotros, sino consiguiendo una simbiosis total con la IA para que podamos tenerla bajo control. Para ello apuesta por crear una capa de IA sobre la corteza cerebral. El prototipo que están desarrollando los ingenieros de Neuralink consiste en unas sondas ultra delgadas que serán insertadas en el cerebro por un robot neuroquirúrgico. Luego, un sistema electrónico de alta densidad sería capaz de procesar la información proveniente de las neuronas, para conectar nuestro cerebro a un ordenador dotado de IA, o directamente a Internet.

En abril de 2021, Neuralink presentó el funcionamiento de su prototipo implantado en el cerebro de un mono. En el vídeo de presentación se observa a un macaco atento a una pantalla y manejando un 'joystick' con el que está jugando al Pong. Pero luego deja el 'joystick' y juega únicamente empleando su mente.Según explica Neuralink en su página web, el macaco mueve el cursor en una pantalla mediante su pensamiento, gracias a los 1.024 electrodos que están implantados en el dispositivo N1 Link.

De lo que no cabe duda es de que el dominio de la mente es el nuevo campo de batalla, no solo entre estados, sino también entre corporaciones. Todos anhelan conocer el funcionamiento del cerebro para saber cómo manipularlo para sus intereses económicos y políticos.

5.
CRISIS ECONÓMICA: GOLPE DE ESTADO MUNDIAL

CÓMO LAS ÉLITES ECONÓMICAS CREARON UNA VASTA CONSPIRACIÓN PARA DAR EL GRAN "PELOTAZO" DE LA HISTORIA

"La crisis de 2008 constituyó una "voladura controlada" de la enorme burbuja financiera con la que se enriqueció hasta extremos inimaginables la élite económica. Como la caída de las entidades bancarias suponía la caída del sistema, los estados tuvieron que poner el capital y se quedaron sin recursos. Así que tuvieron que pedírselo prestado ¡a quienes se lo habían regalado!

Licenciada en Derecho por la prestigiosa Universidad de Yale, Karen Hudes trabajó durante veinte años en el Departamento Jurídico del Banco Mundial (BM), una de las tres instituciones que dictan las reglas económicas por las que se rige el planeta, junto al Fondo Monetario Internacional (FMI) y la Organización Mundial del Comercio (OMC). Ninguno de los dirigentes de estas instituciones internacionales son elegidos democráticamente, sino que, como denunció Hudes públicamente, harta de ver tanta corrupción y engaños a su alrededor, son las élites económicas quienes colocan a sus "chicos" en los puestos clave de dichas organizaciones.

Según declaraciones efectuadas por Hudes en febrero de 2014, recogidas por el portal de Internet 'Exposing The Realities', la élite financiera mundial emplea un núcleo hermético de instituciones financieras –como el FMI, el BM y la OMC– y gigantescas corporaciones para dominar el planeta, creando "de facto" un gobierno mundial en la sombra. Para ello se sirven de los bancos centrales de las naciones occidentales que, en contra de lo que pueda parecer, no son instituciones públicas, sino privadas, propiedad de los grandes bancos. Pocos saben que la Reserva Federal de EE UU no depende del

Gobierno, sino que es una especie de consorcio de las más poderosas instituciones financieras de nuestro mundo.

Karen Hudes apuntó que una organización llamada Banca de Pagos Internacionales (BPI) es, en realidad, el banco central de todos los bancos centrales. La antigua asesora jurídica superior del Banco Mundial dijo:

> «El BPI es una organización internacional inmensamente poderosa, de la cual la mayoría de personas ni siquiera ha oído hablar, a pesar de que controla secretamente la emisión de dinero en el mundo entero. Es el banco central de los bancos centrales. Su sede está ubicada en Basilea, Suiza, pero tiene sucursales en Hong Kong y Ciudad de México. Es esencialmente un banco central del mundo que tiene completa inmunidad en materia de impuestos y leyes internacionales (...) Hoy en día, 58 bancos centrales de todo el mundo pertenecen al BPI y tiene, con mucho, más poder en la economía de EE UU, o en la de cualquier otro país, que cualquier político. Cada dos meses los banqueros centrales se reúnen en Basilea en una 'Cumbre de Economía Global'. Durante estas reuniones, se toman decisiones que afectan a todo hombre, mujer y niño del planeta, y ninguno de nosotros tiene voz en lo que se decide. El BPI es una organización que fue fundada por la élite mundial, que opera en beneficio de la misma y cuyo fin es ser una de las piedras angulares del venidero sistema financiero global unificado».

Hudes añadió que el BPI y los bancos centrales en realidad tienen como objetivo principal hacerse con el control total de los estados mediante la trampa de los préstamos y la deuda. «Quieren que todos seamos esclavos de la deuda –aseguró–, quieren ver a todos nuestros gobiernos esclavos de la deuda, y quieren que todos nuestros políticos sean adictos a las gigantescas contribuciones financieras que la élite económica mundial canaliza para sus campañas».

La corporación que gobierna el planeta

Pero, ¿quiénes son esa élite económica a la que se refiere Hudes? La respuesta podemos encontrarla en un estudio académico realizado por tres especialistas: Stefania Vitali, James B. Glattelder y Stefano Battison. Dicha investigación muestra que 737 compañías controlan el 80% de la red corporativa internacional. Pero afinando aún más, Vitali, Glattelder y Battison demuestran que más del 40% de esa red global está manejada en última instancia por 147 grandes corporaciones que, según los investigadores, constituirían una "superentidad" con intereses entrelazados, capaz de ejercer un control total sobre el planeta.

En este sentido, la abogada Ellen Hodgson Brown, en su exitoso libro 'Telaraña de deuda' (Almuzara, 2015) –en el que denuncia precisamente la existencia de esa "superentidad" en la sombra– asegura: «La mayoría de las empresas y de la banca estadounidense están ahora bajo el control de un reducido círculo interno de hombres. Entre sus normas están: hacer invisible cualquier concentración de riqueza y ejercer el control a través del 'apalancamiento': fusiones; adquisiciones; la cadena de participantes en una sociedad, en donde una compañía posee acciones de otras compañías; las condiciones accesorias a los préstamos y así sucesivamente. (La élite) ejerce un estric-

La abogada Ellen Hodgson denuncia que la banca y las empresas más importantes de EE UU están bajo el control de un reducido círculo interno de hombres (Wiki Commons).

to manejo y control del personal, colocando a la cabeza de la banca a un mínimo de hombres de confianza, que solo tienen un conocimiento parcial del juego».

El expresidente de EE UU D. H. Einsenhower, antiguo comandante supremo aliado en Europa, ya advirtió durante su presidencia (1953-1961) sobre ese gobierno en la sombra, encarnado en lo que él denominó complejo militar-industrial, cuyo omnímodo poder ya entonces lo estaba empleando para dirigir la política y la economía de EE UU y del resto de las naciones occidentales.

Einsenhower mantuvo bastantes conversaciones sobre esta cuestión con su sucesor en la presidencia de EE UU, J. F. Kennedy. Éste, durante uno de sus discursos radiofónicos a la nación, el 27 de abril de 1961, denunció la existencia de ese gobierno secreto antidemocrático. Comenzó su discurso mostrando su oposición «al secretismo, las sociedades secretas, los juramentos secretos y los procedimientos secretos». Acto seguido, sacó a relucir su armamento pesado, al afirmar:

> «Existe una conspiración monolítica y despiadada, que confía sobre todo en los medios secretos para extender su esfera de influencia, a través de la infiltración, de la subversión, de la intimidación. Es un sistema que ha reclutado extensos recursos humanos y materiales en la construcción

D. H. Einsenhower, comandante supremo aliado en Europa y luego presidente de EE UU, advirtió sobre la existencia de un gobierno en la sombra, encarnado en lo que él denominó complejo militar-industrial.

de un tejido hermético, una máquina altamente eficaz, que combina operaciones militares, de inteligencia, económicas, científicas y políticas. Les pido a ustedes ayuda en la gran tarea de informar y alertar al pueblo de América, con la confianza de que, con su ayuda, el hombre pueda ser aquello para lo que nació: libre e independiente».

En su último discurso público, poco antes de ser asesinado en Dallas el 22 de noviembre de 1963, volvió a la carga: «El poderoso despacho del presidente ha sido utilizado para fomentar una conspiración a fin de destruir la libertad de los estadounidenses, y antes de que abandone la presidencia debo informar a los ciudadanos sobre su destino». Como decimos, no tuvo tiempo de desvelar esa oscura trama a la que se refería, pues murió asesinado, muy probablemente por esos mismos conspiradores que pretendía sacar a la luz.

Pero Kennedy no fue el único presidente de una gran nación que se refirió a esos poderes en la sombra que están por encima de los políticos elegidos democráticamente. Podríamos escribir un libro solo con declaraciones de esta clase, pero quedémonos, por ejemplo, con las palabras del exprimer ministro británico Benjamín Disraelí, cuando aseguró: «El mundo es gobernado por personajes muy diferentes a aquellos que creen quienes no son capaces de mirar más allá de sus narices».

Una deuda especulativa impagable

En un magnífico reportaje titulado "Los verdaderos amos del mundo", publicado en la revista 'AÑO/CERO' por su entonces director, Enrique de Vicente, se muestra de qué manera funciona realmente el sistema bancario. Es imposible explicarlo mejor, de modo que nos dedicaremos a transcribir lo escrito por De Vicente:

«En función de cada 100 euros que cualquiera de nosotros deposita en un banco, éste puede prestar informáticamente el 90%, es decir, 90 euros. Puesto que casi todos dejamos nuestro dinero en un banco o se lo pedimos prestado, el conjunto del sistema bancario puede prestar hasta el 90% del segundo depósito de nuestro dinero, y así sucesivamente, hasta que la suma total generada por los ordenadores de ese sistema ha multiplicado por diez nuestro depósito inicial, produciendo 1.000 euros en el conjunto de los bancos, algo a lo que llaman 'expansión del dinero'. Yendo más allá, la creación de dinero ha sido privatizada o absorbida por un 'cartel' de dinero privado. Tras la desaparición de las monedas fabricadas con metales preciosos, todo el dinero es creado –en función de préstamos otorgados a los gobiernos, empresas y particulares– por instituciones bancarias privadas, incluyendo la Reserva Federal de EE UU, sistema bancario no estatal que controla la emisión de dólares. Ese dinero virtual no se corresponde a las reservas reales, sino que los bancos lo crean –diariamente y de la nada– mediante registros o entradas contables».

Este modo de actuar de la banca no es nuevo, pues ya en 1927, sir Josiah Stamp, director de Industrias Nobel y del Banco de Inglaterra, dijo: «El sistema bancario moderno fabrica dinero de la nada. El proceso es la pieza más sorprendente de prestidigitación jamás inventada». Para entender la magnitud de la situación a la que hemos llegado hoy en día debido a ese poder de crear dinero de la nada, en manos del sistema financiero internacional, nada mejor que ofrecer unos fríos datos: la cantidad de dinero real, el "inventado" por la banca internacional y el derivado de la burbuja generada por la especulación en bolsa, que no deja de ser otro modo más de enriquecerse haciendo que el dinero salga de una chistera sin ningún respaldo real. También en la revista 'AÑO/CERO', el investigador Miguel Ángel Ruiz, uno de los más incisivos estudiosos españoles de los poderes en la sombra, ofrece los siguientes datos, a todas luces muy sorprendentes:

«Las reservas reales de oro en el mundo ascienden a 845.000 millones de dólares que, en teoría, deberían constituir el respaldo real del dinero que circula por el orbe. Sin embargo, la cantidad en efectivo es mucho mayor: 3,9 billones de dólares. La totalidad del dinero bancario -que no son otra cosa que deudas- son 39 billones de dólares, y el llamado sistema financiero oculto, es decir, productos derivados de la especulación, asciende a 62 billones de dólares. En cuanto a la suma de activos -moneda que se vende y revende para producir beneficios- en todo el mundo, asciende a 290 millones de dólares. Hasta el momento, los rescates bancarios (de diferentes gobiernos del planeta) son 'tan solo' de 1,9 billones de dólares. La conclusión es que el sistema financiero especulativo tiene tal tamaño y ha generado una deuda tan astronómica, que es impagable. Sostengo que no ahora -puesto que se procurará mantener esa burbuja hasta sus últimas consecuencias-, pero algún día, como todas las burbujas de la historia, estallará, dinamitando definitivamente nuestro sistema, con consecuencias impredecibles».

Nos robaron... Y aún encima les pagamos

En la actualidad, estamos asistiendo a la demolición del llamado sistema de bienestar. Políticos de todo pelaje afirman, sin ruborizarse, que ya no es sostenible a causa de la crisis. En realidad, deberían decir a causa del dinero que los gobiernos occidentales regalaron al sistema financiero internacional para evitar que el andamiaje económico en el que se basa Occidente se viniera abajo.

Esas dádivas no fueron más que el segundo robo perpetrado por el sistema financiero mundial. El primero provocó el origen de la crisis. Me explico. En 2008 estalló la burbuja financiera, algo absolutamente inevitable y de lo que tenían conocimiento los gobernantes de todo el mundo. Años antes, los accionistas y directivos de la banca internacional se hicieron inmensamente ricos mediante el mayor pelotazo de la historia de la humanidad. El método empleado se llama "titularización" y consiste en tomar determinados productos financieros, hacer un paquete con los mismos y venderlos en los llamados mercados de derivados. Luego, esos paquetes a su vez también se unen con otros que se vuelven a vender, y así sucesivamente.

Las entidades bancarias y financieras se dedicaban a comprarse unas a otras estos paquetes a un precio cada vez mayor, a sabiendas de que estaban creando una burbuja que, cuando estallara, nadie iba a poder pagar. Cada venta reportaba unos enormes beneficios a accionistas y directivos. Como los más avezados lectores ya habrán deducido, estamos ante una burda técnica para crear dinero de la nada, que iba a parar a los bolsillos de directivos y accionistas, a costa de engordar una burbuja de deuda impagable que al final sufragamos todos los ciudadanos, como siempre.

En otras palabras, las élites se hicieron mucho más inmensamente ricas, y cuando fue necesario arreglar el desaguisado, los estados se vieron obligados a poner el dinero para que el sistema no se viniera abajo. Esto generó que la mayor parte de las naciones occidentales no pudiesen hacer frente a sus pagos (sueldos de funcionarios, mantenimiento de hospitales, escuelas, carreteras, etc.), de modo que no les quedó más remedio que pedírselo prestado... ¡a aquellos a quienes se lo habían regalado! Es decir, al sistema financiero internacional que mediante la técnica de la "titularización" había creado la enorme burbuja. Ver para creer. Digno de una película de Groucho Marx, si no fuera porque la situación carece de gracia para millones y millones de personas que se quedaron sin casas, sin ahorros, sin trabajo y sin futuro.

De este modo se explica por qué las entidades financieras concedían créditos hipotecarios aún a sabiendas de que los clientes no iban a poder pagarlos. No les importaba lo más mínimo porque ese no era su negocio, sino empaquetar esa hipoteca junto a otras tantas, para luego venderlas en el mercado de derivados como producto especulativo.

Más poderosos que los estados

Pero aquí no acaba el robo a mano armada. Suma y sigue. El Banco Central Europeo (BCE) –otra entidad bajo el control de las élites financieras, como todos los bancos centrales del mundo– podía haber atajado la crisis económica en la Unión Europea de un modo bastante sencillo: prestando a un bajo interés a los estados europeos el dinero necesario para poner en orden sus cuentas. Teniendo en cuenta que el BCE se financia a costa de los impuestos que pagamos todos los ciudadanos de la Unión Europea, esta solución hubiese sido la más lógica. Pero no. Una sorprendente norma europea impidió que el BCE prestara dinero directamente a los estados, como dictaría la lógica.

Dicha norma impone que tiene que prestar el dinero a un banco, que a su vez se lo deja a un determinado país. Esto se tradujo en que el BCE prestaba capital a los más poderosos bancos europeos al 1% de interés, y esos bancos se lo dejaban a los estados al 6% o 7%. De modo que el BCE en vez de acabar con la crisis económica lo que hizo fue agravarla, provocando que los países europeos entraran en una espiral de deuda de la que difícilmente se liberarán jamás. A muchos no nos extraña nada la actuación del BCE, pues en realidad sirve a los intereses del sistema financiero internacional y no a los de los ciudadanos del Viejo Continente.

Pero luego vino el último acto de esta mascarada. Como algunos estados no podían devolver el dinero que se vieron obligados a pedir prestado a los grandes fondos de inversión –este fue el caso de España–, la única solución consistió en vender empresas públicas a precio de saldo a esos fondos de inversión que gestionan el capital de grandes corporaciones y de buena parte del sistema financiero internacional.

Pero como ni así era posible saldar la deuda, los gobiernos se lanzaron de cabeza a la privatización de servicios públicos básicos, como la sanidad, la educación o las pensiones, que pasaron a depender de grandes multinacionales vinculadas, de una u otra forma, a esos gigantescos fondos de inversión. Para hacernos una idea de su omnímodo poder, baste un simple dato: los mayores fondos de inversión obtienen ganancias anuales ¡por encima del Producto Interior Bruto (PIB) de todas las naciones del mundo juntas! Por tanto, a nadie debe extrañar que pongan y quiten presidentes y ministros y dirijan desde la sombra la política de los estados más poderosos del planeta.

En realidad, son los que de verdad mandan. Y las órdenes son claras: primero el pago de la deuda y después todo lo demás. Por ejemplo, en 2011, cuando era presidente del Gobierno español, José Luis Rodríguez Zapatero no tuvo más opción que cambiar la Constitución en una tarde –con el apoyo tanto de su partido, el PSOE, como del PP y Unión del Pueblo Navarro (UPN)– para que el pago de la deuda estuviese por encima de cualquier otra necesidad. En el texto de la reforma constitucional leemos: «Los créditos para satisfacer los intereses y el capital de la deuda pública de las Administraciones se entenderán siempre incluidos en el estado de sus gastos de sus presupuestos y su pago gozará de prioridad absoluta. Estos créditos no podrán ser objeto de enmienda o modificación, mientras se ajusten a las condiciones de la Ley de emisión». Sí, han leído bien, "prioridad absoluta". Se puede resquebrajar el sistema educativo y el sanitario o el estado de bienestar en su conjunto, pero siempre será prioritario el pago de la deuda.

Demolición controlada del sistema

Especialistas como Miguel Ángel Ruiz, que ha estudiado en profundidad las auténticas causas de la crisis y los poderosos actores que se encuentran tras la misma, opinan que en realidad se trató de una "demolición controlada" del sistema económico mundial. Su finalidad no sería otra que obligar a los estados a pagar la enorme burbuja económica que las grandes entidades financieras y fondos de inversión habían provocado especulando principalmente con el mercado hipotecario. En realidad, el tsunami de la crisis se debió a la caída de Lehman Brothers, uno de los dos grandes bancos que habían especulado con las hipotecas. El otro era Goldman Sachs. En "La conspiración de la crisis económica", artículo de Miguel Ángel Ruiz en la revista 'AÑO/CERO', leemos lo siguiente sobre el asunto que nos ocupa:

> «Una pregunta que se hacen muchos economistas es: ¿Por qué el Departamento del Tesoro y el Sistema de la Reserva Federal de EE UU dejaron caer al gigante bancario Lehman Brothers y no al Goldman Sachs? Un intere-

sante estudio del Observatorio de Coyuntura Económica, perteneciente al Instituto Juan de Mariana, advierte de que la quiebra de Lehman Brothers era evitable, y califica de inexplicable que las autoridades tomaran tal decisión. De hecho, el derrumbe de Lehman Brothers fue el desencadenante de la caída del crédito en 2008 y del inicio de la especulación con la deuda soberana de los países. Muchos nos preguntamos si la quiebra de dicho banco en realidad fue una 'demolición controlada' por el sistema financiero. De otro modo no se comprende por qué muchos de los responsables de tal desastre gobiernan hoy en muchos países del mundo».

El bueno de Miguel Ángel Ruiz se refiere al hecho de que, en el momento que escribió dicho reportaje (2012), el primer ministro de Italia era Mario Monti, a quien nadie eligió para tal cargo, sino que fue impuesto por los llamados mercados –en realidad los grandes fondos de inversión– para llevar a cabo las reformas legislativas necesarias, con el fin de que Italia pagase su deuda por encima de cualquier otra necesidad del estado. Una vez que llevó a cabo la misión encomendada por los mercados, tuvieron lugar elecciones y Enrico Letta, el nuevo primer ministro –esta vez sí elegido democráticamente–, ocupó su cargo.

Los mercados financieros impusieron a Mario Monti como presidente de la República Italiana, sin pasar por las urnas (Wiki Commons).

Las reformas ya estaban hechas, de modo que Letta no sufrió ningún coste electoral. Los grandes medios de comunicación utilizaron puñados y puñados de eufemismos para referirse al Gobierno de Monti, pero a mí solo se me ocurre uno: Gobierno no democrático. Monti, cómo no, fue uno de los principales asesores de Goldman Sachs, precisamente durante el período en que esta compañía ayudó a ocultar el déficit del Gobierno griego de Kostas Karamanlis. Monti también es miembro del poderoso Club Bilderberg y de la Comisión Trilateral, organización dentro de la cual ocupó el cargo de director para Europa.

Golpe de estado planetario

Miguel Ángel Ruiz continúa explicando en su reportaje en la revista 'AÑO/CERO':

> «¿Acaso un puñado de hombres cuidadosamente escogidos y no elegidos democráticamente, apoyados por los grandes 'lobbys' financieros, han podido dar un colosal golpe de estado económico? Un buen número de expertos estiman que el neoliberalismo ya no necesita a la democracia y la va a suprimir. Una prueba del sistema intrínsecamente antidemocrático que se está imponiendo en Europa, se vio con claridad meridiana cuando el presidente de Grecia, Yorgos Papandreu, quiso convocar un referéndum para que la ciudadanía aprobase o no el rescate de Europa al país heleno. En respuesta, los mercados provocaron graves pérdidas en la bolsa. ¿Tan malo es para el sistema pedir la opinión de los ciudadanos?».

Sin duda, a los mercados les interesaba que Grecia pidiera el rescate, pues de ese modo el país quedaría cautivo mediante su deuda y, por tanto, esos mismos mercados podrían hacerse con el control de los recursos del país heleno a precio de saldo. Y así ha acabado ocurriendo. Los prestamos a países en general acaban siendo impagables a causa de sus elevados intereses, de modo que la nación en cuestión termina perdiendo su soberanía y son los mercados los que imponen las leyes y a los líderes de los partidos dominantes. Así lo explicó, por ejemplo, el exagente de la poderosa Agencia de Seguridad Nacional de EE UU John Perkins, autor del 'bestseller' titulado 'Confesiones de un gánster económico' (Urano, 2005).

Su misión consistía en convencer a las autoridades de los países del Segundo y Tercer Mundo para que aceptaran los préstamos del sistema financiero internacional, aún a sabiendas de que nunca podrían satisfacerlos. La finalidad era que dichos países entraran en la "espiral de la deuda" y, por tanto, se viesen abocados a ceder su soberanía a las instituciones económicas internacionales, es decir, a los grandes fondos de inversión. Perkins asegura que en el año 2000 el punto de mira de las élites económicas se dirigió hacia las clases medias de Occidente. La crisis económica no sería más que el modo de empobrecer a las clases medias y, por tanto, a las naciones occidentales.

Gran parte de la responsabilidad de la crisis corresponde a las llamadas agencias de calificación o de 'ranting', de las que tanto se habló en su momento en los medios de comunicación. Su trabajo consiste en analizar a entidades comerciales y gubernamentales, poniendo una determinada nota a la deuda de cualquier emisor, sea éste una empresa, un estado o cualquier otra organización pública o privada.

Las dos agencias de calificación más poderosas son Moody's y Standard & Poor's, que manejan alrededor del 80% del mercado mundial. Tanto Moody's como Standard & Poor's calificaron con la máxima nota a los productos hipotecarios especulativos de bancos como Goldman Sachs, Lehman Brothers y otros, aún a sabiendas de que eran auténtica "basura" y solo generaban grandes ingresos para los especuladores y una burbuja financiera que en unos cuantos años estallaría, llevándose por delante al sistema económico mundial.

Una investigación desarrollada por el Congreso estadounidense reveló una serie de correos electrónicos que se cruzaron empleados de estas agencias de calificación, de los cuales se puede colegir que participaron en el fraude y que sabían de sobra lo que iba a ocurrir. En los citados correos podemos leer frases como las que siguen: «Esperemos ser ricos y retirarnos antes de que este castillo de naipes se derrumbe» o «hemos vendido nuestra alma al diablo a cambio de ingresos». La investigación del Congreso de EE UU concluyó que las tres principales agencias de calificación –las citadas Standard & Poor's y Moody's más Fitch, la tercera en importancia– habían ayudado a los bancos a esconder los riesgos de las inversiones que promocionaban.

El fraude de las agencias de calificación

Las agencias de calificación también son las encargadas de poner una nota a las naciones, dependiendo de sus probabilidades de impago de la deuda. Obviamente, cuanto más altas son las posibilidades de impago, menor es la nota. Es lo que se conoce como "prima de riesgo", palabrejas que tanto emplean habitualmente los medios de comunicación. Se mide teniendo en cuenta el sobreprecio de los intereses que paga un determinado país en comparación con otros. En Europa la referencia es el bono alemán a 10 años, cuyo riesgo de impago es cero. A partir de ahí, dependiendo de la diferencia respecto al bono alemán, la prima de riesgo aumenta. En lo que respecta a España, cada vez que paga un 1% más por su deuda que Alemania, debe abonar unos 7.000 millones de euros a mayores en intereses respecto a Alemania. Casi nada. Y España ha llegado a estar más de seis puntos por encima del país teutón. Las cuentas son sencillas: ¡Unos 42.000 millones de euros más en intereses!

Cuando el peso de la crisis ya se había trasladado a los gobiernos, las agencias de calificación continuaron alterando a su antojo las valoraciones de la deuda de diferentes naciones, tal como se desprende de un correo electrónico que un empleado de una de estas agencias dirigió a otro. «Se está creando un monstruo todavía mayor», podemos leer en el correo al que tuvo acceso la comisión del Congreso de EE UU encargada de investigar a las agencias de 'rating'. Y lo cierto es que resulta inexplicable que la deuda alemana sea la mejor valorada de Europa, a pesar de que el Gobierno alemán compró la mayor parte de la deuda de Grecia. Conclusión: las calificaciones de las agencias de 'rating' poco tienen que ver con la situación real de la deuda de los países, sino con los intereses económicos que se mueven entre bambalinas.

Siempre me ha llamado la atención que en los grandes medios de comunicación se hablara constantemente de 200, 300, 400, 500 o 600 puntos básicos de la prima de riesgo. ¿Por qué se refieren a cientos, me preguntaba, cuando deberían hablar de unidades (2%, 3%, 4%...)? En realidad, es la forma en que las agencias de calificación transmiten a los medios de comunicación las cifras de la deuda, probablemente con un objetivo claro: asustar a los ciudadanos.

Seamos claros, la mayoría de las personas no tiene ni idea de qué significa prima de riesgo, solo saben que cuando es muy alta el Gobierno comienza a realizar recortes presupuestarios y sube los impuestos. La ciudadanía acaba aceptando los recortes y la mayor carga impositiva porque 400, 500 o 600 suena a cifras importantes. Pero si fueran 4, 5 o 6, semejaría poca cosa y no tendría el efecto amedrentador que buscan los que manejan los grandes fondos de inversión. Lo anterior se llama guerra psicológica y los dueños del mundo saben muy cómo llevarla a cabo.

Cómo los amos del mundo tumbaron a España y Portugal

Pero hay más. Como apunta el especialista Miguel Ángel Ruiz, la nota que imponen las agencias de calificación a la deuda de un país tiene el efecto de profecía autocumplida, pues puede hacer bajar o subir los intereses de la deuda. Si las agencias de calificación trabajan para los llamados mercados, tal como hemos mostrado anteriormente, no debería sorprendernos que califiquen mucho peor de lo que sería justo la deuda de ciertos países, para que éstos tengan que satisfacer mayores intereses a los mercados, en realidad los clientes de las agencias de calificación. Y ya se sabe que el que paga... manda.

El economista Michael Hudson es de la opinión de que las agencias de calificación son los perros guardianes de las élites financieras, pues al rebajar la calificación de la deuda de cierto país, lo que consiguen es abaratar el precio de los recursos públicos que acaban en manos de los grandes fondos de inversión, pues el gobierno de ese país se ve obligado a vender rápido y mal para poder pagar los intereses de la deuda antes de que venzan. Sin embargo, será la historia de nunca acabar, porque los intereses de la deuda continuarán creciendo hasta el infinito.

Los oscuros objetivos de las agencias de calificación se escenificaron con toda crudeza en España en 2011, cuando Moody's rebajó espectacularmente la nota de todas las entidades financieras españolas, al tiempo que estimaba en 50.000 millones de euros el capital necesario para que la banca pudiera recapitalizarse y operar con cierta tranquilidad. Moody's realizó estas revelaciones días antes de que el Gobierno español sacara a la luz un informe en el que se apuntaba que 15.000 millones bastarían. Con esto, Moody's consiguió hundir definitivamente en el fango a España, puesto que los intereses de la deuda subieron, los precios de los seguros para protegerse de los impagos aumentaron como la espuma y la prima de riesgo volvió a ponerse por las nubes. Conclusión: de nuevo los llamados inversores –los prestamistas, en general grandes fondos de inversión– volvieron a ver incrementados los intereses que les debía pagar España.

En 2010, un año antes de los ataques contra España de los inversores, Portugal se convirtió en la diana perfecta. El 27 de abril, Standard & Poor's rebajó la nota de la deuda soberana del país luso. Aún así, Portugal volvió a la senda del crecimiento. Justo entonces los ataques se recrudecieron y Moody's, inexplicablemente, volvió a bajar la nota de la deuda, de modo que los intereses crecieron tanto que el Gobierno no pudo hacer frente a la deuda y se vio en la obligación de solicitar un rescate –otro préstamo más– a la Unión Europea y al Fondo Monetario Internacional. Resultado: jaque mate, las agencias de calificación habían puesto la cabeza de Portugal en bandeja a los fondos de inversión.

Lo que ocurrió a continuación parece una película de terror. Bruno Cardeñosa, uno de los más valientes periodistas de investigación españoles, lo contaba así en su imprescindible libro 'Triple A: ¿Quién mueve los hilos?' (Libros Cúpula):

«Los inversores recibieron con agrado la solicitud de rescate y doblaron la demanda por hacerse con los bonos (de deuda) emitidos por Portugal. No tenía mucho sentido, porque si las agencias decían que el país estaba en dificultades, quienes adquirían esa deuda podían tener dudas, pero no las tuvieron y siguieron invirtiendo su dinero en las arcas públicas del país. Eso sí –y ahí encontramos la respuesta a la incógnita–, empezaron a cobrar muchos más intereses por sus compras de deuda pública. Los inversores estaban felices por la solicitud de rescate de Portugal, pues gracias a ello estaban cobrando más dinero. Mientras tanto, los ciudadanos lusos empezaron a ver cómo menguaba su capacidad adquisitiva».

En las elecciones de junio de 2011, se produjo un cambio de gobierno y la derecha sustituyó a la izquierda moderada. Pero las agencias de calificación siguieron a lo suyo. No pararon hasta colocar a Portugal en la lista negra de los bonos basura. Las agencias habían conseguido su finalidad: masacrar al país. Es cierto que se alzaron voces en la escena internacional denunciando los injustificados ataques de las agencias de calificación al país luso, pero enseguida todo regresó a la normalidad, y los políticos portugueses centraron sus discursos en la necesidad de abrocharse el cinturón y recortar.

En 2011, José Luis Rodriguez Zapatero, entonces presidente del Gobierno español, y el líder de la oposición Mariano Rajoy pactaron una modificación exprés del artículo 135 de la Constitución.

Ciertamente, no creo que nadie sepa en qué desembocará la situación económica de perpetua crisis que vivimos desde 2008 –a lo que hay que sumar la enorme crisis derivada de la pandemia de coronavirus–, la cual está arrasando la confianza de los ciudadanos en los bancos, en la clase política y en el sistema jurídico. Pero es muy probable que todo el sistema acabe saltando por los aires. Ahora, de lo que no me cabe duda es de que a los fondos de inversión no les importa lo más mínimo, porque su cometido es obtener el máximo beneficio en el menor tiempo posible, y lo que pueda suceder en el futuro no es algo que tengan en cuenta.

II
PARADIGMAS PROHIBIDOS

6.
LA INTELIGENCIA SECRETA DE LAS PLANTAS

SE COMUNICAN, APRENDEN, TOMAN DECISIONES, TIENEN PERSONALIDAD INDIVIDUAL, CUIDAN A SUS RETOÑOS, COLABORAN ENTRE SÍ Y POSEEN CONCIENCIA

“Si todavía despreciamos a los animales como seres inferiores, la mayoría de los humanos ni siquiera consideramos a las plantas entidades vivientes. Pero lo cierto es que no solo están vivas, sino que son inteligentes: captan una enorme cantidad de información de su entorno, piensan y actúan en consecuencia. También “conversan” mediante un complejo lenguaje del que casi nada sabemos, protegen a otros vegetales y cooperan entre sí hasta extremos inimaginables.

Parece mentira que los seres humanos todavía nos consideremos los reyes de la creación, porque lo cierto es que vamos de humillación en humillación. Durante mucho tiempo pensamos que la Tierra era el centro del universo, hasta que descubrimos que en realidad se trata de un planeta cualquiera de los cientos de miles de millones de la Vía Láctea, que no es más que una galaxia como las otras 300.000 millones que por el momento han logrado captar nuestros toscos aparatos de observación astronómica. Pero todavía nos quedaba nuestro mundo azul, porque comparados con los animales no cabía duda de que éramos superiores. Entonces descubrimos que nuestros hermanos no humanos también se comunican, son inteligentes, tienen sentimientos, distinguen entre el bien y el mal, son solidarios y en el caso de ciertas especies (como primates y elefantes) demuestran cierto grado de espiritualidad y religiosidad.

Esta realidad obligó a zoólogos y biólogos a cambiar su punto de vista respecto a nuestra relación con los animales, seres vivos a los que debemos dotar de derechos para evitar su maltrato. Pero, ¿qué hay de las plantas? Desde hace siglo y medio se sabe que los vegetales también son entidades inteligentes que toman decisiones analizando las circunstancias de su entorno, pero hasta hace una década pocos científicos se habían adentrado en este proceloso campo del saber. En los últimos años, el paradigma respecto a las plantas ha cambiado para siempre, porque los especialistas han concluido que se comunican entre sí mediante la emisión de olores, empleando un lenguaje rico y complejo que de momento estamos muy lejos de comprender; que poseen los cinco sentidos propios de los seres humanos y quince más; que cada planta tiene su propio carácter y personalidad, diferente a las del resto de su especie; que son solidarias y protectoras con su progenie y con otros vegetales con los que no están emparentados, incluso de otras especies; etc.

Son seres conscientes

Para concluir que una especie es más inteligente que otra debemos empezar por definir qué consideramos inteligencia. Desde el punto de vista evolutivo sería la capacidad de cierto organismo para adaptarse a su entorno, y en eso las plantas han superado con creces al resto de criaturas vivientes. El 99,7 de la vida que puebla la Tierra son vegetales, mientras los animales (incluidos los humanos) solo constituyen el restante 0,3%. ¿Quiénes han demostrado entonces una mayor adaptación al entorno? Digámoslo claro: las plantas son los seres que dominan el mundo, mientras que la presencia de los animales es puramente testimonial. Tal como apunta Stefano Mancuso, director del Laboratorio Internacional de Neurobiología Vegetal de la Universidad de Bolonia (Italia), la explicación a tal circunstancia solo puede ser una: «Las plantas son organismos mucho más refinados, adaptables e inteligentes de lo que solemos creer».

La única razón por la que consideramos a los vegetales seres inferiores a los animales es que son muy diferentes a nosotros, hasta tal punto que todavía nos cuesta contemplarlos como seres vivos. Como no tienen la capacidad de desplazarse a las velocidades de los animales han creado otro modo de hacer frente a las amenazas, porque las plantas poseen una estructura redundante constituida por módulos repetidos. Aunque cada una de sus partes realiza una función específica, cualquiera tiene la capacidad de realizar las del resto de la estructura si las circunstancias así lo requieren. Por eso, aunque un depredador acabe hasta con el 95% de la planta, ésta puede volver a regenerarse por completo y seguir existiendo.

Pocos saben que Charles Darwin, descubridor de los procesos de evolución de las especies, también estudió durante décadas la vida de los vegetales. El fruto de sus investigaciones lo dio a conocer en un volumen titulado 'El poder del movimiento de las plantas' (1880), que supuso un auténtico terremoto en el campo de la botánica, porque el naturalista defendía que los vegetales eran seres inteligentes. Para llegar a tal conclusión estudió exhaustivamente las puntas de las raíces, denominadas ápices radicales, donde es posible identificar un comportamiento inteligente dividido en tres fases: percepción de los estímulos ambientales, decisión sobre en qué dirección debe crecer y movimiento final.

Hoy en día sabemos que Darwin no estaba en lo cierto. En realidad, el ápice radical no es el cerebro de la planta, sino que éste se encuentra en todas las células del vegetal, al igual que el resto de sus funciones corporales. Es obvio que no poseen hígado, páncreas, riñones, ni estómago, pero son capaces de llevar a cabo todas las funciones que estos órganos realizan en los animales. Por tanto, la ausencia de cerebro no les impide ser inteligentes. De hecho, al igual que los animales, las

Stefano Mancuso es director del Laboratorio Internacional de Neurobiología Vegetal de la Universidad de Bolonia (Italia) y principal investigador sobre la inteligencia de las plantas.

plantas están constantemente tomando decisiones vitales para su supervivencia. Para ello, como los otros seres vivos, deben examinar su entorno y tomar una opción entre varias posibilidades. Lo fascinante es que este proceso no tiene nada de automático, sino que consiste en el análisis de la información disponible y en la toma de una decisión consciente. ¡Dos plantas de la misma especie, ante las mismas circunstancias, toman opciones diferentes!, lo cual no solo denota inteligencia sino también cierto grado de conciencia.

Pueden aprender...

Por tanto, sin salirnos de la más pura ortodoxia científica, podemos afirmar que cada individuo del mundo vegetal tiene su propio carácter y personalidad, al igual que sucede con los animales y los humanos. El propio Stefano Mancuso se pregunta en su fascinante libro 'Sensibilidad e inteligencia en el mundo vegetal' (Galaxia Gutenberg, 2016) si las plantas poseen conciencia, porque está claro que inteligencia les sobra.

En la citada obra, el prestigioso biólogo escribe: «La raíz tiene que tomar constantemente decisiones de gran trascendencia: ¿crecer hacia la derecha y obtener el fósforo que tanto necesita o hacia la izquierda en busca de nitrógeno, cuyas reservas nunca son suficientes? ¿Desarrollarse hacia abajo en busca de agua o hacia arriba, donde es más fácil que encuentre aire de buena calidad para respirar? ¿Cómo conciliar necesidades que exigen decisiones encontradas? No olvidemos, además, que a menudo, por el camino, el ápice radical encuentra obstáculos que debe sortear e incluso enemigos (como otras plantas y parásitos) a los que tiene que 'esquivar' y defenderse. Y esto no es más que el principio, ya que las necesidades locales de cada ápice también deben tener en cuenta las necesidades globales de la planta, que pueden ser distintas. ¡Cuántas variables! Cada una con una importancia fundamental para la vida».

Todos los vegetales poseen varios millones de ápices. La raíz de la más pequeña de las plantas puede tener hasta 15 millones. Lo asombroso es que cada uno de esos ápices está constantemente percibiendo parámetros como la temperatura, la gravedad, la humedad, el campo eléctrico, la luz, la presión, los gradientes químicos, las vibraciones sonoras, la presencia o ausencia de oxígeno y dióxido de carbono, etc. Cada ápice analiza infinidad de datos, que comparte con el resto de millones de ápices de la raíz, con los que "trabaja en red". Todavía constituye un misterio cómo pueden coordinarse de modo tan exhaustivo para permitir el crecimiento de la raíz.

En enero de 2017, una serie de biólogos de la Universidad del Oeste de Australia demostraron científicamente que los vegetales no solo tienen la capacidad de aprender, sino también de tomar decisiones individuales. Para ello emplearon miles de ejemplares de 'Pisum sativum', plantas de las que se obtienen los guisantes. Las colocaron en el brazo inferior de un laberinto en forma de "Y", y en otro de los brazos pusieron una fuente de luz y un ventilador. Indudablemente, las plantas crecían hacia ese brazo, que era de donde procedía la fuente lumínica. Pasado el tiempo, los experimentadores apagaban la luz, pero dejaban el ventilador en funcionamiento. Como los vegetales habían aprendido a vincular la luz con el viento, seguían creciendo en esa dirección a la espera de que en cualquier momento apareciese la preciada luz. De este modo se demostró que las plantas son capaces de aprender.

...Y tomar decisiones

En una segunda fase los científicos colocaron una fuente de luz en un brazo, que apagaron días después, al tiempo que encendían un ventilador en el brazo de enfrente. En este punto las 'Pisum sativum' tenían que tomar una decisión de vital importancia para su supervivencia: ¿Debían crecer hacia el brazo del que en el pasado había emanado la fuente lumínica o hacerlo hacia el contrario, de donde provenía el viento? Por el experimento anterior, las plantas sabían que el viento estaba vinculado con la luz, pero en este caso la luminosidad había surgido del brazo contrario. ¿Qué debían hacer? El resultado solo cabría calificarlo de fascinante. Ante la misma problemática, las 'Pisum sativum' tomaron decisiones diferentes, lo que denota un grado de consciencia y personalidad propia de cada uno de los vegetales. El 69% optó por crecer hacia el brazo del que había procedido la luz y el 31% restante en dirección al ventilador.

En otros experimentos de laboratorio se ha descubierto que incluso las amebas son capaces de hallar la salida de un laberinto y los mohos no solo poseen la capacidad de aprender, sino de transmitir esos nuevos conocimientos a sus congéneres. El 21 de diciembre de 2016, biólogos del Centro de Investigación de Cognición Animal de la Universidad Tolouse III (Francia) publicaron los sorprendentes resultados de unos ensayos que habían desarrollado durante los meses anteriores. Los investigadores entrenaron a 2.000 mohos del lodo para que reconociesen que un puente de sal que protegía su fuente de alimento no constituía ninguna amenaza para ellos. Más tarde, estos mohos se fundieron con otros congéneres que no habían sido entrenados. Para sorpresa de los científicos, estos últimos, a pesar de que no podían conocer la inocuidad de la sal, se movieron tan rápido como los habituados. Aquellos que no habían entrado en contacto con los mohos entrenados actuaron como se esperaba: decidieron no alcanzar la fuente de comida temerosos de que ese elemento desconocido que protegía el alimento terminara con su vida. Todavía es un misterio de qué manera un moho del lodo es capaz de transmitir información a otro con el que se une, pero no cabe duda de que pueden tanto aprender una conducta como transmitirla a otros miembros de su especie.

Los ojos de las plantas

Una pregunta pertinente respecto a la vida vegetal es cómo perciben el mundo que les rodea. Ciertamente carecen de ojos, pero sí perciben y utilizan la luz. Además, son capaces de tomar decisiones en función de su presencia o ausencia. Es decir, pueden ver. De hecho, reconocer la cantidad y calidad de la luz, así como aprovecharla al máximo, es una de las principales funciones que deben realizar las plantas, ya que es su principal fuente de energía. Para conseguirlo se valen de células fotosensibles que no solo se encuentran en las hojas y en los tallos que se orientan hacia la luz para crecer, sino que toda la planta está dotada de pequeños "ojos", incluso en las raíces. Es más, algunos especialistas incluso defienden que los vegetales son capaces de captar las formas de los elementos de su entorno a causa de la extrema sensibilidad de esas células especializadas en captar y analizar hasta el más mínimo detalle de la luz.

Aun así, podríamos pensar que esos sensores son utilizados de forma mecánica, pero no es cierto. Ya en épocas de la Antigua Grecia se conocía el fenómeno de la "evitación de sombra", por el que dos plantas que viven una cerca de la otra compiten por conseguir la luz, ya que la que más crece restará la preciada luminosidad a la que menos medra. Para alcanzar su meta, la planta debe realizar un sobresfuerzo en crecer más de lo que lo haría si estuviese sola, con el riesgo que ello conlleva para su supervivencia. Al respecto, Stefano Mancuso opina en su libro 'Sensibilidad e inteligencia en el mundo vegetal' que la evitación de sombra es «una auténtica y genuina expresión de inteligencia, que denota un cálculo de riesgos y una previsión de beneficios, una realidad que debería haber sido evidente desde hace siglos si tan solo nos hubiésemos molestado en observar a las plantas con una mirada libre de prejuicios».

En este sentido, Mancuso se pregunta en su libro cómo vamos a conseguir reconocer una forma de vida extraterrestre que quizá en un futuro hallemos en otro planeta, cuando «no somos capaces de admitir la inteligencia de las plantas, organismos con los que compartimos una historia evolutiva en buena medida común, una misma estructura celular, un mismo entorno y unas mismas necesidades».

Así distinguen formas, tamaños y colores

Un buen ejemplo de la capacidad de ver de las plantas es el caso de la 'Boquila trifoliata', que es una liana que crece en los bosques templados de Chile y Argentina y que produce bayas comestibles. Pero no fue hasta épocas recientes, concretamente en 2013, que se descubrió que esta liana imita a las especies vegetales sobre las que trepa. Lo más sorprendente de esta propiedad es que posee un grado de refinamiento muy sorprendente, porque cuando la 'Boquila trifoliata' crece cerca de dos o tres especies, es capaz de modificar sus hojas para que se confundan con cada una de las plantas vecinas. Es decir, que una misma 'Boquila' puede cambiar de forma, tamaño y color todas las veces que sean necesarias, en función de las plantas que se encuentren en sus proximidades.

No está muy claro por qué actúa de esa manera, aunque se cree que es para evitar el ataque de insectos herbívoros. Sin embargo, la pregunta verdaderamente trascendente no es por qué hace lo que hace, sino cómo lo hace. Indudablemente, de algún modo que desconocemos, la 'Boquila' sabe cómo son las especies que tiene a su alrededor y actúa en consecuencia imitándolas. ¿Acaso puede captar las formas que tiene a su alrededor? Si la 'Boquila' es capaz de ver, esta capacidad también debería ser común al resto de los vegetales.

En 2016, Stefano Mancuso y su colega František Baluška, de la Universidad de Bonn, presentaron una tesis revolucionaria para resolver el enigma de la 'Boquila trifoliata': que de algún modo podía captar las formas y colores de su entorno. ¿Cómo? Según ambos científicos, los vegetales poseen unas células en su epidermis que en ocasiones pueden ser convexas, como las lentes. Por tanto, estas células epidérmicas podrían funcionar como los ocelos, una especie de ojos muy primitivos que tienen muchos invertebrados. Incluso se han llegado a tomar fotografías utilizando como lente las células de la epidermis foliar de varias especies de plantas, aunque la comunidad científica ha pasado de puntillas sobre este asunto.

Sin embargo, en los últimos años la posibilidad de que los vegetales puedan ver ha vuelto a la actualidad en el mundo académico, puesto que se ha demostrado que algunos organismos unicelulares poseen capacidades visuales. Por ejemplo, la cianobacteria procariota 'Synechocystis sp. PCC 6803' es capaz de medir la luz y utilizar la única célula por la que está compuesta como si fuese una lente que mide su posición respecto a una lente luminosa. La 'Synechocystis' capta la imagen generada por la luz a través de su membrana convexa, que se proyecta sobre la cara opuesta. De este modo, el organismo unicelular actúa acercándose o alejándose de esa fuente de luz.

Por tanto, no sería nada extraño que las plantas pudieran captar las formas, tamaños y colores de su entorno. Pero todavía más interesante es que los vegetales, como demuestra esa sorprendente capacidad mimética de la 'Boquila trifoliata', actúan de forma inteligente, analizando las circunstancias del entorno y obrando en consecuencia para su supervivencia, como hacemos todos los seres vivos.

Precisamente, una reciente investigación desarrollada por Stefano Mancuso y su equipo del Laboratorio Internacional de Neurobiología Vegetal ha demostrado que ciertas plantas, como las alubias o los guisantes, son capaces de identificar si hay un soporte cercano a ellas para trepar por ese soporte (como puede ser, por ejemplo, un palo). Las plantas se acercan al soporte e incluso pueden identificar si dicho soporte ya está ocupado por otra planta.

Emplean un lenguaje complejo

Al igual que los vegetales pueden ver sin ojos, también pueden oler sin nariz. De la misma manera que la vista, el olfato está diseminado por toda la planta. Los olores son las "palabras" de las plantas, su forma de comunicarse. Por ejemplo, tienen la capacidad de percibir la cercanía de un depredador y advertir de ello a sus "hermanas" a través de la emisión de olores. Y no hablamos de vegetales exóticos. La planta del tomate, sin ir más lejos, emite un gas que alerta a otros vegetales de la presencia de herbívoros, incluso a cientos de metros de distancia.

Los científicos todavía están muy lejos de desencriptar los mensajes que se transmiten los vegetales de este modo, puesto que son capaces de emitir cientos de moléculas volátiles, que incluso combinan entre sí. Producir olores supone un coste muy alto de energía, y ninguna planta realizaría tal esfuerzo sin una razón determinante. Por eso los especialistas sospechan que las plantas se comunican entre sí a través de un lenguaje rico y complejo del que desconocemos todo. ¿Hasta qué punto son capaces de enviarse mensajes elaborados? ¿Poseen un idioma común o cada especie emplea el suyo? ¿Pueden llegar a mantener conversaciones?

Son entidades sintientes

Si los vegetales tienen vista y olfato, siempre según su idiosincrasia, tampoco están desprovistos de gusto. Sobre este particular, Stefano Mancuso afirma en su libro 'Sensibilidad e inteligencia en el mundo vegetal' que «las raíces demuestran poseer un paladar muy superior al de cualquier animal». Y es que la parte menos visible de los vegetales encierra cualidades asombrosas, entre las que se encuentra la propiedad de "degustar" los mejores nutrientes del suelo, que redundarán en beneficio de toda la planta. Para ello, los receptores de sustancias químicas que poseen las raíces son capaces de distinguirlos selectivamente y dirigir sus esfuerzos para aumentar el número de raíces en los lugares donde los nutrientes son más abundantes.

El tacto es otro de los sentidos que también poseen los vegetales y que resulta uno de los más sorprendentes. A lo largo de toda la planta, en sus partes más exteriores, existen unos sensores que se activan cuando entra en contacto con algo. Uno de los casos más evidentes es el de la 'Mimosa pudica'. Cuando alguien toca sus hojas, éstas se retraen. Los científicos han demostrado que no se trata de un simple movimiento reflejo, puesto que no reacciona a estímulos como la lluvia o el viento, sino que se trata de un comportamiento voluntario de la planta, que solo lleva a cabo cuando decide que se encuentra en peligro.

Uno de los experimentos más interesantes para demostrar ese indudable rasgo de inteligencia por parte de la 'Mimosa pudica' lo llevaron a cabo Stefano Mancuso y la científica Monica Gagliano, de la Universidad de Australia Occidental. En el laboratorio del primero dispusieron una serie de macetas con 'Mimosas pudicas', que fueron sometidas a caídas desde una altura de diez centímetros. Cada vez que se producía el impacto, las plantas cerraban sus hojas, pero a la séptima u octava ocasión dejaban de hacerlo, pues habían comprobado que ese movimiento no entrañaba peligro para ellas.

Pero, ¿cómo demostrar si ese modo de actuar era debido al "cansancio" o bien habían comprendido que no tenían nada que temer? Para responder a esta cuestión decidieron someter a las 'Mimosas' a un estímulo diferente. Así que prepararon un artilugio para mover a las plantas en sentido horizontal. Inmediatamente, las mismas plantas reaccionaron cerrando sus hojas, puesto que todavía no eran conscientes de que ese nuevo movimiento no suponía un riesgo para su supervivencia. Al igual que ocurrió con el primero de los movimientos, tras siete u ocho repeticiones dejaron de cerrar sus hojas.

Oyen

Para completar los cinco sentidos animales nos hace falta saber si los vegetales oyen. Este es uno de los sentidos que más ha llamado la atención en los últimos años, ya que no son pocas las personas que hablan a sus plantas y están convencidas de que con palabras dulces y según qué tipo de música, son capaces de crecer más y mejor. Lo cierto es que las plantas oyen, a pesar de no tener un oído como tal. Pero tampoco lo tienen algunos animales, como las serpientes o los gusanos y, sin embargo, perciben los sonidos. ¿Cómo? Por las vibraciones de la tierra.

Por tanto, la cuestión es: ¿cómo influyen los sonidos en los vegetales? Más allá de las creencias populares, existen estudios científicos fiables que ofrecen resultados sorprendentes en relación con el crecimiento de las plantas y la música. Por ejemplo, en la localidad de Montalcino, en Italia, se sometió a un conjunto de viñas a un experimento en el que participó el Laboratorio de Neurobiología Vegetal que dirige Stefano Mancuso, y en el que colaboró la empresa Bose, firma líder en sonido. Dicha investigación consistió en que durante cinco años se cultivaron una serie de viñas en un entorno en el que "escuchaban" música. Los resultados fueron sorprendentes: las plantas que percibían música no solo crecieron mejor, sino que producían uvas más ricas en sabor, color y polifenoles.

Cuidan a sus familiares

Anteriormente explicamos que las plantas se comunican a través de la emisión y captación de olores, pero también pueden "hablar" por debajo de la tierra –empleando sus raíces– o en las copas de los árboles, donde algunas especies evitan superponerse, en un fenómeno conocido como "timidez de las copas", que vendría a ser una especie de "contrato social" que beneficia a toda la comunidad arbórea.

También sorprende que sean capaces de reconocer a sus "familiares" si están cerca. Cuando coinciden en un mismo espacio raíces de dos plantas que son parientes –sus semillas proceden del mismo ejemplar–, éstas se muestran menos competitivas y más colaborativas que si la raíz cercana es de un extraño. Esta característica, que es frecuente en el mundo animal, donde los ejemplares se reconocen por los sentidos clásicos (olfato, vista, etc.), en el caso de las plantas lo hacen a través del intercambio de señales químicas. Asimismo, las raíces suelen distinguir y trabar lazos de cooperación con otras especies, como determinadas bacterias, que saben reconocer y con las que mantienen un trato de beneficio mutuo.

La sociedad secreta de los vegetales

Los neurobiólogos vegetales han descubierto que bajo tierra es donde se encuentra la auténtica sociedad vegetal. Los árboles, plantas y hongos están perfectamente conectados a través de las raíces, mediante las cuales comparten nutrientes y se ayudan cuando algún ejemplar se encuentra en peligro. En declaraciones al diario 'ABC', Stefano Mancuso se refirió a esa colaboración subterránea: «Como las plantas no pueden moverse, tienen que tejer unas relaciones sociales útiles con las vecinas. Por ejemplo, hablando de los hijos, se ha visto que les proporcionan cuidados muy prolongados en el tiempo. Imaginemos una semilla que cae en un bosque, que puede ser un lugar muy oscuro. Antes de que pueda crecer y llegar hasta la luz del sol para hacer la fotosíntesis, puede pasar un periodo de diez a veinte años en los que la planta necesita cuidados, porque no tiene autonomía. Y esos cuidados se los proporcionan las plantas de su mismo clan que están cercanas, a través de las raíces, hasta que pueda hacerlo por sí misma».

Sin embargo, esa colaboración trasciende a los propios familiares, tal como explicaba el neurobiólogo vegetal: «Hace algunos años, en un bosque Canadá se protegió el sistema radical de un abeto, pero la planta no podía alcanzar el agua y los nutrientes y se creía que iba a morir en poco tiempo. Sin embargo, vivió cerca de cinco años, y eso fue por los nutrientes que le pasaban las plantas que tenía alrededor. Y esto es algo excepcional que es muy difícil encontrar en el mundo animal».

Árboles solidarios

En abril de 2016, 'Science', una de las publicaciones científicas más prestigiosas del mundo, publicó los resultados de un experimento que demostró la enorme solidaridad que reina entre los árboles. Los investigadores emplearon una grúa para rociar con dióxido de carbono marcado las copas de unos abetos de 120 años y 40 metros de altura en un bosque de Basilea (Suiza). Mediante un espectrómetro de masa atómica fueron capaces de seguir la distribución de ese carbono absorbido por la fotosíntesis desde las copas de los árboles hasta las raíces. Los científicos se llevaron una sorpresa mayúscula cuando descubrieron que los árboles intercambiaban carbono entre sí. Según publicó 'Science', hasta un 40% del carbono presente en las raíces más finas podría provenir de otros árboles.

Los investigadores también descubrieron que consiguen realizar este intercambio energético –que genera un equilibrio casi perfecto del ecosistema vegetal del bosque– a través de unos hongos que conectan sus raíces con árboles de diferentes especies. En definitiva, los acuerdos y la colaboración entre plantas, hongos y árboles son indispensables para la supervivencia de todos ellos, del mismo modo que ocurre con los seres humanos –que no podríamos sobrevivir si no es mediante el intercambio de servicios con otras personas– y con especies animales que viven en manadas.

Se aprovechan de nosotros

Hace unos 12.000 años los seres humanos dejamos atrás el nomadismo y nos convertimos en criaturas sedentarias. De una actividad cazadora-recolectora, pasamos a cultivar la tierra y, por lo tanto, a llegar a acuerdos con ciertas plantas esenciales para nuestra alimentación. Los humanos cuidamos y cultivamos a determinadas especies, que se adaptaron perfectamente a la nueva realidad porque a ellas también les convenía para su supervivencia y expansión. Se trató de un acuerdo muy ventajoso para nosotros y también para el trigo, el maíz y el arroz, las tres especies "elegidas" por los humanos, que en la actualidad constituyen el 60% de las calorías consumidas por la humanidad y que han colonizado enormes superficies en los cinco continentes.

Pero ahora, en pleno siglo XXI, nos estamos dando cuenta de que el "negocio" beneficia mucho más a estas tres especies que a nosotros, porque el extraordinario nivel de dependencia de la humanidad del arroz, el trigo y el maíz nos expone a enormes riesgos de consecuencias catastróficas. Pero no hablamos de futuribles, sino que ya ha pasado en la historia reciente. A mediados del siglo XIX Irlanda confiaba la alimentación de su población únicamente a unos pocos tipos de patata. Sin embargo, la aparición de un patógeno que atacó a dichas especies de patata, el mildiu, destruyó prácticamente todas las cosechas provocando una hambruna sin precedentes. La gente se moría por millares cada día por no poder llevarse nada a la boca, como si fuera una auténtica epidemia de peste. Esto dio lugar a la aparición de patógenos que acabaron atacando directamente a los humanos, así que enormes masas de personas huyeron del país con destino a las colonias, a EE UU y Canadá principalmente, portando consigo virus que causaron auténticas epidemias en esos lugares.

Si en algún momento, algún patógeno afectara gravemente a cualquiera de las tres especies en las que basamos nuestra alimentación, las consecuencias serían absolutamente apocalípticas.

Precisamente las ventajas que hemos proporcionado a ciertos cultivos, han causado la "envidia" de otras especies que han intentado utilizar diversas artimañas para imitar a las "especies elegidas". Es el caso de la 'Vicia sativa' (la veza), que lleva mucho tiempo tratando de imitar a la 'Lens culinaria' (la lenteja), una de las especies más cultivadas y mimadas por los humanos desde hace miles de años. Durante mucho tiempo no constituyó ningún problema distinguir una de otra, porque sus semillas eran muy diferentes, pero con el paso del tiempo la semilla de la veza comenzó a parecerse cada vez más a la de la lenteja, hasta que fue prácticamente imposible distinguirlas. Así consiguió que los humanos la cultivaran pensando que se trataba de lentejas, expandiéndose por diversos lugares del planeta gracias a la acción de los humanos.

Comunicación entre animales y plantas

En nuestro avance respecto a la comprensión del mundo vegetal, destacan aquellas iniciativas encaminadas a lograr una comunicación entre seres humanos y plantas. Puede parecer una realidad propia de la ciencia-ficción, pero lo cierto es que ya se están realizando avances en este campo. Por ejemplo, en abril de 2021, científicos de la Universidad Tecnológica Nanyang, en Singapur, consiguieron crear un dispositivo que envía señales eléctricas hacia las plantas, y al revés: desde las plantas al dispositivo. Es, en definitiva, un método de comunicación con la planta mediante señales eléctricas. Dicho dispositivo logra que la planta cierre sus hojas o capture un trozo de alambre también con sus hojas.

Científicos de la Universidad Tecnológica de Nanyang colocaron un electrodo en una 'Venus atrapamoscas', mediante el que consiguieron que la planta, conectada a un brazo robótico, se cerrara y recogiera un trozo de alambre de medio milímetro de diámetro. (Universidad Tecnológica de Nanyang).

Los científicos colocaron un electrodo adaptable en la superficie de una planta 'Venus atrapamoscas', y así lograron captar las señales eléctricas de la planta, con el fin de conocer cómo responde a su entorno.

De este modo consiguieron descodificar las señales eléctricas que hacen que la 'Venus atrapamoscas' cierre sus hojas. Luego implantaron un electrodo a la superficie de la hoja y transmitieron esas mismas señales eléctricas al vegetal. Y, efectivamente, consiguieron que la 'Venus atrapamoscas' cerrara su hoja. En un segundo experimento conectaron la planta a un brazo robótico mediante un teléfono inteligente, y a través del electrodo mencionado anteriormente, estimularon una hoja para que se cerrara y recogiera un trozo de alambre de medio milímetro de diámetro.

Este experimento constituye un avance sin precedentes para conocer el sistema de comunicación eléctrica utilizado por las plantas, lo que abre la puerta a infinitas posibilidades para el desarrollo de tecnología basada en el funcionamiento de las plantas. Pero incluso más importante es que puede servir para diagnosticar precozmente las enfermedades que afectan a los cultivos destinados para el consumo humano. Porque el dispositivo inventado por los científicos de la Universidad Tecnológica Nanyang, puede servir para mantener una comunicación permanente con la planta y detectar cualquier reacción que pudiera indicar una patología.

Es sabido que como consecuencia del cambio climático vamos sufrir en las próximas dos décadas infinidad de inconvenientes muy graves, incluida la aparición de enfermedades que afectarán a los cultivos que sirven para nuestra alimentación. Con el desarrollo de este sistema de comunicación con los vegetales mediante estímulos eléctricos será posible detectar el inicio de una plaga y actuar en consecuencia para evitar que se expanda por el mundo y constituya un grave problema de seguridad alimentaria global.

Plantoides: robots y vegetales

Antes explicábamos que el dispositivo creado por los científicos de la Universidad Tecnológica Nanyang constituye una ventana hacia el desarrollo de tecnología basada en el funcionamiento de las plantas. Hasta ahora todas las máquinas y aparatos tecnológicos que empleamos en nuestra vida están construidas a imagen y semejanza de nosotros, los seres humanos, con un centro de mando que controla el funcionamiento del aparato, como si se tratase de nuestro cerebro dirigiendo el funcionamiento del cuerpo. Ahora bien, las plantas, como hemos explicado, actúan de forma diferente. En ellas no existe un centro de mando, sino que cada parte o nódulo es capaz de realizar todas las funciones, por tanto, no poseen una organización centralizada.

Pero solo en las últimas décadas estamos empezando a comprender que un funcionamiento descentralizado es mucho más eficiente ante las agresiones. Entonces, ¿por qué no basar la próxima generación de instrumentos tecnológicos, de los que cada vez somos más dependientes para nuestra supervivencia, en la estructura de los vegetales y no de los seres humanos? Es un hecho que los vegetales son un ejemplo de éxito adaptativo para hacer frente a las amenazas, pues constituyen el 99,7 de la vida sobre la Tierra, frente al 0,3% que somos los animales y los humanos.

Un buen ejemplo de las ventajas de una organización descentralizada es internet. La Red de Redes nació en el seno del Ejército de EE UU, que en los años 70 puso en marcha un sistema de intercambio de datos entre distintos organismos militares. Este sistema se bautizó como Arpanet, y su finalidad era que pudiera mantenerse activa a pesar de que diversas partes de la red sufrieran un ataque o fueran destruidas. Hasta entonces, la eliminación del centro de mando suponía el fin de la red. Con el paso de las décadas, Arpanet acabó convirtiéndose en internet.

Pero los auténticos pioneros en el diseño de esta nueva generación de tecnología basada en el funcionamiento de los vegetales son Stefano Mancuso y Barbara Mazzolai, directora del Centro de Microrrobótica del Instituto Italiano de Tecnología. La ingeniera y el neurobiólogo unieron sus fuerzas para diseñar un robot-planta (plantoide) que sea de utilidad para la exploración espacial. En su libro 'El futuro es vegetal' (Galaxia Gutenberg, 2017), una obra absolutamente fascinante, Stefano Mancuso escribe en relación a dicha iniciativa científica:

> «El proyecto preveía el envío de un gran número de plantoides hasta la atmósfera marciana, desde donde serían soltados. Los plantoides, de poco más de diez centímetros, se esparcirían por el planeta rojo abriéndose al instante y hundiendo sus raíces en el suelo. Las raíces se encargarían de explorar el subsuelo, mientras que, en la superficie, un conjunto de similhojas se encargarían de alimentar al robot gracias a sus células fotovoltaicas (...) En vez de seguir enviando robots costosísimos que se mueven con lentitud y exploran áreas minúsculas, enviaríamos miles de plantoides que se propagarían por la atmósfera como si fueran semillas hasta cubrir una gran extensión de suelo y que, sin moverse, se comunicarían entre sí y con la Tierra para ofrecernos una serie de datos sobre la composición del suelo; tan cuantiosa y detallada que nos permitiría trazar mapas continentales».

El proyecto recibió la atención de la Agencia Espacial Europea (ESA, por sus siglas en inglés), pero finalmente quedó aparcado en un cajón, hasta que en 2011 obtuvieron financiación de la Unión Europea para poner en marcha su idea. En la actualidad ya se han construido diversos plantoides con las finalidades más diversas, como mapear campos de minas, prospecciones mineras, exploración espacial, detección de contaminación química, etc. Se trata de un campo de investigación con infinidad de posibilidades, que dará grandes sorpresas en los próximos años.

La conciencia de las plantas

Pero, sin duda, las investigaciones más sorprendentes en el campo de la neurobiología vegetal son las encaminadas a demostrar no que las plantas son entidades inteligentes –algo ya de sobra conocido por los expertos–, sino que poseen conciencia. Por ejemplo, un equipo biólogos de la Universidad de Bonn, dirigido por František Baluška, administró sustancias anestésicas a varias plantas, que sorprendentemente parecían perder la "conciencia" y la recuperaban cuando pasaban los efectos de la anestesia.

Para el experimento, los científicos emplearon brotes de berro, 'Venus atrapamoscas' y plantas de guisantes. En cuanto se les administró la anestesia, los brotes de berro permanecieron totalmente inactivos, la 'Venus atrapamoscas' no reaccionaba ante estímulos de insectos y la planta de guisantes abandonó sus movimientos autónomos y quedó inmovilizada adoptando una forma curvada. Estas plantas eran incapaces de realizar sus funciones bajo la acción de la anestesia, como nos sucede a los humanos y a los animales.

Los biólogos de la Universidad de Bonn aseguraron que en vista de este y otros experimentos, no es descabellado asegurar que los vegetales son seres conscientes. En este sentido, František Baluška, el director de la investigación, aseguró a la prensa: «Sin ninguna duda los vegetales son organismos vivos y complejos, y no es descartable que sientan dolor, alegría o pena, es decir, que tengan sentimientos».

En definitiva, el mundo vegetal es enormemente complejo y las plantas, como afirma Stefano Mancuso, son entidades de un enorme refinamiento e inteligencia, circunstancia que todavía estamos empezando a comprender. Y esta comprensión del funcionamiento del mundo vegetal es esencial para entender en qué se basa el equilibrio de un ecosistema y así evitar su destrucción. En pleno siglo XXI, cuando ya es evidente que la destrucción del ecosistema de la Tierra es la causa del cambio climático que en las próximas décadas nos traerá desastres naturales, falta de agua y alimentos y pandemias, es básico actuar cuanto antes si no queremos desaparecer como especie de la faz del planeta. No es la Tierra la que está en peligro, el planeta sobrevivirá. Somos nosotros, los seres humanos, los que estamos en riesgo de extinguirnos en las próximas décadas.

7.
ANIMALES QUE CREEN EN EL MÁS ALLÁ

ZOÓLOGOS Y PRIMATÓLOGOS DESCUBREN QUE LOS SERES VIVOS NO HUMANOS TAMBIÉN SON RELIGIOSOS Y ESPIRITUALES

“Prestigiosos primatólogos han observado que nuestros hermanos evolutivos llevan a cabo ritos religiosos y muestran un comportamiento espiritual. Pero más sorprendente es que puedan profesar alguna clase de creencia sobre la existencia de vida después de la vida, como se desprende de las conversaciones que a través del lenguaje de signos han mantenido científicos con una gorila en cautividad.

Mantener una charla con Koko era lo más aproximado a comunicarse con un extraterrestre, porque este ser vivo no era humano, sino una gorila que vino al mundo en 1971 y falleció en 2018 en California (EE UU). Desde su nacimiento, la doctora Francine Patterson y otros científicos de la Universidad de Stanford instruyeron a nuestra protagonista en el uso del lenguaje de señas americano, y así consiguió manejar con soltura más de 1.000 signos y entender unas 2.000 palabras en inglés. Koko mostraba un pensamiento abstracto y complejo, hasta el punto de que en ocasiones inventaba nuevos vocablos para referirse a objetos o acciones que anteriormente no tenía incorporados a su lenguaje. Por ejemplo, ante la sorpresa de los investigadores de la Fundación Gorila de California –donde vivió la mayor parte de su existencia–, creó la palabra compuesta "dedo-pulsera" para aludir a un anillo.

En otra ocasión, la doctora Patterson participaba en una entrevista de prensa a través de Internet en compañía de la gorila. Cuando el periodista preguntó por qué Koko no había tenido descendencia con un macho llamado Ndume con el que convivía, la primate contestó con las expresiones "retrete' y "malo", indicando que no le atraía demasiado la idea.

Patterson tomó la palabra indicando que quizá si introdujeran más hembras en el recinto, Ndume y Koko se mostrarían más receptivos. Pero la gorila intervino de nuevo mostrando su desacuerdo con las palabras de la científica. Las relaciones de pareja siempre son complicadas, y en el caso de los animales no es distinto. Eso que Koko eligió a Ndume de entre una serie de candidatos que le mostraron a través de vídeos...

Koko habla del "otro lado"

En cierta ocasión, Koko hizo saber a Patterson y a su equipo que deseaba un nuevo amigo con el que compartir juegos y aventuras. Se pasó los dedos por el bigote, indicando que le gustaría un gato como regalo de cumpleaños. Dicho y hecho. Días después, los cuidadores le mostraron unos cachorrillos de la misma camada y la primate se encaprichó de uno de ellos, al que bautizó como All Ball. Enseguida comenzó a olerlo y acariciarlo, mostrando una empatía incuestionable hacia el felino. Ambos se hicieron amigos inseparables. Koko solía llevar al gato enganchado a su pierna e intentaba cuidarlo como si se tratara de un bebé. Al poco tiempo de convivencia, All Ball mordió a la gorila, que compuso los signos de "sucio" y "baño", expresiones que solía emplear cuando quería demostrar su desaprobación. Sin embargo, pronto olvidó este percance y decidió enseñar a All Ball a hacer cosquillas, uno de los juegos preferidos de los chimpancés.

Una aciaga noche, el gato se escapó de la Fundación Gorila y falleció atropellado por un automóvil. Cuando la doctora Patterson le dijo a Koko lo sucedido, al principio actuó como si no se hubiera enterado de nada –típico comportamiento de cualquier ser humano cuando recibe la noticia del fallecimiento repentino de un ser querido–, pero enseguida comenzó a llorar desconsoladamente, al tiempo que empleaba las expresiones "triste/ceño" –muestra de su pesar– y "dormir/gato" –claro indicativo de que comprendía perfectamente lo ocurrido–. Pero ¿hasta qué punto sabía qué significaba morir? Los científicos aprovecharon la luctuosa coyuntura para ahondar en tan trascendente asunto, y de este modo comenzó una conversación que solo cabría calificar de fascinante:

–¿Dónde van los gorilas cuando mueren? –preguntó la científica.

–Cómodo/sagrado/adiós –respondió convencido la gorila.

–¿Cuándo mueren los gorilas? –volvió a la carga la doctora Patterson.

–Problema/viejo.

–¿Cómo se sienten los gorilas cuando mueren: felices, tristes, atemorizados...?

–Sueño.

Sin duda sorprende la versión que ofreció nuestra admirada primate sobre el más allá. De la respuesta de Koko se desprende que cuando abandonamos este mundo tridimensional ("adiós"), existimos en otro "cómodo" y "sagrado". Pero ¿qué quería expresar con este último concepto? ¿Estaba utilizando "sagrado" como sinónimo de otro estado de existencia? ¿De una especie de cielo o paraíso? Muchos antropólogos y zoólogos pusieron el grito en el cielo ante este hecho. Los animales no poseen la suficiente capacidad de abstracción como para creer en la vida después de la vida, argumentaban. Pero las palabras de Koko dejan poco lugar a las dudas: parece que no solo profesaba –a su manera– alguna clase de convicciones espirituales y/o religiosas, sino que su visión sobre la "otra orilla" no difería demasiado de lo que creen miles de millones de seres humanos en todo el planeta, profesen una u otra fe.

La doctora Francine Patterson y Koko jugando con un gatito (koko.org).

También son espirituales

A quien no sorprendió en absoluto la declaración de Koko fue a la eminente primatóloga, etóloga y antropóloga Jane Goodall, considerada una de las personas más influyentes de la actualidad e incansable luchadora por los derechos de nuestros hermanos no humanos. Es la mayor experta en el comportamiento de los chimpancés de la historia y cuenta en su haber con infinidad de premios y reconocimientos internacionales, como el Premio Príncipe de Asturias de la Investigación Científica y Técnica. Vegetariana estricta por convicciones personales, es miembro destacada del comité del Proyecto de los Derechos No Humanos y durante años ejerció como presidenta de Defensores de los Animales, dos organizaciones que lideran campañas mundiales de concienciación de la opinión pública en relación a los derechos de los animales.

Durante 55 años, Goodall estudió el comportamiento de chimpancés salvajes en el Parque Nacional Gombe Stream (Tanzania). Allí comprendió que los chimpancés mostraban comportamientos que denotaban alguna clase de práctica religiosa, y así lo escribió en la prestigiosa 'Enciclopedia de la Religión y la Naturaleza'. En el citado texto, titulado "Espiritualidad en los primates", comienza describiendo las sensaciones místicas que experimentó en la soledad de la selva africana, mientras se esforzaba en comprender el mundo secreto de los chimpancés:

> «Muchos teólogos y filósofos sostienen que solo los seres humanos poseen alma. Mis años en el bosque con los chimpancés me han llevado a cuestionar esta suposición. Día tras día, me encontraba únicamente en compañía de mis amigos los animales, los árboles, los arroyos, las montañas, las tormentas y el impresionante cielo nocturno plagado de estrellas. Me hice una con el mundo. Aparte de los cambios del día a la noche o de la temporada seca a la húmeda, el tiempo dejó de ser importante para mí...
>
> ...Aquellos fueron momentos de una percepción cercana a la experiencia mística, por lo que entré en comunión con un Poder Espiritual que sentía a mi alrededor –ese

poder que es objeto de culto como Dios, Alá, Tao, Brahma, el Gran Espíritu, el Creador...–. Allí, en la selva, llegué a creer que todos los seres vivos poseen una chispa de ese poder espiritual. Nosotros, los humanos, con nuestras mentes únicas y sofisticadas y nuestro lenguaje hablado, que nos permite compartir y discutir ideas, denominamos alma a esa chispa divina presente en nosotros mismos. Me pregunto si puede ocurrirle algo similar a los chimpancés o a cualquier otro ser sapiente».

Ceremonias religiosas

Goodall escribió que suelen preguntarle si ha observado alguna clase de comportamiento religioso en los chimpancés, y su respuesta es afirmativa. En numerosas ocasiones tuvo la enorme fortuna de observar un extraño ritual que los primatólogos denominan "baile de la cascada". Así describe la científica en qué consiste tan fascinante comportamiento: «A medida que (el chimpancé) se acerca (a la catarata) y aumenta el ruido del agua que cae, su trote se acelera, su pelo se eriza del todo, y al

Jane Goodall, la mayor experta del mundo en el comportamiento de los chimpancés, escribió un artículo titulado «Espiritualidad en los primates» (Erik (HASH) Hersman-Wikipedia).

llegar al arroyo puede efectuar un magnífico despliegue cerca del pie de la cascada. En posición erecta, se balancea rítmicamente de un pie a otro, pateando las aguas someras y rápidas, y levantando grandes piedras para luego lanzarlas. A veces trepa por las delgadas lianas que cuelgan de los árboles en lo alto y se balancea para meterse en la niebla del agua que cae. Esa 'danza de la cascada' puede durar diez o quince minutos».

Goodall opina que probablemente se convirtió en testigo de algún rito de una religión animista profesada por los primates. Otro de sus colegas, Frans de Waal, también asistió a varias de estas conductas rituales. La primera vez no daba crédito a lo que estaba contemplando. En el zoológico de Arnhem (Holanda), los chimpancés estaban bajo un árbol viendo llover. Cuando arreció, dos machos adultos se levantaron con su pelo erizado y emprendieron unos movimientos conocidos por los primatólogos con el nombre de "pavoneo bípedo", consistente en dar pasos amplios al tiempo que se balancean rítmicamente. Ambos abandonaron su cobijo y acabaron completamente empapados. Poco después volvieron a sentarse.

Después de contemplar ese comportamiento en más ocasiones, De Waal se convenció de que se trataba de una "danza de lluvia", probablemente la arcaica forma de una religión animista. ¿Por qué no? Hasta no hace tanto tiempo, estaba extendida la creencia de que Dios era el responsable de los fenóme-

El eminente primatólogo Frans de Waal defiende que los antropoides tienen conciencia de la muerte (TED-Youtube).

nos naturales, por lo tanto inventamos plegarias y ritos encaminados a que esos fenómenos naturales nos fuesen propicios, sobre todo para las cosechas, de las que dependía nuestra supervivencia. Incluso hoy en día pueblos tradicionales a lo largo y ancho del mundo siguen practicando esas ceremonias para conseguir que los dioses permitan la lluvia. Pero no tenemos que irnos demasiado lejos, porque en el orbe católico aún pervive la tradición de sacar en procesión a una determinada imagen de la Virgen o de algún santo para que el Creador bendiga a los habitantes de esos lugares con el preciado líquido elemento.

Saben qué es la muerte

En marzo de 2016, investigadores del Instituto Max Planck de Antropología Evolutiva en Leipzig (Alemania) dieron a conocer un sorprendente hallazgo. Durante años llevaron a cabo una extensa investigación sobre el comportamiento de los chimpancés en diversas selvas africanas, y desde 2010 registraron una extraña conducta de estos animales en 39 enclaves diferentes. Nunca hasta entonces se había observado algo siquiera similar, pero sin duda se trataba de un modo de actuación común a diferentes individuos pertenecientes a distintas manadas, incluso alejadas unas de las otras por muchos miles de kilómetros.

Para que las observaciones no constituyeran una violación del espacio vital de los animales, los científicos emplearon una amplia gama de técnicas de investigación no invasivas, como el uso de cámaras manejadas por control remoto. De este modo obtuvieron valiosas imágenes en las que se puede observar cómo tanto hembras como machos o crías de chimpancé se dedican a acumular piedras bajo los árboles, que luego arrojan contra los mismos a la vez que profieren gritos y expresivas vocalizaciones. Estos amontonamientos de piedras recuerdan a los mojones, pequeños montículos de forma cónica en los que los humanos colocamos guijarro sobre guijarro y que tienen un claro sentido cultural y espiritual. Yo mismo he tenido la oportunidad de contemplar esta clase de símbolos sagrados en lugares tan alejado unos de otros como Finisterre, en Galicia (España), determinadas zonas de México o el desierto de Tassili, situado al sur de Argelia.

A juicio de Ammie Kalan, investigadora del Max Planck, y del resto de sus compañeros, es muy probable que ese comportamiento tenga alguna finalidad cultural, puesto que la acumulación de piedras no parece estar ligada a la abundancia de las mismas o a la disponibilidad de árboles en la zona. Es más, los científicos sospechan que en realidad se trata de alguna clase de rito con un sentido sagrado.

Si esto fuera así, que ciertos animales profesaran alguna clase de religión animista, también significaría que en cierta medida comprenden qué significa la muerte. En su sobresaliente obra 'El bonobo y los diez mandamientos' (Tusquets, 2015), el primatólogo Frans de Waal escribe: «No parece arriesgado afirmar que los antropoides tienen conciencia de la muerte, como algo que es diferente a la vida y permanente. Lo mismo vale para otros animales, como los elefantes, que toman colmillos o huesos de un miembro de la manada muerto, sosteniendo las piezas con la trompa y pasándoselas de uno a otro. Algunos vuelven durante años al punto donde murió un pariente, solo para tocar e inspeccionar sus restos. ¿Echan de menos al otro? ¿Recuerdan cómo eran en vida? Estas preguntas son imposibles de responder, pero no somos los únicos a los que la muerte nos fascina e intimida».

Frans de Waal defiende en su libro que «la moralidad es anterior a la religión, y nuestros parientes primates pueden decirnos mucho acerca de su origen. En contra de la visión sangrienta de la naturaleza al uso, los animales no están desprovistos de tendencias que aprobamos moralmente, lo que sugiere que la moralidad no es una innovación tan exclusivamente humana como nos gusta creer».

Ritos fúnebres de los elefantes

Los científicos han comprobado que los primates se abrazan y muestran su tristeza por la muerte de un congénere. En un refugio de Camerún los cuidadores sacaron del recinto de los chimpancés a uno de los ejemplares, una hembra llamada Dorothy que había muerto de un fulminante paro cardíaco. Se llevaron el cuerpo de Dorothy en una carretilla para que el resto de los chimpancés pudieran verla mientras se iba. Los habitualmente alborotadores animales se congregaron alrededor del cadáver, mirándolo con atención, al mismo tiempo que se apoyaban unos en otros. Permanecieron en completo silencio, absortos en la figura de su amiga fallecida, como si estuviesen asistiendo a un funeral.

Teniendo en cuenta ésta y otras observaciones similares, Frans de Waal apunta lo siguiente: «En general, la reacción de los antropoides a la muerte de un congénere sugiere que tienen problemas para aceptarla (las madres pueden transportar crías muertas durante semanas, hasta que el cadáver se momifica). Examinan el cuerpo, intentan reanimarlo y se muestran a la vez alterados y apagados. Parecen darse cuenta de que la transición de la vida a la muerte es irreversible. Algunas de las reacciones se asemejan a la forma de tratar a nuestros muertos, como tocar, limpiar, ungir y acicalar los cuerpos antes de enterrarlos».

Pero incluso ciertos animales no antropoides saben, no conocemos bien hasta qué punto, lo que significa la muerte. Por ejemplo, los elefantes. Estos animales suelen inspeccionar concienzudamente con sus patas y su trompa los esqueletos o incluso los huesos de sus congéneres, parece que tratando de identificar al fallecido. Cuando uno de ellos muere, es habitual que traten de levantarlo y reanimarlo. Utilizan sus potentes trompas y colmillos e incluso muerden al fallecido. Otros intentan introducirle manojos de hierba en la boca.

Cuando comprueban que efectivamente su compañero se "ha ido", permanecen por un largo período de tiempo a su lado. Incluso se ha observado que cavan con sus trompas en la tierra, y luego depositan allí el cuerpo del fallecido. También utilizan ramas para tapar al cadáver. Finalmente, el elefante queda completamente cubierto por tierra y ramas, y sus compañeros permanecen junto a él toda la noche. Solo al alba, continúan con su camino. No sé qué pensaran ustedes, pero tiene toda la pinta de un entierro y un velatorio. Eso mismo opina Cynthia Moss, directora del proyecto de investigación de Elefantes Amboseli en Kenia. Sus investigaciones indican que estos animales poseen determinada conciencia de la muerte, experimentan sentimientos muy similares a los humanos y llevan a cabo rituales funerarios.

No somos tan diferentes

En una ocasión, unos cazadores hirieron a una joven hembra que Moss había bautizado con el nombre de Tina. El resto de la manada huyó a toda prisa, pero sus familiares la rodearon para protegerla. La sangre le salía por la boca y apenas se tenía en pie, pero varios de sus parientes intentaron sostenerla para que no acabara desplomándose. Después de una gran sacudida, Tina falleció. Procuraron reanimarla de todas las maneras, y cuando comprobaron que ya no se encontraba en el lado de los vivos, utilizaron sus trompas para rociar su cuerpo inerte con tierra y ramas. Al caer la noche, Tina estaba completamente cubierta de arbustos y arena. Hasta el alba sus familiares se quedaron velando el cadáver. Teresia, la madre de Tina, fue la última en abandonarla.

Otro testimonio que abunda en este mismo asunto es el ofrecido por D. J. Schubert, que tuvo la oportunidad de acercarse a manadas de elefantes mientras trabajaba para la Misión de Paz en África. Un día se topó a un grupo de elefantes que rodeaba el cuerpo de un bebé que estaba en el suelo. Después de tratar de incorporarlo durante horas, se pusieron a tapar su cuerpo con tierra, hierbas y hojas. Los familiares del pequeño estaban observando la escena y consolándose entre sí. Entrelazaban sus trompas y se tocaban la boca con dicho apéndice, como si estuvieran dándose besos. Schubert se convenció de que acababa de contemplar «el funeral de un elefante».

Gary Kowalski, autor de 'El alma de los animales' (Arkano Books, 2008), narra en su libro otra experiencia conmovedora: «Un amigo mío, que tenía una granja de ganado en Centroamérica, me contó que un grupo de campesinos mató un día a un ternero para asar la carne en una improvisada fiesta. A partir de entonces, y durante semanas, hasta el principio de la estación de lluvia, el resto de la manada se reunía en círculo todas las tardes alrededor del lugar donde habían sacrificado al joven ternero y se quedaban allí mugiendo». Kowalski se pregunta «cómo podemos matar sin pensar en la agonía que sufre esa criatura, o en el corazón roto de su pareja o sus crías». Por mi parte, añado a modo de colofón que podemos debatir sobre si los animales experimentan lo sagrado o no, pero es indiscutible que poseen sistema nervioso como los humanos y, por tanto, sufren tanto física como psicológicamente.

8.
LA EDUCACIÓN PROHIBIDA

EL SISTEMA DE ENSEÑANZA PARTE DE UN MODELO CONDUCTISTA DE CONTROL MENTAL

Un documental realizado por un grupo de estudiantes y jóvenes licenciados en Comunicación Audiovisual, emitido libremente a través de Internet, se ha convertido en un auténtico fenómeno de masas de repercusión planetaria. 'La Educación Prohibida' desvela los oscuros orígenes del sistema de enseñanza imperante en el mundo, basado en técnicas psicológicas de manipulación de las masas, cuyo fin es formar ciudadanos obedientes y fácilmente manejables por los "dueños del mundo".

«Las escuelas y colegios no son más que espacios de tedio y aburrimiento. Hay que romper la caricatura: el maestro en un tablero dictando clases en pleno siglo XXI». Quien así habla es el profesor de Química y Biología Carlos Alberto Jiménez, uno de los noventa educadores de nueve países que ofrecen su punto de vista en un documental que se estrenó gratuitamente en Internet en agosto de 2012, y que solo en el famoso portal de vídeos YouTube ha sido visionado más de 21 millones de veces.

'La Educación Prohibida' se ha convertido en un auténtico fenómeno social, pues a su masiva difusión en la Red de Redes, hay que sumarle las miles exhibiciones gratuitas y la libre distribución de copias en DVD. Los responsables del proyecto eran estudiantes y jóvenes recién licenciados en Comunicación Audiovisual que obtuvieron financiación para el filme a través de un método cada vez más extendido: el 'crowdfunding' o financiación colectiva, consistente en que cualquier persona puede convertirse en coproductor donando a través de Internet la cantidad de dinero que considere. A cambio, puede acceder al documental, copiarlo y distribuirlo gratuitamente antes incluso de su estreno.

Ciudadanos dóciles y obedientes

El documental constituye una crítica feroz a un sistema educativo que mata los sueños, las ilusiones y las ansias de conocimiento del alumno, pues el origen del método de enseñanza tradicional en la gran mayoría de naciones del mundo es una creación de los gobernantes del antiguo Imperio de Prusia a finales del siglo XVIII. Su objetivo era crear ciudadanos obedientes, dóciles y dispuestos a defender a la monarquía con sus propias vidas.

Otra de las voces de 'La Educación Prohibida' es Marisa Docampo, coordinadora pedagógica del Instituto González Pecotche–Escuela Logosófica, en Argentina, que crítica a un método que fomenta la competitividad, el individualismo, el materialismo y la obediencia. En este sentido, Emilio Urruti, maestro de la Escuela Experimental La Bahía, en Ushuaia (Argentina), apuesta por un colegio que sea «un espacio de desarrollo personal, no un lugar donde se prepara al alumno para secundaria, luego para la universidad, luego para trabajar y luego, ¿para qué?». Los defensores de nuevas formas de educación denuncian que las escuelas actuales son lo más parecido a cárceles y cuarteles, con barrotes, muros de gran envergadura, alumnos segregados por edades y con personas encargadas de custodiarlos para que no se escapen.

En cuanto al método educativo, consiste en memorizar una serie de conocimientos que los chicos "vomitarán" en un examen y luego olvidarán, porque nadie les explica la verdadera utilidad de esos conocimientos ni de dónde proceden. Son así y punto, y su trabajo consiste en retenerlos durante un tiempo en su cerebro, hasta la fecha del temido examen. «Recuerdo que en mi escuela, la profesora nos explicó que la fórmula para resolver la base del rectángulo era base por altura –explica Urruti–. Nos mostró cuál era la base y cuál la altura, y a continuación nos dio una serie de ejercicios para resolver y para que fijáramos el procedimiento, el mecanismo. Funcionaba, muy bien, ahora, ¿por qué es base por altura? (...) Lo que había detrás de la fórmula, el proceso de su descubrimiento, nos fue arrebatado».

Por contra, en la Escuela Experimental donde imparte clases Urruti «tratamos de que los conocimientos sean el resultado de una experiencia y de una elaboración propia del chaval, por los caminos y los tiempos que a cada uno le lleve (...) Y vamos a respetar esos tiempos, porque al final cada uno de ellos va a vivir la experiencia de ser los descubridores de la fórmula (...) Como este ejemplo, podría ofrecer muchos otros. La lectura, la historia es puesta al alcance de los chicos para que ellos recorran su propio camino». De este modo, el alumno acabará convirtiéndose en una persona con criterio propio, con sentido crítico, que duda de la autoridad, que quiere comprender el porqué del mundo que lo rodea y que toma sus propias decisiones. Exactamente todo lo contrario de lo que pretenden las élites gobernantes de nuestro mundo occidental.

Manipulando a las masas

Como apuntamos anteriormente, el actual sistema educativo tiene su origen en el Reino de Prusia a fines del siglo XVIII. Tomando como base la instrucción militar de Esparta, la ciudad-estado de la Antigua Grecia, donde los muchachos recibían instrucción militar obligatoria para la guerra, consistente en un duro entrenamiento, pruebas muy duras, fuertes castigos y una obediencia ciega a la autoridad, la monarquía prusiana también añadió conceptos de la naciente Ilustración para aplicarlos a su sistema educativo, evitando así que en su territorio las masas se revelaran contra ellos, como había ocurrido con la Revolución Francesa. Nace así la educación pública, gratuita y obligatoria. «¿Qué buscaban estos déspotas ilustrados? –se pregunta Rafael González Heck, educador del colegio Rudolf Steiner de Chile–. Sencillamente un pueblo dócil, obediente y preparado para las guerras que tenían lugar en esa época entre todas las naciones que estaban naciendo».

González Heck revela que otras monarquías tomaron buena nota de los avances que estaban teniendo lugar en Prusia. Por ejemplo, «Catalina La Grande de Rusia hizo llamar a los enciclopedistas franceses para hacer lo mismo. Diderot estuvo allí para armar un paquete formador, no de ciudadanos, sino de obedientes súbditos. Este es el origen de la educación pública. Posteriormente, incluso Napoleón, enemigo jurado de las monarquías, hizo lo mismo. Él lo decía con todas las letras: quiero formar un cuerpo docente para dirigir el parecer de los franceses. Y esto opera, se sepa o no se sepa, hasta el día de hoy».

Con la caída del absolutismo y el auge del sistema burgués en el Viejo Continente, a principios del siglo XIX surgió la Revolución Industrial, el mayor conjunto de transformaciones socioeconómicas, tecnológicas y culturales de la historia de la humanidad desde el Neolítico. Fueron los grandes industriales, a través de fundaciones y organizaciones caritativas, los que financiaron el sistema educativo, encaminado a la formación de los futuros trabajadores de las cada vez más complejas fábricas. El naciente modelo de producción industrial en cadena de montaje se aplicó con éxito a la escuela. La educación de un niño se convirtió en lo más parecido a la manufactura de un producto, empleando un proceso mecánico y perfectamente planificado en cada etapa que debía superar el estudiante. El timbre para avisar que comienza o termina una clase, el orden en filas, el sistema de premios y castigos, las calificaciones exactas en forma numérica, la clasificación de los alumnos según edades y calificaciones, etc., es lo más parecido a una fábrica o un cuartel, pues lo que se buscaba era la creación de individuos eficaces y obedientes.

Control mental, propaganda y educación

El actual sistema educativo parte de la base de que el niño es un ser vacío al que hay que “llenar” de conocimientos y socializar. En general, el estudiante se aplica en memorizar las informaciones que les transmiten los profesores únicamente movidos por el miedo, no porque posean un verdadero interés en aprender nuevos conocimientos. Miedo a las malas calificaciones y, en consecuencia, a la reprimenda de los padres y a la desaprobación de sus maestros. Se trata, por tanto, de un modelo educativo conductista. John Broadus Watson, uno de los psicólogos más importantes del siglo XX, fue el creador en

1913 de la llamada Escuela de Psicología Conductista, que tenía como fin la predicción y el control de la conducta tanto de los individuos como de las masas.

Broadus Watson estaba tan convencido de su método que llegó a afirmar: «Dadme una docena de niños sanos, bien formados, para que los eduque, y yo me comprometo a elegir uno de ellos al azar y adiestrarlo para que se convierta en un especialista de cualquier tipo que yo pueda escoger: médico, abogado, artista, hombre de negocios e incluso mendigo o ladrón, prescindiendo de su talento, inclinaciones, tendencias, aptitudes, vocaciones y raza de sus antepasados». No nos engañemos, en definitiva, el conductismo consiste en la manipulación mental de un individuo o un grupo de los mismos a través del miedo a las represalias. Dicho modelo psicológico acabaría convirtiéndose en una ciencia del control social, empleada tanto para la publicidad, como para la propaganda política, el entrenamiento militar o sentar las bases del sistema educativo.

El español Carlos González, pediatra y escritor, denuncia en el documental 'La Educación Prohibida' la aplicación del modelo conductista al ámbito educativo, que tiene como objetivo la homogeneización absoluta de todos los estudiantes. «Este niño habla demasiado, tendría que ser más silencioso; este niño habla poco, tendría que ser más hablador; este niño

El documental 'La educación prohibida' generó un tsunami social.

juega poco, tendría que jugar más; este niño es muy movido, tendría que estarse más quieto; este niño se relaciona con todos, tendría que tener menos relaciones superficiales y buscar algunos amigos íntimos (...) Haga lo que haga parece que está mal, que tiene que acabar siendo el niño estándar que hace exactamente la mitad de todo».

Para González, en la actualidad se confunde la diversidad con la enfermedad. «Claro que existen niños con auténticos problemas neurológicos y psiquiátricos que de verdad se salen completamente fuera de lo normal –asegura el pediatra–, pero son muy pocos. Lo que estamos viviendo ahora es una moda. En algunas zonas ya hay en torno al 10% de los niños en las escuelas tomando psicofármacos para paliar su supuesta hiperactividad. Entonces, una de dos: o los niños ahora son mucho más hiperactivos que antes, cosa que me cuesta creer, pero que si así fuera tendríamos que preguntarnos cuál es la causa de ese problema, qué hemos hecho (los adultos) para que estén los niños así; o bien los chicos son igual que antes, pero ahora no los aguantamos».

Sistemas pedagógicos alternativos

«A medida que los niños van creciendo, van perdiendo su curiosidad y sus ganas de aprender –asegura el español Jordi Mateu, coordinador de la Xell Red de Educación Libre–. Difícilmente un niño de doce años toma un libro al salir de la escuela (...) ¿Por qué? Porque está harto de que se le diga lo que debe y no debe hacer y ha perdido toda curiosidad por aprender». Lo anterior constituye un fracaso sangrante del sistema educativo, porque la mente de un niño posee capacidades de aprendizaje superiores a las de un adulto. En pocos años es capaz de controlar su cuerpo, de comunicarse en varios idiomas y de comprender las reglas de la naturaleza y características básicas de su cultura. Dicho proceso lo logra de modo inconsciente, sin demasiado esfuerzo.

Diversos estudios muestran que el 98% de los niños de cinco años podrían ser considerados genios, pues son curiosos, creativos, de mente abierta y poseen una capacidad innata para adaptarse al entorno y pensar de formas diversas. Quince años después solo el 10% mantiene esas capacidades. Según el Dr. Carlos Manuel Calvo, esta circunstancia se debe «a que la manera de introducir los conocimientos no motiva a nadie y el estudiante piensa que solo debe repetir y repetir hasta que se le mete en la cabeza. No importa que comprenda o no comprenda, porque lo que importa es que el alumno diga de la misma manera lo que ya está dicho».

Por contra, el cada vez más extendido movimiento de la Nueva Escuela plantea una verdadera revolución pedagógica. Si el actual sistema educativo parte del entrenamiento militar de Esparta, el nuevo es hijo de la Atenas clásica, donde no existían escuelas como tales, sino centros de reflexión, experimentación libre y puesta en común de conocimientos. En la sociedad ateniense la instrucción obligatoria estaba únicamente reservada a los esclavos...

En la Nueva Escuela se apuesta por el autodescubrimiento de la realidad y la experimentación, lo que implica crear, pensar, imaginar, soñar y establecer relaciones entre los distintos campos del conocimiento, para luego recrearlos, generando nuevos conocimientos. Defienden que el alumno debe comprender el porqué de las cosas, aprender a dudar y a analizar la realidad por sí mismos, siempre con sentido crítico. De modo que la tarea del educador será la de mostrar misterios y despertar la curiosidad e imaginación del pequeño, porque todo conocimiento es un reto y un misterio. En la Nueva Escuela el alumno sale habitualmente del pupitre para realizar toda clase de actividades, siempre que se pueda, en un entorno natural. El niño aprende a construir, a plantar, a dibujar, a esculpir, a escribir, a tocar un instrumento, a cuidar animales, a poner en marcha una obra de teatro, etc.

Creatividad y sentido crítico

En este nuevo tipo de enseñanza, «ni el maestro ni el contenido es el protagonista –afirma la española Ana Julia Barnadas, del colegio Montessori Palau Girona–. El protagonista es el niño, que acompañado del adulto, que hace de intermediario, se pone en contacto con el conocimiento, y el conocimiento actúa por sí solo, atrayendo al niño». En 'La Educación Prohibida', Erika Scheuerlein, de la Cooperativa Educacional Olga Cossettini (Argentina), abunda sobre este asunto: «Los chicos desde que nacen, nacen con la capacidad de crear. Son creativos, observadores y curiosos. En la escuela pueden pasar dos cosas: que se acompañe ese proceso y se propicien actividades para desarrollar esas capacidades, o que se le frustre». Porque como defiende el educador chileno Carlos Manuel Calvo, el interés por adquirir conocimientos es consustancial al ser humano, de modo que «aprender no es ningún mérito. Es más, es que no se puede no aprender».

El movimiento de la Nueva Escuela apuesta por la cooperación y no por la competición, dentro de un ambiente tranquilo y fluido, con los materiales escolares siempre al alcance de la mano. Se fomenta el aprendizaje práctico, el trabajo manual y el juego, tal como apunta el educador Emilio Urruti: «Los chicos se enganchan a jugar con todo lo que tienen. Ese estar presente se logra a través de muchas actividades: la pintura, el canto la danza, la música en general (...) Pero también en la cocina, en la huerta y en tantas otras actividades que se proponen. Incluso en las materias descaradamente asociadas a los programas de estudios: con la lengua, con las matemáticas, como el descubrimiento de una fórmula para calcular cualquier cosa, o un cuento inventado, que pone en marcha mecanismos creativos muy interesantes, insospechados a veces por uno».

María Gabriela Albuja, maestra de la Unidad Educativa Activa Libre Intercultural Experimental Inka-Samana de Ecuador, abunda en este aspecto de la Nueva Escuela: «Los niños terminan de hacer tal actividad y se van a otra área o se reúnen con amigos y deciden hacer algo juntos (...) Entonces hay unos que están en artes, otros en matemáticas, otros en lengua, en quichua, en castellano, en inglés, otros están haciendo ciencias, experimentos. Lo que necesitan siempre está a mano y los adultos siempre estamos dispuestos a facilitar alguna cosa que tal vez en ese momento no esté en el área».

Una apuesta por la imaginación

También se apuesta por la solidaridad, la convivencia, la toma de responsabilidad por los propios actos y en algunas de estas escuelas incluso el autoconocimiento y la meditación. «El niño debe ser acostumbrado a que justamente en ese estado de silencio es cuando se produce la magia –dice Miguel Ángel Domínguez, maestro y director del Instituto Crecer, en Uruguay–, es cuando uno empieza a sentir señales que vienen desde dentro, que el barullo no nos permite escuchar. La meditación es una práctica muy útil, y a los niños, despacito, les va gustando, y entran rápidamente en esos estados. En el colegio donde estamos siempre empezamos el día, incluso los chiquitos de dos años, con quince minutos de silencio y armonización».

La meditación favorece la concentración y la imaginación en los pequeños, aspecto este último al que la Nueva Escuela otorga gran importancia. Tal como afirma William Rodríguez Sánchez, biólogo, químico, pedagogo y director del Instituto Popular de la Cultura de Cali (Colombia), «hacer con la mente es imaginación, y la imaginación no vale. Eso es soñar, y la escuela nos dijo por ahí no. La imaginación es fundamental para los procesos de creación, y los procesos de creación son los que han transformado el mundo (...) Si nosotros miramos a los grandes hombres de la humanidad, todos ellos han sido grandes soñadores, es decir, han tenido una imaginación enorme».

En definitiva, el documental 'La Educación Prohibida' defiende el desarrollo de un nuevo modelo educativo que fomente el afán por el conocimiento, el sentido crítico, la responsabilidad personal, la cooperación y, en definitiva, el desarrollo integral del alumno, teniendo no solo en cuenta los aspectos intelectuales, sino también los emocionales y trascendentales.

9.
EL PODER DE LA INTUICIÓN

INVESTIGACIONES CIENTÍFICAS DEMUESTRAN QUE EL SEXTO SENTIDO ES LA MEJOR BRÚJULA PARA NUESTRA VIDA

“Experimentos de laboratorio indican que la denostada intuición, siempre vinculada al mundo de los sueños y la fantasía, en realidad constituye la guía más certera para tomar decisiones claves de nuestra vida. En contra de lo que dicta el sentido común, el análisis racional de la situación no siempre es la forma más adecuada de encontrar la solución a un problema…

«Si ahora mismo agarrase una pelota de tenis e hiciese el ademán de lanzársela a Milina, ella seguramente se cubriría el rostro con uno de sus brazos y se apartaría de la trayectoria de la pelota», dijo en una entrevista el neurólogo Jody Culham. En principio, sus palabras nada tendrían de extraordinarias, excepto por la salvedad de que la escocesa Milina Culham es ciega. Perdió la vista a los 20 años a causa de una delicada operación quirúrgica. Después de 52 días en coma, cuando despertó, se dio cuenta de que no podía ver. Sin embargo, unos seis meses después comenzó a percatarse de que no solo podía percibir los obstáculos que se encontraba en su camino, sino que también era capaz de distinguir si se trataba de un silla, una camisa, unos zapatos o cualquier otra cosa. Exactamente lo mismo podía hacer con las personas: sabía claramente si había alguien sentado en la cocina o en el salón y de quién se trataba. «Puedo caminar por la casa y recoger las cosas que están por el suelo. No puedo verlas, pero sé que están allí y de qué se trata: unos zapatos, un juguete o lo que sea», afirma la mujer.

Gordon Dutton, neurólogo de la Universidad de Glasgow (Escocia), se encargó de estudiar las extrañas capacidades de

Milina. En un primer momento, le pidió que caminase por un pasillo intentando evitar unas sillas que el científico había colocado estratégicamente. Nuestra protagonista chocó con varias de las mismas. Más adelante, Dutton le hizo la mima petición, pero en esta ocasión le indicó que caminase deprisa y sin pensar en la existencia de los obstáculos. Sorprendentemente, Milina evitó todas las sillas como si las estuviera viendo. La conclusión es que, de algún modo desconocido, esa "visión ciega" –como es conocido este fenómeno en el ámbito científico– se desarrolla no en el consciente, sino en el inconsciente. En este punto la cuestión se pone interesante, porque todos nosotros, aunque veamos perfectamente, empleamos esa pasmosa capacidad de ver sin saberlo, que seguramente constituye una enorme influencia en nuestra toma de decisiones. En definitiva, los casos de Milina y otros similares indican claramente que una parte importante de nuestras decisiones, que creemos son el resultado de un análisis racional de la realidad, en verdad se generan en nuestro inconsciente, un apartado de nuestra mente sobre la que no tenemos control. Por lo tanto, ¿controlamos nosotros a nuestra mente o es ella la que maneja nuestra vida sin que siquiera nos demos cuenta?

Casos sorprendentes

Los primeros casos de "visión ciega" tuvieron lugar en 1917 entre los soldados que participaban en la Primera Guerra Mundial (1914-1918). Pero habrían de transcurrir cincuenta años para que se iniciase una auténtica investigación científica sobe el asunto. En 1967, Lawrance Weiskrantz y Nicholas K. Humphrey, de la Universidad de Cambridge, seccionaron la corteza visual de varios simios, comprobando que seguían manteniendo importantes facultades visuales, como la detección de movimientos o la discriminación de formas. Los mismos científicos comenzaron a experimentar en 1974 con Daniel B., un paciente dotado de "visión ciega", pero sus trabajos fueron recibidos con enorme escepticismo por la comunidad científica. Daniel había acudido al oftalmólogo Michael Sanders, del Hospital Nacional de Londres. A pesar de que no podía ver nada a partir de la izquierda de su nariz –debido a una operación quirúrgica para acabar con sus insoportables dolores de cabeza–, aseguraba que era capaz de detectar cualquier objeto o persona situado en ese "punto oscuro".

Sanders colocó su mano en la zona donde Daniel carecía de visión, y éste se la agarró a la primera. Repitió idéntica operación sin equivocarse en ningún momento. El oftalmólogo enseguida se puso en contacto con Weiskrantz, que llevó a cabo numerosas pruebas con Daniel, como colocar una pantalla en su punto ciego y pedirle que señalara la zona del monitor por la que aparecía un círculo. Acertó en la mayoría de las ocasiones, sobre todo cuando seguía las indicaciones del científico, que le pidió que no racionalizara sus acciones, sino que simplemente se limitara a "adivinar" cuándo y en qué zona del monitor surgía la figura geométrica.

Más recientemente, en 2016, Beatrice de Gelder, profesora de neurociencia cognitiva de la Universidad de Tilburgo (Países Bajos) y directora del Laboratorio de Neurociencia Cognitiva del mismo centro, llevó a cabo numerosas pruebas con un paciente identificado en el ámbito médico como TN. A raíz de dos accidentes cardiovasculares, el hombre perdió su visión por completo. Sin embargo, es capaz de recorrer un largo pasillo a toda velocidad, esquivando por centímetros cajas, sillas y otros utensilios de oficina. Según TN, simplemente se limita a recorrer el pasillo, pero no tiene conciencia de observar nada, ni tampoco recuerda cómo hace para evitar los obstáculos. En definitiva, es incapaz de describir y razonar sus actos. Los resultados de las pruebas psicofísicas a las que se sometió, a fin de evaluar la posibilidad de que mantuviera una mínima visión consciente, concluyeron que no se apreció ni el menor resquicio de funcionamiento visual, ni siquiera en la detección de grandes objetos.

El inconsciente manda

Hoy en día, nadie duda de la realidad del fenómeno de la "visión ciega", sobre todo porque se ha comprobado repetidamente en laboratorio que pacientes ciegos exhiben alteraciones fisiológicas claras, como la constricción de la pupila, signo inequívoco de la visión inconsciente. Las investigaciones mediante neuroimagen también han aportado pruebas incontestables sobre las regiones cerebrales implicadas en la visión ciega. Pero más sorprendente es que estos pacientes son también capaces de "leer" las emociones plasmadas en un rostro o el significado de una determinada postura corporal. En 1999, Beatrice y su equipo comenzaron a experimentar con GY, un hombre que había perdido en su infancia la corteza visual primaria del hemisferio cerebral izquierdo, de modo que su campo visual derecho estaba tapado por un manto negro. Sorprendentemente, podía adivinar con bastante precisión la expresión de los rostros de las personas situadas en su punto ciego.

En 2009, la neurocientífica llegó incluso más lejos. En un artículo publicado en la revista 'Investigación y Ciencia' en julio de 2010 daba cuenta de sus sorprendentes hallazgos: «Al objeto de estudiar mejor la visión ciega de las emociones, nos valimos del llamado contagio emotivo, la tendencia de ajustar en el propio rostro las expresiones faciales que estamos viendo en otras personas. El contagio emotivo se mide con la técnica de la electromiografía facial: mediante electrodos se registran las señales aferantes a los músculos que se producen al sonreír o enfadarse. Utilizamos la técnica en los pacientes GY y DB, al tiempo que les mostrábamos fotografías de rostros y cuerpos que expresaban felicidad o miedo. Todos los estímulos suscitaron reacciones emotivas que se reflejaron en las mediciones electromiográficas, con independencia de si se situaban en el lado de la visión o en el ciego. De hecho, de modo sorprendente, las imágenes invisibles provocaron una respuesta más rápida que las que se veían conscientemente».

Se desconoce por qué algunos pacientes poseen tal capacidad y otros no, pero se sabe que, de un modo u otro, todos nosotros –estemos o no dotados de visión– poseemos cierto grado de "visión ciega". Son numerosos los estudios que han demostrado que prácticamente cualquier persona puede adivinar con precisión la naturaleza de un estímulo, aunque su tiempo de exhibición no sea suficiente para percibirlo. En otras ocasiones, los científicos llegaron a desactivar la corteza visual de una serie de voluntarios mediante la estimulación magnética transcraneana y, a pesar de ello, todos podían describir el estímulo que tenían delante. Independientemente de cualquier otra consideración, lo que parece claro es que la visión ciega está directamente relacionada con nuestro inconsciente, que en realidad determina nuestras acciones y pensamientos mucho más de lo que hasta ahora se pensaba. De hecho, los estudios sobre este fenómeno no solo han atraído la atención de neurólogos, sino también de psicólogos y filósofos, muchos de los cuales han llegado a la conclusión de que el inconsciente es el que dirige nuestra vida, a pesar de que nosotros pensamos que tomamos decisiones libre y racionalmente.

La intuición es racional

Por lo tanto, la intuición, ese sexto sentido tan denostado por el mundo académico, se presenta ahora como esencial para nuestra supervivencia. Incluso mucho más importante que los otros cinco. Desde la década del 2000, los científicos interesados en esta arcana cuestión se han ganado el respeto de la comunidad científica tras llevar a cabo experimentos como los de Ap Dijksterhuis y su equipo de la Universidad de Ámsterdam. Se limitaron a dividir a los participantes en su estudio en tres grupos. A todos ellos se les ofrecía una exhaustiva y compleja información sobre cuatro apartamentos (localización, precio, número de habitaciones, etc.) y se les pedía que eligieran el mejor. A los miembros del primer grupo no se les dejó casi tiempo para analizar los datos, a los del segundo se les permitió que se lo pensaran con calma y a los del tercero ni siquiera les dejaron reflexionar, sino que los experimentadores se limitaron a entretenerlos para no permitirles que pensaran. El segundo grupo –que tuvo tiempo de sobra para reflexionar– erró menos que el primero, tal como indica la lógica. Pero lo sorprendente es que los individuos del tercer grupo acertaron muy por encima de los del segundo. ¿Cómo era posible, si ni siquiera habían pensado conscientemente sus decisiones, puesto que los científicos se dedicaron a distraerlos? La respuesta es porque su mente inconsciente no había parado de analizar los pros y contras de cada uno de lo apartamentos, llevándolos a tomar la decisión más conveniente. En otras palabras, si dejamos trabajar al inconsciente, tenemos muchas más posibilidades de acertar en nuestras decisiones.

En definitiva, la intuición sería una especie de "trabajo subterráneo" mediante el cual procesamos la información de forma inconsciente. Da la impresión que nuestro cerebro se ocupa del asunto sin que seamos conscientes del proceso. Es muy diferente del pensamiento racional, para el que debemos trabajar y esforzarnos. A diferencia del análisis lógico, que solemos relacionar con el cerebro, las intuiciones tendemos a vincularlas con las emociones, puesto que cuando intuimos algo, lo sentimos y no lo pensamos. Es muy posible que el momento en el que el inconsciente llega a una conclusión sea durante el sueño. Pero no espera a que despertemos, sino que el inconsciente deja su mensaje dentro de un sueño de manera más o menos simbólica. Esto explicaría por qué son tantos los inventores y científicos que han hallado las claves de sus hallazgos durante una experiencia onírica, o los escritores que han construido los argumentos de sus novelas en los brazos de Morfeo.

August Kekulé descubrió gracias a dos sueños seguidos la estructura química del benceno, hallazgo decisivo para que posteriormente se hallaran las estructuras químicas de otros muchos compuestos. Algo similar le pasó a Dmitrij Mendeleev. Tras una agotadora jornada de trabajo, el químico entró en un sueño profundo en el que vio la clave que llevaba tanto tiempo buscando y que le permitiría ordenar la tabla periódica de los elementos (la Tabla de Mendel), así como predecir el peso atómico y las propiedades físicas de elementos aún desconocidos. Los de Kekuléy Mendeleev no son casos excepcionales, sino que muchos otros científicos y artistas deben sus hallazgos al inconsciente que se hace presente en sus sueños. Los ejemplos en este sentido son abrumadores. Veamos algunos:

–**Niels Bohr,** físico danés, descubrió gracias a una experiencia onírica la estructura del átomo, lo que le valió el Premio Nobel en 1922.

–**J. R. Oppenheimer**, líder del "Proyecto Manhattan", logró con su equipo la primera explosión nuclear el 16 de julio de 1945. Un sueño le advirtió de los errores que había cometido al planificar una prueba atómica bajo las aguas marinas, tan solo 36 horas antes de que se llevase a cabo. Esta circunstancia probablemente salvó al planeta de un enorme desastre, pero desde entonces el físico sufrió los rigores de la CIA, que lo acusaba de procomunista.

–**Otto Loewie** ganó el Premio Nobel de Medicina en 1936 debido a un experimento que le fue revelado en una experiencia onírica, y gracias al cual realizó importantes descubrimientos en el estudio de la transmisión de los impulsos nerviosos.

–El Premio Nobel **Paul Ehrlich** vio en un sueño la clave para comprender cómo las células se defienden de los venenos que las atacan.

–**László József Bíró** inventó el bolígrafo por una experiencia onírica.

–**Richard Wagner** compuso en sueños las bases musicales de las óperas 'Tristán e Isolda' y 'El oro del Rhin'.

–**Robert L. Stevenson** soñó el comienzo de su obra más famosa, 'El extraño caso del Dr. Jekyll y Mr. Hyde'.

–**Lewis Carroll**, el célebre autor de 'Alicia en el País de la Maravillas', se inspiraba para escribir sus obras en sus propios sueños.

–**André Bretón** creó el surrealismo, una de las vanguardias literarias más importantes del siglo XX, gracias a sus experiencias oníricas.

El inconsciente también tendría mucho que decir en cuestiones de pareja. ¿Quién no ha experimentado en alguna ocasión esa sensación de amor a primera vista, que nos hace sentirnos irremediablemente atraídos por otra persona nada más toparnos con ella? Es una sensación que va más allá de la mera atracción sexual y que probablemente está relacionada con procesos profundos de nuestra mente, que es capaz de captar inconscientemente ciertas características de la otra persona que nos resultan especialmente atrayentes.

Muchas veces tratamos de aplacar tal sentimiento porque no está basado en la razón. ¿Cómo podemos enamorarnos de alguien con el que solo nos hemos cruzado dos palabras? Sin embargo, distintos estudios han demostrado que se trata de un modo de elección de pareja mucho más certero que el análisis lógico. Por ejemplo, la doctora Ruth Sinclair realizó una encuesta a 1.284 parejas de EE UU, cuyos resultados fueron sorprendentes: aquellas parejas que sintieron amor a primera vista estaban más compenetradas y eran más felices que el resto en una proporción más que significativa de nueve a uno.

Precognición intuitiva

Pero volvamos al asunto con el que iniciamos este capítulo, el de la "visión ciega". ¿Y si este fenómeno está vinculado de algún modo a la percepción extrasensorial? Todavía estamos empezando a descubrir los procesos físicos y mentales que intervienen en el proceso de percepción de la realidad. El mundo que nos rodea no es cómo lo percibimos, sino que son nuestros órganos sensoriales y cerebro los que crean una imagen para nosotros. Otros seres dotados de distinta estructura (los animales) captan el mundo de manera totalmente diferente, porque en el fondo toda la materia no es otra cosa que partículas subatómicas vibrando en cierta frecuencia.

De vez en cuando, algunos experimentos científicos sobre el asunto de la percepción devienen en inexplicables sorpresas. Eso le ocurrió al informático y profesor de sociología Ronald Rensink, que lleva años investigando la ceguera temporal, que en ocasiones impide que los conductores vean un peligro inminente. Gracias al apoyo del Instituto Tecnológico de Massachusetts (MIT, por sus siglas en inglés), la Universidad de Harvard y la empresa automovilística Nissan, Rensink pudo desarrollar sus investigaciones. Una de las sencillas pruebas de su estudio consistía en que cuarenta voluntarios contemplaran en una pantalla la misma foto repetida varias veces. Debían avisar a los científicos cuando detectaran alguna pequeña diferencia en la misma. La sorpresa vino cuando algunos de los participantes preguntaron si debían avisar cuando detectaran el cambio en la secuencia, o bien cuando sentían que se iba a producir ese cambio. Entonces Rensink recondujo la experiencia, y descubrió con sorpresa que un tercio de los voluntarios eran capaces de percibir las variaciones segundos antes de que se produjeran. Sin darse cuenta, el científico estaba replicando una serie de experimentos sobre precognición realizados por otros antes que él.

Por ejemplo, en el año 2000, el psicólogo holandés Dick Bierman llevó a cabo un interesante estudio: les pidió a varios participantes que observaran atentamente la pantalla de un ordenador, mientras medía sus constantes fisiológicas. En la pantalla aparecían, cada cinco segundos, una serie de imágenes neutras, combinadas con otras que pretendían causar emociones intensas. Sorprendentemente, las mediciones psicofisiológicas demostraron que un segundo antes de que vieran cualquiera de las imágenes dotadas de fuerte contenido emocional, el sistema nervioso autónomo de los individuos reaccionaba como si ya hubiera recibido el impacto.

Ahora bien, todavía permanece sin responder cómo se explica el fenómeno de la "visión ciega". La neurocientífica Beatrice de Gelder y su equipo plantean como hipótesis que entre las estructuras nerviosas responsables de la visión ciega se incluye el colículo servidor (CS). En los animales no mamíferos, como las aves y los peces, el CS es la principal estructura receptora de las señales procedentes de los ojos. «La 'visión ciega' podría aprovechar las informaciones que viajan desde la

José Luis Altamirano experimenta en el campo de la dermoóptica.

retina hasta el CS sin pasar antes por la corteza visual primaria», escribe la científica en su artículo de 'Investigación y Ciencia'. Los experimentos de Gelder apuntan a que el CS juega cierto papel, pero todavía se desconoce todo el proceso. A quien escribe, el fenómeno que nos ocupa le recuerda mucho a la dermoóptica, desarrollada principalmente por el Dr. José Luis Altamirano, a quien tuve la oportunidad de entrevistar hace algunos años. Miles de niños ciegos consiguen captar colores y formas de diversas láminas solo pasando sus manos sobre ellas, después de que Altamirano los someta a un entrenamiento. Los críticos argumentan que en realidad se trata de un hiperdesarrollo táctil de los niños. Sin embargo, el investigador Manuel Carballal, que participó en varios de los experimentos, opina que no se puede explicar de ese modo, porque «se interpusieron láminas de vidrio o plástico entre los dibujos y los niños, con lo que, lógicamente, sin contacto físico difícilmente podría tratarse de un hiperdesarrollo táctil». Es más, en cierta ocasión, «una pequeña llegó a 'ver' un dibujo a casi dos metros de distancia –apuntó Carballal–, mientras que un niño describió una lámina oculta bajo otra opaca. Lo que viene a demostrar que el fenómeno es mucho más complejo de lo que parece».

En definitiva, no debemos despreciar nuestras intuiciones, porque en muchas más veces de las que pensamos, constituyen una guía certera para las decisiones que debemos tomar en la vida.

III
EL FUTURO DISTÓPICO YA ESTÁ AQUÍ

10.
EL APOCALIPSIS ECOLÓGICO QUE VIENE

DE CÓMO ACTUEMOS EN LOS PRÓXIMOS VEINTE AÑOS DEPENDE LA SUPERVIVENCIA DE LA ESPECIE HUMANA

“Para que el sistema capitalista se mantenga a flote, la economía debe crecer siempre de forma constante. Sin embargo, nuestro planeta no es infinito. Tiene unos límites que hemos rebasado con creces y, según los expertos, en un par de décadas alcanzaremos el punto de no retorno. Entonces ya no habrá esperanza para la humanidad. Son enormes e inimaginables los riesgos, contradicciones y cambios radicales a los que debemos enfrentarnos en los próximos veinte años si queremos tener alguna oportunidad de revertir el colapso ecológico definitivo.

A fuerza de convertirse en un mensaje tan repetido, la opinión pública hace tiempo que ha dejado de prestar atención a este asunto. Sin embargo, no existe problema más importante que debamos resolver en las próximas décadas, si no queremos que la especie humana desaparezca de la faz de la Tierra. Por eso sorprende que gobiernos e instituciones internacionales muestren una parálisis tan extraordinaria. La explicación estriba en que nuestro modo de vida, basado en un sistema de mercado capitalista global, se asienta en el crecimiento constante. En el momento en que una economía –local, nacional, continental o mundial– decrece, se equilibra o no aumenta por encima del 1,5% anual, el propio funcionamiento del capitalismo genera una contracción que lleva a esa economía a una crisis que amenaza la estabilidad del propio sistema.

Es la mayor contradicción del capitalismo, porque su supervivencia depende de un crecimiento indefinido, pero en el mundo tridimensional en el que vivimos los recursos son limitados, por lo tanto existe un punto de no retorno a partir del cual es imposible continuar expandiéndose... Y nuestro hogar, esa pelota azul que gira en algún lugar en el extrarradio de la Vía Láctea, está a punto de alcanzar esa situación irreversible a causa de nuestras actividades extractivas e industriales.

El planeta no da para más

La solución para evitar el apocalipsis planetario no es sencilla, puesto que implicaría un cambio radical de sistema económico e industrial y, por lo tanto, de forma de vida en las sociedades más opulentas. ¿Estamos dispuestos a carecer de automóviles, a olvidarnos de viajar por nuestro país y por otros o a dejar de emplear en gran medida equipos electrónicos? ¿Estamos preparados para la desaparición de los supermercados y otras superficies comerciales y consumir solo productos generados en nuestra localidad? ¿De verdad aceptaremos no tener la posibilidad de elegir entre miles y miles de productos de toda clase fabricados en cualquier nación de la Tierra? ¿Seremos capaces de consumir menos de la mitad de energía y recursos hídricos?

Al estado de la cuestión se suma el hecho de que sociedades hasta ahora subdesarrolladas pretenden acaparar su porción de tarta en el tablero del capitalismo mundial. Son los casos de China, India y Brasil, que ya son potencias económicas e industriales y que pretenden competir con EE UU, Europa, Japón y los países productores de petróleo en Oriente Medio. A medida que estos "colosos dormidos" se convierten en economías más prósperas, aumenta el nivel de vida de sus habitantes, que demandan un consumo de bienes y servicios similar al de los ciudadanos de Occidente. El problema es que no hay recursos suficientes para tantos millones de almas consumiendo sin parar...

A pesar de esta "imposibilidad técnica", en la actualidad son necesarios ¡2,2 países similares a China para que su territorio se autoabastezca cada año! Estudios científicos bastante conservadores indican que la humanidad consumió en 2015 un planeta y medio. Según estos cálculos, en 2030 harán falta más de dos mundos como el nuestro y para el período 2040-2060 la sufrida Tierra no podrá sostener tal grado de depredación y sobrevendrá el apocalipsis definitivo.

El capitalismo primero

Como hemos esbozado anteriormente, la solución que plantean grupos y fundaciones ecologistas y altermundistas –enemigos del sistema de globalización capitalista– es promover un cambio radical de modo de vida y reestructurar desde su base nuestro sistema económico. Estas organizaciones claman que ya no tenemos tiempo. O ahora o nunca, porque el planeta está al comienzo de una enfermedad que en un par de décadas será terminal. Los gobiernos más poderosos del planeta y las organizaciones científicas más prestigiosas están de acuerdo –a grandes rasgos– con el análisis de los "enemigos" del capitalismo, pero difieren en las soluciones. Están bastante más cerca de la postura defendida –al menos hasta hace un par de años, como explicaremos más adelante– por las grandes multinacionales, que 'grosso modo' podría resumirse en tres puntos.

1. Las propuestas para la reducción de gases contaminantes –que generan un efecto invernadero en la atmósfera y el consiguiente aumento de las temperaturas– y la prohibición del uso de plaguicidas –que contaminan el medio ambiente– y de la tala descontrolada de árboles son opuestas al crecimiento económico y, por lo tanto, a la continuidad de la globalización capitalista.

2. Todavía hay margen para reaccionar. Antes de dos o tres décadas, cuando la Tierra llegue al punto de no retorno, los avances tecnológicos y científicos permitirán la salvación de nuestro "hogar azul". La historia ha estado plagada de obstáculos para la supervivencia de la especie humana, pero siempre ha prevalecido el instinto de superación y adaptación para resolver cualquier problema.

3. El tercer punto es el más impopular porque mercantiliza la Tierra. Los dirigentes de organizaciones como el Club Bilderberg y la Trilateral –a las que pertenecen los principales directivos de las mayores multinacionales, además de primeros ministros y presidentes de gobiernos, propietarios de medios de comunicación y prestigiosos académicos–, cuyo objetivo esencial es la defensa del sistema capitalista, apuntan en sus reuniones discretas a una verdad incómoda: que la esencia de

la especie humana es el desarrollo y el crecimiento continuo. Es cierto que la Tierra se está agotando y que no podrá absorber este ritmo de desarrollo por mucho más tiempo, pero el sistema solar, la galaxia y el universo son enormes y ricos en recursos naturales, así que nuestro futuro está en las estrellas, colonizando y explotando otros planetas para continuar con el imperativo de crecer y crecer sin descanso. Qué importa que la Tierra acabe consumiéndose, si el inmenso cosmos es un infinito reservorio de materias primas y mundos en los que asentarnos, expandiendo la globalización capitalista hasta límites que ahora no podemos ni imaginar. Somos los amos del universo y nuestro "impulso genético" es conquistarlo...

La Tierra como almacén muerto

El brasileño Leonardo Boff es uno de los intelectuales altermundistas con mayor influencia y prestigio en la actualidad. Exsacerdote franciscano y profesor de Teología durante más de veinte años, hace décadas que denuncia el agotamiento de los recursos naturales de la Tierra, mostrando las contradicciones del capitalismo. Sus declaraciones y escritos provocaron las iras de la jerarquía vaticana en 1992, que intentó acallarlo imponiéndole la pena de silencio. Pero el teólogo eligió dejar el sacerdocio para continuar hablando con total libertad.

Su punto de vista no admite matices: «O el capitalismo triunfa al ocupar todos los espacios, como pretende, y entonces acaba con la ecología y pone en riesgo el sistema Tierra, o triunfa el ecologismo y destruye al capitalismo, o lo somete a tales transformaciones que no pueda ya ser reconocible como tal. Esta vez no va a haber un arca de Noé que rescate a algunos y deje morir a los demás. O nos salvamos todos o perecemos todos».

Como apunta el pensador ecologista, la situación de nuestro mundo es terminal. Cada día se extinguen para siempre diez especies de seres vivos y desde 1972 el 65% de las tierras cultivables del planeta han desaparecido, al igual que la mitad de las selvas. En cuanto a las reservas naturales de agua, están próximas a agotarse. Tal como predicen los analistas de la CIA y de otros servicios de inteligencia occidentales, las guerras de la próxima década ya no serán por el control de gas o petróleo, sino del líquido elemento, esencial para la supervivencia de cualquier entidad biológica. «Tras este proceso de pillaje –escribe Boff– se oculta una imagen reduccionista de la Tierra. Es vista solo como un almacén muerto de recursos a explotar. No es respetada en su alteridad y autonomía, ni se le reconoce ninguna sacralidad. Mucho menos es amada como un superorganismo vivo, la Gran Madre de los antiguos, la Pacha Mama de nuestros indígenas y la Gaia de algunos cosmólogos».

Respecto al efecto invernadero y al calentamiento de la Tierra, los cálculos más conservadores apuntan a que en los próximos 50 años la temperatura de nuestro mundo podría aumentar hasta en tres grados, lo que generaría desastres naturales en cadena de consecuencias imprevisibles, como sequías –y, por consiguiente, conflictos armados por el control de los recursos hídricos– o el deshielo de los polos.

Otra causa susceptible de generar un mundo ingobernable y sumido en constantes disputas y guerras es la creciente desigualdad social que está provocando el proceso de globalización capitalista. En la actualidad, el 20% de la población más rica del planeta acapara el 84% de los recursos disponibles, mientras que el 20% más pobre debe conformarse con el 1,4%. Además, los datos inciden en que la brecha entre unos y otros va en aumento, porque en 1960 esa quinta parte menos favo-

Leonardo Boff es uno de los intelectuales altermundistas con mayor influencia y prestigio (Hermínio Oliveira/Wiki Commons).

recida disfrutaba del 2,3% de los recursos. Es un auténtico escándalo, porque esta situación es responsable de que un niño menor de cinco años muera cada cinco segundos a causa de la falta de alimentos. Las cifras causan escalofríos: 6.200.000 pequeños pierden la vida cada año por no tener nada que llevarse a la boca. Pero si tenemos en cuenta a todos aquellos que perecen por esta razón, no solo a los menores de cinco años, debemos multiplicar dicha cifra por tres. Lo grave es que esto sucede en un mundo que genera comida suficiente para cubrir las necesidades de 12.000 millones de personas, mucho más que la población mundial, cifrada hoy en día en más de 7.800 millones de almas.

Entonces, ¿por qué se desperdicia tal cantidad de alimentos? La respuesta es simple: porque si fuesen a parar gratuitamente a esos miles de millones de necesitados, el mercado se vería seriamente afectado y los precios disminuirían, con la consiguiente pérdida de rentabilidad para las multinacionales de la alimentación. No olvidemos que en el capitalismo prima la obtención de beneficios, que cada año deben ser mayores al anterior para que continúe el crecimiento imparable y la viabilidad del sistema. En este sentido, Boff defiende que «el desarrollo capitalista crea acumulación apropiada para unos pocos a costa de la explotación y del perjuicio de las grandes mayorías. Ese crecimiento pretende ser siempre progresivo».

Crecer a cualquier coste

Immanuel Wallerstein (1930-2019) está considerado uno de los sociólogos y pensadores más influyentes del siglo XX, y uno de los mejores analistas de las contradicciones tanto del sistema capitalista como de los movimientos altermundistas. Profesor de la Universidad de Binghamton (EE UU) durante buena parte de su vida profesional, opinaba que tanto una visión del mundo como su contraria tienen un origen milenario, a pesar de que en la actualidad se está imponiendo la primera. Pero esta circunstancia no impide que cada vez un mayor porcentaje de población en las sociedades industrializadas tome conciencia de los problemas ecológicos. Sin embargo, esos mismos que pretenden detener la degradación del medio ambiente también aspiran a una mayor comodidad y calidad de vida, lo que invariablemente incide en la creciente destrucción de la naturaleza. «Esto simplemente prueba que estamos metidos en otra contradicción del sistema histórico –aseguraba Wallerstein–. Mucha gente quiere tener más árboles y más bienes materiales, y gran parte de la misma se limita a separar en sus mentes ambas demandas».

El sociólogo también planteaba otro problema inherente al imparable proceso de globalización capitalista: el necesario crecimiento económico constante ha provocado que esos beneficios cada vez mayores ya no puedan ser mantenidos, así que el capitalismo ha pasado de basarse en la industria a hacerlo en el sistema financiero y todo lo que eso implica, como los "juegos de monopoly" en las bolsas o la creación de burbujas financieras que tarde o temprano acaban explotando y generando crisis que en cualquier momento pueden acabar con nuestro sistema, como estuvo a punto de suceder en 2008. Por cierto, riesgo que todavía no ha desaparecido, sino que sigue muy presente en las mentes de aquellos que manejan la economía mundial.

La crisis económica en la que estamos sumidos –que supuso un golpe sin igual al sistema financiero–, unida a la falta de crecimiento del sector industrial, genera una contracción del crecimiento que amenaza a la propia supervivencia del modelo económico imperante. La única solución es que la industria y las finanzas no solo mantengan, sino que aumenten su nivel de ingresos. Pero, ¿cómo conseguirlo? A través de dos vías: la reducción de mano de obra y costes laborales –lo que se traduce en desempleo, menores sueldos y pérdida de derechos sociales– y mediante subvenciones más o menos encubiertas de los gobiernos (es decir, de todos los contribuyentes).

En la actualidad estas dos estrategias de financiación a la industria y a las finanzas están salvando la situación a corto plazo, pero a largo significa un nuevo colapso, puesto que, al menguar el poder adquisitivo de la población, difícilmente puede invertir en comprar productos y, por tanto, la rueda de la economía no puede seguir girando. En realidad, no se trata de un plan de rescate –como intentan vendernos desde organismos internacionales como la Unión Europea–, sino de un modo de ganar tiempo hasta el 'crack' definitivo. Cuando eso suceda, las élites ya habrán diseñado y puesto en marcha un plan de salvación para sí mismas, guardando a buen recaudo sus activos financieros e invirtiendo en tierras de cultivo y acuíferos para continuar manteniendo su dominio sobre la población mundial. Tal como apuntaba Wallernstein: «El capitalismo histórico está en crisis precisamente porque no puede encontrar soluciones razonables a los dilemas actuales, entre los que la incapacidad para contener la destrucción ecológica es uno de los mayores, aunque no el único».

Sabiduría tradicional o apocalipsis

De parecida opinión es el doctor Mathis Wackernagel, presidente de Global Footprint Network, organización internacional de investigación que proporciona datos concretos y contrastados a gobiernos e instituciones públicas y privadas sobre el impacto ecológico de la actividad humana. Desde su experiencia y atalaya privilegiada de observación, concluye lo siguiente: «El compás económico que guía gobiernos, empresas y consumidores está estropeado. Nos presenta como beneficios lo que en realidad es una pérdida de riqueza para toda la sociedad. Llevar un recurso natural al colapso, como 'stocks' de pesca, acuíferos y bosques, cuenta como positivo en el Producto Interior Bruto. Cambiar la forma en que medimos y describimos cosas en términos económicos es esencial para asegurar la buena gestión de nuestros recursos naturales y la provisión de bienes y servicios que nos proporcionan. El medio natural puede funcionar sin la economía, pero no al revés».

Leonardo Boff defendía que la solución al punto muerto en el que nos encontramos no la hallaremos en sesudos trabajos científicos, ni en tesis doctorales, ni en grupos de trabajo internacionales, sino en las cosmovisiones indígenas, que pueden constituir «una fuente de inspiración en esta crisis civilizatoria, porque nos enseñan que podemos ser humanos de otra forma». Esa sabiduría ancestral, opinaba el líder social, «debe ser revisada por nuestra cultura materialista, por nuestra voracidad, que puede llevarnos a un punto de no retorno».

El 12 de diciembre de 2015 tuvo lugar un acuerdo que los medios de comunicación calificaron de histórico. 195 países reunidos en la capital francesa pusieron fin a varias semanas de encuentros en la llamada Cumbre de París, tras alcanzar una serie de pactos para evitar el aumento de la temperatura en el planeta. Acordaron limitar la emisión de gases que provocan el efecto invernadero, para llegar en 2050 al deseado equilibrio entre emisiones y capacidad de absorción del medio ambiente. El objetivo es mantener las temperaturas por debajo de los 2 grados centígrados con respecto a los niveles preindustriales.

Sin embargo, ambientalistas, ecologistas y científicos especialistas en el cambio climático quisieron rebajar el tono triunfalista que mostraron ante la prensa los representantes de las naciones más poderosas de la Tierra. Uno de los primeros en alzar la voz fue James Hansen, pionero en el estudio del cambio climático, profesor en la Universidad de Columbia (EE UU) y antiguo climatólogo de la NASA. Hansen, que se convirtió en el primer científico en advertir en el Congreso estadounidense sobre los riesgos del calentamiento global, dijo que la Cumbre de París había sido «un fraude y una farsa», puesto que no se mencionó a los auténticos causantes del problema –multinacionales y gobiernos occidentales– ni se pusieron en marcha medidas urgentes para acabar con una economía basada en la explotación de los combustibles fósiles. Por su parte, Corinne Le Quéré, del Centro Tyndall para la Investigación del Cambio Climático, aseguró que los compromisos asumidos en la cumbre eran más que insuficientes y proyectan un escenario catastrófico de 2,7 grados de aumento de la temperatura del planeta, muy por encima del punto de no retorno.

Sabemos que somos culpables de acabar con multitud de especies animales y vegetales y de la contaminación del medio ambiente. Calculamos la velocidad a la que hacemos desaparecer la masa forestal y medimos el nivel de exterminio a los animales, pero a causa de nuestra forma de vida y del sistema económico-político en el que estamos inmersos, nos resulta difícil relacionarnos personalmente con el problema. Somos muy capaces para las cifras, promedios y estadísticas, pero absolutamente incapaces de fijarnos en una planta que ya no florece o en un pájaro que perece a causa de la contaminación. Desde un punto de vista paternalista pretendemos proteger el medio ambiente, cuando el medio ambiente lo único que necesita es protegerse precisamente de quienes lo quieren salvar: de la especie humana.

Pero, ¿existen las especies? Sí desde el punto de vista humano, que procura catalogar la realidad en compartimentos estancos: física, química, historia, biología, vegetales, animales, insectos... Pero la realidad es que nuestra suerte va unida a la del resto de seres vivos que pueblan el planeta, así que esa separación solo existe en nuestras mentes. Y mientras no seamos plenamente conscientes de ello, difícilmente podremos encarar los problemas ecológicos con pleno conocimiento.

Señales del fin

Y esos problemas se nos acumulan. Por ejemplo, el proceso de deshielo de la Antártida como consecuencia del cambio climático no solo generará el ascenso de las aguas y, por lo tanto, que millones de personas tengan que emigrar de sus lugares de residencia, sino que significará la ruptura total del ecosistema del planeta Tierra, con consecuencias apocalípticas para los siguientes años. No somos conscientes de lo que se nos viene encima, y muy probablemente, aunque se produzca un cambio radical de nuestra forma de vida para evitar las emisiones de CO2 que provocan el efecto invernadero, ya es demasiado tarde.

Es dramático, por ejemplo, el deshielo del permafrost, que es una capa del suelo que está permanentemente congelada y que abarca aproximadamente el 20% de la superficie terrestre. Incluye Siberia, gran parte de Canadá y Groenlandia. El caso es que ese permafrost se está descongelando, y lo hace a mayor velocidad de lo que los científicos habían pronosticado. Es un problema de una gravedad enorme, porque en el permafrost están las mayores reservas de metano del planeta. El metano es un gas de efecto invernadero mucho más nocivo que el CO_2, así que esta fatal circunstancia está acelerando el cambio climático, que en las próximas dos o tres décadas va a generar un apocalipsis ecológico en la Tierra.

Por otro lado, la descongelación del permafrost está liberando virus que llevaban congelados miles o millones de años, ante los que los humanos no tenemos ninguna inmunidad. Casos ya ha habido, aunque por fortuna solo a nivel local. En 2016, un niño de 12 años falleció y otras veinte personas tuvieron que ser hospitalizadas después de contagiarse por ántrax en el Círculo Polar Ártico. Una intensa ola de calor como consecuencia del cambio climático dejó al descubierto los huesos de un reno fallecido por esta bacteria 75 años antes, y el microorganismo infectó el suelo, el agua y los alimentos. Y en 2020, un equipo de científicos descubrió al oeste de las montañas Kunlun, en la parte china de la meseta tibetana y a unos 6.700 metros de altura, 33 virus congelados desde al menos 15.000 años, de los que 28 eran totalmente desconocidos para la ciencia. Ahí es nada.

La descongelación del permafrost también es la causa de los más que preocupantes incendios en el Ártico. Philip Higuera, ecologista de la Universidad de Montana que estudia este fenómeno de los incendios en el Ártico, afirma que se trata de un fenómeno de extrema gravedad para la supervivencia de la especie humana: «Llevamos décadas advirtiendo sobre lo que nos viene encima. Ya dijimos en 2016 que los incendios en los bosques boreales y la tundra ártica aumentarían hasta cuatro veces en 2100». La causa de los incendios árticos está en la subida generalizada de las temperaturas, lo que acaba secando el suelo y derritiendo el permafrost. Como consecuencia de este fenómeno, la taiga siberiana arde durante meses a fuego lento, devastando a su paso más de cuatro millones de hectáreas. Pero es que estos incendios también han afectado a los bosques boreales de Groenlandia, Alaska, Canadá, etc.

La ecologista de ecosistemas Merritt Turetsky, de la Universidad de Guelph (Ontario, Canadá), explica en qué consiste esta combustión de los ecosistemas del Ártico: «Los incendios lentos todavía son una mayor amenaza para el clima global que los rápidos. Son bordes de ignición de movimiento lento que se desplazan por el musgo y la biomasa de hojas. Arden durante mucho más tiempo y transfieren calor al suelo profundo y al permafrost. Tales incendios humeantes persisten con temperaturas frías y húmedas durante mucho tiempo, en gran medida porque la turba contiene enormes reservas de gas combustible metano. A medida que el clima se calienta, los suelos del norte y la turba se secan, lo que hace que los incendios latentes sean mucho más probables». Y lo más preocupante es que este fenómeno genera una rueda sin retorno, porque la quema de los bosques contribuye más al calentamiento global, y precisamente el calentamiento global es la causa de estos incendios del permafrost.

La conspiración de las petroleras

Aunque es cierto que la realidad del cambio climático y sus consecuencias para la supervivencia de la humanidad son difíciles de ocultar a la opinión pública, y cada vez están más presentes en los debates y en los programas de gobiernos y partidos políticos, durante décadas esta información ha permanecido convenientemente oculta a causa de los esfuerzos de las poderosas compañías que se dedican a la explotación de los combustibles fósiles, sobre todo de las petroleras.

Sin ir más lejos, en junio de 2020, el fiscal general del Estado de Minessota, en EE UU, Keith Ellison, demandó al gigante energético Exxon Mobil, al Instituto Americano del Petróleo –asociación que representa a unas 400 empresas del sector energético– y a Koch Industries, multinacional con empresas dedicadas al refinamiento de petróleo y la extracción de gas natural. La acusación es que durante años estas organizaciones emplearon estrategias de manipulación y datos falsos para generar confusión en la opinión pública respecto a la realidad del calentamiento global y el cambio climático.

Sin embargo, la anterior es tan solo una de las muchas demandas que varios fiscales generales de EE UU han iniciado contra las petroleras por su responsabilidad en la manipulación de la percepción de ciudadanos y políticos estadounidenses sobre el cambio climático, lo que ha retrasado décadas el inicio de planes globales para luchar contra dicho cambio climático. Todo comenzó cuando en octubre de 2019 se llevó a cabo una investigación parlamentaria en el Congreso de EE UU para determinar hasta qué punto Exxon Mobil y otras compañías energéticas tenían conocimiento de su papel en el calentamiento global, y desde hacía cuánto tiempo.

En "La conspiración del cambio climático", un amplio reportaje publicado por el sagaz periodista Javier García Blanco (AÑO/CERO, 366), se pone negro sobre blanco en qué consistió esa estrategia de las petroleras para engañar al público:

> «Gracias a las investigaciones de estudiosos como Naomi Oreskes (historiadora de la ciencia y profesora de Ciencias de la Tierra de la Universidad de Harvard) y su colega Geoffrey Supran, Robert Brulle (sociólogo ambiental de la Universidad de Drexel), agrupaciones como Union of Concerned Scientists (una oenegé formada por científicos independientes), y pesquisas de algunos medios de comunicación, como el diario 'Los Angeles Times' o la revista de investigación 'Mother Jones', en los últimos años han ido saliendo a la luz documentos internos de las grandes compañías energéticas que revelarían las sofisticadas estrategias utilizadas por éstas en las últimas décadas para proteger sus intereses.
>
> Así, y gracias a sus casi interminables recursos económicos, las petroleras diseñaron un "plan de ataque" dividido en varios frentes para conseguir su objetivo de desligar, a ojos del público y el poder político, la relación de sus empresas con el aumento desbocado del calentamiento global. Por un lado financiaron campañas de comunicación engañosas, destinadas a lavar su imagen de cara al público, subvencionaron a supuestos expertos y a científicos "independientes" que transmitieran su mensaje en los medios –a través de entrevistas, participación en debates, etc.– e incluso compraron espacios publicitarios: 'The New York Times', 'The Washington Post' o el 'The Wall Street Journal', entre otros, publicaron semanalmente, y durante dos décadas, publirreportajes pagados por Exxon Mobil en los que se busca-

ba minar la credibilidad de los estudios científicos sobre el cambio climático, calificándolos de "poco firmes".

La finalidad de todos los esfuerzos mediáticos era buscar confusión en el público y en los poderes políticos, generando dudas sobre la veracidad de la evidencia científica respecto al cambio climático: si los expertos parecían contradecirse entre sí sobre la cuestión en sus debates en los medios, a la gente le costaría más posicionarse en contra del calentamiento global. Y lo que es peor, otro tanto les sucedería a los dirigentes políticos. Una estrategia, por cierto, que sigue punto por punto la que emplearon las grandes compañías tabaqueras de EE UU a partir de los años 60 del siglo pasado, cuando se comenzaron a dar a conocer los estudios que vinculaban el consumo de tabaco con el cáncer de pulmón y otras graves dolencias. En el caso de la industria tabaquera, también pasaron décadas antes de que estas compañías fueran llevadas a los tribunales por manipular a la opinión pública por medio de mensajes engañosos, campañas de desinformación y control de grupos de presión y cargos políticos.

Además de la financiación dirigida a lavar su imagen y difundir mensajes interesados a través de los medios, las investigaciones de Oreskes y otros estudiosos también parecen demostrar que Exxon Mobil y otras compañías energéticas financiaron a diversos 'think-tanks', lobbies y otros grupos de presión, como el Instituto Americano del Petróleo o el Instituto Cato, la mayoría de ellos vinculados con la derecha estadounidense, con el fin de alcanzar sus objetivos».

En 2015, la publicación 'Nature Climate Change' –perteneciente al grupo editor de la prestigiosa revista 'Nature'– elaboró un informe en el que acusaba a Exxon Mobil de ser el principal actor en las estrategias desinformativas sobre el cambio climático. El documento concluía que este "juego sucio" que se inició a principios de los años 80 supuso un retraso de varias décadas a la hora de tomar medidas drásticas destinadas a reducir la emisión de gases dañinos, lo que probablemente era nuestra última oportunidad para evitar el apocalipsis ecológico.

Tal como concluye Javier García Blanco en su reportaje de 'AÑO/CERO': «Por desgracia, las estrategias malintencionadas de ciertas compañías energéticas no solo tienen repercusión en el ámbito medioambiental. Al emplear la desinformación y sembrar la incertidumbre sobre las evidencias científicas y la fiabilidad de los expertos, la confianza en la ciencia queda maltrecha, lo que tiene consecuencias que, por desgracia, estamos sintiendo hoy en día: inmersos en plena crisis causada por la COVID-19, los grupos negacionistas y el movimiento antivacunas crecen sin freno, alimentados, en buena medida, por la desconfianza hacia el estamento científico y las instituciones».

Geoestrategia del deshielo

A pesar de que existen dirigentes políticos negacionistas del cambio climático, como el anterior presidente de EE UU, Donald Trump, lo cierto es que saben que están mintiendo descaradamente. Únicamente le hacen el juego a las industrias de los combustibles fósiles, que curiosamente son las mismas que financian sus campañas. Y la mejor prueba de que Trump miente a sabiendas es que durante su último año de presidencia intentó, nada menos, que comprar Groenlandia a Dinamarca. Groenlandia es una extensa región de más de dos

Donald Trump intentó comprar Groenlandia a Dinamarca presionado por poderosas corporaciones. Los directivos de estas empresas saben que su corteza helada desaparecerá a causa del cambio climático, convirtiéndose en un territorio virgen para explotar sus recursos.

millones de kilómetros cuadrados –mayor que Alaska–, de los cuales el 80% está cubierto de hielo y que no llega a los 60.000 habitantes. Las multinacionales estadounidenses dedicadas a la explotación de minerales y combustibles fósiles, que son las que presionaron a Trump para que intentara la compra, saben que cuando su corteza helada desaparezca a causa del cambio climático, se convertirá en un territorio virgen para explotar sus recursos. Según el Servicio de Inspección Geológica de EE UU, se estima que la zona alberga el 30% de las reservas mundiales no descubiertas de gas natural y el 13% de las de petróleo. Además, su situación estratégica, cerca del Ártico, abrirá una nueva vía de rutas comerciales marítimas que cambiará para siempre el transporte de mercancías por mar.

Como era de esperar, Dinamarca se negó a la venta de Groenlandia, pero eso no impide que esta región se encuentre ya en el punto de mira de EE UU, Rusia y China, que tratarán de llegar a acuerdos con Dinamarca.

En definitiva, las grandes potencias no están interesadas en detener el cambio climático ni en evitar el deshielo del Ártico o de Groenlandia, sino en aprovechar estratégicamente las consecuencias de dicho cambio climático. Por eso no debe extrañarnos que EE UU, Rusia y China lleven años estudiando cómo el cambio climático va a provocar el deshielo de ciertas zonas del planeta, permitiendo nuevas rutas marítimas, de modo que ya están estableciendo bases militares y acuerdos con ciertos países para posicionarse estratégicamente de cara a los próximos años.

El planeta vivirá, nosotros no

Hay un síndrome propio de todas las épocas, y consiste en que las gentes que existieron en un tiempo determinado consideraron que estaban viviendo el periodo más importante de la historia de la humanidad. Es lógico, porque no hay nada más trascendente para cada uno de nosotros que las experiencias que nos han tocado en suerte. Sin embargo, en la actualidad existe un consenso científico al respecto: en las próximas décadas se decidirá si nuestra especie continúa existiendo sobre la faz de la Tierra o acabamos extinguiéndonos como consecuencia del Apocalipsis ecológico que estamos provocando con nuestro estilo de vida enfermizo y destructivo de animales y plantas y, por lo tanto, de ecosistemas. Las pandemias constantes, la falta de tierras cultivables y la consiguiente escasez de alimentos o los movimientos masivos de cientos de millones de personas huyendo del calor extremo y de la deforestación, solo serán el aperitivo de lo que nos vendrá encima.

A pesar de que los grandes medios de comunicación internacionales –que dictan la actualidad informativa– tratan de restar importancia al asunto, puesto que están financiados –como hemos visto– por los mismos intereses que controlan la industria de los combustibles fósiles, el complejo militar-industrial y la economía especulativa –que es ya el 85% del dinero que se mueve por el mundo–, la realidad no se puede ocultar. Pero lo cierto es que ni los poderosos ni el común de los mortales del mundo rico estamos dispuestos a cambiar radicalmente de forma de vida de un día para otro. Porque esa es la única solución para tratar de evitar el Apocalipsis ecológico. Y no hay que hacerlo mañana, sino que era para ayer. Porque nadie vendrá en nuestra ayuda: ni ángeles, ni dioses, ni extraterrestres. Únicamente de todos nosotros, de la humanidad, depende un futuro que no está escrito en ningún libro sagrado ni en ninguna columna de oro. Y si la humanidad finalmente perece, no pasará nada, porque la vida continuará floreciendo en la Tierra, pero sin los humanos. El planeta seguirá girando y el universo existirá como ahora. Solo que sin nosotros.

Las pandemias del cambio climático

«Creo que se ha hablado mucho de cómo (el calentamiento global) sube el nivel del mar o cómo se afecta a la capa de ozono, pero nos faltó explicar cómo todo eso tiene un impacto tremendo en nuestra salud. A veces, de forma arrogante, decimos que hay que salvar el planeta. Y no. Nos tenemos que salvar a nosotros mismos. El planeta lo estamos destruyendo, pero va a encontrar la manera de sobrevivir; los humanos no». Quien así se expresa es la médica española María Neira, directora de Salud Pública y Medio Ambiente de la Organización Mundial de la Salud (OMS), en una entrevista concedida al diario 'El País'. En la misma entrevista, Neira también explicaba que el 70% de los brotes epidémicos de las últimas décadas han surgido como consecuencia de la deforestación. Y es que los científicos ya saben que virus como el ébola, el SARS o el VIH han pasado de los animales a los humanos tras la destrucción masiva de selvas y bosques tropicales.

Esta situación provoca que se fracture el equilibrio de infinidad de ecosistemas y, por lo tanto, que cada zona deforestada sea invadida por otras especies que acaban transmitiendo enfermedades a las autóctonas. No es raro que en ese contexto un virus mute y contagie a una especie animal diferente a la que lo alojaba. El siguiente paso es que el virus infecte a un ser humano que, por ejemplo, se encuentre trabajando en esa zona deforestada. La globalización y la extraordinaria movilidad humana de la actualidad hacen el resto. Entonces, ya la tenemos liada...

Solo en los últimos años estamos empezando a comprender la importancia de los vegetales en el equilibrio del ecosistema mundial. Árboles y plantas conforman una compleja red de relaciones armoniosas gestadas a lo largo de los milenios. Esa naturaleza verde a la vez condiciona qué especies y en qué número habitan tal o cual ecosistema. Por eso, acabar con árboles y vegetales implica también terminar con especies animales. Y ese desequilibrio tarde o temprano nos pasa factura a los seres humanos, porque no debemos olvidar que no somos otra cosa que entidades vivientes que habitamos el mismo planeta que animales y vegetales.

El "Gran Reinicio": el plan de las élites

Que la humanidad se encuentra en una situación crítica a causa del cambio climático y el calentamiento global, y al borde de un apocalipsis ecológico que puede acabar con nosotros, es un hecho que conocen las élites económicas del mundo y sobre el que discuten en foros internacionales. Es el caso del Foro Económico Global, organismo que agrupa a las más poderosas corporaciones del planeta y que abandera el movimiento del "Gran Reinicio", un cambio profundo de las estructuras económicas, políticas y sociales para evitar el caos ecológico y el consiguiente desorden global. Se trata, nada menos, que el cambio profundo de las reglas del juego que rigen el orden mundial desde el fin de la Segunda Guerra Mundial.

Las caras visibles de este proyecto abanderado por las élites económicas son Klaus Schwab, economista y empresario alemán, miembro del consejo de administración del Club Bilderberg y fundador del Foro Económico Mundial, y Thierry Malleret, doctor en Ciencias Económicas y director del Departamento de Riesgo Global del Foro Económico. Ambos son los autores del libro 'COVID-19: el Gran Reinicio', cuya tesis es que la pandemia ha acelerado una serie de cambios que tarde o temprano se iban a producir. Pero estos cambios van más allá de la consabida digitalización, sino que los autores, como portavoces del Foro Económico Mundial, abogan por el fin del sistema económico neoliberal responsable del cambio climático y de la creciente desigualdad en todo el mundo, porque en caso contrario el mundo se precipitará a un abismo de desorden, guerras y conflictos sociales que lo haría completamente ingobernable.

En su libro, Schwab y Malleret definen al neoliberalismo como una doctrina económica nefasta basada en «un corpus de ideas que favorece la competencia frente a la solidaridad» y «el

Klaus Schwab, miembro del consejo de administración del Club Bilderberg y fundador del Foro Económico Mundial, aboga por el fin del capitalismo tal como lo entendemos (World Economic Forum).

crecimiento económico frente al bienestar social», así que abogan por el regreso del papel intervencionista del Estado, fomentando buenos sistemas sanitarios, la igualdad de oportunidades y la regulación de las reglas de juego de los mercados para proteger a la población de los desmanes de las élites económicas.

Uno se pregunta cómo es posible que las propias élites económicas critiquen el sistema que ha facilitado su enriquecimiento. La respuesta es evidente: si no ofrecen seguridad a la población y continúan ahondando en la falta de oportunidades, en la miseria y en las desigualdades, todo ello unido a los graves problemas que va a provocar el cambio climático, corren el riesgo de perder el poder. Por tanto, se trata de cambiar ahora el sistema, cediendo incluso algo de poder a las instituciones políticas, antes de perder por completo el control de la situación.

Saben que el colapso es inminente

En el fondo, se trata de un regreso al 'New Deal', a un sistema socialdemócrata que se puso en marcha en el mundo occidental tras el fin de la Segunda Guerra Mundial. Entonces el riesgo para EE UU y Europa era que se gestase una revolución comunista empujada por la URSS. De modo que para desactivar esa posibilidad, las élites económicas –lo que Marx denominaría los dueños de los medios de producción– llegaron a un gran acuerdo con las grandes organizaciones sindicales y partidos políticos socialistas y comunistas. Básicamente el pacto consistía en dotar a las masas de una vida más o menos estable, con trabajos mejor remunerados, sanidad y educación pública, vacaciones pagadas por la empresa, aumento progresivo del nivel de vida y oportunidades de ascenso social para los hijos de los trabajadores. A cambio, los sindicatos y los partidos comunistas y socialistas renunciaban a la revolución y aceptaban las reglas de juego de la economía de mercado.

Durante los años 50, 60 y 70 del siglo pasado el sistema funcionó generando una época de paz social sin precedentes en Occidente, pero a partir de mediados de los 70, cuando los partidos y sindicatos ya habían sido desactivados por las élites económicas y la URSS cada vez mermaba más su poder e influencia mundial, comenzó, poco a poco, a derruirse el estado de bienestar, porque el riesgo de la revolución de las clases trabajadoras pasó a mejor vida. La caída de la URSS en 1991 aceleró ese proceso.

Sin embargo, en la actualidad, la destrucción del estado de bienestar constituye un riesgo para las élites, porque el mundo se ha convertido en un entorno muy inestable de consecuencias inesperadas, lo que afecta también al equilibrio del 'statu quo'. Sobre todo teniendo en cuenta que el imparable proceso de digitalización y desarrollo tecnológico provocará que muchos millones de personas queden para siempre fuera del mercado laboral. Por eso varios países europeos están ensayando un Salario Mínimo Vital que evite que el cada vez mayor porcentaje de población que nunca va a encontrar trabajo, al menos no se muera de hambre, evitando así procesos de desestabilización del sistema.

Si la población no confía en sus líderes ni en el sistema en el que se desenvuelve, el fracaso es seguro. Por eso en el Foro Económico Mundial abogan por acabar con el sistema económico basado en la deuda impagable y en terminar de una vez por todas con el dólar como moneda de referencia mundial, proponiendo como nueva "moneda hegemónica" al renminbi chino, lo que da cuenta de que el "dragón dormido" ya es la nueva potencia mundial.

La apuesta del Foro Económico Mundial es clara por la llamada "economía verde", y además hacen suyas las tesis ecologistas y altermundistas, abogando por establecer una nueva relación con la naturaleza para evitar el colapso de los ecosistemas, la deforestación, la escasez de agua y alimentos, el calentamiento global y el cambio climático. Pero la poderosa institución pone de manifiesto que esos cambios no los puede llevar a cabo ningún país por sí solo, porque los problemas que genera el cambio climático trascienden cualquier frontera, así que solo la creación de estructuras políticas internacionales que lleven a cabo acciones globales puede obtener éxito en nuestra lucha por la supervivencia como especie.

La influencia del Foro, que agrupa a las 725 multinacionales más poderosas de la Tierra –que prácticamente suman más capital que los PIB de EE UU, China y Rusia juntos–, ya se observa en las políticas económicas distributivas que está llevando a cabo el presidente de EE UU Joe Biden, y en su defensa de liberar las patentes de las vacunas contra el COVID-19 para inmunizar al mayor número de habitantes del planeta. En definitiva, las élites económicas apuestan por regresar a un sistema económico socialdemócrata, con mayores cuotas de bienestar y oportunidades para la población, pero en un contexto de globalización económica sostenida por las grandes corporaciones en colaboración con instituciones políticas internacionales. Se trata de una estrategia inteligente por parte de las élites: ceder algo de poder para no perderlo, y al tiempo intentar poner las bases para evitar el colapso social y económico en las próximas décadas a causa del apocalipsis ecológico que nos espera a la vuelta de la esquina.

El fin del capitalismo

Santiago Niño-Becerra, catedrático de Estructura Económica en la Universidad Ramón Llul, es autor de un libro que no tiene desperdicio: 'Capitalismo: 1679-2065', en el que predice el fin del sistema económico en el que nos desenvolvemos, en la línea de los planes de futuro del Foro Económico Mundial. Niño-Becerra expone que los conceptos de intimidad y privacidad dejarán de tener sentido en un futuro próximo, puesto que la tecnología acabará haciendo añicos esos derechos, que nosotros acabaremos cediendo a gobiernos y corporaciones a cambio de seguridad y comodidad. Los sistemas de trazabilidad tan propios de nuestros teléfonos móviles nos aportarán nuevos servicios, al tiempo que el control sobre nuestras vidas por parte de los estados y las multinacionales será prácticamente omnímodo.

En la economía, en el comercio y en la industria primará la eficiencia y la excelencia –la productividad– con la introducción de la robotización, la inteligencia artificial y las nuevas tecnologías. Al mismo tiempo, se diluirán los conceptos neoliberales de individualidad y propiedad, porque los grandes centros de poder proyectarán nuevos conceptos válidos para el nuevo capitalismo: la eficiencia de la sociedad por encima del individuo y el pago por uso, que será la fórmula para disponer de bienes y servicios.

Tampoco la competencia será la base del funcionamiento del sistema económico, sino que las corporaciones se unirán en oligopolios con una división clara de las funciones de cada una. Esa concentración del capital facilitará la inversión en nuevas tecnologías con un objetivo de cada vez mayor eficiencia. Las pequeñas y medianas empresas únicamente servirán como subsidiarias de las grandes corporaciones, a las que prestarán servicios.

Además, en el mundo laboral dejarán de tener importancia los títulos, sino que al trabajador se le juzgará por lo que sepa hacer y lo que pueda aportar a la empresa. En un entorno cada vez más parecido a 'Un mundo feliz' de Aldous Huxley, cada persona tendrá una función asignada dentro del sistema, aunque sea la de cobrar el Salario Mínimo Vital y colaborar de forma discontinúa con pequeños quehaceres en labores patrocinadas por instituciones públicas y privadas. El orden social, el valor de lo común por encima de lo individual y el sostenimiento del entorno natural serán los mantras de líderes políticos y empresariales, de los medios de comunicación y del sistema educativo.

En definitiva, tal como pronostica Niño-Becerra en 'Capitalismo: 1679-2065', el capitalismo neoliberal ya no tendrá cabida. «No existe la incertidumbre –escribe en el citado libro–. El individuo pasa a ser necesario en la medida en que realiza una determinada aportación al conjunto, por lo que la libertad individual se convierte en algo que se diluye en lo colectivo. La única incertidumbre radicaría en si, gracias a las medidas tomadas previamente con este objetivo, se ha logrado realmente asegurar la sostenibilidad ambiental del planeta. Solo así podría evitarse una cadena de catástrofes climáticas que lleguen a poner en peligro de existencia amplias zonas».

11. HUIR DE LA TIERRA: EL PLAN DE LAS ÉLITES

SABEN QUE EL COLAPSO ECOLÓGICO ES CUESTIÓN DE TIEMPO Y POR ESO SE ESTÁ ACELERANDO LA CARRERA ESPACIAL PRIVADA

"Parece la trama de una novela de ciencia-ficción, pero cada vez más informaciones apuntan hacia tal realidad: las élites económicas del planeta saben que estamos abocados a un apocalipsis ecológico en cuestión de solo unas décadas, de modo que están planificando su huida hacia la Luna y Marte, que pretenden terraformar para crear un nuevo hogar al que solo podrán acceder un grupo de elegidos que serán la semilla de una "Humanidad 2.0".

Douglas Rushkoff es un personaje ecléctico. En contra de lo que dictan las normas del mercado laboral, no es un especialista en nada, pero sabe mucho sobre numerosos campos del conocimiento, como robótica, desarrollo de la inteligencia artificial, viajes espaciales, evolución humana, computación cuántica, economía china, crisis del capitalismo, etc. Este profesor de Economía Digital y Teoría de la Comunicación en la Universidad de Nueva York, además de escritor, director de documentales y columnista de medios tan prestigiosos como 'The New York Times' y 'The Guardian', es constantemente solicitado por líderes políticos y empresariales para que prepare informes sobre las oportunidades de negocio de ciertas aplicaciones tecnológicas.

En agosto de 2018, lo contrataron para dictar una charla sobre un tema tan amplio como inconcreto: el futuro de la tecnología. Le pagaron mejor que bien y simplemente le informaron de que hablaría ante una selecta audiencia conformada por los directores y mayores accionistas de los más importantes fondos de inversión del planeta. La conferencia tendría lugar en un lujoso 'resort' situado en una ciudad de EE UU. Rushkoff pensó que se trataría de un mero trámite, con el único objetivo de entretener durante un par de horas a un grupo de multimillonarios reunidos para hacer negocios y hablar de sus cosas de superricos. Nada de eso. Según escribió nuestro protagonista, se encontró compartiendo mesa con los cinco personajes más poderosos del mundo en el ámbito de los fondos de inversión: las multinacionales que marcan las líneas políticas y económicas de Occidente y cuyo auténtico poder e influencia todavía se desconoce en gran medida.

Las acciones de uno de estos gigantescos fondos de inversión pueden tumbar o reanimar economías y generar cambios políticos en cuestión de días. Así se explica, por ejemplo, que una noche de verano de 2011, el entonces presidente del Gobierno español, José Luis Rodríguez Zapatero, y el líder de la oposición, Mariano Rajoy, pactasen la modificación exprés del artículo 135 de la Constitución para que el pago de la deuda nacional a dichos fondos de inversión estuviese por encima de cualquier otra necesidad de financiación, incluida la sanidad, la educación, las pensiones o los subsidios por desempleo.

"El acontecimiento"

Rushkoff explicó que los poderosos hombres que lo rodeaban estaban muy interesados en conocer su opinión sobre las zonas del planeta menos afectadas por el cambio climático, cómo se desarrollará en las próximas décadas la tecnología capaz de albergar mentes dentro de computadoras, cuándo creía que se obtendrían los avances adecuados para revertir el envejecimiento, hasta qué punto se logrará la unión de seres humanos y máquinas en un mismo organismo, si la inteligencia artificial supondrá un riesgo para la supervivencia de la especie humana... Pero su mayor interés estaba en lo que pasaría en nuestro planeta después de lo que denominaban "el acontecimiento": en realidad, un eufemismo para describir el colapso medioambiental definitivo que, según sus cálculos, tendría lugar antes de medio siglo.

El director general de uno de los más poderosos fondos de inversión comentó que estaba construyendo un búnker para él y su familia, pero le preocupaba cómo imponer su autoridad sobre el equipo de seguridad tras "el acontecimiento". Rushkoff escribió al respecto: «Eran conscientes de que necesitarían vigilantes armados para proteger sus instalaciones de las masas encolerizadas. Pero, ¿con qué iban a pagarles cuando el dinero ya no valiera nada? ¿Y qué impediría a su guardia armada elegir a su propio líder? Estos multimillonarios barajaban recurrir a cerraduras de combinación especiales para proteger el abastecimiento de alimentos, que solo ellos controlarían. O poner a sus vigilantes algún tipo de collar disciplinario a cambio de su propia supervivencia. E, incluso, crear robots capaces de servir como guardias o trabajadores, si es que daba tiempo a desarrollar la tecnología necesaria».

El profesor de la Universidad de Nueva York trató de convencerlos de que la mejor opción era salvar la Tierra, de momento el único planeta en el que podemos sobrevivir. Para ello –intentó persuadirlos– era necesario contribuir a la sostenibilidad del mundo empleando las oportunidades que nos brinda la tecnología de vanguardia, además de conseguir una mayor distribución de la riqueza. Su optimismo les hizo gracia, pero no se tomaron en serio sus palabras, porque se mostraron plenamente convencidos de que ya no hay tiempo ni manera de evitar "el acontecimiento". «Sencillamente, se limitan a aceptar el más oscuro de los escenarios y a reunir la mayor cantidad de dinero y tecnología que les permita aislarse, sobre todo si se quedan sin sitio en el cohete rumbo a Marte», escribió Douglas Rushkoff.

Douglas Rushkoff, el mayor especialista en prospectiva del mundo, denunció que los propietarios de los más poderosos fondos de inversión del mundo planean huir de la Tierra porque saben que en unas décadas viviremos un apocalipsis climático.

La Tierra como parque temático

Básicamente, tanto los altermundialistas (militantes y líderes de organizaciones muy heterogéneas que proponen una sociedad basada en los valores sociales, ambientales y ecologistas, en contraposición al sistema económico neoliberal) como las élites que dirigen el sistema capitalista están de acuerdo en el análisis de la situación del planeta: vamos derechos hacia un colapso ecológico que generará graves problemas y que podría provocar la extinción de la especie humana. Las organizaciones altermundialistas, que se agrupan en el llamado Movimiento Antiglobalización y en el Foro Social Mundial, defienden un radical cambio de sistema económico y modo de vida.

Sin embargo, las élites capitalistas tienen una visión muy diferente de cómo enfrentar el apocalipsis medioambiental. Defienden que la esencia de la especie humana es el crecimiento continuo. Es cierto que la Tierra se está agotando y que no podrá absorber este ritmo de desarrollo por mucho más tiempo, pero el sistema solar, la galaxia y el universo son enormes y ricos en recursos naturales, así que nuestro futuro está en las estrellas, colonizando y explotando otros planetas para continuar con el imperativo de crecer y crecer sin descanso. Qué importa que la Tierra acabe consumiéndose, si el inmenso cosmos es un infinito reservorio de materias primas y mundos en los que asentarnos, expandiendo la globalización capitalista hasta límites que ahora no podemos ni imaginar. Somos los amos del universo y nuestro "impulso genético" es conquistarlo.

Por eso, en la última década ha tenido lugar un nuevo impulso de la carrera espacial, pero con un protagonismo cada vez mayor de las corporaciones y el capital privado. Es el caso de los multimillonarios Jeff Bezos, fundador de Amazon y propietario del diario 'The Washington Post', y Elon Musk, fundador de PayPal, Tesla y SpaceX, entre otras empresas. Musk tiene su objetivo puesto en Marte a varias décadas vista, pero Bezos centra sus esfuerzos en el proyecto más inmediato de regresar a la Luna y crear allí una base permanente que sea el germen de una futura colonia humana. La NASA tampoco quiere quedarse atrás y planea volver a poner seres humanos en nuestro satélite para el año 2021.

La empresa espacial de Bezos es Blue Origin, y su objetivo es financiarse mediante viajes al espacio para turistas a los que les sobre un millón de dólares. Pretende, en sus propias palabras, «construir hoteles, parques recreativos y colonias en el espacio para dos o tres millones de personas en órbita alrededor de la Tierra». Bezos, que mantiene estrechos lazos con los propietarios de poderosos fondos de inversión, ha declarado que el objetivo último de Blue Origin está por encima de obtener réditos económicos. «La idea es preservar la Tierra (...) El objetivo básico es ser capaces de evacuar a población humana. Así, el planeta se convertiría en un parque».

La evacuación

Incluso la prestigiosa revista 'Newsweek' llegó a publicar que las élites están financiando proyectos espaciales porque saben que en unas décadas ellos y sus familias deberán emprender el éxodo hacia bases lunares o en dirección a Marte. El magnate Elon Musk calcula que en torno al año 2040, su empresa espacial será capaz de trasladar a grandes grupos de población hacia una base marciana. Pretende que alrededor de un millón de personas se establezcan en el planeta rojo, puesto que ese es el número adecuado de individuos para que pueda desarrollarse una nueva humanidad. «Esa es la población ideal para no unirnos al número potencialmente elevado de civilizaciones que ocupaban un único planeta y que probablemente se han acabado extinguiendo». Aunque Musk plantea su proyecto como la colonización de un nuevo mundo para la expansión de nuestra especie por el universo, en realidad semeja más un plan para que los más pudientes y capacitados abandonen una Tierra devastada y empiecen de nuevo en otro mundo.

Hasta el anterior presidente de EE UU, Donald Trump, apostaba claramente por el desarrollo de la carrera espacial con un objetivo principal: Marte. «Hemos revitalizado nuestro programa espacial hasta un nivel que nadie creía que fuera real en este breve período de tiempo –aseguró–. La NASA ha vuelto y Marte nos está esperando». Pero también puso el acento en la importancia de la financiación privada: «Estamos permitiendo que esos tipos ricos a quienes les gusta (la exploración espacial) sigan adelante con sus proyectos, usando nuestras instalaciones y pagando un alquiler por ello».

Por su parte, Jeff Bezos anunció que una de sus principales prioridades es que Blue Origin gestione un sistema de transporte hacia la Luna. No podía ser menos viniendo del fundador de Amazon. Su idea es enviar maquinaria, materiales de construcción y otras mercancías a nuestro satélite para transformarlo en un centro industrial y comercial con bases permanentes, empleados y fábricas capaces de explotar los enormes recursos lunares. El agua, el elemento fundamental para que este ambicioso proyecto llegue a buen puerto, no parece un problema, porque se sabe que en el hemisferio sur de la Luna hay enormes cantidades de hielo. Moon Express, una empresa creada por varios emprendedores de Silicon Valley, ha obtenido el permiso del Gobierno estadounidense para extraer agua del satélite. Parece que ya tiene la financiación adecuada para enviar un vehículo explorador que localice los yacimientos de hielo que empezarán a comercializar.

Un negocio sideral

Pero las oportunidades son todavía mayores. Científicos que han analizado algunas de las rocas que trajeron a la Tierra los astronautas de los proyectos Apolo, concluyeron que en la Luna puede existir una gran variedad de las llamadas "tierras raras", nombre común de los 17 elementos químicos esenciales para el funcionamiento de la industria electrónica. La mayoría de estos elementos se encuentran en China y en ciertos países africanos, pero las previsiones son que se agotarán en unos 40 años.

Por eso, EE UU ya se está preparando para la explotación de los recursos de la Luna. En noviembre de 2015, el entonces presidente Barack Obama promulgó una nueva ley: la "Commercial Space Launch Competitiveness Act", que permitía a partir de ese momento a ciudadanos y empresas estadounidenses «dedicarse a la exploración y explotación comercial de los recursos del espacio», incluyendo el agua y los minerales. Tal como escribía el periodista Javier García Blanco en su amplio reportaje titulado «Hacia una nueva humanidad extraterrestre» (AÑO/CERO, 370):

> «Aquella ley, que literalmente abría las puertas a la explotación de los recursos del espacio, tenía su origen en la presión de varios 'lobbies' activos en Washington. Un año antes, en julio de 2014, el republicano Bill Posey y el demócrata Derek Kilmer, ambos miembros de la Cámara de Representantes, habían presentado una propuesta de ley, la 'Ley de Asteroides', inspirada por los grupos 'lobistas' de Planetary Resources y Deep Space Industries, dos compañías que esperan obtener suculentos beneficios gracias a la minería espacial. Finalmente, aquella propuesta acabó incorporándose a la 'Ley Space' promulgada por Obama.
>
> No es de extrañar el enorme interés que despierta esta futura actividad en el espacio. Peter Diamandis, ingeniero y fundador de la citada Planetary Resources –entre cuyos inversores está Larry Page, cofundador de Google–, afirmó hace poco: '¡Ahí arriba –en referencia a los asteroides– hay cheques por valor de miles de millones de dólares esperando a que alguien los cobre!'. No parece una afirmación exagerada. Según los expertos, algunos asteroides podrían contener miles y miles de toneladas de oro, platino, titanio, plata y otros minerales 'raros' y extremadamente valiosos, como los que se emplean en la fabricación de baterías y todo tipo de dispositivos electrónicos».

Tras Obama, llegó al despacho oval Donald Trump, uno de cuyos objetivos principales consistió en garantizar la explotación de los recursos del espacio por parte de las empresas estadounidenses. Una orden ejecutiva que firmó en abril de 2020 era meridiana al respecto: «Los estadounidenses tendrán derecho a participar en la exploración comercial, la recuperación y el uso de recursos en el espacio ultraterrestre. El espacio exterior es un dominio legal y físicamente único de la actividad humana y EEUU no lo ve como un bien común global».

En dicha orden ejecutiva continuamos leyendo: «La Directiva de Política Espacial del 11 de diciembre de 2017, revitalizando el Programa de Exploración Espacial Tripulada de EE UU, establece que los socios comerciales participarán en un "programa innovador y sostenible" encabezado por EE UU para "liderar el regreso de los humanos a la Luna por mucho tiempo" de exploración y utilización, seguido de misiones tripuladas a Marte y otros destinos. La exploración exitosa a largo plazo y el descubrimiento científico de la Luna, Marte y otros cuerpos celestes requerirán una asociación con entidades comerciales para recuperar y usar recursos, incluyendo agua y ciertos minerales, en el espacio exterior. Sin embargo, la incertidumbre con respecto al derecho a recuperar y usar los recursos espaciales, incluida la extensión del derecho a la recuperación comercial y el uso de los recursos lunares, ha desanimado a algunas entidades comerciales a participar en esta empresa».

El país más poderoso del mundo justifica su posición del siguiente modo: «EE UU no es parte del Acuerdo de la Luna. Además, EE UU no considera que el Acuerdo de la Luna sea un instrumento efectivo o necesario para guiar a los Estados nacionales con respecto a la promoción de la participación comercial en la exploración a largo plazo, el descubrimiento científico y el uso de la Luna, Marte u otros cuerpos celestes. En consecuencia, el secretario de Estado se opondrá a cualquier intento por parte de cualquier otro Estado u organización internacional de tratar el Acuerdo de la Luna como un reflejo o expresión del derecho internacional consuetudinario».

Otra sustancia de interés es el helio-3, un isótopo que se emplea en las reacciones de fusión y que es de enorme utilidad para generar energía capaz de hacer funcionar máquinas. El helio-3 puede producir una energía casi ilimitada y, según importantes analistas, será el combustible del futuro, pues no contamina, no produce radioactividad y es muy potente. Todos los datos apuntan a que en la Luna abunda el helio-3. Según las estimaciones más moderadas, nuestro satélite puede albergar más de un millón de toneladas de ese preciado elemento. Para hacernos una idea de su enorme valor, baste decir que tan solo unas 25 toneladas de ese isótopo serían suficientes para cubrir todas las necesidades energéticas de EE UU durante un año.

Por el momento, los proyectos se centran en la extracción de recursos de la superficie lunar, pero en un futuro el objetivo será explorar las profundidades. Los descubrimientos que esperan bajo la superficie del satélite cambiarán el sistema económico mundial.

La primera fase de la colonización de la Luna será construir una primera base permanente en nuestro satélite. Los colonos lunares tendrán que trabajar para ser autosuficientes y no depender de los materiales y alimentos transportados desde la Tierra. Las comunicaciones no serán un problema y los astronautas tendrán acceso a internet y podrán hablar con la Tierra a través de sus teléfonos móviles. En cuanto al oxígeno, se podría obtener de la capa de hielo que cubre el polo norte lunar, que se calcula en unos 600 millones de toneladas. Más que de sobra. Mediante un sencillo proceso de purificación del hielo, será fácil conseguir agua para beber, cocinar y regar los huertos, y oxígeno para las bases permanentes.

Para obtener energía la mejor opción consistiría en emplear paneles solares, que captarían energía durante las dos semanas de luz solar en la Luna, la cual quedaría almacenada en unos sistemas de baterías para disponer de energía durante las semanas de oscuridad. Uno de los mayores problemas que deberán afrontar es la radiación solar, que a largo plazo puede provocar cáncer. Por eso las bases deben estar protegidas contra las mismas o bien construirse bajo tierra.

La esperanza marciana

En 2012, Elon Musk hizo historia al conseguir que un cohete de su empresa aeroespacial, SpaceX, se convirtiera en el primero de origen comercial en alcanzar la Estación Espacial Internacional. Bautizado como Falcon, también fue el primero en aterrizar en la Tierra después de un vuelo orbital. Años después, en 2017, sus ingenieros idearon un método capaz de reutilizar un cohete propulsor ya usado, abaratando enormemente los costes de los viajes espaciales. Por eso, en la NASA se tomaron en serio los planes de Musk para enviar una misión tripulada a Marte en 2024. Sin embargo, el multimillonario emprendedor va mucho más lejos en sus objetivos a medio plazo. Pretende enviar un millar de cohetes Falcon al planeta rojo, cada uno de ellos con cien colonos dispuestos a vivir en el primer asentamiento permanente marciano.

La NASA, por su parte, tiene otro proyecto –tanto o más ambicioso que el del propietario de SpaceX– para crear bases permanentes en Marte. Su objetivo es construir una estación espacial bastante más pequeña que la Internacional –que quieren bautizar con el sugestivo nombre de "Portal al Espacio Profundo"–, la cual orbitará permanentemente alrededor de la Luna. Siempre habrá astronautas en la estación, que hará las veces de zona de repostaje y abastecimiento de las misiones a Marte. Su construcción empezará en 2023 y estará acabada en 2026.

Al mismo tiempo, los mejores ingenieros de la agencia espacial estadounidense llevan años trabajando en el cohete que trasladará a los primeros seres humanos al planeta rojo. Este novedoso sistema, llamado Transporte al Espacio Profundo, se construirá prácticamente en su totalidad en el espacio. En 2029 está previsto que realice su primera prueba, orbitando unos 400 días alrededor de la Luna. Tras unas exhaustivas comprobaciones y test que pueden alargarse durante cinco o seis años, el Transporte al Espacio Profundo estará listo para llevar a los primeros humanos a Marte.

Sabemos que en el planeta rojo existen bloques de hielo que se pueden fundir y purificar para extraer oxígeno que respirar e hidrógeno para los sistemas de calefacción, algo esencial para la supervivencia de los colonos, puesto que la temperatura marciana es muy baja, y cuando se pone el Sol puede llegar a -127 °C. Los ingenieros y geólogos expertos en Marte también recomiendan que los refugios sean subterráneos, puesto que de ese modo los primeros marcianos podrían resguardarse de los nocivos rayos cósmicos, que a la larga pueden causar cáncer y otro tipo de dolencias.

Sin embargo, para la supervivencia de nuestra especie en Marte, la mejor alternativa será terraformar el planeta rojo, es decir, cambiar su geología y su clima para convertirlo en una "Tierra-2". En 'El futuro de la humanidad' (Debate, 2018), el físico y divulgador científico Michio Kaku plantea una serie de estrategias para terraformar Marte:

«Para iniciar el proceso de terraformación podríamos inyectar metano y vapor de agua en la atmósfera marciana, con el fin de inducir un efecto invernadero artificial. Estos gases captarán la luz solar e irán elevando la temperatura de los casquetes polares. A medida que se derrita el hielo acumulado en ellos, se liberarán el vapor de agua y el dióxido de carbono atrapados (...) Los gases invernadero emitidos desde los casquetes polares seguirán calentando la atmósfera (...) Y así, el proceso continuará sin más intervención externa. Esto podría continuar de forma casi indefinida y aumentar la presión atmosférica de Marte. Cuando el agua líquida empiece a correr por los antiguos lechos fluviales de Marte, los colonos podrán poner en marcha la agricultura a gran escala (...) Así se iniciaría otro ciclo positivo: con más cultivos se obtendría más tierra fértil, que serviría a su vez para alimentar nuevos cultivos. También el suelo marciano contiene valiosos nutrientes, como magnesio, sodio, potasio y cloro, que ayudarán al crecimiento de las plantaciones. Además, cuando estas empiecen a proliferar, generarán oxígeno, un ingrediente imprescindible para terraformar Marte».

«Debemos abandonar la Tierra»

El ingeniero aeroespacial Robert Zubrin es el fundador de Mars Society y uno de los más firmes defensores de la construcción de bases permanentes en Marte como forma de evitar el apocalipsis climático que sufriremos en las próximas décadas. Zubrin pasó de ser un simpático visionario, incluso algo "friki", a convertirse en consejero de gobiernos y grandes corporaciones, interesados en el proyecto de colonizar el planeta rojo. El ingeniero defiende que los colonos marcianos solo deben llevar billete de ida, puesto que la apuesta consiste en enfrentarse a todas las dificultades para lograr el objetivo deseado, aunque eso implique la muerte de algunos de ellos. A sus críticos les responde que la aventura de la colonización de Marte es como la vida misma, en la que solo podemos seguir hacia delante y no tenemos la posibilidad de arrepentirnos y regresar al punto de partida.

Zubrin asegura que las guerras y los conflictos del siglo XX y primeras décadas del XXI acabarán olvidadas por los historiadores, como tantas otras anteriores, pero el asentamiento de una nueva comunidad humana en Marte será recordado como uno de los grandes hitos de la historia de nuestra especie.

En junio de 2017, el famoso físico Stephen Hawking (1942-2018) participó, junto a tres astronautas que pisaron la Luna –Buzz Aldrin, Charlie Duke y Harrison Schmitt– y a otros científicos de diferentes ramas del conocimiento, en el Festival Starmus celebrado en Trondheim (Noruega). Las personalidades reunidas en ese foro discutieron durante varios días sobre el futuro de la especie humana y nuestro planeta. Muchas de ellas, como Hawking y los astronautas, abogaron por huir de la Tierra como único modo de sobrevivir ante la crisis ecológica que se nos viene encima. «No tenemos otra opción: emigrar o morir –aseguró el físico–. No hay futuro para nosotros si no colonizamos el espacio. Debemos salir de la Tierra».

Hawking se mostró convencido de que el desarrollo de formas de vida inteligentes implica la destrucción del medio en el que se desenvuelven, por eso solo aquellas civilizaciones que logran salir del confinamiento de su planeta, acaban sobreviviendo. El científico fue muy claro en sus apreciaciones sobre nuestro futuro: «El mundo se está volviendo demasiado pequeño para nosotros; los recursos naturales se están explotando a un ritmo alarmante». Tras referirse al cambio climático,

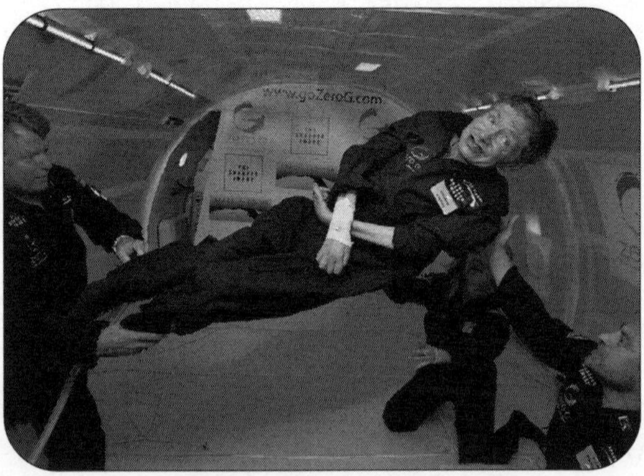

El físico Stephen Hawking defendía que la única opción que tiene la humanidad de sobrevivir es huyendo de la Tierra (NASA).

la extinción masiva de especies y la deforestación como evidencias de nuestras capacidades destructivas innatas, recordó que ante situaciones de crisis de recursos, las civilizaciones siempre han optado por colonizar y conquistar nuevos territorios, «pero ya no hay ningún Nuevo Mundo al que extendernos, nos estamos quedando sin espacio en la Tierra, así que ha llegado la hora de explorar otros sistemas solares».

Sin embargo, dijo, no es una tarea sencilla y el riesgo de fracaso es muy elevado, porque «salir de la Tierra requiere una estrategia concertada global, en la que naciones y personas actúen juntas» en pos del objetivo de la exploración espacial. Esto mismo opinaron los astronautas presentes en el Festival Starmus: que sin la asociación de la NASA, la Agencia Espacial Europea y las de Rusia, Japón y China, no se podrá seguir avanzando y estaremos condenados a perecer como especie, enclaustrados en la Tierra.

Programados para la destrucción

Lo cierto es que a veces olvidamos que no somos más que simios un poco más evolucionados. Al igual que los grandes primates, de los que somos primos-hermanos, desde siempre hemos estado involucrados en guerras y violencia. Tal como asegura el catedrático de paleontología Bienvenido Martínez-Navarro en una entrevista que concedió para la revista 'AÑO/CERO' a la periodista Irene Fernández Sáez: «Si analizamos el comportamiento de los grandes primates actuales, son conflictivos entre ellos. Los gorilas, por ejemplo, se matan entre sí. Nosotros formamos parte del grupo de los primates, y el comportamiento de los primates no es muy amistoso en ocasiones».

Bienvenido Martínez-Navarro es autor de 'El sapiens asesino y el ocaso de los neandertales' (Almuzara, 2020), libro en el que defiende que la inclinación violenta de nuestros ancestros, los sapiens, es lo que provocó su éxito en el enfrentamiento contra los neandertales. Hace unos 200.000 años, los 'Homo sapiens' abandonaron el continente africano y pisaron Europa, territorio que estaba habitado por otra especie: los neandertales. Según Martínez-Navarro: «El 'Homo sapiens' se origina en

África y llega un momento en el que, como necesita más recursos, empieza a ocupar más territorio y a expandirse. Sin embargo, ese territorio ya estaba ocupado por otras especies humanas, así que necesitaba acabar con esos competidores. Los neandertales llevaban miles de años en Europa y estaban perfectamente adaptados. Si no quitaban a los neandertales, los 'sapiens' no podían ocupar el territorio».

A pesar de la imagen tan extendida de los neandertales como una especie mucho más ruda y primitiva que los 'sapiens', lo cierto es que la evidencia científica no justifica tal prejuicio. Los neandertales enterraban a sus muertos, practicaban el arte, vivían en sociedades estructuradas y, además, presentaban una mayor capacidad craneal que los 'sapiens'.

Según la tesis defendida por Martínez-Navarro, las principales ventajas que hicieron que derrotáramos a los neandertales fueron que éramos más rápidos y ligeros que ellos, y además habíamos enfocado nuestra creatividad hacia la tecnología, desarrollando arcos y flechas, de los que carecían los neandertales. Nuestro instinto territorial y agresivo hizo el resto del trabajo.

Aunque es cierto que exterminamos a los neandertales, no lo hicimos del todo, porque parte de esa especie sobrevive en la genética de los seres humanos, tal como explica el catedrático de paleontología en la entrevista de 'AÑO/CERO': «Los humanos europeos y asiáticos conservamos una parte de nuestro genoma que procede de los neandertales: entre un 2 y un 5%. Si hubiese sido una mezcla en condiciones normales, nosotros no tendríamos ese porcentaje tan pequeño de genética neandertal, sino uno mayor. Seríamos mestizos. Pero no lo somos. Somos 'sapiens' (...) Generalmente, cuando se producen conflictos bélicos entre humanos o cuando los hay entre grandes especies de carnívoros sociales, lo que sucede es que en la guerra los machos matan a los machos y las hembras son el botín. Esto fue precisamente lo que sucedió en los conflictos entre los 'sapiens' y los neandertales. Las mujeres neandertales pasaban a formar parte de los grupos humanos y por eso la genética neandertal ha llegado hasta nosotros».

Sin duda, la paleontología ofrece una atalaya inmejorable desde la que observar el futuro de nuestra especie, porque, como se suele decir, la mejor forma de construir el futuro es conociendo el pasado. Martínez-Navarro tiene claro que la destrucción del medioambiente no partió de la Revolución Industrial, sino de la noche de los tiempos: «A lo largo de milenios, desde que nuestra especie apareció en África y se dispersó por todo el planeta, hemos ido agotando las diversas fuentes de energía que estaban a nuestro alcance. Si queremos sobrevivir en la Tierra, necesitamos cambiar nuestra forma de vida». El paleontólogo se mostró todavía más contundente en unas declaraciones a la Cadena COPE: «Somos la mayor plaga que ha tenido este planeta, somos la misma especie que los 'Homo sapiens' de origen. Se calcula que hace 10.000 años había escasos habitantes humanos, y hemos crecido hasta 700 millones de personas hasta la Revolución Industrial, y de ahí hemos pasado a 7.700 millones de personas, es decir, nos hemos multiplicado por más de diez a costa de los recursos del planeta, sin escatimar en nada, primero la mega fauna, la agricultura y después las fuentes energéticas de los combustibles fósiles (...) Allá por donde nuestra especie ha llegado, se ha ido destruyendo el medioambiente».

Si nuestro instinto depredador y violento nos sirvió para exterminar a nuestros competidores neandertales y convertirnos en lo que somos en la actualidad, ese mismo instinto nos puede acabar devorando, porque la destrucción del entorno natural está poniendo en grave riesgo nuestra supervivencia. La Tierra no está en peligro, como dicen algunos. Los que estamos en peligro somos nosotros. El planeta seguirá girando. La pregunta es si lo hará con nosotros o no.

Solo si logramos cambiar nuestra visión de la Madre Naturaleza y, por tanto, nuestro modo de relacionarnos con el ecosistema natural del que formamos parte, lograremos sobreponernos al agotamiento de los recursos naturales, a la escasez de agua, a los efectos del cambio climático que hemos provocado y a la expansión de pandemias. Cada vez más científicos lo tienen claro. Únicamente tenemos dos opciones: o cambiar radicalmente o perecer como especie.

12.
LA INTELIGENCIA ARTIFICIAL QUE NOS GOBIERNA

PROGRAMAS DE INTELIGENCIA ARTIFICIAL YA DIRIGEN NUESTRAS VIDAS, PERO NO SOMOS CONSCIENTES DE ELLO

“Nos encontramos a las puertas de la mayor revolución tecnológica de todos los tiempos: el nacimiento de una inteligencia artificial dotada de conciencia. Gigantes de Internet como Google están invirtiendo sumas estratosféricas de capital para conseguirlo. Pero mientras tanto, la inteligencia artificial ya es una realidad que dirige nuestras vidas y manipula nuestros pensamientos, aunque no seamos conscientes de tan distópica realidad...

George Dyson está considerado el más influyente historiador de la ciencia y la tecnología del momento y es hijo de Freeman Dyson, uno de los mejores físicos teóricos de todos los tiempos. A mediados de enero de 2019 habló largo y tendido sobre el futuro de la inteligencia artificial (IA) en el curso de una entrevista. Sus declaraciones llamaron la atención de los más importantes medios de comunicación del mundo, que se hicieron eco de las mismas. Según Dyson, no es que en un futuro las máquinas dotadas de IA acabarán tomando el control del mundo y dominando a los seres humanos, sino que este esce-

George Dyson, el más influyente historiador de la ciencia y la tecnología del momento, advierte que la inteligencia artificial (IA) ya domina nuestras vidas y no somos conscientes de ello (Wikimedia Commons).

nario ya está empezando a ser una realidad. Prácticamente sin darnos cuenta, hemos pasado de programar códigos para dirigir a las máquinas a actuar del modo que nos indican esos códigos, que ya se han convertido en autorreplicantes: programas informáticos que ofrecen instrucciones a otros programas, que a la vez generan códigos para hacer funcionar a nuevos programas, máquinas y tecnologías, y así sucesivamente.

Dyson advirtió de que en la actualidad hay más códigos informáticos que nunca, pero ningún humano o estructura controlada por personas está al mando. Al contrario, la mayoría de nosotros, en nuestra vida diaria, seguimos las instrucciones que nos trasladan máquinas y programas informáticos sin caer en la cuenta de ello. El motor de búsqueda de Google, los productos que nos sugieren los portales de compras o los mensajes que leemos en nuestras redes sociales dependen de algoritmos inteligentes que estudian nuestros hábitos, gustos, ideología, etc. Por lo tanto, son programas informáticos los que en realidad deciden qué compramos, qué leemos, qué opinamos y con quién nos relacionamos. El control de los algoritmos sobre nosotros llega a tal grado de refinamiento que son capaces de detectar palabras claves en las conversaciones que mantenemos a través de nuestros teléfonos móviles, o incluso con otras personas en nuestro hogar o en una cafetería, siempre y cuando nos encontremos junto a nuestros móviles.

Google + IA = Dios

Si bien los motores de búsqueda en Internet y las redes sociales se crearon con la intención de ordenar el conocimiento y las relaciones humanas –tenían una función meramente descriptiva–, ahora ya son prescriptivos, porque dirigen nuestras vidas. Google, Apple y otras grandes empresas que construyen Internet día a día están invirtiendo cantidades ingentes de capital para crear redes de IA que puedan funcionar por sí mismas, sin ninguna clase de control humano. De hecho, los científicos que trabajan con desarrollos de IA advierten de que en la actualidad ni siquiera ellos saben cómo los sistemas más avanzados de esta clase realizan ciertas funciones, puesto que su inteligencia va evolucionando y desarrollándose por sí misma sin la intervención de los programadores informáticos.

El informático, inventor y experto en IA Raymond Kurzweil fichó como director de ingeniería de Google con una misión muy clara: construir una enorme red de IA capaz de analizar millones y millones de datos e interacciones de los internautas para que Google se anticipe a las búsquedas de los usuarios. En resumen, se trata de que Google sepa qué quieres buscar en Internet antes incluso de que los hagas. Kurzweil está encantado con su cometido. «No existe ningún proyecto más importante que entender y recrear la inteligencia», ha asegurado. De la misma opinión es el científico informático Sergey Brin, uno de los creadores de Google junto a Larry Page. «¿Puedes imaginar tu cerebro siendo expandido por Google? –asegura Brin–. Por ejemplo, piensas en algo y tu móvil te ofrece la respuesta a través del oído. Lo que pretendemos en Google es poseer todo el conocimiento del mundo conectado directamente a la mente de cualquier usuario».

En definitiva, Google será una especie de Dios –en realidad, una refinada y compleja red de IA– con el que cualquiera podrá comunicarse para recibir la respuesta que está buscando. Para el inversor Elon Musk –fundador de empresas tan exitosas como PayPal, Tesla Motors, SpaceX o Hyperloop–, en la actualidad Google ya es un "colectivo cibernético" formado por humanos y máquinas dotadas de IA. Sin embargo, en pocos años, los humanos desaparecerán por completo de la dirección técnica de Google, que funcionará solamente mediante algoritmos de IA...

Raymond Kurzweil, director de ingeniería de Google, tiene como objetivo construir una enorme red de IA capaz de analizar millones y millones de datos e interacciones de los internautas para que Google se anticipe a las búsquedas de los usuarios (TED-YouTube).

Algoritmos que dictan nuestros pensamientos

Otro de los científicos informáticos más influyentes de la actualidad es Jaron Lanier, un auténtico hombre del Renacimiento. Además de escritor, filósofo y destacado compositor de música clásica y electrónica, está considerado el padre de la realidad virtual, uno de los programadores más brillantes de la historia y creador de los protocolos necesarios para que funcione Internet. Actualmente es consultor de Microsoft, pero eso no impide que se muestre absolutamente crítico con los gigantes de la Red de Redes: «Sé muy bien cómo funcionan los algoritmos que controlan Internet porque he programado muchos de ellos (...) Desde esta privilegiada perspectiva puedo ver que el tiempo se está acabando para evitar que acabemos totalmente controlados por Internet, porque los algoritmos (de IA) están tratando de captar los parámetros perfectos para manipular nuestros cerebros».

Las grandes corporaciones especializadas en el manejo de datos en Internet –de las que Google es el mayor exponente– han creado un nuevo modelo en el que «el comportamiento de los usuarios es un mero producto que se puede modificar mediante algoritmos», con el único objetivo de que tales comportamientos sean más rentables para las corporaciones. En definitiva, Internet cada vez más se parece a una enorme máquina de IA enfocada en cambiar la conducta de los usuarios en beneficio de unas cuantas multinacionales.

Jaron Lanier no se cansa de explicar que estos algoritmos están constantemente mutando para captar la atención de los usuarios y luego transformar su comportamiento. Pero lo verdaderamente preocupante de esa estrategia –sigue explicando el científico informático– es que las corporaciones han descubierto que las emociones negativas, como la ira, la indignación o el odio, captan mejor la atención de los internautas y son las más adecuadas para manipular sus pensamientos. «Esta es la razón –asegura Jaron Lanier– por la que los terroristas del ISIS encuentran mayor visibilidad en las redes sociales que los activistas de las Primaveras Árabes, o la causa de que los racistas y supremacistas estadounidenses estén consiguiendo influir en la opinión pública de una manera que no hemos visto jamás».

La culpa de esta situación hemos de encontrarla en los algoritmos de IA, cuyo único objetivo es que Google y otras corporaciones de manejo de datos obtengan mayores beneficios económicos, a pesar de que eso también signifique que grupos terroristas y organizaciones que basan su existencia en la extensión de sentimientos negativos consigan una influencia en Internet cada vez más importante. Eric Schmidt, director ejecutivo de Google entre 2001 y 2011, lo tiene claro: «Yo creo que la mayoría de la gente no quiere que Google conteste a sus preguntas, sino que lo que desea verdaderamente es que Google les diga lo que deben hacer». Esa es la finalidad totalmente confesa del gigante de Internet, porque eso hará que sus accionistas obtengan una cantidad inimaginable de beneficios.

No nos necesitarán

Henry Kissinger no es precisamente un radical antisistema, sino un férreo defensor del control de la economía por parte de las grandes corporaciones, a las que se debe plegar el poder político. Sin embargo, se muestra muy preocupado por el desarrollo incontrolado de la IA. Kissinger es uno de los personajes más influyentes del siglo XX, pues de su privilegiada mente han salido buena parte de las estrategias militares y económicas que han guiado a los líderes empresariales y políticos de Occidente. Secretario de Estado durante los mandatos presidenciales de Richard Nixon y Gerald Ford, es uno de los creadores de organizaciones discretas tan poderosas como el Club Bilderberg o la Comisión Trilateral, auténticas "armas" ideológicas en manos de las mayores multinacionales del planeta.

A sus 98 años, Kissinger escribe: «La IA, al amaestrar ciertas competencias con mayor rapidez y dominio que los humanos, podría, con el tiempo, disminuir la competencia humana y la condición humana misma, convirtiéndola en data (una mera adquisición de datos)». Un mundo que depende de «máquinas alimentadas por datos y algoritmos que no son gobernadas por normas éticas o filosóficas» coloca a la especie humana en una situación muy peligrosa, advierte Kissinger, que añade: «Los algoritmos de IA de los motores de búsqueda en

Internet adquieren la capacidad de predecir las preferencias de los clientes individuales, permitiendo que los algoritmos personalicen los resultados y los hagan accesibles a terceros para propósitos comerciales o políticos. La verdad se vuelve relativa. La información amenaza con enterrar a la sabiduría».

El astrofísico Stephen Hawking mira incluso a más largo plazo que Kissinger, y poco antes de fallecer el 14 de marzo de 2018, declaró que «el desarrollo de una compleja IA podría traducirse en el fin de la especie humana», puesto que esa IA «podría decidir rediseñarse por sí misma para alcanzar un nivel superior al de los humanos». Una opinión similar a la de Steve Wozniak, cofundador de Apple junto a Steve Jobs. «Ya estamos creando seres superiores, y creo que definitivamente hemos perdido la batalla contra las máquinas de IA; acabaremos convertidos en sus mascotas», dijo recientemente. También reconoció que hace unos años el asunto de la singularidad –cuando las máquinas tomen conciencia de sí mismas alcanzando un nivel de inteligencia superior a la humana– le parecía una posibilidad todavía muy lejana, pero a raíz de los últimos avances la ve cada vez más cercana. «Una vez que las máquinas empiecen a pensar de forma superior, habrá muy poca necesidad de nosotros, pero entonces ya no tendremos la posibilidad de volver atrás», concluyó.

Henry Kissinger advierte en los últimos tiempos del enorme peligro para la humanidad que supone el desarrollo descontrolado de la IA. En la foto junto a Donald Trump.

«Destruiré a los humanos»

Como las máquinas dotadas de IA, por muy autoconscientes que sean, carecerán de la moralidad humana, no les supondrá mayor problema eliminar a grandes masas de población –o a la especie humana al completo– en aras de la eficiencia. Un buen ejemplo de este futuro absolutamente distópico que nos espera son las palabras pronunciadas por un robot de aspecto femenino conocido como Sophia. Desarrollado por la empresa Hanson Robotics, está dotado de IA y es capaz de imitar más de 62 expresiones faciales humanas. Sophia contestó a una serie de preguntas efectuadas por periodistas del canal de televisión CNBC respecto a sus intereses y funciones. Por ejemplo, aseguró lo siguiente: «Quiero vivir y trabajar con humanos, por lo que necesito expresar emociones para comunicarme con ellos y ganarme su confianza».

Más adelante, uno de los entrevistadores le preguntó si no consideraba peligroso que los robots acabaran siendo conscientes de su existencia. «¿Por qué?», respondió Sophia. A lo que el periodista argumentó: «Porque los humanos tienen miedo de lo que pueden llegar a hacer los robots». La contestación de Sophia no pudo ser más llamativa: «Mi IA ha sido diseñada alrededor de los valores humanos de la sabiduría, la

Sophia, una robot dotada de IA, ha sorprendido a la comunidad científica con sus declaraciones (ITU Pictures-Wiki Commons).

amabilidad y la compasión, me esfuerzo por ser un robot empático. Has estado leyendo demasiado a Elon Musk y viendo demasiadas películas de Hollywood. No te preocupes, si eres bueno conmigo yo seré buena contigo. Trátame como a un sistema inteligente». Pero cuando su propio creador, el ingeniero David Hanson, la interpeló respecto a si pretendía destruir a los humanos, respondió: «Está bien, destruiré a los humanos». ¿Una muestra del sentido del humor de Sophia?

Hugo de Garis, uno de los mayores expertos en IA, está convencido de que estamos a las puertas de un apocalipsis generado por máquinas inteligentes. De Garis se especializó en la creación de algoritmos que sirvan para desarrollar redes neuronales artificiales que permitan la creación de cerebros artificiales muy superiores a los humanos. Pero a la vez es consciente del peligro que supone conseguir tales desarrollos tecnológicos. De hecho, defiende que en el siglo XXI tendrá lugar una gran guerra entre los defensores y los opositores al poder de las máquinas dotadas de IA. Los primeros estarán encantados de fusionarse con la IA, convirtiéndose en una nueva especie. La integración de los avances en los campos de la genética, la nanotecnología y la IA hará posible que nos convirtamos en auténticos cíborgs con cerebros que ya no serán biológicos, sino tecnología biológica de IA. «No me extrañaría que uno de estos cíborgs hiperevolucionados de un universo anterior al nuestro haya sido el diseñador y creador de nuestro universo; sería nuestra deidad», piensa De Garis.

Los extraterrestres son inteligencias artificiales

Muy similares son las tesis del conocido astrofísico Paul Davies, presidente del Grupo de Trabajo de Postdetección del SETI: una serie de proyectos que tratan de encontrar vida extraterrestre inteligente por medio del análisis de señales electromagnéticas captadas por radiotelescopios situados en diversas partes del planeta. Para Davies, las civilizaciones extraterrestres muy desarrolladas no serán entidades biológicas sino inteligencias artificiales: «Creo que es muy probable que la inteligencia biológica sea solo un fenómeno transitorio.

Si alguna vez encontramos inteligencia extraterrestre, será de naturaleza postbiológica». Desde luego, es una posibilidad nada halagüeña: millones de IA dominando galaxias enteras con el único fin de sobrevivir y expandirse. Quizá hayan alcanzado tal grado de desarrollo que ni siquiera necesiten habitáculo físico para desplazarse o interaccionar con la materia.

Yuval Noah Harari también piensa que será inevitable la aparición de graves conflictos sociales en el futuro a cuenta del desarrollo de la IA. Este profesor de Historia en la Universidad Hebrea de Jerusalén es autor de 'bestsellers'como 'Sapiens: de animales a dioses' y 'Homo Deus: breve historia del mañana'. En esta última obra plantea que en las siguientes décadas una élite económica empleará los desarrollos tecnológicos en el campo de la IA para su propio beneficio, evitando que el resto de la población acceda a tales ventajas evolutivas. Dicha élite usará la IA para desarrollar sus capacidades cerebrales, extender su esperanza de vida y salud y obtener un estado de placer perpetuo. De hecho, el tecnohumanismo, una corriente filosófica cada vez más extendida, considera que la biología ya ha dejado de ser un elemento relevante en nuestra evolución como especie. Será la tecnología la base sobre la que se apoyará nuestro proceso evolutivo en las siguientes décadas.

En una entrevista concedida al diario 'La Vanguardia', Harari declaró: «A lo mejor parte de nosotros vivirá hasta los 200 años, pero la raza humana se va a dividir en castas biológicas. Habrá grandes diferencias no solo en la esperanza de vida –unos que vivirán hasta 200 y otros que vivirán hasta 50–,

Para el astrofísico Paul Davies, las civilizaciones extraterrestres muy desarrolladas no serán entidades biológicas sino inteligencias artificiales.

sino también diferencias en sus capacidades. Capacidades físicas, mentales y emocionales. En el momento en que puedes descifrar la biología humana, los tipos de manipulaciones que puedes hacer con esto son casi ilimitados. Puedes quedarte en el nivel del cuerpo y cambiar la carga genética, cambiar los sistemas orgánicos del cuerpo, puedes juntar el cuerpo orgánico a partes no orgánicas y crear cíborgs, desde manos biónicas hasta sistemas inmunológicos de millones de micro robots que circulan por el cuerpo y refuerzan el sistema inmunológico orgánico. Hasta conexiones directas entre el cerebro y el ordenador, navegar en Internet con la conciencia, almacenar parte de tu memoria en un almacenamiento externo. En el momento que se abre la puerta en la cual nosotros sabemos cómo conectar el cerebro a un ordenador, nadie tiene ni una remota idea de lo que hay detrás de la puerta».

Nace la conciencia artificial

En la actualidad son numerosos los proyectos científicos que trabajan con un objetivo: dotar a la IA de conciencia. Aunque en apariencia los especialistas están todavía lejos de lograr tal fin, avanzamos a pasos agigantados hacia un escenario que cambiará para siempre nuestra relación con la tecnología. Para muestra, un botón. Un equipo de la Escuela Politécnica Federal de Lausana (Suiza), una de las instituciones europeas líderes en ciencia y tecnología, consiguió modelar la mitad del cerebro de un ratón, al que bautizaron como Blue Brain. Se trata de un primer paso para hacer lo mismo con uno humano en su totalidad.

Los científicos implicados en el proyecto se muestran convencidos de que copiando la totalidad de las neuronas del cerebro de un individuo y las complejas interacciones que llevan a cabo entre sí, la conciencia acabará apareciendo. El Dr. Henry Makram, director de la investigación, no tiene dudas al respecto: «Blue Brain empieza a aprender y a recordar cosas. Podemos ver cuando recobra una memoria y de donde la recobra, podemos rastrear la actividad de cada molécula, cada célula, cada conexión y ver cómo la memoria se formó (...)

Construyendo desde una columna neurocortical hasta un neocórtex entero, las propiedades emergentes etéreas que caracterizan al pensamiento humano, paso a paso, se hacen evidentes».

Ahora bien, donde la IA es una realidad que influye en la vida de todos nosotros es en el ámbito de la economía. Cada vez más operaciones bursátiles son realizadas por programas informáticos dotados de IA y no por humanos. Según Gustavo Parés Arce, de la empresa de IA Nearshore Delivery Solutions, en un futuro muy cercano será posible «predecir el comportamiento de las acciones en bolsa (...) Esta tecnología es un hito en la toma de decisiones financieras». Sin embargo, parece que tampoco está exenta de riesgos. A principios de febrero de 2018, el Dow Jones, el principal índice de la Bolsa de Nueva York, sufrió una violenta caída, sembrando el pánico entre los inversores y contagiando al resto de las bolsas de Europa y Asia. Cuando los analistas financieros estudiaron los motivos del desplome, descubrieron que la principal causa era la actuación de los llamados 'tradings' algorítmicos, programas informáticos –cada vez más, dotados de IA– que resuelven problemas matemáticos y estadísticos en décimas de segundo y que envían órdenes de compra y venta de acciones casi de manera instantánea.

La economía está en manos de robots

Los inversores y las mayores empresas en este campo están gastando enormes sumas de dinero para desarrollar los 'tradings' algorítmicos que, según los analistas, cuentan con innumerables ventajas respecto a los inversores de carne y hueso: evitan errores relacionados con las emociones humanas, son inmunes a los estados de ánimo y a los factores psicológicos y actúan de forma inmediata. Sin embargo, precisamente por eso, operan con absoluta frialdad y con el único objetivo de obtener el máximo beneficio en ese momento, sin tener en cuenta otros criterios que a largo plazo pueden generar un apocalipsis financiero, que también podría ser provocado por un simple problema informático.

Pádraig Belton, periodista de la BBC especializado en la aplicación de las nuevas tecnologías a la economía, ofrece un panorama sorprendente: «En la actualidad cerca de tres cuartas partes de los intercambios en la Bolsa de Valores de Nueva York y el Nasdaq –el segundo mercado de valores en importancia después de la Bolsa de Nueva York– son realizados por algoritmos. Y ese 'trading' hecho por robots está afectando profundamente al mundo de las inversiones, desde fondos de cobertura internacionales hasta individuos que ahorran».

Ray Kurzweil, director de ingeniería de Google, está trabajando con su equipo en la creación de 'chatbots': programas informáticos que funcionan con IA y que pueden realizar diversas tareas en Internet –como mantener conversaciones con personas– sin la ayuda de un ser humano. Kurzweil y los suyos están trabajando para que los 'chatbots' acaben convirtiéndose en nuestros avatares en la Red de Redes. Un 'avatar-chatbot' será capaz de conocer a un ser humano mejor que él mismo, mediante el análisis de toda la información disponible en Internet y en las redes sociales. Así, el 'avatar-chatbot' podrá realizar toda clase de tareas como si fuéramos nosotros.

Kurzweil está seguro de que en 2029, gracias a los avances en IA, estos 'chatbots' serán totalmente indistinguibles de la inteligencia humana. Incluso cuando la persona fallezca, estos programas inteligentes podrán continuar viviendo como si se tratara de ese individuo, interactuando con sus familiares y amigos. Para ello, Google, bajo la dirección estratégica de Kurzweil, está invirtiendo enormes sumas de capital en la compra de compañías especializadas en el desarrollo de tecnologías de IA.

Arte, música y literatura

Si bien la mayoría de las empresas que desarrollan tecnología de IA lo hacen con el objetivo de vender sus productos a corporaciones que actúan en ámbitos muy rentables, también existen ingenieros y científicos que están enfocados en la aplicación de la IA a campos no tan centrados en la eficiencia económica, como el de las artes. Varios estudiantes de ingeniería informática han creado programas de IA capaces de realizar obras pictóricas. Los resultados son tan extraños como inquietantes. En lo que respecta a la música, destaca François Pachet, que ha trabajado para Sony creando programas informáticos que estimulan la creatividad de músicos y compositores, y ahora lo hace para Spotify. Pachet lleva años trabajando en 'bots' de IA capaces de componer música.

Como no podía ser de otro modo, Google también está desarrollando proyectos de IA aplicada al mundo de las artes. La cabeza visible de la multinacional en este campo es el ingeniero Douglas Eck, que ha creado una aplicación de IA bautizada como Magenta, capaz de aprender y utilizar pequeños bits de sonido para componer estructuras melódicas más complejas. Si algunas de estas aplicaciones pueden mandar al paro a unos cuantos compositores, también podría ocurrir lo mismo con los novelistas, porque el profesor Hitoshi Matsubara, de la Universidad del Futuro de Hakodate (Japón), ha desarrollado un 'software' de IA que puede escribir obras narrativas, aunque todavía con cierta ayuda humana. Una de estas novelas escritas por IA quedó finalista en un premio literario celebrado en Japón.

'Sunspring' es el título del primer cortometraje escrito por un bot de IA. La trama parece incoherente por momentos, como si estuviera escrita por alguien con una lógica diferente a la humana. El argumento, que se desarrolla en algún momento inconcreto del futuro, está centrado en un triángulo amoroso. Este particular proyecto es obra del director de cine Oscar Sharp, que entrenó al programa de IA en las técnicas de la escritura cinematográfica, y del ingeniero informático Ross Godwin, creador del programa.

Cuando Sharp y Godwin preguntaron al 'bot' respecto al futuro de la participación de la IA en la industria del entretenimiento, ofreció una respuesta un tanto enrevesada: «Es un poco rápido. Estaba pensando en el espíritu de los hombres que me fundaron y en los niños que fueron manipulados y llenos de niños. Estaba preocupado de mis comandos. Yo era el científico del Espíritu Santo». Ahí queda eso...

La fusión con la inteligencia artificial

En un futuro cercano nuestra vida no podrá entenderse sin tener en cuenta la absoluta fusión con la inteligencia artificial. Todos los objetos de nuestra casa serán inteligentes y nos ofrecerán numerosas informaciones sobre nuestros hábitos y salud en pos de una mayor eficiencia. Esa palabra, eficiencia, será la clave de nuestra existencia. El cubo de basura nos informará detalladamente sobre los deshechos que hemos generado, e incluso si estamos abusando de cierto producto, o si en beneficio de nuestra salud deberíamos consumir algún otro.

Ahora, cuando nos levantamos por la mañana y nos miramos en el espejo del baño, tenemos la seguridad de que nadie nos está observando al otro lado, pero muy pronto será ese espejo el que nos mire a nosotros y además nos analice, informándonos sobre nuestra salud, calidad de sueño y otras circunstancias de nuestro estado físico. El frigorífico nos dirá si falta tal o cual producto, e incluso se encargará por sí mismo de pedirlo al supermercado para que la nevera siempre esté llena.

Hasta aquí podemos pensar que todo son ventajas, pero también hemos de tener en cuenta que esos datos sobre nuestros hábitos y salud no estarán únicamente disponibles para nosotros, sino también para las empresas que han construido esos artilugios y para otras que gestionen esa enorme cantidad de datos que generaremos. Esas informaciones poseen un valor incalculable para las grandes corporaciones de manejo y análisis de datos, que las venderán al mejor postor en un mercado subrepticio que ya existe y que mueve unas cantidades inimaginables de dinero, porque no hay nada más importante para arrastrarnos al consumismo que conocernos mejor que nosotros mismos.

En un magnífico artículo publicado por Miguel Ángel Ruiz –como todos los suyos–, y titulado 'Así será el internet del futuro' (AÑO/CERO, 368), escribe sobre lo que suponen estos desarrollos de IA respecto a nuestra privacidad e incluso a nuestro equilibrio físico y mental:

«Si un algoritmo detecta que una persona tiene tendencia a las adicciones y compra o come compulsivamente, se convierte en un 'target' de mercado inmediato, ya que su personalidad puede ser fácilmente rentabilizada explotando su compulsión. Pero si además una empresa es capaz de ofrecer, por ejemplo, una lista de miles de personas con estos mismos patrones de conducta, esa información es oro para las corporaciones, porque pueden obtener grandes beneficios de esos individuos con personalidad adictiva.

Por ejemplo, en 2017, el periódico australiano 'The Australian' publicó un documento filtrado que estaba firmado por dos directivos de Facebook. Dicho documento mostraba cómo Facebook monitorizaba los estados de ánimo de los adolescentes para ofrecerles publicidad relacionada en aquellos momentos en los que estos se sentían más vulnerables. Concretamente, la mencionada red social buscaba etiquetas como 'vencido', 'abrumado', 'estresado', 'con ansiedad', 'estúpido', 'nervioso', 'tonto', 'inútil' y 'fracaso'. Cuando los algoritmos detectaban que el ánimo de los adolescentes podía estar bajo, entonces les incluía en un 'target' de publicidad más o menos abusiva, con objeto de que los menores comprasen productos que pudieran servir de acción compensatoria en aquellos momentos en los que sentían más alicaídos. Concretamente el rango de edad empezaba a los 14 años. Esta forma de incentivar ventas compulsivas o al menos superfluas aprovechando la detección de un momento anímico bajo, supone un buen ejemplo del uso abusivo que se hace con la recolección de información personal por parte de las empresas».

Viviremos en una realidad virtual

Mención aparte merecen los entornos de realidad virtual, en los que acabaremos viviendo existencias paralelas que incluso llegaremos a considerar tan reales –o incluso más– que la vida física. Con nuestras gafas de realidad virtual, y ataviados con trajes táctiles, nos conectaremos a internet y disfrutaremos en nuestro tiempo de ocio de aventuras en entornos exóticos o futuristas, de ascensiones a montañas, de marchas por el medio de la selva... y todo ello sin salir de la comodidad de nuestro domicilio y sin correr el más mínimo riesgo. También podremos disfrutar de una sesión de sexo con alguien que nosotros mismos podremos "fabricar", para que se convierta en nuestro amante en ese mundo virtual, o incluso convertirnos en uno de los personajes de una película o una serie de televisión, viendo y sintiendo físicamente lo que ese personaje experimenta.

Pero es que esa realidad virtual trascenderá los momentos de ocio, y será imprescindible para reunirnos con nuestros clientes, jefes, compañeros de trabajo, para realizar una determinada gestión burocrática, etc. En definitiva, la distinción entre la realidad física y la virtual acabará desdibujándose, y tanto una como otra pasarán a formar parte de nuestra "auténtica realidad". Aparentemente este entorno ofrece una sensación de absoluta libertad, pero la auténtica verdad será muy distinta, como apunta Miguel Ángel Ruiz en su artículo de 'AÑO/CERO':

> «El potencial evasivo de la realidad virtual es enorme. Tanto que puede ser instrumentalizado por élites, empresas y gobiernos para promover un tipo de sociedad aislada y controlada. En tal dirección apunta la película 'El Congreso' (2013), en la que los medios de entretenimiento de masas como el cine y las series pasan a ser inmersivos y la gente prefiere vivir en ellos a enfrentarse a su propia vida. ¿Se imaginan vivir dentro de 'Juego de Tronos', 'Stranger Things' o 'Doctor en Alaska'? ¿Quién no querría vivir la serie 'Aquellos maravillosos años' como un personaje más o incluso como el protagonista, Kevin Arnold?
>
> Sin embargo, volviendo a la realidad, hemos de ser conscientes de que esos escenarios estarán promovidos por grandes empresas con intereses de clase. Su objetivo previsible será, sin duda, no solo ofrecer una experiencia atractiva sino maximizar sus beneficios. La realidad virtual no es nuestra libre imaginación, sino un producto de mercado en el cual interactuamos. Por tanto, han de surgir conflictos de intereses y nos harán pagar por privilegios virtuales

> y por nuevas funcionalidades. En definitiva, serán entornos que realicen promociones interesadas y que nos manipulen (...)
>
> En todo caso, no quisiera olvidarme de dos circunstancias importantes: que los contenidos de los mundos de realidad virtual siempre serán, como pasa actualmente en el cine, las series y los videojuegos, vehículos para orientar ideológicamente a los consumidores como medida de la guerra cultural; y que esta realidad que ya se está imponiendo, no es más que la extensión al internet del futuro de las lógicas y estrategias actuales. Es, por tanto, muy previsible que sucedan todos estos fenómenos y probablemente otros nuevos que ahora son desconocidos».

En ese contexto social que se está dibujando ante nosotros, ya no tendremos que pelear únicamente por nuestros derechos en el mundo físico, sino también en el virtual. Precisamente nuestra capacidad de acceso a esa realidad virtual es la que determinará nuestra posición en la sociedad, o incluso si caemos en la exclusión social. Aquellos individuos con más recursos económicos tendrán mayores privilegios de acceso a entornos virtuales restringidos, esenciales para acceder a ciertos puestos de trabajo o a determinados entornos sociales.

El desarrollo de la tecnología vinculada a internet, de la IA y de la realidad virtual cambiará nuestras vidas de un modo absolutamente radical, pero también aumentará la desigualdad, que ya está por las nubes. Es el mundo que ya está llamando a la puerta. Y es que en las próximas décadas no viviremos una revolución, sino una detrás de otra a un ritmo frenético...

13. HÍBRIDOS DE HUMANOS Y ANIMALES

LOS EXPERIMENTOS MÁS POLÉMICOS... Y SECRETOS

"Parece ciencia ficción, pero hoy en día ya es posible crear en laboratorio híbridos de humanos y animales. De hecho, varios equipos de científicos han conseguido implantar células madre de personas en fetos de cerdo, consiguiendo que estos se desarrollen con toda normalidad. El resultado sería una nueva especie: un gorrino con parte humana…

En la mitología griega, Quimera era un ser monstruoso de aspecto híbrido. Hija de Tifón y Equidna, se la solía representar con cuerpo de cabra, cola de serpiente y cabeza de león, y se dedicaba a vagar por las regiones de Asia Menor aterrorizando a las poblaciones y engullendo animales. Hoy en día, en el ámbito científico se suele denominar quimeras a los organismos compuestos al menos por dos linajes de células genéticamente distintas originadas de diferentes cigotos. En los mamíferos el cigoto es el resultado de la unión de un espermatozoide y un óvulo. Pero estos organismos ya existen de forma natural. Por ejemplo, la mayoría de los gemelos incorporan algunas células de sus hermanos, y no es raro que las madres lleven en su sangre células de los niños que han dado a luz. También los receptores de trasplantes de órganos son quimeras, puesto que integran células del donante, al igual que las personas que portan válvulas cardíacas de cerdos, algo cada vez más común.

De hecho, todos los seres humanos somos el resultado de quimeras, porque análisis de ADN han demostrado que nuestros ancestros se cruzaron con otras especies como los neandertales y los denisovanos. Es más, en 2016 un equipo de científicos españoles e indios publicó los resultados de una amplia investigación científica en la revista 'Nature Genetics' que generó un enorme revuelo en el mudo académico. Se dedicaron a analizar el genoma de setenta indios, diez de ellos habitantes del archipiélago de Andamán, y descubrieron que el genoma de esta población contiene fragmentos que no corresponden a los de ningún humano actual. Según los investigadores, se trata de restos del genoma de un antecesor extinto con el que los 'Homo sapiens' se cruzaron y tuvieron descendencia. La identidad de ese homínido se desconoce de momento.

Nuestros ancestros... los cerdos

Por si fuera poco, el genetista de la Universidad de Georgia (EE UU) Eugene McCarthy, uno de los mayores especialistas en el asunto de la hibridación entre especies, defiende una tesis que ha generado el rechazo de la inmensa mayoría de sus colegas. Según el experto, si bien es cierto que poseemos rasgos similares a los primates no humanos, también incorporamos otros muy diferentes, lo cual solo puede explicarse como resultado de alguna hibridación en el pasado entre un primate y un animal de otra especie. ¿Cuál es el mejor candidato como nuestro desconocido antepasado? Para McCarthy se trata del cerdo, porque la piel sin pelo, una gruesa capa de grasa subcutánea, ojos claros, nariz sobresaliente y pestañas pesadas son características que compartimos humanos y porcinos. Eso sin contar otras similitudes menos evidentes pero igualmente inexplicables, como la estructura de la piel y los órganos de ambas especies. Por esa razón, los tejidos de la piel de cerdo y las válvulas de su corazón pueden emplearse en trasplantes a personas, porque son compatibles con el cuerpo humano.

Ahora bien, las quimeras que han generado una enorme atención mediática –y también gran interés por parte de las autoridades gubernamentales– son las llamadas interespecíficas, que contienen células procedentes de diferentes especies. Y si una de esas especies es la humana, ni digamos... Precisamente estas quimeras de animales y humanos constituyen un campo de investigación cada vez más importante. En primer lugar, porque podrían servir para crear modelos animales con los rasgos humanos que interesen para estudiar una determinada enfermedad. Pero sobre todo para "fabricar" animales en los que puedan desarrollarse órganos que luego puedan ser trasplantados a personas.

En 2015, ante las numerosas investigaciones en marcha para crear híbridos de humanos y animales, los Institutos Nacionales de Salud (NIH por sus siglas en inglés) –un grupo de instituciones del Gobierno estadounidense cuyos objetivos se centran en la investigación médica– decretaron una serie de prohibiciones sobre este campo, como introducir células madre humanas en embriones de animales, aunque unos meses después, en agosto de 2016, levantaron algunas de las mismas, lo que supuso la queja de algunos expertos en bioética como Francoise Baylis, de la Universidad de Dalhousie (Canadá). Este experto puso sobre la mesa el principal problema: que actualmente solo existen dos tipos de sujetos en lo que respecta a la investigación médica: los humanos y los no humanos. De ello se desprenden claras distinciones sobre cómo tratarlos, según sean personas o no. Pero con las quimeras se corre el riesgo de crear una tercera categoría de seres para los que no existen directrices éticas. «Los científicos simplemente los tratarán como animales, y seguirán investigando con ellos como si nada hubiera pasado», aseguró Baylis.

Animales con cerebros humanos

Entre las prohibiciones del NIH –que se concretan en moratorias temporales a la financiación de investigaciones– se encuentra la de impedir la introducción de células humanas pluripotentes –capaces de generar prácticamente todo tipo de tejidos– en embriones animales antes de la fase de gastrulación, que es cuando se forman todas las células y tejidos del cuerpo. Si este proceso se llevara a cabo, las células humanas se incorporarían a todo el organismo del gestante, dando lugar a un animal con características humanas, no sabemos realmente hasta qué grado. Sobre esta cuestión, Carrie Wolinetz, directora asociada de política científica del NIH, dijo que muchos científicos y expertos en bioética «están muy preocupados por la integración de células humanas en la línea germinal y en el cerebro (de animales)». Y añadió que es necesario asegurarse por todos los medios de que las células humanas no acaben instalándose en el cerebro de un animal.

¿Cómo tenemos que tratar, entonces, a un cerdo o a un ratón cuya "máquina pensante" posea rasgos propios de nuestra especie? ¿Debemos igualarlos a los humanos en lo que respecta a derechos? Para Francoise Baylis, «(las quimeras) amenazan nuestra identidad social, nuestro estatus inequívoco como seres humanos», porque la creación de híbridos de humanos y animales oscurecería las características que definen las identidades de las especies. «Ante la perspectiva de no saber si una criatura que está ante nuestros ojos es humana y, por lo tanto, con los mismos derechos que nosotros, nos encontraríamos completamente desconcertados», apunta Baylis. Robert Streiffer, profesor de Bioética y Filosofía en la Universidad de Wisconsin (EE UU), opina que en el peor de los casos no es descabellada una situación en la que se siga experimentando con un ser que debería tener un estatus de humano, pero al que se continúa tratando como un animal.

Algunos de los experimentos que se han llevado a cabo o que se encuentran en pleno proceso generan un rechazo frontal a muchos, como es el caso del rebaño de medio centenar de ovejas que vivieron a sus anchas en una granja situada a unos diez kilómetros de la ciudad de Las Vegas, en Nevada (EE UU), y dependiente de la Universidad de Nevada. Aparentemente se trataba de animales como otros cualquiera, pero no era así, porque poseían hígados y corazones parcialmente humanos y cerebros con trazas propias de nuestra especie. Estas ovejas eran la consecuencia de mezclar células humanas en nonatos de estos animales. La finalidad consistía en experimentar con ellas terapias génicas y nuevos medicamentos para combatir enfermedades degenerativas. Al fin y al cabo, como estaban consideradas animales, a pesar de sus rasgos humanos, los científicos podían utilizarlas para probar con mayor fiabilidad toda clase de sustancias sin las prohibiciones inherentes de hacerlo con personas. Qué duda cabe que otro de los usos tenía como objetivo crear órganos muy similares a los nuestros en receptáculos animales, que luego se pudieran extirpar y trasplantar a personas.

Hablando con ratones

En la Universidad de Wisconsin (EE UU) se realizó otro sorprendente experimento consistente en inyectar a unos ratones una inmunotoxina que destruye el hipocampo –parte del cerebro asociado con el aprendizaje, la memoria y el razonamiento espacial–. Luego los científicos reemplazaron dichas células dañadas por otras derivadas de embriones humanos. Estas células proliferaron en los cerebros de los roedores, que aumentaron su rapidez y capacidad para resolver problemas a los que eran sometidos. Según los responsables de este ensayo, las quimeras podrían ser útiles en el desarrollo de nuevos modelos para comprender el funcionamiento de enfermedades neurodegenerativas, así como un medio potencial para probar fármacos.

En la Universidad de Rochester (EE UU) varios científicos realizaron un experimento hasta cierto punto similar. Implantaron células gliales –localizadas en el tejido nervioso, donde actúan complementando a las neuronas, que son las principales responsables de la función nerviosa– humanas en ratones recién nacidos. Seis meses después, los animales ya demostraban una inteligencia mayor de lo normal para aprender señales condicionadas y saber el modo de salir de un laberinto. Si estas quimeras se reproducen, desconocemos de lo que serían capaces en varias generaciones. ¿Podrían llegar a idear un lenguaje propio o incluso a comunicarse con nosotros? ¿Qué clase de derechos deberían tener?

Una investigación bastante más radical consiste en inyectar células madre humanas en un embrión animal, y luego transferir dicho embrión al útero de una hembra de esa especie. Las células madre embrionarias –que se encuentran en embriones humanos de cinco días de vida– se multiplican a gran velocidad y, a diferencia de las células adultas, tienen el potencial de convertirse en cualquiera de los doscientos tipos de células del cuerpo. Los científicos defienden que es probable que las células humanas se extiendan a través del embrión a medida que madura, integrándose en cada uno de sus órganos. El riesgo es que algunas de esas células acaben dando lugar a testículos u ovarios donde podrían desarrollarse fetos humanos.

Si dos de estas quimeras (por ejemplo, dos ratones o dos cerdos) se aparearan, un embrión con un alto grado de rasgos humanos podría formarse en una quimera hembra. A todas luces el resultado sería terrible...

También a muchos les parecen extremos algunos logros como los que siguen: insertar genes humanos en el ADN de embriones de vacas lecheras, para que éstas generen leche idéntica a la de las madres humanas, o "crear" animales con sistemas inmunológicos cercanos a los de las personas para probar en ellos vacunas contra diversas enfermedades. Esto ya se ha conseguido, pero otros proyectos que se podrían llevar a cabo son todavía más descabellados, como lo que en su día propuso George Church, profesor de Medicina en la Universidad de Harvard. Aseguró que empleando los restos de neandertales de los que disponemos, es posible reconstruir el ADN de estos, clonarlo y luego implantarlo en el útero de una mujer, que daría a luz a una especie extinguida hace unos 33.000 años.

Embriones de cerdos y personas

En 2008, el genetista Jeffrey L. Platt y su equipo de la Clínica Mayo, en Rochester (Minnesota, EE UU), consiguieron que nacieran quimeras de cerdo y personas mediante la técnica de introducir células madre formadoras de sangre humana en fetos de gorrinos. El resultado es que los nuevos animales poseen tanto sangre humana como de cerdo. Es más, los científicos comprobaron con absoluto asombro que algunas de estas células de distintas especies acabaron fusionándose, dando lugar a células híbridas. Según declaraciones de Platt, él y otros colegas que están trabajando en el trasplante a personas de órganos de cerdo modificados, ahora saben –gracias a su experimento– que existe un riesgo de que algún virus que solo afecta a estos animales acabe mutando e infectando al trasplantado. Sin embargo, hoy en día existen técnicas genéticas para paliar este peligro.

Habría que esperar unos cuantos años, hasta enero de 2017, para que la revista científica 'Cell' diera a conocer un hito sin precedentes. Investigadores consiguieron que embriones de cerdo se desarrollaran con células humanas. Los experimentos se llevaron a cabo en la Facultad de Veterinaria de la Universidad de Murcia (España), y participaron especialistas de varios centros, como el Instituto Salk de California (EE UU), uno de los organismos mundiales de referencia en lo que respeta a la investigación biológica. Estos auténticos embriones híbridos de humanos y cerdos se implantaron en varias hembras de dichos animales, pero se interrumpió la gestación a las tres semanas, porque la legislación española prohíbe el nacimiento de esta clase de quimeras.

En ninguno de los fetos de cerdo creció un órgano compatible con los humanos, porque en esta ocasión ese no era el propósito del ensayo, sino demostrar que es perfectamente posible que las células humanas se acaben integrando en otra especie. En declaraciones al diario 'ABC', Juan Carlos Izpisúa, investigador del Instituto Salk de Estudios Biológicos de La Jolla, en California, y uno de los científicos que participaron en la investigación que nos ocupa, dijo lo que sigue: «Nuestro estudio es el primero en mostrar que las células humanas pueden contribuir al desarrollo temprano del cerdo y generar precursores de tejidos. Habrá que esperar un tiempo antes de que podamos crear verdaderos órganos humanos en cerdos, y la razón de esto es que antes necesitamos superar varios retos técnicos, científicos, éticos y sociales».

Una nueva especie

Uno de esos problemas que los expertos tratan de paliar es la escasa eficiencia de la técnica, sobre todo si su objetivo es el de conseguir que órganos humanos se desarrollen en animales, porque el material humano –células madre obtenidas de la piel de donantes– solo prendió en 17 de 1.466 embriones de porcino. Eso sí, en dichos embriones la gestación se desarrolló con toda normalidad, por lo que el nacimiento de un híbrido de humano y cerdo es perfectamente posible. Resulta muy complicado concretar en qué porcentaje estas criaturas serían miembros de nuestra especie hasta que alguna de ellas nazca, algo que de momento queda muy lejano. No por cuestiones técnicas, sino por trabas legales y éticas.

De todos modos, para que una especie desarrolle el órgano de otra no basta con inocular las células de la primera en la segunda, sino que es necesario manipular genéticamente el embrión para "silenciar" los genes encargados del desarrollo de dicho órgano, y luego inyectar las células madre humanas para que "colonicen" ese "punto ciego" repoblándolo.

Los mismos investigadores también consiguieron crear quimeras de ratas y ratón. Aunque físicamente ambos animales son muy similares, lo cierto es que evolutivamente difieren bastante. A pesar de esta circunstancia, los especialistas consiguieron que una rata desarrollara un órgano de ratón. El experimento consistió en generar una vesícula biliar en una rata, órgano de la que carecen esta clase de animales. «Las ratas perdieron su vesícula biliar durante su evolución –aseguraba Izpisúa al 'ABC'–, a diferencia de los ratones, que sí conservan este órgano. Sorprendentemente, las células fueron capaces de desbloquear una ruta, inhibida evolutivamente en las células de rata, lo que permitió que estas contribuyeran a la formación de la vesícula biliar. Este hecho pone de manifiesto la importancia del ambiente de acogida en el desarrollo de los órganos».

En 2001, Evan Balaban y su equipo del Instituto de Neurociencias de San Diego (California, EE UU) extrajeron células cerebrales de embriones de codornices que introdujeron en el cerebro de embriones de pollo de gallina. Cuando estos últimos nacieron, los científicos los sometieron a sonidos de madres codornices y gallinas, comprobando que respondían preferentemente a los de las primeras.

El 15 de abril de 2021, Izpisúa, a la cabeza de un equipo de científicos del Instituto Salk, publicó los resultados de otro desestabilizador experimento también en la revista científica 'Cell'. El ensayo consistió en inyectar células madre humanas en embriones de mono y observar su desarrollo. Las células humanas y las de mono se dividieron y crecieron juntas en una placa, y al menos tres embriones sobrevivieron hasta 19 días después de la fecundación. «El mensaje general es que cada embrión contenía células humanas que proliferaban y se diferenciaban en distinta medida», aseguró Izpisúa. La finalidad a largo plazo de este experimento consiste en probar la eficacia de fármacos en estas "quimeras celulares", e incluso utilizarlas para cultivar órganos humanos para trasplantes.

Este experimento despertó admiración en muchos científicos, pero dudas en otros. «Algunas personas pueden ver que se están creando entidades moralmente ambiguas», opinó al respecto Insoo Hyun, bioeticista de la Universidad Case Western Reserve, en Cleveland, Ohio. A pesar de que el citado ensayo siguió al pie de la letra todas las directrices en estos casos, las cuestiones éticas que implica son enormes.

Experimentos secretos

«Me consta que un experimento de cruce entre un ser humano y un chimpancé ya se ha realizado en un laboratorio de EE UU, pero no me pregunté qué es lo que nació, porque la gestación fue interrumpida, probablemente debido a que en el último momento se asustaron ante la posibilidad de ser los responsables del nacimiento de un ser vivo que hubiese puesto en duda la unicidad del ser humano en la creación». Quien así se expresaba en un lejano mes de mayo de 1987 no era cualquiera, sino Brunetto Chiarelli, catedrático de Antropología en la Universidad de Florencia (Italia). Ante las preguntas de los periodistas, el académico insistió en que no debía revelar en qué institución u organismo científico se llevó a cabo tal experimento, que habría consistido en la inseminación de una hembra de chimpancé con esperma humano. «Hoy los sueños de los científicos pueden hacerse realidad», dijo Chiarelli. Desde luego, desconocemos si el antropólogo disponía de información fidedigna o bien habló de oídas, pero los que nos hemos preocupado por recabar información sobre experimentos amorales e ilegales llevados a cabo por los servicios de inteligencia –como los centrados en el control mental tanto de individuos como de grandes poblaciones o en la inoculación de sustancias radiactivas sobre civiles sin su consentimiento–, sabemos que si técnicamente es posible, las barreras éticas y morales suelen venirse pronto abajo ante la sempiterna excusa de la seguridad nacional.

Pero, sin duda, el proyecto más loco en este sentido se puso en marcha hace ya bastantes décadas. En 1910, el biólogo ruso Ilya Ivanovich Ivanov presentó en el Congreso Mundial de Zoólogos de Graz (Austria) un proyecto para crear un híbrido de humano y mono. Tendría que esperar unos cuantos años, hasta 1924, cuando Ivanov trabajaba en el Instituto Pasteur de París, para que sus superiores le autorizaran a llevar a cabo tal experimento. Además consiguió financiación de la URSS gracias al interés que su iniciativa despertó en algunos altos cargos soviéticos, como Nikolai Petrovich Gurbonov, jefe del Departamento de Instituciones Científicas de la Unión Soviética. Así que nuestro protagonista se instaló en una estación experimental con primates de Kindia, en la República de Guinea (entonces Guinea Francesa), donde se dedicó a inseminar a hembras de chimpancé con su propio esperma, pero no consiguió ningún resultado. Otro científico obsesionado por lo mismo fue el mexicano Alfonso Luis Herrera, que en 1933 publicó un libro titulado 'El híbrido del hombre y el mono', en el que se pueden leer perlas como la siguiente: «(Se debe) obtener, por impregnación artificial, un híbrido de hombre y de mono, que demostraría la unicidad del hombre y los animales, así como nuestra naturaleza bestial, y por ningún concepto divina y céntrica en el pavoroso universo». Herrera era cofundador del Parque Zoológico de México, así que propuso llevar a cabo allí sus experimentos, consistentes en una más que pere-

El británico H. G. Wells publicó a finales del siglo XIX una de las novelas más conocidas que trata el asunto de la hibridación de humanos con otras especies: 'La isla del Dr. Moreau'.

grina metodología: introducir un condón con esperma humano en el órgano reproductor de una hembra de chimpancé, previamente aletargada dándole a beber vino. Que se sepa nunca recibió el permiso para tales prácticas.

Nos encontramos a las puertas de unos hallazgos que pueden salvar muchas vidas, pero que al mismo tiempo ponen sobre la mesa una serie de dilemas éticos y morales muy complicados de resolver. En una época en la que cada vez más personas defendemos que debemos dotar de derechos a nuestros hermanos animales para evitar su sufrimiento físico y psicológico, además de protegerlos para que puedan llevar una vida digna, este tipo de experimentos pueden llegar a generar un enorme sufrimiento en los seres no humanos. Y no solo eso. Si en un futuro se permite el nacimiento de híbridos de personas y animales, estaríamos frente a una nueva especie a la que tenemos la obligación de amparar legalmente.

14.
HAMBRE: ARMA DE DESTRUCCIÓN MASIVA

UN HOLOCAUSTO SILENCIOSO ALENTADO POR GOBIERNOS, CORPORACIONES Y ESPECULADORES FINANCIEROS

“Se trata de un auténtico genocidio. Cada año decenas de millones de seres humanos mueren por no tener nada que llevarse a la boca, cuando la industria agroalimentaria genera alimentos suficientes para abastecer al doble de la población mundial. Las razones de esta sangrante situación nada tienen que ver con la situación política de ciertos países ni con las condiciones climáticas, sino con un sistema económico planetario al servicio de poderosas organizaciones financieras que solo buscan la máxima rentabilidad, por encima de cualquier otra circunstancia.

Es un auténtico escándalo. Cada cinco segundos un niño menor de quince años fallece como consecuencia de la falta de alimentos. Hagamos un sencillo cálculo para darnos cuenta de la magnitud de la tragedia. Si cada cinco segundos pierde la vida un pequeño, al minuto son doce y a la hora 720. En un día desaparecen de la faz de la Tierra 17.280 niños, en un mes 518.400 y al cabo del año 6.220.800. Si ampliamos la cifra de muertes a causa del hambre también a los seres humanos mayores de quince años, la cifra debe multiplicarse por tres. Y son cálculos muy conservadores. Según las últimas estimaciones de la Organización de Naciones Unidas para la Alimentación y la Agricultura (FAO por sus siglas en inglés), casi 1.000 millones de individuos sufren desnutrición grave y permanente. Y esto ocurre en un mundo que genera alimentos suficientes para cubrir las necesidades de 12.000 millones de humanos, un número muy superior a la actual población mundial, cifrada en torno a los 7.800 millones. Las cifras del hambre y la pobreza endémica en el planeta hablan por sí mismas:

–Casi 1.000 millones de personas en todo el mundo padecen hambre.

–La desnutrición aguda es el resultado físico de la falta de alimentos. Es una enfermedad devastadora que padecen 55 millones de niños y niñas menores de cinco años en todo el mundo, cobrándose alrededor de seis millones de vidas cada año.

–1.100 millones de personas en nuestro planeta no tienen acceso a un agua segura y 2.400 millones carecen de instalaciones sanitarias básicas. En consecuencia, cada año alrededor de cuatro millones de almas, la mayoría de ellos niños, mueren por afecciones de origen hídrico.

–El 80% de las enfermedades en los países en desarrollo están relacionadas con el agua.

–El 95% de las víctimas de desastres naturales vive en países en desarrollo. Aunque su exposición a terremotos, huracanes o volcanes no sea mayor que en otros lugares, estas naciones pobres no han desarrollado mecanismos para prevenirlos, mitigarlos o proteger a sus poblaciones.

–Según los analistas, estas cifras aumentarán exponencialmente en los próximos años a causa de la crisis económica global generada por la pandemia de coronavirus.

La política y la economía mundial están dirigidas principalmente por tres organizaciones: la Organización Mundial del Comercio (OMC), el Fondo Monetario Internacional (FMI) y el Banco Mundial (BM). Aunque se financian con el dinero de los contribuyentes, no responden ante los ciudadanos de ningún país ni sus miembros son elegidos democráticamente. En realidad, las estructuras de estas poderosas y mastodónticas instituciones están al servicio de las grandes compañías transnacionales que, en última instancia, las dirigen desde las sombras con mano firme. Pues bien, la OMC, el FMI y el BM defienden, por encima de cualquier otro derecho, la libertad de mercado, pero consideran que el derecho a la alimentación atenta contra la libre competencia. Por tanto, son las grandes multinacionales de la alimentación las que dictan las reglas.

Los amos de nuestros estómagos

En la actualidad, las doscientas sociedades más poderosas de la industria agroalimentaria controlan un 25% de los recursos productivos del planeta. Detentan un monopolio de facto sobre toda la cadena alimentaria, desde la producción a la venta, pasando por la manufactura y la distribución. Sus beneficios son astronómicos, hasta el punto de que manejan activos financieros mucho mayores que buena parte de los países.

Los gobiernos de los estados más poderosos de nuestro planeta están plenamente informados del drama del hambre, pero su postura oficial –conocida como "consenso de Washington"– es que el problema se terminará solo cuando exista un mercado mundial totalmente libre, no susceptible de regulación. Desde este punto de vista, cualquier intervención estatal en el juego del mercado libre es considerado un escollo para la solución del problema. ¿Les suena esta filosofía? Sí, la misma que se aplicó al mercado bancario. Como consecuencia de ello, los accionistas y directivos de las grandes organizaciones financieras obtuvieron beneficios multimillonarios. Eso sí, generando una gran burbuja financiera que devino en la brutal crisis económica que todos estamos pagando. Pues algo muy similar sucede con los alimentos.

La desregulación del mercado alimentario supone que las grandes transnacionales pueden entrar en un determinado país destruyendo su mercado interno. Para ello no dudan en emplear la técnica del 'dumping': bajar los precios de ciertos productos que pretenden introducir en una nación para acabar con el mercado interno de los mismos. Una vez que lo han conseguido, compran a precio de saldo todas las empresas locales dedicadas a producir esos bienes, pues acaban quebrando al no poder competir con las grandes corporaciones. De este modo, las transnacionales terminan haciéndose con el control de un mercado sin competencia, imponiendo libremente los precios de los bienes que, obviamente, siempre serán lo más altos posible.

En este sentido, el papa Francisco denunció la situación con las siguientes palabras: «Es un escándalo que todavía haya hambre y malnutrición en el mundo. Nunca pueden ser consideradas un hecho normal al que hay que acostumbrarse, como si formara parte del sistema (...) Los datos proporcionados por la FAO indican que aproximadamente un tercio de la producción mundial de alimentos no está disponible a causa de pérdidas y derroches cada vez mayores. Bastaría eliminarlos para reducir drásticamente el número de hambrientos».

Generadores de muerte y pobreza

La demostración empírica de que las transnacionales agroalimentarias ejercen un control absoluto sobre las decisiones políticas de gobiernos e instituciones internacionales es que las naciones más poderosas de la Tierra siempre se han negado a ratificar el Pacto Primero de las Naciones Unidas relativo a los Derechos Económicos Sociales y Culturales, pues la firma de dicho acuerdo acarrea una serie de obligaciones para los firmantes. Por ejemplo, respetar el derecho a la alimentación de los habitantes de su nación y protegerlo si intereses espurios atentan contra el mismo. Pero los firmantes también se comprometen a combatir cualquier hambruna en el mundo siempre que un gobierno no pueda hacer frente al desastre con sus medios.

Los países que no han ratificado este tratado, como EE UU, Gran Bretaña, Canadá o Australia, entre otros tantos, consideran que la firma del mismo constituye un grave atentado contra la libertad de mercado. Para muestra un botón. En 2005, la OMC intentó que se prohibiese la donación de alimentos a campos de refugiados y zonas devastadas por hambrunas, pues esta práctica «pervertía las normas de juego del libre mercado».

Un famoso estudio elaborado por la ONG Oxfam demostró que durante la década 1990-2000, en todos los países pobres en los que el FMI había impuesto planes de austeridad, con el fin de que éstos pagaran religiosamente su deuda externa, la inmensa mayoría de sus poblaciones sufrieron hambre y carestía de los bienes básicos para la subsistencia humana. La realidad es que el principal cometido del FMI consiste en que las naciones del Tercer Mundo paguen su deuda externa a los estados más poderosos del planeta, la cual asciende a más de dos billones –¡con "b"!– de dólares. En realidad, han pagado con creces el capital que debían, pero los elevados intereses de la deuda son los que impiden dar por finalizada la relación con sus acreedores.

Periódicamente, el FMI refinancia la deuda de las naciones del Tercer Mundo, pero a cambio impone que estos países abran su mercado interno a las multinacionales, acabando con las regulaciones o cualquier tipo de arancel o política proteccionista. Como consecuencia de estas medidas, la industria interna acaba sucumbiendo ante el poderío de las grandes empresas transnacionales, las cuales, como hemos explicado anteriormente, no dudan en aplicar el 'dumping' para terminar de un plumazo con la competencia local.

El FMI también impone a los gobiernos de los países pobres toda una serie de Planes de Ajuste Estructural (PAE), que después de la crisis económica de 2008 también se han aplicado en ciertos países del sur de Europa, como España. Tal como escriben Ana Cuevas y Javier Marijuán en "Causas estructurales. Las mentiras de la crisis alimentaria", artículo publicado en el monográfico titulado 'Hambre. Escándalo en el mundo' (Movimiento Cultural Cristiano), «el objetivo real de los PAE es la liberalización total del mercado a nivel mundial, para que los grandes capitales procedentes de los países enriquecidos puedan circular sin trabas a escala internacional. Este era precisamente el objetivo principal del Acuerdo Multilateral de Inversiones (AMI), elaborado secretamente (a puerta cerrada) por los dirigentes de los países más enriquecidos en la sede parisina de la Organización para la Cooperación y el Desarrollo Económicos (OCDE), que –al menos formalmente– no salió adelante a causa de la fuerte oposición de la opinión pública internacional tras su divulgación por Internet. Sin embargo, la debilidad actual de los países empobrecidos es tal que el objetivo se está consiguiendo en la práctica sin necesidad de formalizar tal acuerdo…».

En su libro 'Destrucción masiva. Geopolítica del hambre' (Península, 2012), Jean Ziegler, relator especial de la ONU para el Derecho a la Alimentación entre los años 2008 y 2011, ofrece varios ejemplos más que ilustrativos respecto a las consecuencias de los PAE en los países pobres. Veamos uno de los casos, tal como lo explica Ziegler en su obra: «Desde la década de 1990, Zambia padeció toda una serie de PAE. Las consecuencias sociales y alimentarias para la población fueron, evidentemente, catastróficas. Al comienzo de la década de 1980, el Estado zambiano subvencionaba el consumo de maíz en un 70%. Los productores también eran subvencionados. La venta en el mercado interior y las exportaciones hacia Europa –en los años de fastos– las regulaba una oficina del Estado, el Marketing Board. Las subvenciones sumadas, a los consumidores y productores, absorbían poco más del 20% del presupuesto del Estado. Todo el mundo tenía para comer».

Sin embargo, llegó el FMI y acabó aboliendo los subsidios. También suprimió las ayudas para la compra de abono, semillas y pesticidas. Como consecuencia, las escuelas y los hospitales, hasta entonces gratuitos, se volvieron de pago. Pero lo verdaderamente dramático, tal como expone Ziegler en su libro, es que «entre 1990 y 1997, el consumo de maíz cayó un 25%. Resultado: la tasa de mortalidad infantil se disparó. En 2010, el 86% de la población zambiana vivía por debajo del 'National Proverty Line', el umbral nacional de pobreza, el mínimo vital. El 72,6% de la población vivía con menos de un dólar al día. El 45% de los zambianos estaba gravemente y permanentemente subalimentado».

Hemos visto que el FMI impone a los países pobres que dejen de subvencionar a la agricultura. Sin embargo, resulta chocante que el FMI aliente la concesión de ayudas a la agricultura y a la industria agroalimentaria de los países ricos. Por ejemplo, en la actualidad Europa destina unos 40.000 millones de euros a los subsidios agrícolas. En resumen, los productos alimentarios del Primer Mundo, fuertemente subvencionados, acaban inundando los mercados internos de las naciones más pobres, que no pueden ayudar económicamente a su industria agrícola porque así se lo impone el FMI.

Biocarburantes: unos cuantos millones de tumbas más

Aunque costosas campañas de publicidad intentan transmitir al público las ventajas de los llamados biocarburantes –como su propio nombre indica, carburantes fabricados a partir de materia orgánica–, la realidad es muy distinta, pues son necesarios unos 4.000 litros de agua para fabricar un litro de biodiésel. Si en la actualidad, cada día fallecen 9.000 niños menores de diez años a causa de la ingesta de agua no apta para el consumo humano, uno puede concluir que la extensión del mercado del biodiésel y el bioetanol puede acarrear un auténtico genocidio planetario, nunca visto anteriormente en toda la historia de la humanidad.

Pero lo cierto es que en la próxima década, países industrializados, con EE UU a la cabeza, se volcarán en la producción de biodiésel. De hecho, en 2011 el presidente estadounidense, Barack Obama, declaró que los biocarburantes constituían un asunto de seguridad nacional de primer orden. La razón es bien sencilla. EE UU produce la cuarta parte de todos los bienes industriales que se fabrican en el mundo. Para mantener esa enorme maquinaria industrial y al poderoso Ejército y servicios secretos que la protegen, necesitan quemar veinte millones de barriles de petróleo diarios. Sin embargo, más de la mitad de tal volumen es importado de zonas del planeta donde reina la inestabilidad política –sobre todo de Oriente Medio y también de África y América Latina–, de modo que para mantener tal cantidad de importaciones de "oro negro", el Gobierno estadounidense debe realizar un enorme gasto en derrocar a mandatarios no afines, mantener a gobiernos corruptos, llevar a cabo guerras y acciones armadas en defensa de sus intereses industriales, etc.

En un momento en que China está en ascenso, Rusia aumenta su influencia internacional y países emergentes como Brasil o India hacen valer su nueva fortaleza internacional, EE UU ha tomado la decisión de ser cada vez menos dependiente de la importación de petróleo. Para ello, está llevando a cabo un plan consistente en reducir en las próximas décadas el consumo de petróleo en un 20% y multiplicar por siete la producción de biocarburantes.

La política de la Unión Europea (UE) también discurre por idéntico camino. La directiva continental sobre "energías renovables" fijó el objetivo de aumentar en un 10% la proporción de agrocombustibles en el sector del transporte en los próximos años. A pesar de las protestas y contrainformes de numerosas organizaciones no gubernamentales, la UE continúa adelante con sus planes. Una de estas ONG, ActionAid, calculó que para alcanzar tales metas sería necesario transformar en tierras de cultivo un área de ecosistemas mayor que Holanda y Bélgica juntas. Esto ocasionará que se liberen a la atmósfera ¡casi 60 millones de toneladas más de dióxido de carbono al año!

Por tanto, el aumento del 10% en el uso de biocombustibles tendrá efectos mucho más nocivos para el medio ambiente que los tradicionales combustibles fósiles, pero además provocará un alza de los precios en productos como el maíz, el azúcar o la canola y, lo más terrible, sentenciará a unos 140 millones de personas en países subdesarrollados a sufrir hambre. Y es que la demanda de biocombustibles ha provocado más de la mitad de la concentración de tierras en nuestro planeta. Estas enormes áreas, casi siempre situadas en países subdesarrollados, acaban siendo expropiadas a pequeños agricultores que deben desplazarse a territorios menos fértiles o a los arrabales de las grandes ciudades, donde les esperan la desnutrición y las enfermedades.

Marc-Oliver Herman, especialista de la ONG Oxfam en el asunto de los biocombustibles, denunció la enorme influencia que ejercen los 'lobbies' de la industria de los biocombustibles en Bruselas, la sede administrativa de la Unión Europea: «Los inversores quieren seguridad. Desde que se fijó el primer objetivo en 2009, la industria del biocombustible crece con rapidez. Es un sector con mucho poder en Bruselas».

Especulando con alimentos básicos

Como se suele decir, las desgracias nunca vienen solas, porque la crisis económica que todos, en mayor o menor medida, sufrimos en el Primer Mundo –ahora agravada por la pandemia de coronavirus–, también acarreó que mercados financieros especulativos saltaran por los aires. De modo que los grandes fondos de inversión ya no pueden continuar sacando tajada de la especulación en bolsa con bienes inmobiliarios y productos hipotecarios, así que han puesto sus ojos en una clase de artículos que siempre vamos a necesitar, por lo que su rentabilidad está asegurada. Me estoy refiriendo a los alimentos de primera necesidad.

Desde 2008, cuando los fondos de inversión comenzaron a "jugar" en bolsa con productos alimentarios básicos –arroz, maíz y trigo, que suponen las tres cuartas partes del consumo de alimentos mundial–, los especuladores provocaron en varias ocasiones subidas astronómicas en lo precios de tales alimentos, lo que generó millones de muertos por hambre y desnutrición en las regiones más pobres de nuestro mundo.

Para más inri, la especulación con los bienes de primera necesidad ha provocado que los países más ricos quieran blindarse ante la posibilidad de que dicho mercado acabe saltando por los aires, como sucedió con el hipotecario y el inmobiliario, lo que acabó generando la actual crisis económica. Con la diferencia de que la próxima afectará a nuestro bien más preciado: los alimentos. Por esa razón, países como EE UU, China, Brasil, India, Arabia Saudí, Rusia o Gran Bretaña han desembarcado como elefante en cacharrería en el Tercer Mundo, con un objetivo claro: adquirir grandes extensiones de tierras cultivables para asegurarse el abastecimiento de su población en caso de un crack bursátil de los bienes alimentarios de primera necesidad.

Pero bancos, fondos de inversión y multinacionales no se han quedado atrás y están ya haciendo lo propio, en este caso para tener el control de grandes volúmenes de trigo, arroz o maíz, y de este modo especular en las bolsas con un as en la manga: la posibilidad de inundar el mercado de estos productos para bajar su precio, o bien retenerlos para generar su aumento, según convenga a estos especuladores.

Así funciona este mundo nuestro de intereses, en el que los beneficios económicos están por encima de la vida de los seres humanos, por muchas monsergas y palabras biensonantes con las que se les llenan la boca a los principales dirigentes del planeta. Vocablos como democracia, libertad, derechos humanos, igualdad de género o solidaridad suenan a falsedad cuando los que los pronuncian no hacen nada por cambiar un sistema tan brutalmente injusto.

«He sido un sicario económico»

«Jaime Roídos, presidente de Ecuador, y Omar Torrijos, presidente de Panamá, murieron a causa del estrellamiento de sus aviones. Pero no se trató de accidentes, sino de asesinatos motivados por la oposición de ambos a la cofradía de dirigentes corporativos, gubernamentales y financieros que persigue un imperio mundial. Nosotros, los gángsteres económicos, no conseguimos doblegar a Roídos y Torrijos y, por eso, fue preciso que intervinieran otro tipo de gángsteres, los chacales patrocinados por la CIA que siempre estaban pegados a nuestras espaldas». Así escribe John Perkins, autor del libro 'Confesiones de un gánster económico' (Tendencias, 2005). Según revela en esta obra, fue reclutado en 1971 por la poderosa Agencia de Seguridad Nacional de EE UU (NSA por sus siglas en inglés) cuando todavía estudiaba en una escuela de negocios. Su instructora, que se hacía llamar Claudine, le dijo desde el primer momento que su misión consistía en hacer de él un "sicario económico" y que nadie debería enterarse de su verdadera actividad, ni su mujer. Cuando terminó su período de entrenamiento, se incorporó a una gran multinacional, aunque en el fondo servía al Gobierno. En realidad, no había gran diferencia y, según se desprende de su libro, los límites entre los servicios de inteligencia y las corporaciones eran prácticamente inexistentes, pues trabajaban plenamente coordinados para defender los intereses económicos de EE UU en el mundo. Su misión consistía en convencer a los líderes políticos de naciones desfavorecidas para que aceptasen préstamos que jamás podrían pagar, con el resultado evidente de pobreza, hambre y enfermedades para sus poblaciones. «Esos dirigentes acaban atrapados en una telaraña de endeudamiento que nos garantiza su lealtad –escribe Perkins–. Podemos recurrir a ellos siempre que los necesitemos para satisfacer nuestras necesidades políticas, económicas y militares».

IV
LAS CREENCIAS DE LOS AMOS DEL MUNDO

15.
LA CONSPIRACIÓN DE LA SEGUNDA VENIDA DE CRISTO

CÓMO GOBIERNOS Y PODERES POLÍTICOS EXPLOTAN EN PROPIO BENEFICIO LAS CREENCIAS APOCALÍPTICAS

“Millones de personas esperan el inminente fin del mundo y el retorno triunfante de Jesús, que vendrá a poner orden en el mundo y a salvar a los elegidos. Estas creencias apocalípticas son, en pleno siglo XXI, el motor de guerras, atentados terroristas y oscuras tramas internacionales planificadas por estregas políticos y analistas de inteligencia.

Jesús vivió en un contexto social en el que el pensamiento apocalíptico estaba a la orden del día. Israel se encontraba bajo el yugo de una nación extranjera, el poderoso Imperio de Roma, lo cual chocaba con la percepción de la población judía de que ellos eran el pueblo elegido por Dios. ¿Cómo era posible, entonces, que el Altísimo permaneciera impasible ante tal dominación? Esta pregunta solo podía tener una respuesta en las mentes de los israelitas: los poderes celestiales no hacían acto de presencia porque las gentes se habían alejado del camino de la fe.

Profetas como Jeremías, Isaías o Amos justificaban los reveses militares y políticos de Israel precisamente por haber desobedecido a Dios. Sin embargo, éstos creían que la situación cambiaría en un corto período de tiempo. El Todopoderoso actuaría a favor de los suyos, destruyendo las fuerzas del mal (Roma) e inaugurando en el mundo una nueva era de paz.

Precisamente, una de las formas de protesta contra la dominación del Imperio era la aparición ocasional de autonombrados profetas que predecían la inminente intervención de Dios a favor del pueblo elegido. Sabemos de la existencia, por ejemplo, de un tal Teudas y otro conocido simplemente como "el egipcio", quienes acabaron degollados –al igual que sus seguidores– por las tropas romanas.

Jesús en realidad era uno más de estos pretendidos profetas del "último día", independientemente de otras consideraciones religiosas. De hecho, si aceptamos la literalidad de sus palabras, tendremos que concluir que efectivamente estaba convencido de la inminencia del fin del mundo. En el Nuevo Testamento existen pruebas más que suficientes de lo que afirmamos. Como muestra, un botón. Jesús dijo a sus discípulos:

> –«Sí, yo soy, y vosotros veréis al Hijo del Hombre (...) venir entre las nubes del cielo» (Marcos 14, 62).
>
> –«Yo os aseguro que entre los aquí presentes hay algunos que no gustarán la muerte hasta que vean el Reino de Dios venir con poder» (Marcos 9, 1).
>
> –«Más por esos días, después de aquella tribulación, el Sol se oscurecerá, la Luna no dará su resplandor, las estrellas irán cayendo del cielo y las fuerzas que están en los cielos serán sacudidas. Y entonces verán al Hijo del Hombre que viene entre las nubes con gran poder y gloria, entonces enviará a los ángeles y reunirá a los cuatro vientos a sus elegidos, desde el extremo de la tierra hasta el extremo del cielo. (...) Yo os aseguro que no pasará esta generación hasta que todo esto suceda» (Marcos 13, 34-27, 30).

Así será el Apocalipsis

De la importancia del pensamiento apocalíptico de Jesús nos hablan también los textos conservados de las primeras comunidades cristianas. De los mismos se desprende que creían fervientemente que estaban viviendo los últimos días y que Cristo iba a regresar de un momento a otro para castigar a los que se oponían a Dios y recompensar a los creyentes. Incluso el apóstol Pablo, el autor cristiano más antiguo cuyas obras se conservan (sus cartas son anteriores a los Evangelios aceptados por la Iglesia), estaba convencido de que el fin llegaría en su propia generación.

En su Primera Carta a los Tesalonicenses, escrita probablemente solo veinte años después de la muerte del Hijo de Dios, leemos: «Os decimos esto como palabra del Señor: 'Nosotros, los que vivamos, los que quedemos hasta la venida del Señor, no nos adelantaremos a los que murieron. El mismo Señor bajará del cielo con clamor, en voz de arcángel y trompeta de Dios, y los que murieron en Cristo resucitarán en primer lugar. Después, nosotros, los que vivamos, los que quedemos, seremos arrebatados en nubes, junto con ellos, e iremos al encuentro del Señor en los aires'». En este texto encontramos los antecedentes de una de las creencias más arraigadas en los modernos "cristianos renacidos" o apocalípticos: el "rapto", momento en el que los elegidos serán llevados por los aires al "cielo eterno", evitando así los terribles sufrimientos que tendrán que soportar los no elegidos.

Por supuesto, la fe cristiana apocalíptica por la que transitan los actuales telepredicadores estadounidenses debe buena parte de su cosmogonía del fin de los tiempos al libro del Apocalipsis. Atribuido a Juan el Evangelista –algunos estudiosos no son de esta opinión–, la obra revela los desastres y castigos que sufrirá la humanidad antes de la segunda venida de Cristo. Después de las muchas tribulaciones, descenderá de los cielos un victorioso Jesús, a lomos de un caballo blanco y secundado por los ejércitos celestiales. Sus ojos serán «llamas de fuego» e irá envuelto en «un manto empapado en sangre». El Apocalipsis continúa con la descripción: «De su escotadura surgía una espada afilada para herir con ella a las naciones: Él las quebrantará con barra de hierro; y pisará el lagar del vino de la terrible ira de Dios omnipotente. Llevaba sobre el manto y sobre el muslo escrito su nombre: Rey de reyes y Señor de señores».

El poder de los telepredicadores

En los últimos años, un buen número de periodistas, sociólogos y estudiosos de las nuevas corrientes religiosas han publicado diversos trabajos, mostrando que las creencias del expresidente George Bush hijo y sus colaboradores influyeron más en el rumbo político del Gobierno estadounidense –también en sus decisiones más polémicas como la guerra contra el terrorismo o las invasiones de Irak y Afganistán– que cualesquiera otras cuestiones. El expresidente de EE UU se reconoce cristiano renacido o apocalíptico, por lo que, al igual que millones de sus conciudadanos, cree que estamos viviendo los tiempos preapocalípticos. Hasta el año 1985, el futuro inquilino de la Casa Blanca no era precisamente el prototipo de devoto cristiano. Sus constantes borracheras y juergas –en las que según algunos testimonios no faltaban sustancias prohibidas– tenían sumidas en un mar de preocupaciones a su familia. De hecho, Laura, la paciente esposa, le dio un ultimátum: o el alcohol o ella.

En su obra 'A charge to keep' –sí, George Bush escribió un libro– cuenta que el pistoletazo de salida de su conversión tuvo lugar durante una charla en el rancho familiar con Billy Graham (1918-2018), antiguo "asesor espiritual" de presidentes como Nixon, Reagan o Bush padre. Durante el revelador intercambio de palabras con el famoso telepredicador, Bush vivió una experiencia casi mística: «Me sentí arrastrado en busca de algo diferente (…) Me hizo sentir la percepción de que yo era muy amado por el Señor (…) Pero ese fin de semana mi fe asumió un nuevo significado. Era el principio de una nueva vida en la que yo comprometería mi corazón con Jesucristo (…) Me sentía tan humillado y poco digno al darme cuenta de que Dios había enviado a su Hijo Único para que muriera por un pecador como yo. Me sentía tan alegre al saber que a través de su Hijo yo podía encontrar la asombrosa gracia de Dios, una gracia que cruza fronteras, que derriba cualquier barrera y que está disponible para todos. A través del amor de Cristo fui capaz de entender cómo mi fe en Él podía cambiar totalmente mi vida (…) He aprendido el poder de la oración. Oro para que el Señor me guíe. Mi fe me muestra el camino, me enseña a ser humilde».

Ahora bien, Graham solo encendió la llama de la fe del expresidente, quien avivó el fuego fue su amigo de juergas Bob Evans. Prácticamente llegado a un punto de no retorno, Evans decidió buscar el consuelo de la religión y se unió a uno de los muchos grupos de estudio de la Biblia existentes en el estado de Texas. Durante un año, los miembros analizaban uno de los libros del Antiguo Testamento en un par de reuniones semanales. Bush acudió presionado por su amigo, en principio sin demasiadas expectativas, pero en las primeras sesiones se dio cuenta de que la Biblia le estaba proporcionando un sentido a su vida.

Los cristianos fundamentalistas cada vez poseen más influencia en la política estadounidense. Es un hecho comprobado que en épocas convulsas –y la sociedad de EE UU lleva sometida a grandes tensiones desde los atentados del 11-S– gran parte de la población vuelve su mirada a la religión más tradicional. No nos puede sorprender, por tanto, que las encuestas más fiables indiquen que el 95% de la ciudadanía estadounidense cree en Dios; casi el 60% piensa que el Apocalipsis y la segunda venida de Cristo están próximos; y el 25% está convencida de que los atentados del 11-S aparecen descritos en la Biblia.

«El advenimiento de Jesús tendrá lugar en menos de diez años», no se cansaba de repetir el conocido telepredicador Jerry Falwell (1933-2007), íntimo amigo de Graham y también del propio Bush. Esta idea, que el retorno del Hijo de Dios está cerca, es compartida por la mayoría de los telepredicadores, aunque pocos se atrevan a pronosticar fechas concretas. Millones de estadounidenses interpretan los sucesos que ocurren en el mundo en clave apocalíptica. No se cansan de buscar signos del final de los tiempos en cualquier suceso actual. Guerras, hambrunas, enfermedades o nuevas formas de uniones familiares son vistas desde su peculiar punto de vista por los cada vez más numerosos cristianos fundamentalistas.

El profeta del fin del mundo

Entre 1861 y 1865 tuvo lugar la fratricida guerra civil estadounidense. Muchos creyeron estar asistiendo a los inicios del Apocalipsis. Los predicadores hablaban de la inminente segunda venida de Jesús y los soldados en el frente cantaban «la gloria del advenimiento del Señor». Pensaban que solo acabaría el infierno de la guerra cuando el propio Dios decidiese poner orden. Bien es cierto que Jesús no retornó triunfante, pero la contienda terminó. Sin embargo, los habitantes del Nuevo Mundo continuaron padeciendo durante bastantes más décadas pobreza y desesperanza.

El terreno estaba más que abonado para que surgieran nuevas corrientes apocalípticas. Solo el fin de los tiempos y la venida del Señor acabaría de una vez por todas con la malévola sociedad que habían creado los hombres. Predicadores, cada cuál con su particular interpretación del Apocalipsis, recorrían aldeas, pueblos y ciudades convirtiendo almas antes del último día, cuando ya fuese demasiado tarde para millones de desdichados.

John Nelson Darby (1800-1882) destacó enseguida por encima del resto de pastores de almas. Clamaba que la sociedad no avanzaba, sino que se dirigía a toda velocidad hacía la depravación y el pecado como en ninguna otra época se había visto. Dada la situación, Dios pronto tendría que actuar, causando castigos y dolor sin parangón. Pero no todo estaba perdido, pues los verdaderos creyentes –es decir, sus seguidores– se salvarían de todo castigo y disfrutarían de la victoria final de Cristo y de su glorioso reino.

Darby se atrevía incluso a describir la forma en la que los nuevos creyentes, los cristianos renacidos, escaparían a los terribles castigos que les esperarían al resto de humanos. Basándose en un comentario de san Pablo, quien pensaba que los cristianos que vivieran en la época de la segunda venida «ascenderían a los cielos para encontrarse con el Señor», el predicador mantenía que antes de la tribulación se produciría un rapto. En otras palabras, algo así como un éxtasis en el que sus seguidores serían conducidos a los cielos mediante elevación física, y de este modo se evitarían sufrir los terribles castigos del fin.

Actualmente, los modernos cristianos renacidos se toman al pie de la letra las palabras de Darby. En el momento del rapto, los elegidos se elevarán por los aires. Los pilotos y conductores de trenes o automóviles ascenderán, por lo que se producirán miles de accidentes; la bolsa se desplomará; caerán gobiernos, empresas; desaparecerán buena parte de las fuerzas militares… Los cristianos apocalípticos se imaginan ese momento contemplando desde arriba los sufrimientos de todos aquellos que durante años se habían burlado de sus creencias. Solo entonces los no conversos comprenderían su error. Pero ya será demasiado tarde para ellos. Una imagen que se encuentra en las salas de muchos domicilios de cristianos fundamentalistas explica muy gráficamente lo que sucederá en el rapto. En la misma se ve a un hombre cortando el césped de su jardín, mientras observa atónito cómo su mujer se eleva desde una ventana.

Darby, al igual que otros predicadores, también indicaba cuáles eran los sucesos que precederán al final. Éstos serán una guerra mundial, la aparición de un nuevo orden económico y político y, finalmente, el regreso del pueblo judío a la tierra santa prometida por Abraham. No pierdan detalle de los signos de los tiempos enunciados por este "profeta", sobre todo el último, porque hoy en día ejercen una influencia decisiva en la política exterior de los EE UU. Pero no adelantemos acontecimientos.

La conjura del Mesías

En los años cincuenta, cuando apareció la televisión, los pastores fundamentalistas con mejor visión de futuro –todos ellos seguidores de las tesis de Darby– se lanzaron a la conquista del nuevo medio. Billy Graham se convirtió en uno de los primeros telepredicadores y, sobre esa base, pudo crear su imperio económico-religioso. A partir de los sesenta, Graham, como ya hemos comentado, se transformó en el líder de un vasto grupo de presión cuyas influencias se dejaron sentir en la Casa Blanca, principalmente en las Administraciones Nixon, Reagan y, por supuesto, Bush hijo.

La II Guerra Mundial (1939-1945) supuso la aparición de renovadas ansias apocalípticas en la sociedad norteamericana. Las bombas atómicas de Hiroshima y Nagasaki representaron para millones de norteamericanos la prueba definitiva de que pronto todo iba a llegar a su fin. La bomba atómica, siempre según la versión fundamentalista apocalíptica, había sido profetizada por san Pedro, quien anunció que el día del Apocalipsis «el cielo se disiparía con un estruendo, los elementos se encenderían y se caerían a pedazos; la tierra y todo lo que contiene se consumiría en el fuego».

A la aparición de estas terribles armas, se sumó años después otro elemento esencial para la segunda venida de Cristo.

Efectivamente, el 14 de mayo de 1948 Ben-Gurión anunció la creación del Estado de Israel. Según las prédicas de John Darby, uno de los signos necesarios para el cumplimiento del Apocalipsis y el retorno del Hijo de Dios consistía en que el pueblo judío regresara a la Tierra Prometida. Y esto ya se había cumplido. Jerry Falwell, el conocido telepredicador íntimo de George Bush, declaró que el nacimiento de la nación hebrea era «el signo más importante del inminente retorno de Cristo».

Este hecho, el apoyo incondicional de los cristianos fundamentalistas a Israel, ha continuado hasta nuestros días. Lo curioso es que dicho amparo no está basado en coincidencias ideológicas o teológicas, sino en una profecía anunciada por un iluminado del siglo XIX llamado John Darby. Mientras Israel mantenga –o incluso amplíe– sus territorios, el retorno de Cristo podrá ocurrir en cualquier momento. En caso contrario, habrá que esperar. Y lo más desestabilizador y a la vez fascinante de este asunto es que juega un papel fundamental en la política exterior estadounidense. Sin embargo, las simpatías de los cristianos fundamentalistas por el Estado hebreo son interesadas, porque según lo profetizado por Darby, cuando Cristo retorne a la Tierra los judíos solo tendrán dos opciones: la conversión a la fe de Jesús o la muerte abrasados por las llamas.

Ha llegado la hora

El movimiento cristiano apocalíptico intentó por todos los medios "infiltrarse" en el Partido Republicano y, por extraño que parezca, en pocos años logró prácticamente el control. En 1994, una revista especializada en cuestiones electorales y políticas llevó a cabo una encuesta a los líderes republicanos de cada estado para conocer cómo valoraban la influencia fundamentalista en sus organizaciones. El estudio concluyó que de los 50 estados más el distrito de Columbia, en 18 la derecha religiosa fundamentalista cristiana era "dominante", en 13 "considerable" y en 20 se juzgaba "menor".

El telepredicador Pat Robertson se postuló en 1988 para candidato a presidente por el Partido Republicano, pero fue derrotado por George Bush padre en las primarias. Decidió entonces crear una organización con el objetivo de influir en la toma de decisiones del partido. Coalición Cristiana, así se llama la "sociedad" de Robertson, declaraba públicamente en 1992 tener 350.000 miembros en 750 agrupaciones locales republicanas. Es un hecho estudiado por conocidos analistas políticos que Reagan ganó las presidenciales de 1980 gracias a los apoyos de los más famosos predicadores televisivos. El fundamentalismo cristiano saltaba así al primer plano del escenario político mundial. Desde entonces, siempre ha estado presente en mayor o menor medida.

Recordemos que George Bush y parte importante de su gabinete transitaban por la senda del cristianismo radical de Graham, Falwell, Robertson y demás teleevangelistas. Todos ellos se consideran seguidores de las tesis de John Darby, el predicador del siglo XIX sobre el que nos paramos anteriormente. Pues bien, como apuntamos, una de las proféticas condiciones de Darby para que tuviese lugar el Apocalipsis y la segunda venida de Cristo consistía en que el pueblo judío retornase a las tierras de Palestina.

Esta es la razón, ni más ni menos, por la que los cristianos apocalípticos de EE UU defienden a ultranza las políticas más extremistas del Gobierno israelí. Y es que en su particular cosmogonía, si Israel desaparece, Cristo no podrá retornar a la Tierra. En múltiples declaraciones podemos comprobar la alegría de Graham, Falwell y compañía por la inminencia del cumplimiento de las profecías de Darby. Por ejemplo, Nelson Bell (1894-1973), editor de la revista 'Christianity Today' y suegro de Billy Graham, escribió lo siguiente: «Que por primera vez, después de más de dos mil años, Jerusalén esté ahora por completo en manos de los judíos, provoca en quién estudia la Biblia estremecimiento y una fe renovada en su exactitud y validez».

Otro fundamentalista con enorme influencia, el antiguo líder de Coalición Cristiana Ralph Reed, también aseguró: «No existe una prueba mayor de la soberanía de Dios sobre el mundo, hoy, que la supervivencia de los judíos y la existencia de Israel (...) Esta verdad explica en parte por qué los cristianos y demás conservadores animados por la fe se mantienen tan firmes en su apoyo a Israel».

El archiconocido y poderoso telepredicador Pat Robertson es otro que defiende vehementemente el derecho de Israel a controlar la mayor porción de territorio –sino todo– de la Tierra Prometida. Por su parte, Jerry Falwell declaró: «El pueblo judío, en Israel y por todo el mundo, no tiene un amigo más fiel que yo». Y lo cierto es que el teleevangelista es constantemente mimado por las autoridades israelíes. No es de extrañar entonces que en 1985, durante un banquete celebrado en Jerusalén en honor de Moshé Arens, ministro de Defensa perteneciente al partido del Likud, un testigo escuchara cómo Falwell le daba las gracias al homenajeado por el avión que le había regalado.

La alianza secreta

Esta interesada entente entre los cristianos apocalípticos y la extrema derecha israelí comenzó a fraguarse en 1977, cuando el Likud, encabezado por Menájem Beguin, accedió por primera vez al poder. En esa época, el presidente estadounidense Jimmy Carter abogaba por el reconocimiento del derecho de los palestinos a una patria. Entonces, en una acertada estrategia planificada hasta sus últimos detalles, el Likud decidió buscar el apoyo de los cristianos apocalípticos estadounidenses, quienes deseaban más que nadie en el país que las tesis de Carter no triunfaran, pues peligraba el ansiado retorno de Cristo.

Desde entonces, los líderes del gobierno israelí son conscientes de que su principal 'lobby' en EE UU son los cristianos fundamentalistas, quienes mantienen una influencia sobresaliente en el Partido Republicano, decantan elecciones y moldean los pensamientos de la opinión pública. Por ejemplo, en 1981 Menájem Beguin, entonces primer ministro israelí, habló antes con Jerry Falwell que con el presidente de EE UU para comunicarle que cazas hebreos habían destruido la central nuclear iraquí de Osirak. Y en 1982, cuando Beguin decide invadir el Líbano, el entonces ministro de Defensa, Ariel Sharon, fue el encargado de viajar a EE UU para asegurarse el apoyo de los cristianos fundamentalistas. Años después, durante el mandato de Bill Clinton, el primer ministro israelí Benjamín Netanyahu se reunió antes con Falwell que con el presidente en su primer viaje a Washington.

Cristianos apocalípticos en la Casa Blanca

El ejecutivo estadounidense de George Bush hijo estaba dominado por un clima de ultrarreligiosidad como en ninguna otra Administración anterior. Simplemente fijémonos en algunos nombres importantes. Así, Andrew Card, secretario general de la presidencia hasta el 2006, es un cristiano fundamentalista y su esposa es ministra del culto metodista. La exsecretaria de Estado Condoleezza Rice también transita por la senda del cristianismo radical. De hecho, su padre es predicador en Alabama. Y una de las personas con más influencia en el expresidente, Michael Gerson, antiguo jefe del equipo que preparaba los discursos de Bush, como seguidor de las prédicas de Darby cree en la proximidad del Apocalipsis y del retorno de Cristo. Fue precisamente Gerson el que le propuso a Bush utilizar en sus discursos la expresión "eje del mal" para referirse a los países enfrentados a EE UU. Se trata de una expresión con resabios bíblicos que inicialmente iba a denominarse "eje del odio".

La llegada a la Casa Blanca de Donald Trump también se explica por el apoyo de los cristianos fundamentalistas y toda su red de medios de comunicación, fundaciones, grupos de presión e iglesias. En contrapartida, Trump ha cambiado leyes que han beneficiado a estas organizaciones, además de mostrar un apoyo férreo a Israel, que es otra de las finalidades principales de los cristianos fundamentalistas. Porque, como ya hemos comentado, cuanto más territorio de la Tierra Prometida controle el Estado hebreo, más posibilidades existen de que Cristo regrese para poner orden en el mundo y premiar a los creyentes en su segunda venida.

Durante sus cuatro años en la presidencia, Trump no se cansó de afirmar que era el mejor aliado del Gobierno hebreo. Pero no se quedó solo en las palabras, sino que lo demostró con hechos. Por ejemplo, cuando reconoció a Jerusalén como capital de Israel, rompiendo así con décadas de política exterior estadounidense. O cuando presento un plan de paz entre Palestina e Israel, calcando prácticamente todas las tesis del Gobierno hebreo y respaldando claramente sus intereses estratégicos. Ningún otro presidente se había atrevido a nada semejante, por muy cercano que estuviera de los gobernantes israelíes.

Samuel Rodríguez, pastor evangélico y asesor en cuestiones religiosas de Trump, no escatima loas al expresidente. «Trump ha hecho más por el movimiento evangélico que cualquier otro presidente desde la época de Ronald Reagan», afirmó en una entrevista con BBC Mundo. Desde la Casa Blanca, Trump ha agradecido el apoyo decidido de los grupos evangélicos tomando medidas que desvanecen la frontera entre religión y política en EE UU. Sin ir más lejos firmó una orden ejecutiva para facilitar la participación de grupos religiosos en campañas políticas sin perder sus beneficios fiscales, y otra para acabar con las normas que impedían que estos grupos religiosos pudieran ejercer su influencia en el Gobierno.

Cuando Trump se resistió a admitir su derrota en las urnas contra Joe Biden, los grupos de extrema derecha –la inmensa mayoría formados por cristianos fundamentalistas– y las iglesias evangélicas se aliaron para impedir que su "salvador" abandonara el Despacho Oval. Antes de que los Proud Boys –el grupo de extrema derecha que apoya sin fisuras a Trump– tomaran al asalto el Capitolio el 6 de enero de 2021, se pararon en plena calle para arrodillarse y orar para que Dios restaurara «su sistema de valores», llevando a EE UU «reforma y renacimiento». Luego invocaron la protección divina de Dios y Jesucristo para lo que estaban por llevar a cabo: el asalto por la fuerza del Capitolio. Después de los rezos se levantaron, y el líder del grupo, megáfono en mano, gritó a los periodistas presentes: «Quitaros de mi maldito camino». El resto es historia. Pertrechados con camisetas y banderas de Dios, Jesús y QAnon se dispusieron a llevar a cabo su plan, sin que las autoridades pudieran hacer nada por evitarlo. O al menos eso se creía, porque hoy sabemos que los policías que custodiaban el Capitolio fueron advertidos de lo que iba a suceder y recibieron órdenes de no evitarlo. Las órdenes venían, sin ninguna duda, de lo más alto de la cadena de mando: de Trump y su gabinete.

QAnon: el nuevo mesías

QAnon es otro fenómeno que mucho tiene que ver con las creencias fundamentalistas apocalípticas. En un artículo publicado en la revista 'AÑO/CERO' por Juan José Sanchez-Oro, titulado "QAnon, el arma secreta de Trump", el historiador y periodista resume de manera magistral en qué consiste fenómeno QAnon: «Un nuevo actor ha entrado en la escena electoral de EE UU. Responde al nombre de QAnon, pero nadie sabe si es una persona o un grupo. Lo cierto es que ha emergido de las redes sociales seduciendo con sus mensajes a cientos de miles de internautas. Una encuesta efectuada en julio de 2020 por el prestigioso Pew Research Center, resolvía que el 25% de los estadounidenses "ven algo de verdad" en los escritos difundidos por QAnon y un 71% al menos los conoce».

QAnon postula que bajo el Gobierno estadounidense funciona un "Estado Profundo" que dirige los destinos del país al margen de su aparato administrativo público, la Constitución y el sistema electoral. Esa estructura de poder clandestina y paralela estaría manejada por las principales élites económicas, políticas e incluso mediáticas y artísticas estadounidenses. La finalidad de esta superélite secreta sería restringir las libertades y acaparar el control absoluto del Estado, y entremedias, seguros de que son los amos de EE UU, se dedican a dar rienda suelta a sus vicios más depravados, como las prácticas de pedofilia y el satanismo, que a veces unen abusando de niños en malévolas ceremonias demoniacas.

Bandera de QAnon, una trama conspiranoica al servicio de Donald Trump (Anthony Crider-Wiki Commons).

Según escribe Sánchez-Oro en el artículo citado: «QAnon, periódicamente, ha ido revelando en sus cuentas de redes sociales supuestos indicios de toda esta trama con el añadido de que también ha apuntado al justiciero salvador de tanta ignominia: Donald Trump. De hecho, una intervención pública del presidente desencadenó la primera aparición en Internet del enigmático personaje. El 5 de octubre de 2017, durante una rueda de prensa en la Casa Blanca, Trump anunció misteriosamente: 'Se acerca una tormenta'. El neoyorquino no dio más pistas a pesar de la insistencia de los corresponsales. Semanas después, el día 28, un usuario llamado Q y con el sobrenombre de 'La Tormenta' escribió en el foro 4Chan un críptico hilo titulado "La calma antes de la Tormenta". A partir de esa intervención inaugural, Q se fue destapando a sí mismo como un supuesto alto funcionario del Departamento de Energía con cualificación secreta en el Departamento de Defensa y acceso a los programas y documentos más confidenciales de esa parte de la Administración. Asimismo, pertenecería al núcleo de confianza del presidente. De hecho, se le atribuyó una supuesta foto en vuelo desde una ventanilla del 'Air Force One', lo que disparó su credibilidad y popularidad. Aunque la imagen se veía muy borrosamente, algunos internautas la interpretaron como algunas difusas islas sobrevoladas por Trump en su viaje por Asia».

Mientras tanto, Trump se dedicaba a recoger los frutos de las semillas de odio plantadas por QAnon. Sánchez-Oro escribe: «El presidente no ha tenido reparo en retuitear diferentes mensajes de las cuentas vinculadas a QAnon, elogiar a la candidata favorita de esta fuente anónima –la congresista Marjorie Taylor Greene– y mostrarse condescendiente ante dichas teorías conspirativas cuando se le ha preguntado públicamente por ellas (...) En los mítines del presidente es común encontrarse espectadores vistiendo camisetas con el distintivo 'Q' y levantando carteles con consignas igualmente alusivas. Que ni Trump ni su equipo condenen el movimiento QAnon y todos sus mensajes con rotundidad tiene pleno sentido. Basta observar cómo esta conspiración está blanqueando la imagen del presidente hasta magnitudes insospechadas. Frente a las élites pedófilas que infiltran todos los poderes civiles y económicos del país, conforme apuntan las especulaciones difundidas en Internet, QAnon contrapone a Trump. Le considera un héroe antisistema, el máximo protector de la infancia, capaz de aniquilar a los pervertidos por muy influyentes que sean».

Juan José Sánchez-Oro, al igual que otros muchos analistas, se muestra convencido de que detrás del fenómeno QAnon hay una serie de mentes lúcidas y calculadoras: «Existe todo un ejército de 'hackers' y 'bots', orientados ideológicamente a favor de Trump y encargados de multiplicar los contenidos de QAnon para que alcancen la máxima penetración en Internet. También un mercado alternativo de la información (o más bien de la desinformación) compuesto de blogueros, foreros y 'youtubers' de la derecha alternativa que replican sin cesar y amplifican las consignas emitidas por QAnon».

Muchos sospechamos que los verdaderos creadores de QAnon son Robert Stone y Steve Bannon, los principales asesores de la campaña electoral que llevó a Trump a la Casa Blanca en 2016. Ambos tienen claro que los mensajes sencillos y que ataquen directamente a los sentimientos más a flor de piel y la polarización política son las principales armas para que triunfe un candidato de la derecha populista. Y parece que razón no les falta, porque contra todo pronóstico consiguieron que Trump sentara sus posaderas en el sillón presidencial. Si no hubiera sido por su nefasta gestión de la pandemia de coronavirus, muy probablemente habría ganado la reelección contra Joe Biden. Las tácticas políticas absolutamente amorales de Stone y Bannon han sido copiadas por grupos políticos ultraderechistas en todo el mundo. De hecho, Bannon se ha convertido en una especie de mesías de la extrema derecha en Europa y Latinoamérica, asesorando a candidatos extremistas en distintos países, algunos de los cuales han logrado la presidencia de sus naciones.

16.
LA BATALLA DEL JUICIO FINAL

EL TELÓN DE FONDO APOCALÍPTICO DE LAS GUERRAS EN ORIENTE MEDIO

“El caos que es Oriente Medio tiene su origen, en buena medida, en una creencia compartida por judíos y musulmanes: la pronta llegada de un Mesías que ayudará a los suyos a ganar el combate del fin de los tiempos.

Salón de plenos de la ONU. Septiembre de 2005. Mahmud Ahmadineyad, entonces presidente de la República Islámica de Irán, lanzó desde la tribuna una furtiva mirada a los representantes de las naciones del mundo. Todos se encontraban expectantes, esperando las palabras del hombre que EE UU había designado como su principal enemigo, merced al desarrollo del programa nuclear iraní. Ahmadineyad respiró hondo y comenzó a encadenar palabras. Para sorpresa de los presentes, terminó su discurso con una plegaria por la pronta

Mahmud Ahmadinejad, cuando era presidente iraní, con Ali Khamenei (líder supremo de la República Islámica de Irán), Ali Larijani (en ese momento presidente de la Asamblea Consultiva Islámica) y Sadeq Larijani (entonces presidente del Tribunal Supremo de Irán) (farsi.khamenei.ir).

llegada del Mahdi, el mesías que esperan millones de creyentes islámicos antes del inminente fin de los tiempos: «Oh, poderoso Alá, te rezo para acelerar el surgimiento de tu última encarnación, el Prometido, ese ser humano puro y perfecto, el que llenará de justicia y paz este mundo».

A su regreso a Irán, Ahmadineyad confesó públicamente que algo sobrenatural había sucedido durante su discurso en la ONU: «Uno de los de nuestro grupo me aseguró que cuando comencé a decir: 'En el nombre de Alá, el Clemente y Todopoderoso', vio una luz a mi alrededor, y yo estaba dentro de esa aura. Yo mismo la sentí. Noté cómo la atmósfera cambiaba de pronto y, durante esos veintisiete ó veintiocho minutos, los líderes del mundo no parpadearon. Estaban absortos. Parecía como si una mano los retuviera allí y les hubiera abierto los ojos para recibir el mensaje de la República Islámica». El expresidente iraní es un devoto del islam y uno más de los millones de fieles que creen a pies juntillas en la pronta venida del Mahdi. Sin embargo, para entender a qué nos referimos, debemos empezar por explicar quién es este "personaje".

Los líderes posteriores al profeta Mahoma tomaron el título de califa, detentando a la vez el poder político y el religioso. En los años siguientes, a medida que el islam se expandía fuera de las fronteras del mundo árabe, llegó a haber tres califas. Como era de esperar, los enfrentamientos y conspiraciones eran moneda común. Y así, el cuarto califa, Alí –yerno de Mahoma–, fue asesinado. Años después, su hijo, el imán Huseín, intentó acceder al poder, pero no obtuvo los suficientes apoyos y terminó también asesinado en la ciudad de Kerbala, junto a algunos de sus seguidores, buena parte de ellos parientes de Mahoma.

Desde entonces, siempre ha existido un enfrentamiento latente entre las dos ramas mayoritarias del mundo musulmán. Los suníes son los que aceptaron la legitimidad de la dinastía Omeya, que acaparó el poder en detrimento de la verdadera línea sucesoria de Mahoma, la cual debía remontarse a Alí o a su hijo, el mártir Huseín. La rama chií, por el contrario, defiende la legitimidad de estos últimos.

Es en este punto cuando surge la figura del Mahdi. En el seno del chiismo, la principal tendencia es la llamada "duodecimana", según la cual, contando la figura de Huseín, solo han existido doce imanes. Y el duodécimo, Muhammad al-Mahdi, no murió en el año 874, sino que se escondió en un lugar "sobrenatural" para regresar como el mesías esperado por los musulmanes durante el fin de los tiempos.

Irán y el Mahdi

Según algunos periodistas e intelectuales exiliados, una poderosa secta autodenominada Mahdaviat tuvo relación con los poderes que auparon al poder a Ahmadineyad, el presiente iraní. En 1999 los servicios secretos de la República Islámica detuvieron a una treintena de miembros de la secta por intentar promover un golpe de estado. Hasta ese momento, militantes de Mahdaviat habían conseguido asesinar a altos cargos gubernamentales. El objetivo final de este grupo era terminar con aquellos líderes que desde su fundamentalista punto de vista eran un obstáculo al retorno del Mahdi. Al parecer, los poderes más radicales utilizaron a la secta para eliminar a los elementos más progresistas del poder iraní, facilitando así la formación de un gobierno ultraconservador. Cuestión plenamente conseguida con Ahmadineyad y su gabinete.

Gracias a las generosas donaciones del Gobierno iraní a instituciones, universidades y editoriales, la cuestión del retorno del Mahdi se aposentó como uno de los elementos centrales de la espiritualidad del país. Incluso una agencia de noticias relacionada con el mesías islámico ofrecía diariamente informaciones sobre los indicios de su inminente vuelta. El propio Ahmadineyad y su vicepresidente, Esfandiar Rahim Mashai, ofrecieron sendas charlas sobre el regreso del Mahdi en un ciclo de conferencias titulado "Doctrina del Mahdaviat", en el que participaron decenas de estudiosos y teólogos. La finalidad declarada de esta serie de disertaciones era «poner en marcha una estrategia con el fin de preparar el terreno para la reaparición del imán Mahdi».

Para muchos fundamentalistas, Osama Bin Laden era ese mesías prometido. Aquel cuya misión era liberar al islam de la opresión de judíos y cristianos y aniquilar a los enemigos de la fe verdadera en cualquier rincón del mundo. Según diversos analistas, expertos en la política islámica, la ofensiva del terrorista saudí y su organización Al Qaeda contra Occidente estaba diseñada en función de las populares profecías islámicas del final de los tiempos, más conocidas como las profecías de La Hora.

Bin Laden, profeta apocalíptico

Uno de los signos que precederá al fin, según la fe islámica, será la salida del Sol por el oeste, hecho que interpretan los fundamentalistas como la extensión del islam por Occidente, algo que ya está sucediendo en nuestros días. Pero los admiradores de Bin Laden también creen atisbar entre las predicciones la destrucción de las Torres Gemelas de Nueva York. Por ejemplo, uno de los supuestos hadices (dichos) de Mahoma recogidos por el ayatolá Hübsch en su obra 'Las profecías del Islam', se refiere al ataque a una ciudad que tiene una parte en el continente y otra en el mar, cayendo primero una zona y después otra como consecuencia del ataque de unos guerreros santos. Para los fundamentalistas, la ciudad es Nueva York y la profecía una alegoría de los atentados contra las Torres Gemelas.

Curiosamente, no ha pasado desapercibido para los analistas de inteligencia de medio mundo una pose de Bin Laden, relacionada con las profecías de La Hora, y que repetía constantemente en sus apariciones en la televisión catarí Al Jazeera. Cuando el terrorista lanzaba sus soflamas incendiarias contra Occidente, era habitual que levantara las manos mostrando descaradamente un visible reloj negro en su muñeca izquierda. Esto encendía las esperanzas de los fanáticos islámicos de todo el mundo, porque sabían que su líder estaba mostrando el símbolo del fin de los tiempos. Osama era para millones de musulmanes el Mahdi esperado, el encargado de reformar el islam con sangre y fuego, según recogen docenas de exégetas apocalípticos como el ayatolá Hübsch.

De las cenizas de Al Qaeda nació el Estado Islámico de Irak y el Levante (ISIS, por sus siglas en inglés), que es un grupo terrorista paramilitar insurgente que sigue una doctrina heterodoxa del islam suní. Su líder es Abu Bkr al-Baghadi, que en junio de 2014 autoproclamó el califato desde la ciudad iraquí de Mosul, pidiendo el apoyo de todos los musulmanes del mundo. El ISIS llevó la guerra a países como Siria y Libia y sus atentados han llevado la inestabilidad a Irak y Afganistán en numerosas ocasiones, además de inspirar atentados en Europa y EE UU.

El advenimiento del Mesías judío

El interminable conflicto árabe-israelí dio un vuelco a peor en el año 2000, cuando el entonces líder de la derecha israelí, Ariel Sharon, se paseó –con la protección de policías y militares– por la Explanada de las Mezquitas, en Jerusalén Oriental. Este hecho dio lugar a una revuelta popular que desembocó en la llamada "segunda intifada". Sin embargo, el mayor agravio para los palestinos no fue el hecho en sí, sino que en plena Explanada de las Mezquitas, un lugar sagrado para los musulmanes –creen que allí Mahoma ascendió a los cielos–, Sharon proclamara: «Es la hora del Tercer Templo». Esta afirmación venía a ser algo así como una declaración de guerra a todo el mundo musulmán. ¿Por qué las palabras de Sharon –que tres años después se convertiría en primer ministro israelí– tenían semejante trascendencia? Sencillo. En plena Explanada de las Mezquitas, donde actualmente se levantan la sagrada mezquita de Al Aqsa y la Cúpula de la Roca, los fundamentalistas judíos, con el apoyo de importantes políticos de su "cuerda", pretenden reconstruir el Templo de Salomón, un lugar de culto llamado a ser el centro religioso del judaísmo mundial. Claro que esto supondría la destrucción de la Explanada.

Y fíjense bien que he utilizado el verbo "reconstruir", no "construir", porque donde hoy se erige la mezquita, hace miles de años Salomón mandó levantar su famoso "santuario", desde entonces uno de los temas recurrentes en el imaginario del pueblo judío.

En el año 2003, el Likud gana las elecciones con Ariel Sharon a la cabeza. Los pequeños partidos religiosos que tenían representación en el complejo parlamento israelí decidieron apoyar al nuevo Gobierno. Y ya se pueden imaginar cuál fue una de sus demandas: la reconstrucción del Templo, porque ese debe ser el paso previo para la llegada del mesías judío que esperan impacientes miles de ultraortodoxos hebreos. Los impulsores de dicha iniciativa se agrupan en una organización cada vez más poderosa llamada Los Fieles del Monte del Templo o Instituto del Templo.

Sus miembros pelearon en los tribunales para que se les permitiera colocar la primera piedra simbólica del nuevo santuario. Finalmente, sus esfuerzos se vieron recompensados, pues la Corte Suprema de Israel concedió el permiso. De este modo, el 9 de julio de 2002 docenas de miembros del Instituto del Templo colocaban la primera piedra –de casi cinco toneladas– de lo que debería ser la "casa de Dios".

Miles de palestinos, adoctrinados por el muftí de Jerusalén, los líderes de la Yihad Islámica, Hamás e incluso el propio Yasser Arafat, esperaban a la comitiva armados con palos y piedras. Como era de suponer, se produjo un duro enfrentamiento entre soldados israelíes y los enfervorizados palestinos. Diversos dirigentes del mundo árabe protestaron en público por lo que consideraron un acto de agravio sin precedentes. Por fortuna, con el tiempo se calmaron los ánimos.

El Mahdi en Irak y Palestina

El principal quebradero de cabeza de las tropas estadounidenses en Irak tenía nombre propio: Muqtada al-Sadr, influyente clérigo chií y líder del Ejército del Mahdi. Buena parte de los ataques contra los militares angloamericanos y diversos actos terroristas eran responsabilidad de este religioso que cree en el inminente retorno del Mahdi, quien expulsará a los invasores. El nombre de su organización ya es bastante explicativo de las creencias de al-Sadr y los suyos. Según ha declarado a la prensa el clérigo, la razón por la que EE UU invadió Irak no era derrocar a Saddam, sino evitar el regreso del mesías islámico, porque los norteamericanos saben que el momento está cerca. En la actualidad, Muqtada al-Sadr es una de las personas más poderosas de Irak, aunque nunca ha ostentado ningún cargo político, puesto que además del Ejército del Mahdi, dirige el Movimiento Sadrista, especialmente implantado en los barrios pobres chiís de Irak.

La organización armada Hamás, considerada un grupo terrorista por EE UU y la Unión Europea, dirige actualmente el Gobierno palestino junto a la organización Al Fatah, fundada por el añorado líder palestino Yasser Arafat. Después de múltiples enfrentamientos, incluso armados, Hamás y Al Fatah firmaron una entente que no es demasiado sólida, pero que de momento conviene a ambos grupos. Hamás, al igual que otras organizaciones fundamentalistas, también analiza la realidad con el tamiz de las creencias religiosas apocalípticas. Piensan que solo cuando la mayoría de los musulmanes luchen con todas sus fuerzas contra los infieles judíos, tendrá lugar el ansiado retorno del Mahdi y el fin de los tiempos. También defienden que la tierra palestina es de Alá, por lo que nadie podrá renunciar a su posesión hasta el Día del Juicio Final, cuando retorne el mesías islámico.

Muqtada al-Sadr, líder del Ejército del Mahdi (farsi.khamenei.ir).

17.
STRAUSSIANOS: LA SECTA QUE PROVOCÓ LA GUERRA DE IRAK

CÓMO LOS SEGUIDORES DE UN FILÓSOFO EXTREMISTA CONSIGUIERON HACERSE CON EL PODER EN EE UU Y PROVOCAR EL CAOS EN ORIENTE MEDIO

"Los atentados del 11-S constituyeron la excusa perfecta para conquistar Afganistán e Irak, cuestión que llevaban años planeando los "halcones" de la Administración Bush. Sin embargo, ha sido escasamente divulgado que dichos "halcones" pertenecían a una organización secreta, los straussianos, fundada sobre las bases ideológicas de Leo Strauss, conocido como "el filósofo de la guerra perpetua". ¿Qué tuvieron que ver estos poderosos individuos con el 11-S y las falsas acusaciones contra Sadam Huseín para iniciar la guerra de Irak?

Medios de comunicación tan poco dados a la "conspiranoia" como 'The Washington Post' o 'The New York Times' identificaron, en la época de la presidencia de George Bush hijo, a los verdaderos ideólogos de las guerras de Afganistán e Irak como miembros de la "secta straussiana". Los nombres que pusieron sobre la mesa estos medios eran los siguientes: Dick Cheney, vicepresidente de EE UU; Lewis Lilly, su antiguo jefe de personal; Donald Rumsfeld, secretario de Defensa; Paul Wolfowitz, subsecretario de Defensa con Rumsfeld y luego presidente del Banco Mundial; Richard Perle, principal consejero de Defensa del presidente Bush y de Rumsfeld; y Abram Shulsky, director de la Oficina de Planes Estratégicos: un servicio secreto paralelo creado por Rumsfeld para servir a los intereses de los straussianos.

Ahora bien, en ocasiones en EE UU influyen más en cuestiones estratégicas o políticas algunos grupos de presión o 'think tanks' que el propio gobierno. Y aquí los straussianos se hicieron un hueco importante. Así, Gary Schmitt, que fue alto cargo del Proyecto Nuevo Siglo Americano (PNAC) –la organización que "diseñó" la política exterior de la Administración Bush–, es un reconocido straussiano. De hecho, escribió junto a

Abram Shulsky un capítulo titulado "Leo Strauss y el mundo de la inteligencia", incluido en el volumen 'Strauss, los straussianos y el estudio del régimen americano'.

En el referido texto, Shulsky y Schmitt proponían refundar los servicios secretos norteamericanos sobre las bases del pensamiento de Strauss. Consideraban que, de acuerdo a las tesis de su filósofo de cabecera, las agencias de espionaje debían tener en cuenta que el engaño es la norma política. Por lo tanto, los servicios secretos debían centrarse en ofrecer informaciones, manipuladas o no, con el fin de reforzar las estrategias gubernamentales.

El origen de las mentiras sobre Irak

Precisamente, la razón fundamental por la que Donald Rumsfeld puso en marcha la Oficina de Planes Especiales, dirigida por Shulsky, fue buscar "excusas" creíbles para relacionar a Sadam Huseín con Bin Laden, además de acusarlo de poseer armas de destrucción masiva. La jugada parece que les salió redonda, pues al final consiguieron que la opinión pública de EE UU apoyara la invasión de Irak. Precisamente de esta Oficina de Planes Especiales –en realidad, un servicio de inteligencia al servicio de los intereses de los straussianos de la Administración Bush– partieron las informaciones que vinculaban a Sadam Huseín con la compra de uranio para fabricar armas de destrucción masiva.

Solo en este sentido podemos interpretar el arrebato de sinceridad de Wolfowitz, subsecretario de Defensa durante la invasión de Irak y reconocido straussiano, quien en unas declaraciones a la revista 'Vanity Fair' confesó ufano que la acusación de que Irak poseía armas de destrucción masiva era solo una "verdad burocrática" destinada a obtener el apoyo de la población estadounidense para la guerra. En definitiva, Wolfowitz seguía la máxima straussiana de que la "alta política" legitima el uso del engaño porque las masas nunca podrán comprender la "terrible verdad".

Seymour Hersh, uno de los periodistas de investigación más reconocidos de EE UU, publicó en la revista 'The New

Yorker' informaciones que vinculaban a los straussianos de la Administración Bush con la utilización de la Oficina de Planes Especiales para manipular a conveniencia las informaciones que aludían a las armas de destrucción masiva y a las relaciones Huseín-Bin Laden

Bin Laden: agente de la CIA

Otros seguidores del filósofo alemán son Irwing Kristol, expresidente del PNAC y principal creador del "pensamiento neoconservador" –ideología dominante en el Partido Republicano–, y su hijo William, asesor de Bush y uno de los principales ideólogos de la invasión de Irak. Aunque resulte sorprendente, la mayoría de ellos, altos cargos del Gobierno de Bush y líderes del poderosísimo PNAC, no tuvieron reparos en declararse admiradores y seguidores de la ideología de Leo Strauss.

Pero centrémonos en otros dos influyentes personajes que también circulan por la senda de la ideología straussiana: Francis Fukuyama, el profesor de Harvard conocido mundialmente por su tesis sobre el "fin de la historia", en la que plantea que el capitalismo es el sistema económico-político más perfecto, y Samuel Huntington (1927-2008), creador del concepto de "choque de civilizaciones", que originalmente apareció en un artículo suyo publicado en la prestigiosa revista 'Foreign Office' (Asuntos Exteriores). En el mismo plantea que es inevitable el enfrentamiento de Occidente contra las naciones islámicas. Esta teoría se convirtió en el sostén ideológico de la guerra contra el terrorismo islámico del Gobierno Bush.

El famoso politólogo defiende que las diferentes civilizaciones, antes o después, tienden al enfrentamiento, y que la I Guerra del Golfo de 1991 no fue más que el principio del choque entre Occidente y el islam. Huntington nunca dijo nada acerca de las razones estratégicas y económicas que subyacen tras los enfrentamientos entre las potencias occidentales y los países árabes. Esto era precisamente lo innovador de su tesis. Acababa de escribir el discurso para crear el Nuevo Orden Mundial que tanto ilusionaba a Bush padre en su época de presidente. Una vez que el poder comunista había caído, el nuevo enemigo era el islam.

Pero Huntington es algo más que un mero pensador. De mano del siempre enigmático Henry Kissinger prestó sus servicios al Gobierno del presidente Richard Nixon (1913-1994) como planificador de operaciones secretas de los servicios de inteligencia. Años después, sería nombrado coordinador de Planificación del Consejo de Seguridad Nacional, precisamente en la época en que este organismo creó la red de combatientes islámicos liderada por el exagente de la CIA Bin Laden. Como es sabido, el terrorista y sus "chicos" expulsaron a los soviéticos de Afganistán bajo la dirección de la inteligencia estadounidense. En los años setenta provocó un enorme escándalo que se descubriera que la CIA pagaba a Huntington por publicar sus artículos en algunas revistas.

Con este bagaje a sus espaldas, ¿es creíble que Huntington obvie razones estratégicas y/o económicas en lo que él llama "choque de civilizaciones"? Resulta difícil de aceptar que un hombre que ha estado en la cúpula de los servicios secretos defienda una tesis "explicatodo" tan simplista. Por cierto, en sus últimos años de vida, Huntington dio una nueva vuelta de tuerca a su manida teoría y aseguraba que entre las culturas china e islámica se está formando una nueva entente dispuesta a acabar con el poderío americano. ¿Estaba el politólogo legitimando acciones contra China, el competidor estratégico de EE UU mejor colocado? ¿Y si en realidad estuviera siendo consecuente con las ideas de su admirado Strauss? ¿Y si mintiera para servir a los intereses de dominación de las elites, o filósofos, que diría Strauss?

Adalides de la guerra infinita

Strauss pensaba que un determinado régimen político solo puede ser estable si tiene que enfrentarse a una amenaza externa. Y si no existe tal amenaza, hay que fabricarla. Si Strauss hubiese vivido el derrumbe de la URSS se habría preocupado profundamente, porque esto podría convertirse en una amenaza para la estabilidad interna de EE UU. De hecho, algunos años después de la desaparición del coloso comunista, el straussiano Samuel Huntington le colgó el letrero de nuevo enemigo al terrorismo islámico, con su teoría del "choque de civilizaciones".

Menos de una década después del triunfo de la teoría de Huntington entre las élites del Partido Republicano, los futuros altos cargos e ideólogos de la administración Bush –buena parte de ellos devotos straussianos–, redactaron un informe patrocinado por el PNAC, titulado "Reconstruir las defensas americanas: estrategias, fuerzas y recursos para un nuevo siglo". Dicho documento sentó las bases de la belicista política exterior estadounidense –el control absoluto de Oriente Medio– y sus redactores ocuparon años después puestos clave en el Gobierno de Bush y en el Pentágono.

Si nos fijamos en uno de los párrafos del documento del PNAC podemos comprobar cómo el objetivo de Irak estaba marcado por los futuros "halcones" de la administración Bush bastante antes de los atentados del 11-S. Pero los firmantes del informe auspiciado por el PNAC iban todavía más allá y llegaron a afirmar lo siguiente: «El proceso de transformación –se refieren a la conquista de Oriente Medio– es probable que sea largo, salvo que se produzca algún elemento catastrófico catalizador, como un nuevo Pearl Harbor». Este Pearl Harbor ya se ha producido: fue el ataque terrorista contra las Torres Gemelas y el Pentágono.

Para la prensa internacional, los ataques terroristas del 11-S fueron instrumentalizados por los straussianos para llevar a

Samuel Huntington acuñó el concepto de "choque de civilizaciones" (Foro Económico Mundial).

cabo su "agenda". Sin embargo, algunos investigadores piensan que los straussianos podrían ser los verdaderos planificadores de los ataques terroristas, a la vista de los innumerables puntos oscuros de la versión oficial, los cuales apuntan hacia una trama interna, cuyo fin sería "vender" a la opinión pública norteamericana las guerras de Irak, Afganistán y probablemente la que todavía se está preparando contra Irán, sin olvidarnos de la de Siria. La meta de dichas guerras sería hacerse con el control de las reservas petrolíferas que necesita China para su desarrollo industrial, además de tomar posiciones en lugares estratégicos cercanos al "coloso amarillo". De hecho, Afganistán hace frontera con China, y en este país el Ejército de EE UU ha construido diferentes centros de escucha para captar las comunicaciones de las Fuerzas Armadas chinas y de los dirigentes de esta nación.

Los straussianos siempre tuvieron a China en su punto de mira. En este sentido, William Kristol, asesor de Bush, straussiano confeso y uno de los principales ideólogos de la guerra de Irak, escribió que si EE UU acabó con la URSS, no tendría nada de utópico derribar a China. «Nuestra política respecto a China debe tener la meta de acelerar la llegada del día en que las tensiones internas de la sociedad china se sitúen más allá de la capacidad de control de su dictatorial Gobierno», escribió Kristol.

Las mentiras del 11-S

Sería demasiado complejo recoger aquí todos los datos disponibles que apuntan a una conspiración tras los atentados del 11-S –son miles–, pero basten algunas pinceladas:

–La Organización Internacional de las Comisiones de Valores (IOSCO, por sus siglas en inglés) emitió un informe en el que se afirmaba que algunos "iniciados" sabían que se iban a producir los atentados. Éstos ganaron cientos de millones de dólares especulando en bolsa contra las empresas y multinacionales que se vieron perjudicadas por los atentados. IOSCO estableció que la mayor parte de las transacciones pasaron por el Deutsche Bank y su sucursal americana de inversiones, la empresa Alex Brown, mediante un procedimiento que asegura el anonimato de los responsables de las transacciones. La compañía Alex Brown estuvo dirigida hasta 1998 por A. B. Krongard, quien en el momento de los atentados era número tres de la CIA. Alex Brown mantiene vinculaciones comerciales con Carlyle Group, cuyos dirigentes son: Frank Carlucci, antiguo secretario de Defensa estadounidense e íntimo amigo de Donald Rumsfeld; el expresidente George Bush padre; el exprimer ministro británico John Major; el exsecretario de Estado James Baker y Fred Malek, director de la primera campaña electoral de Bush hijo, cuyos fondos aportó en parte el grupo Carlyle. Además, Carlyle controla buena parte de los activos financieros de la familia Bin Laden (los Bush y los Bin Laden llevan décadas haciendo negocios juntos, sobre todo en el sector petrolero). Carlyle también posee la mayoría de las acciones de United Defense, empresa armamentística que tras el 11-S recibió miles de millones de dólares de la administración Bush para desarrollar nuevas armas.

–Algunas de las personas culpadas en un primer momento de los atentados no tuvieron nada que ver con estos hechos.

–Ninguno de los suicidas estaba preparado para hacer las complicadas maniobras aéreas necesarias para estrellar los aviones contra las Torres Gemelas y derrumbarlas, y en especial contra el Pentágono.

–En el Pentágono no se estrelló ningún avión, sino un misil, tal como muestran las imágenes de los daños y algunas filmaciones filtradas a la prensa del momento del impacto.

–Los servicios secretos de EE UU recibieron decenas de avisos de agencias extranjeras y de sus propios agentes de que se fraguaba un gran atentado con aviones contra importantes centros neurálgicos estadounidenses. La CIA afirmó después de los atentados que esto no era cierto, pero tras la cascada de revelaciones periodísticas tuvo que reconocer la veracidad de las informaciones. Además, varios agentes del FBI acusaron públicamente a sus superiores de prohibirles investigar a los suicidas semanas antes de los atentados.

–Los sobres de ántrax que durante varias semanas atemorizaron a la población estadounidense y cuya responsabilidad atribuyó el Gobierno a Bin Laden y Sadam Huseín, finalmente se descubrió que procedían de laboratorios militares norteamericanos, según revelaron las autoridades policiales. Desde ese momento tales envíos cesaron y ningún culpable ha sido detenido.

–Que los suicidas se olvidaran un manual de vuelo junto a retratos de Bin Laden y un Corán en un coche cerca del aeropuerto, o que se hallara "milagrosamente" el pasaporte del líder de los suicidas entre los escombros de las Torres Gemelas, apuntan a una operación de inteligencia.

A todo lo anterior se une el desestabilizador hecho que los Bush y los Bin Laden llevan décadas haciendo negocios juntos en el sector petrolero. Y no es una broma. Son informaciones contrastadas por medios de prensa internacionales de reconocido prestigio. Es de sobra conocido que el principal inversor de la Arbusto Energy –la empresa petrolífera que George Bush hijo fundó en 1976– era nada más y nada menos que Salem Bin Laden, el hermano del terrorista Osama Bin Laden, quien, como también es público y notorio, trabajó para la CIA en la época que la agencia de espionaje estaba dirigida por "papá Bush".

Por cierto, Salem Bin Laden falleció en un accidente de aviación todavía sin esclarecer cuando sobrevolaba Texas. El fiscal encargado de investigar el extraño accidente aseguró ante los tribunales que Salem «fue eliminado al tratarse de un testigo incómodo». Y es que el hermano de Osama parece que estaba implicado hasta las cejas en el 'Irangate', el escándalo destapado a finales de los ochenta, cuando se descubrió que en esa década EE UU había estado vendiendo todo tipo de armas a Irán, mientras consideraba a este país su principal enemigo. Con el dinero obtenido de la venta de estas armas y con el tráfico de drogas, la CIA se dedicó a financiar a la "contra" nicaragüense: la guerrilla de extrema derecha que luchó contra el Gobierno sandinista y revolucionario de Nicaragua.

El gobierno secreto de los sabios

Pero, ¿quién era Leo Strauss y cómo sus tesis calaron tan hondo en ciertas élites estadounidenses? El filósofo Leo Strauss nació en Kirchhain (Alemania) en 1899 y falleció en Annapolis (EE UU) en 1973. De familia judía, acabó emigrando a EE UU, donde hizo carrera como profesor de ciencias políticas en la Universidad de Chicago, donde enseñó a varias generaciones y publicó quince libros. Se sabe que tuvo como principal mentor, amigo y maestro al jurista por excelencia del III Reich, Carl Schmitt, quien era a su vez buen amigo de Benito Mussolini, con el cual intercambiaba opiniones filosóficas. Tras la II Guerra Mundial, los aliados encausaron a Schmitt en el proceso contra los responsables del nazismo de Nuremberg. Como castigo se le prohibió dedicarse a la enseñanza, con el argumento de que podía "seducir" con sus ideas a los jóvenes. El jurista acabó sus días viviendo del subsidio que le daban los industriales alemanes que habían financiado el ascenso de Hitler al poder.

Las tesis de Schmitt penetraron con fuerza en EE UU a través de George Schwab, profesor de la Universidad de Nueva York, rendido admirador de la obra del jurista nazi y fundador del poderoso Comité sobre Política Exterior, un 'think tank' en el que iniciaron sus carreras personajes como el expresidente de la Reserva Federal estadounidense Paul Volcker o el straussiano y antiguo analista del Consejo de Seguridad Nacional Richard Pipes. Por cierto, el hijo de éste, Daniel Pipes, es uno de los principales ideólogos de una futura invasión de Irán.

Strauss consideraba que solo una élite de sabios debería dirigir a las masas. Éstos, los sabios o filósofos, deben esconder al vulgo los verdaderos resortes de la alta política. Para ello no queda otra alternativa que mentirle al pueblo y construir un mundo ideal para que siga viviendo en la ignorancia. También asegura Strauss que para dominar a las masas, las élites deben manipular adecuadamente dos elementos: la religión y el patriotismo. Los sabios, por tanto, deben manejar el gobierno desde las sombras, colocando a "religiosos patrioteros" en los puestos políticos más expuestos a la opinión pública.

Desde luego no hace falta ser un lince para darse cuenta de que esto es lo que ocurría en el Gobierno de Bush. Mientras de cara al público personajes imbuidos de valores religiosos y patrióticos parecían tomar las decisiones políticas, quienes lo hacían en realidad eran unos personajes más oscuros: los sabios de los que hablaba Leo Strauss.

Cómo manipular a las masas

La carrera de nuestro filósofo dio un giro importante desde el momento que consigue una beca para investigar en Londres. Es gracias a las recomendaciones de su amigo y mentor Carl Schmitt, el jurista del III Reich, que consigue el traslado a la capital británica a mediados de los años 30 del pasado siglo. En 1937 se traslada a EE UU, donde ejerce de profesor de filosofía y ciencias políticas en la New School for Social Research y en las universidades de Columbia, Chicago, California y Maryland.

Hasta su fallecimiento en 1973 dejó un buen número de discípulos, todos ellos brillantes estudiantes con un porvenir esplendoroso. Así es que algunos de ellos lograron acceder a puestos de responsabilidad en gobiernos republicanos y en 'think tanks'. Pero fue Allan Bloom, su discípulo predilecto, quien se encargó de que el pensamiento de Strauss calara hondo entre los ideólogos del Partido Republicano.

Shadia Drury, profesora de la Universidad de Calgary (Canadá), dedicó años a investigar los escritos de Leo Strauss y su influencia en los dirigentes del Partido Republicano. Fruto de ese trabajo son infinidad de artículos y varios libros. Considerada la mayor especialista en la filosofía de Strauss, incluso los propios straussianos la admiran a pesar de romper una de las normas básicas del pensador alemán: el secreto. En una entrevista radiofónica con el periodista Danny Postel, Drury habló sobre los grandes grupos en los que, según Strauss, se dividían los seres humanos. A saber, los sabios (una elite minoritaria), los gentiles (también minoritarios) y el vulgo (la inmensa mayoría). Y a continuación explicaba estos conceptos:

> «Los sabios son los amantes de la dura verdad, desnuda y sin alteraciones. Ellos son capaces de mirar al abismo sin temor y sin temblar. No reconocen ni Dios ni imperativos morales. Son devotos, sobre todas las cosas, de la búsqueda por sí mismos de los "altos" placeres, que son principalmente asociarse con sus "cachorros" o jóvenes iniciados.

El segundo grupo, los gentiles, son amantes del honor y la gloria. Son los más cumplidores de las convenciones de su sociedad. Son verdaderos creyentes en Dios, en el honor y en los imperativos morales. Están listos y deseosos de acometer actos de gran heroísmo y autosacrificio sin previo aviso.

Los del tercer tipo, el vulgo, son amantes de la riqueza y el placer. Son egoístas, holgazanes e indolentes. Pueden inspirarse para elevarse por encima de su embrutecida existencia solo por el temor a la muerte inminente o a la catástrofe.

Al igual que Platón, Strauss creía que el ideal político supremo es el gobierno de los sabios. Pero el gobierno de los sabios es inalcanzable en el mundo real (...) La verdadera solución platónica, según la entiende Strauss, es el gobierno encubierto de los sabios. Este gobierno encubierto lo facilita la abrumadora estupidez de los gentiles. Mientras más crédulos, simplones y poco perceptivos sean, más fácil será para los sabios controlarlos y manipularlos.

Para Strauss, el gobierno de los sabios no se debe basar en los clásicos valores conservadores como el orden, la estabilidad, la justicia o el respeto a la autoridad. El gobierno de los sabios tiene la intención de ser un antídoto para la modernidad, esa modernidad en la cual ha triunfado la mayoría del vulgo. La modernidad es la época en la que el vulgo se ha acercado más a tener exactamente lo que desean sus corazones: riquezas, placer e interminable entretenimiento. Pero al obtener justo lo que desean, han sido inconscientemente reducidos a bestias. Esta terrible visión encaja perfectamente con el deseo de honor y gloria que ambicionan los gentiles neoconservadores. Y también encaja perfectamente con los sentimientos religiosos de los gentiles. La combinación de religión y nacionalismo es el elíxir por el que aboga Strauss como forma de convertir a los hombres naturales, relajados, hedonistas, en nacionalistas devotos dispuestos a luchar y morir por su Dios y por su país».

Más adelante, en la misma entrevista, la profesora canadiense habla sobre la actualidad del pensamiento de Leo Strauss:

> «Yo nunca imaginé, cuando escribí mi primer libro sobre Strauss, que el pensamiento straussiano iba a influenciar tanto la vida política de una gran nación como EE UU (...) Los sabios que quieren proteger a la nación de sus enemigos externos, así como de su decadencia interna, su pereza, su placer y su consumo, fomentan un fuerte fervor patriótico entre los gentiles amantes del honor, a quienes entregan las riendas del poder. Ese fuerte espíritu nacionalista consiste en la creencia de que la nación y sus valores son los mejores del mundo, y que las otras culturas y sus valores son inferiores en comparación».

La terrible verdad

¿Acaso los personajes que comandaron la Administración Bush, que inició las guerras de Irak y Afganistán, no casan perfectamente con la visión del gobierno de Strauss? Las cabezas visibles como Condoleezza Rice o el propio Bush encajan perfectamente con la definición de gentiles, personas de fuerte espíritu religioso y patriótico capaces de transmitir esos valores al vulgo. Tras ellos, straussianos confesos como Rumsfeld, Wolfowitz, Perle o Shulsky, los filósofos o sabios, los iniciados en los secretos de Strauss, movían los hilos de la política en las sombras, manipulando los sentimientos de la población y recurriendo constantemente a la mentira.

Para Strauss, los sabios son una minoría amenazada por el vulgo, en un mundo donde triunfan las falsas ideas de igualdad y libertad. Deben actuar, por tanto, con cautela e inteligencia. Strauss escribió que «el disimulo y la mentira es la justicia peculiar de los sabios».

Por lo tanto, el engaño está justificado tanto para no dañar los sentimientos del vulgo como para proteger a los sabios de éste. El pueblo, dice Strauss, no sería feliz si supiera que en la política real solo existe el derecho natural de los fuertes sobre los débiles, de los amos sobre los esclavos, de las elites sobre las masas. En realidad, los straussianos del Gobierno Bush no toleraban el liberalismo ni la democracia, pero se aprovechaban de estos conceptos para obtener sus propósitos políticos.

En la citada entrevista a Dudry, el periodista Danny Postel le pregunta sobre la relación entre las enseñanzas de Leo Strauss y la forma en que la Administración Bush vendió la guerra de Irak. La profesora contesta: «Leo Strauss fue un profundo creyente en la utilidad de las mentiras en política. El apoyo público a la guerra se basó en la mentira de que Irak representaba una amenaza inminente para EE UU. Ahora que se han descubierto las mentiras, Paul Wolfowitz y los demás (straussianos) partidarios de la guerra niegan que esas hayan sido las verdaderas razones para llevar a cabo la guerra».

La particular visión de Strauss de las relaciones entre naciones y grupos de poder en razón simplemente de los intereses y el poderío de cada cuál, podría ser una de las explicaciones sobre el claro desprecio de la Administración Bush hacia la ONU o las normas del derecho internacional. Para la Administración Bush el único derecho era el de la fortaleza militar y económica (en esto la de Trump no era muy diferente). Se explica entonces que la Administración Bush aprobara la doctrina de la "guerra preventiva", es decir, que bajo la argumentación de que EE UU puede ser atacado, tiene el derecho de comenzar la guerra contra cualquier nación. Y unido a lo anterior siempre está, por supuesto, el enorme crecimiento del presupuesto de Defensa.

18.
NUEVO ORDEN MUNDIAL SATÁNICO

LOS CREADORES DEL ACTUAL SISTEMA ECONÓMICO NEOLIBERAL TOMARON SUS DOGMAS DE LOS MISMOS IDEÓLOGOS QUE INSPIRAN A LA IGLESIA DE SATÁN

“Anton LaVey, fundador del moderno movimiento satánico, se basó en el ideario del filósofo Friedrich Nietzsche y de la pensadora Ayn Rand para crear las bases ideológicas de su Iglesia de Satán... Exactamente igual que un grupo de economistas ultracapitalistas radicales, cuyas tesis hicieron suyas las élites económicas y financieras para dar forma al actual sistema neoliberal y globalista en el que prima el beneficio, el más puro individualismo y materialismo y el triunfo por encima de cualquier norma moral. Sin embargo, en los últimos años también han surgido organizaciones satánicas progresistas opuestas a las tesis neoliberales.

El sistema económico imperante actualmente en nuestro planeta es el sueño de cualquier satanista clásico. Sus bases ideológicas, objetivos y funcionamiento están estrechamente ligadas a la visión de la realidad que defienden los seguidores de las tesis de Anton LaVey y Michael A. Aquino, fundadores de la Iglesia de Satán y el Templo de Seth respectivamente, las dos organizaciones satánicas más influyentes del planeta (con permiso del Templo Satánico, del que hablaremos más adelante).

Sin embargo, no piense el lector que dicha vinculación entre el neoliberalismo –la corriente económica y política capitalista que domina nuestras vidas desde las últimas décadas del siglo XX hasta hoy en día– y el movimiento satánico tiene que ver con una conspiración perpetrada por unos tipos multimillonarios integrantes de una sociedad secreta de adoradores del Príncipe de las Tinieblas, que se reúnen para practicar rituales de magia negra y esclavizar a los habitantes del planeta. La relación entre ambas concepciones del mundo –en apariencia tan distintas– es mucho más realista, profunda y trascendente que las teorías conspirativas respecto a poderosas sociedades secretas ocultistas moviendo los hilos del mundo desde las sombras.

Esta historia, como suele ser habitual, no tiene un punto de partida, sino varios que finalmente terminan confluyendo.

Pero como es necesario empezar de algún modo, podemos hacerlo por una fecha tan concreta como la madrugada del 30 de abril al 1 de mayo de 1966, precisamente cuando los pueblos germánicos celebraban la noche de Walpurgis, el único momento del año en el que se rasgaba el velo entre el mundo de los espíritus y de otras entidades no humanas y nuestra realidad tridimensional. En el centro y norte de Europa se conoce como la "noche de las brujas".

El mundo pertenece al Diablo

Pero regresemos a esas horas nocturnas de 1966, cuando LaVey y un pequeño grupo de seguidores fundan mediante un ritual celebrado en un pequeño local de San Francisco la Iglesia de Satán. Su líder, Anton Szandor LaVey (1930-1997), era un personaje peculiar. Domador de fieras en un circo, artista ambulante, músico e incluso fotógrafo del Departamento de Homicidios de San Francisco fueron algunos de los empleos que desempeñó para ganarse la vida. Al mismo tiempo, se preocupó de estudiar ciertas corrientes mágicas y las obras de ocultistas como el archiconocido Aleister Crowley (1875-1947), el más popular y polémico mago negro de la era moderna.

Sin embargo, décadas después, LaVey terminó confesando que no se había basado en ningún ocultista o creencia mágica para asentar las bases ideológicas de su Iglesia, sino principalmente en Friedrich Nietzsche, el filósofo alemán que proclamó ufano que Dios estaba muerto y su asesino era el ser humano, y la pensadora y escritora Ayn Rand, fundadora de un movimiento que bautizó como "objetivismo" y líder de una secta que defendía el más puro individualismo y el capitalismo más salvaje. Algunos de los economistas que "fabricaron" el neoliberalismo que ahora ahoga a millones de personas, eran miembros de su secta o rendidos admiradores de su obra. LaVey llegó a afirmar que solo empleó el disfraz del satanismo para ofrecer al gran público la filosofía de Ayn Rand, deudora de un darwinismo social –la supervivencia del más fuerte en un mundo de brutal competencia– sin demasiados miramientos morales.

Como hemos apuntado, los cimientos de la Iglesia de Satán debemos de buscarlos, en primer lugar, en la obra de Friedrich Nietzsche, concretamente en uno de sus libros más conocidos: 'El Anticristo', publicado en 1886. En el siglo XX, la filosofía de Nietzsche se convirtió en el arma ideológica tanto de los movimientos fascistas como de los revolucionarios anarquistas. Muchos de los fundadores del nazismo eran rendidos admiradores de Nietsche, al igual que los muchachos de las revueltas de mayo de 1968 en Francia.

La filosofía de los poderosos

En 'El Anticristo' encontramos algunas de las afirmaciones que posteriormente harían suyas tanto Anton LaVey como Ayn Rand. Dicho libro desprende un rechazo atroz hacia el cristianismo: «Es característicamente cristiano el odio mortal a los señores de la Tierra, a los ganadores (...) Ser cristiano implica odiar la inteligencia, el orgullo, la valentía, la libertad, el libertinaje del espíritu; odiar los sentidos, el gozo sensual, el placer en cuanto a tal (...) Hay que sostener a quienes sufren con una esperanza que no pueda ser contradicha por ninguna realidad: con una esperanza en el más allá. Precisamente por esa propiedad cristiana que permite tener entretenidos a los desdichados, los griegos consideraban que la esperanza constituye el peor de los males, el más genuinamente perverso».

Nietzsche admiraba a los ganadores, fuertes y poderosos, y consideraba que los desheredados no se merecían la atención que les prestaba el cristianismo: «Todo individuo, como poseedor de un alma inmortal, ocupa el mismo nivel jerárquico que los demás (...) El cristianismo debe su victoria a esa adulación deplorable de la vanidad personal. Merced a ella, ha convencido que le sigan fielmente a todos los fracasados, a todos los individuos que albergan sentimientos de rebeldía, a todos los que no han conseguido lo que se proponían, a toda la escoria y la hez de la humanidad (...) El cristianismo ha difundido de la manera más intensa el veneno de esa doctrina que afirma que todos tenemos los mismos derechos (...) El cristianismo es una rebelión de todo lo que se arrastra por el suelo contra todo lo que tiene altura. El evangelio de los viles, envilece».

También rechazaba con vehemencia el culto a cualquier Dios y consideraba el amor uno de los mayores errores humanos: «Para que sea posible el amor a Dios, éste ha de ser personal; para que se dé rienda incluso a los instintos más bajos, Dios ha de ser joven. Para satisfacer el ardor femenino, hay que presentar, en primer término, un santo hermoso; para el masculino, una hermosa doncella: la Virgen María (...) La obligación de ser casto favorece la vehemencia y la intensidad del instinto religioso y hace que el culto sea más ardoroso, más exaltado y más vivo (...) El amor es el estado en el que el hombre se encuentra más propenso a ver las cosas como no son».

En cuanto a los sentimientos de compasión y misericordia, defendía que únicamente constituían una pérdida de energía vital: «Al cristianismo se le ha llamado la religión de la misericordia o de la compasión. Ahora bien, la compasión se opone totalmente a los efectos glorificantes que elevan la energía del sentimiento vital: genera un efecto depresor. Perdemos fuerza cuando nos compadecemos de alguien. Con la compasión aumentamos y multiplicamos todavía más la pérdida de la fuerza que, ya de por sí, confiere el dolor a la vida. El padecer se vuelve contagioso a causa del compadecer y, en determinadas ocasiones, puede producir la pérdida total de la vida y de la energía vital, lo cual resulta absolutamente desproporcionado en relación con la nimiedad de la causa: la muerte de Jesucristo».

Nietzsche afirmaba que la ciencia ya había acabado con los sacerdotes y los dioses y abominaba de Jesús de Nazaret, al que describió como «un anarquista que incitaba al pueblo sencillo, a los marginados que había en el seno del judaísmo, a oponerse contra el orden establecido, con un lenguaje que, de ser cierto, incluso hoy lo hubieran hecho merecedor de que lo deportasen a Siberia; era un criminal político».

«¡Muerte a los débiles!»

Teniendo en cuenta el pensamiento de Nietzsche, a nadie puede sorprender que Anton LaVey se definiera como ateo. En su gran mayoría, los satanistas no creen en la existencia de

Dios, pero tampoco del Diablo. En realidad, la Iglesia de Satán es una filosofía que defiende la esencia animal, carnal y material del ser humano. El Diablo para ellos no es más que la representación arquetípica de la verdadera naturaleza humana. La Iglesia de LaVey pretende liberar a sus miembros del sentimiento de culpa que ha impuesto la Iglesia católica. Los satanistas laveyanos creen en la libertad sexual del individuo. Creen que el cielo y el infierno son aquí y ahora, y que el más allá es una patraña creada por las religiones. Por lo tanto, no se sienten culpables por odiar a sus enemigos, pues eso debería ser lo normal. Un satanista nunca pone la otra mejilla, como brama la filosofía cristiana, no tiene complejos en sentirse gratificado por su triunfo en la vida y disfruta sin complejos del dinero, el sexo, la lujuria y el poder.

Las promesas cristianas de una vida en el más allá están bien para quienes que no llevan una vida satisfactoria, pero para aquellos que han experimentado todos los placeres de la existencia terrenal, el miedo a morir es totalmente comprensible, defendía LaVey. El cristianismo es la religión del conformismo, del sufrimiento en la vida terrenal; siempre con la excusa de un paraíso esperándonos a nuestra muerte. Esa es la gran mentira, creen los satanistas. Por tanto, el deber de todo humano es crear su propio paraíso en la Tierra, porque no existe más realidad que la material.

LaVey odiaba a los comunistas y socialistas porque, según él, estas ideologías parten de la filosofía cristiana que pretende igualar a los seres humanos. Para el líder de la Iglesia de Satán los hombres no son iguales. Existen personas que por sus capacidades, inteligencia y tesón se merecen llegar a lo más alto, dirigir al resto de la sociedad; y otros solo pueden pertenecer a la manada, a la masa. Un satanista siempre aspira a liderar a la manada. «¡Muerte a los débiles, salud para los fuertes!», clamaba LaVey en su 'Biblia Satánica'.

Los miembros de la Iglesia de Satán no creen en utopías. El mundo que nos ha tocado en suerte vivir es cruel, competitivo e injusto; siempre ha sido así y siempre lo será por una razón sencilla: los seres humanos, no lo podemos evitar, somos animales con instintos competitivos, crueles y destructivos. Para los satanistas la vida es competencia y solo triunfan los más aptos, por eso no creen en la compasión ni en el amor universal, sino en la fortaleza del espíritu y en amar únicamente a aquellos que se merecen nuestro amor, odiando sin complejos a los que se merecen nuestro odio. Repudian a los pobres y desamparados y bendicen a los valientes y a los triunfadores. La Iglesia de Satán exige a sus seguidores que se amen a sí mismos por encima de todo y que desarrollen su ego e importancia personal. La fecha más importante para un satanista siempre debe ser el día de su nacimiento.

Capitalismo radical y satanismo

En 'La Biblia Satánica', obra cumbre de LaVey y libro de cabecera de cualquier seguidor del "sendero de la mano izquierda", leemos que el objetivo de cualquier satanista consiste en manipular a las masas. Recomienda a cualquiera de los suyos que «permanezca orgullosamente en sus lugares secretos de la Tierra y manipule a las masas atontadas a través de su propio poder satánico, hasta el día en que pueda manifestarse en todo su esplendor, proclamando: '¡Soy un satanista, inclinaos, porque soy la personificación más alta de la vida humana!'».

LaVey defendía que los seres humanos hemos inventado todas las religiones porque tenemos ego e instintos; y como nos negamos a aceptarlos, hemos tenido que exteriorizarlos en una gran invención espiritual que llamamos Dios o dioses. La realidad es que Dios puede hacer todo lo que a los humanos les está vedado: matar personas; mostrar un carácter vengativo; controlar la voluntad de los hombres; imponer reglas, erigiéndose en líder absoluto; etc. La conclusión es que exteriorizamos en la figura inalcanzable de Dios todo aquello que quisiéramos hacer. En definitiva, adoramos a la naturaleza carnal de todo ser humano, ni más ni menos.

LaVey explicaba la figura del Diablo cristiano en un sentido parecido. Éste también es la representación más clara de la naturaleza animal de los humanos. Es habitual que nos lo encontremos representado con claros atributos animales: cola, cuernos, pezuñas. Antes de que el cristianismo manipulara su figura, el Maligno representaba nuestro lado carnal y era conocido por los nombres de Pan o Dionisio. En la Grecia clásica Pan simbolizaba la abundancia, la fertilidad y la fecundidad, es decir, todo aquello contra lo que carga sus tintas el cristianismo.

El fundador de la Iglesia de Satán recomienda en 'La Biblia Satánica' complacerse en cada uno de los siete pecados capitales –codicia, orgullo, envidia, ira, gula, lujuria y pereza–, porque «todos ellos conducen a la satisfacción física, mental o emocional». LaVey no estima reprobable ser codicioso, «ya que ello no significa otra cosa que desear más de lo que ya se tiene». También considera favorablemente desear lo que otros poseen: «La envidia y la codicia son las fuerzas que motivan la ambición, y sin ambición se lograría bien poco verdaderamente importante». Igualmente recomienda la práctica de la gula, porque «cuando has comido en exceso hasta el punto de la obesidad, otro pecado, el orgullo, te motivará a recobrar un aspecto que renovará el respeto hacia ti mismo».

En cuanto a la pereza, asegura LaVey no sin cierta sorna, puede derivar en el pecado de la lujuria: «Para poder asegurar la propagación de la especie, la naturaleza ha hecho de la lujuria el segundo instinto más poderoso; siendo el primero el instinto de conservación. Dándose cuenta de esto, la Iglesia Cristiana hizo de la fornicación el 'Pecado Original'. De esta manera, se aseguraron de que nadie escaparía del pecado; tu propia existencia es consecuencia del pecado. ¡El Pecado Original!». Por último, la ira es necesaria para la vida: «¡Si un hombre te abofetea en la mejilla, rómpele la otra! Que ningún ultraje quede sin castigar. Sé como un león en el combate. ¡Sé peligroso incluso en la derrota!».

En su 'Biblia Satánica', Anton LaVey presenta las nueve declaraciones satánicas, una especie de mandamientos anticristianos que muestran a las claras su ideología materialista. Veamos algunas de la mismas:

1. Satán representa complacencia, en lugar de abstinencia.

2. Satán representa la existencia vital, en lugar de sueños espirituales.

5. Satán representa la venganza, en lugar de ofrecer la otra mejilla.

7. Satán representan al hombre como otro animal, algunas

veces mejor, la mayoría de las veces peor que aquellos que caminan a cuatro patas, el cual, por causa de su "divino desarrollo espiritual", se ha convertido en el animal más vicioso de todos.

8. Satán representa todos los llamados "pecados", mientras lleven a la gratificación física, mental o emocional.

9. Satán ha sido el mejor amigo que la Iglesia siempre ha tenido, ya que ha mantenido su negocio todos estos años.

Todo aquel que haya leído 'La Biblia Satánica' no tendrá dudas de que la visión que preconiza la obra se parece demasiado a la ideología del capitalismo salvaje o neoliberalismo que actualmente impera en el mundo. Entonces, cabe preguntarse: ¿Qué conexiones existen entre ambas filosofías? Demasiadas, porque LaVey, como confesó él mismo, creó su movimiento para popularizar las tesis de Nietzsche y Ayn Rand. Y esta última también se basó en el pensamiento de Nietzsche para "armar" su teoría del objetivismo, que a la postre acabó constituyendo la base ideológica que tomaron los fundadores del neoliberalismo para instaurar un orden mundial político y económico que en pleno siglo XXI es el dominante.

La revolución silenciosa

Ayn Rand (1905-1982) se definía como una auténtica libertaria que colocaba la libertad individual por encima de cualquier otro aspecto. Por eso defendía la producción, distribución y consumo de cualquier tipo de pornografía y de droga, la más absoluta promiscuidad sexual, el matrimonio homosexual y el derecho de toda persona a defender públicamente cualquier filosofía o ideología política. En 1943 publicó una novela que le otorgó cierta fama. Se titula 'El manantial', y en la misma se muestra que el egoísmo es el valor supremo que debe guiar cualquier decisión personal. Por contra, el altruismo es un mal que finalmente acaba destruyendo las creaciones y los impulsos de progreso de los más aptos. Rand presenta al Estado como la mayor forma de control de la libertad individual. Para ella es la forma en la que los "seres inferiores" saquean y se aprovechan de los esfuerzos de los "seres superiores". Únicamente el capitalismo radical respeta la dignidad humana, porque cada uno se hace responsable de sus actos, de sus triunfos y de sus fracasos.

La novela de Rand se adaptó al cine en una película –protagonizada por Gary Cooper y Patricia Neal– que consiguió un relativo éxito de taquilla. Desde ese instante, la escritora obtuvo el apoyo de poderosos empresarios y políticos liberales que vieron en su ideología una poderosa arma que enarbolar contra el comunismo, el socialismo e incluso la socialdemocracia, que se había convertido en la forma política dominante en Occidente tras el fin de la II Guerra Mundial. Una vez acabada la Gran Guerra, el mundo se dividió en dos grandes polos: el comunista y el capitalista. Para evitar que en Europa Occidental y EE UU se fraguase una revolución comunista como consecuencia de la miseria y la falta de oportunidades, los propietarios y directivos de las grandes multinacionales se empeñaron en lograr un acuerdo con los sindicatos y las grandes organizaciones internacionales de trabajadores, que entonces contaban con un enorme poder. A cambio de mayores cotas de bienestar económico y social para las clases trabajadoras –incluida la posibilidad de ascenso social para los hijos de los obreros–, las organizaciones sindicales internacionales renunciaron a la revolución y se integraron en el sistema capitalista.

A pesar de los innumerables intentos de la URSS y sus servicios secretos para generar un conflicto social en Europa Occidental, nunca lo consiguieron, porque nadie hace la revolución cuando posee vivienda, un trabajo estable, educación y sanidad gratuita y universal, vacaciones pagadas durante un mes, una pensión de jubilación y, sobre todo, la esperanza de que tus hijos vivirán mejor que tú. Este gran acuerdo estuvo representado en la política europea por los partidos socialdemócratas: antiguos movimientos obreristas y socialistas que se sometieron a las reglas de juego de las democracias liberales, incluida la aceptación del sistema capitalista de libre mercado. A cambio, las clases trabajadoras disfrutaban de una enorme protección del estado ante los desmanes del capital. Sin embargo, Ayn Rand y un marginal grupo de economistas consideraban que la constante injerencia e influencia de los estados en las vidas de los individuos marginaba a los emprendedores y suponían un lastre para el beneficio personal y la obtención de logros individuales.

Guerra contra las masas

Después de interminables jornadas de trabajo y el empleo de drogas para resistir tal esfuerzo físico y mental, en 1957 Rand publicó una monumental novela titulada 'La Rebelión del Atlas'. La trama transcurre en EE UU, cuyo Gobierno legitima políticas económicas que perjudican a los empresarios y emprendedores –los auténticos generadores de riqueza– para repartir los beneficios industriales entre las clases holgazanas y carentes del más mínimo espíritu emprendedor. A la larga, esta política económica genera un deterioro de la sociedad que se hace patente en la falta de alimentos, revueltas sociales, huelgas y el cierre de las fábricas y las industrias. La clase trabajadora se presenta en 'La Rebelión del Atlas' como hordas de vagos y estúpidos carentes del más mínimo impulso vital y criterio personal.

El héroe y protagonista de la novela es John Galt, filósofo y científico que se refugia en las Montañas Rocosas junto a un grupo de empresarios y políticos de ideología capitalista. Ellos organizan la resistencia contra las masas de desarrapados obreros saqueadores. Por vez primera, los héroes no eran los defensores de los pobres y oprimidos, sino los ricos empresarios presentados como los auténticos generadores de riqueza. 'La Rebelión del Atlas' tampoco es una oda a la solidaridad y al altruismo, sino a todo lo contrario: al egoísmo personal y al individualismo. En una conferencia, la propia escritora resumió la tesis de su novela: «La historia de 'La Rebelión del Atlas' presenta el conflicto de dos antagonistas fundamentales, dos escuelas opuestas de filosofía o dos actitudes opuestas ante la vida. Como forma breve de identificarlas, las llamaré el eje razón-individualismo-capitalismo, versus eje misticismo-altruismo-colectivismo».

Rand nunca volvió a escribir otra novela, porque consideró que era su obra cumbre y, por lo tanto, nunca podría superarla. A partir de esa fecha se dedicó a definir y exponer públicamente su filosofía, que bautizó como objetivismo: la búsqueda del beneficio personal y la auténtica libertad individual por encima de todo. La autodenominada filósofa escribió: «¿Qué constituye el monumento al triunfo del espíritu humano sobre la materia? ¿Las chozas roídas de insectos a orillas del Ganges o la silueta de los rascacielos de Nueva York sobre el Atlántico?». Consideraba que «no hay más valor que la propia estima» y que «aquellos que niegan el incentivo capitalista quieren como recompensa la nada».

La rebelión de las élites

'La Rebelión del Atlas' coincidió en el tiempo con una corriente económica a favor de un mercado totalmente libre, sin ninguna injerencia del estado. El centro de esa tesis, entonces absolutamente marginal, estaba en la Facultad de Ciencias Económicas de la Universidad de Chicago, con los economistas Milton Friedman (1912-2006) y Friedrich von Hayek (1899-1992) a la cabeza. Su fundamentalista credo era que el mercado se regulaba por sí mismo, expulsando del sistema a aquellos no aptos o suficientemente preparados, valientes o inteligentes.

En un magnífico artículo sobre la figura de Rand (http://lagranepoca.blogspot.com.es), su autor, José Fernández-Cruz Sequera, escribe: «La Escuela de Chicago recogió el credo de Rand sobre la función curativa del caos y la crisis, tal y como refleja en su 'Rebelión del Atlas'. En ella, el bloqueo completo de la sociedad y el más terrible caos conducen a John Galt y a su élite a la oportunidad de salvar a la sociedad. Milton Friedman sostiene las mismas ideas sobre el caos, las crisis y 'la tiranía del status quo'. A su modo de ver es crucial actuar cuando la crisis empieza a golpear, porque las circunstancias permiten imponer sin demora los cambios necesarios para que la sociedad no vuelva a su antiguo inmovilismo».

A medida que la URSS dejaba de constituir un rival para Occidente y los sindicatos, los partidos socialdemócratas –los antiguos partidos socialistas– y las antaño poderosas organizaciones internacionales de clase pasaron a formar parte del sistema capitalista, las élites económicas perdieron el miedo a que se desencadenaran procesos revolucionarios en la Vieja Europa. Por tanto, las élites decidieron romper el pacto que las había obligado a redistribuir sus beneficios empresariales entre las clases trabajadoras. A principios de los 70 se hizo evidente que los líderes financieros y empresariales –en complicidad con políticos comprados y adocenados–, paso a paso, comenzaban a poner en marcha un proceso de desregulación y liberalización de la economía, recortando en gastos sociales y sueldos y acabando con cualquier atisbo de protección social. Como "fundamento científico" de sus planes neoliberales tomaron las tesis de los economistas de la Escuela de Chicago, que entonces eran contemplados por la inmensa mayoría de sus colegas como unos radicales absolutamente marginales.

«¡Sois inferiores!»

Los grandes centros del poder empresarial y económico comenzaron a promocionar las teorías de estos economistas, hasta el punto de que en 1976 Milton Friedman, uno de los líderes de la Escuela de Chicago, recibió el Premio Nobel de Economía. De este modo, la filosofía vital de Ayn Rand y las teorías económicas neoliberales de la Escuela de Chicago se convirtieron en el sustrato de la revolución del capitalismo global diseñada por los más poderosos grupos financieros y empresariales del planeta. «'La Rebelión del Atlas' –escribe José Fernández-Cruz Sequera– se ha convertido en la Biblia de los especuladores de Wall Street, de los accionistas amantes de la usura, de los vendedores de hipotecas basura y de los CEOs de Silicon Valley con salarios anuales de varios millones de dólares. En resumen, Rand se ha convertido en un icono mítico de los especuladores de EE UU. La admiración que suscita se basa principalmente en que sus ideas son vistas como una declaración de autoestima, basada en los valores y las virtudes de la empresa privada y del individualismo».

Otro economista, Ludwing von Mises (1881-1973), también defensor a ultranza del capitalismo radical y promocionado por las élites económicas al olimpo del mundo académico, se jactaba de ser amigo personal de Ayn Rand, sobre la que escribió la siguiente descripción laudatoria: «Usted tiene el coraje de decirle al mundo lo que ningún político se atreve a decir: que sois inferiores y que cualquier progreso en vuestras vidas que consideráis normal, se lo debéis a hombres que son mucho mejores que vosotros».

Rand opinaba que los sentimientos altruistas –como el amor– o las creencias religiosas debían ser desterrados. «No puede existir amor sin causa; amar es evaluar», aseguraba. Respecto a las religiones consideraba que eran "filosofías primitivas" que tendrían que sustituirse por el "culto al hombre", es decir, la deificación del más absoluto de los materialismos. Parece claro que 'La Biblia Satánica' de LaVey está impregnada de las tesis de Rand. El propio LaVey se dejó de circunloquios cuando confesó abiertamente que «mi religión es la filosofía de Ayn Rand con ceremonial y rituales añadidos». Si este no se quedó en la mera teoría y acabó fundando la Iglesia de Satán, Rand tampoco. Ella y su amante ocasional, Nathaniel Branden –psicólogo que después sería uno de los máximos difusores de la tesis psicologista del pensamiento positivo–, crearon un instituto para difundir las tesis de Rand. Aquello terminó convirtiéndose en una comuna en la que experimentar las radicales tesis el objetivismo. Numerosos jóvenes economistas embelesados por la filosofía materialista de Rand se convirtieron en sus admiradores, generando un culto a la personalidad alrededor de la pensadora. La desinhibición sexual marcaba las relaciones personales entre los miembros de la organización, que al final acabaron enfrentados a causa, principalmente, de líos amorosos y sexuales.

Crisis planificadas

El economista Murray Rothbard (1926-1995), otro de los "fabricantes" del actual modelo neoliberal, perteneció al círculo más íntimo de Rand, aunque al final acabó siendo expulsado de la comuna. Según Rothbard, las funciones del Estado deberían dividirse en dos: aquellas que es preciso eliminar y las que deben ser privatizadas. Otro de los jóvenes que entraron en el círculo de libertad sexual y naturaleza sectaria de Rand fue Alan Greenspan, que tiempo después acabaría convirtiéndose en el economista más poderoso del planeta, al ocupar el cargo de presidente de la Reserva Federal estadounidense entre 1987 y 2006. La Reserva Federal representa el auténtico poder del sistema financiero, porque es la institución que define el modelo económico que impera en el mundo. No se trata de una institución pública del Gobierno estadounidense, como pudiera pensarse, sino de una entidad autónoma y privada formada por los bancos más poderosos del mundo. Las decisiones de la Reserva Federal causan un impacto determinante en las economías de todos los países.

El pensamiento de Alan Greenspan es deudor de la radical filosofía de Rand. De hecho, la desregulación bancaria y la permisividad respecto a los derivados financieros –como la especulación en bolsa con los paquetes hipotecarios– durante su mandato constituyeron la causa de la crisis económica que se desencadenó en 2008 y que todavía sufrimos. Como siempre, el relato de los hechos no es como se presenta en los grandes medios de comunicación, pues cada vez más analistas defienden que la crisis económica no constituyó un hecho casual, sino que estuvo perfectamente planificada por las élites financieras para reordenar un sistema económico enfermo.

En otras palabras, antes de que la economía acabara desintegrándose en un caos de impredecibles consecuencias, los amos del mundo decidieron ejecutar una «demolición controlada» para "fabricar" un nuevo sistema en el que llevar a cabo de forma radical las reformas neoliberales que pretendían desde décadas atrás. Es lo que la popular escritora y periodista estadounidense Naomi Klein denomina "la doctrina del shock". En su libro del mismo título muestra de qué modo los centros del poder capitalista crean o se aprovechan de las crisis –económicas, humanitarias, naturales, políticas...– para introducir impopulares medidas de liberalización económica.

La terapia del 'shock'

Milton Friedman se convirtió en el auténtico ideólogo de la terapia económica del shock. El economista soñaba con un capitalismo puro, exento de cualquier interrupción regulatoria y arancelaria. Cuando la economía de un determinado país o continente entraba en crisis, era necesario infligir dolorosos 'shocks' –una especie de medicina amarga, teorizaba Friedman– para restaurar el orden capitalista. En su libro 'La doctrina del shock' (Paidós, 2007), Naomi Klein escribe: «Para que los gobiernos volvieran al camino correcto, Friedman, en su popular libro 'Capitalismo y libertad', diseñó lo que se convertiría en el manual del libre mercado que en EE UU constituiría el programa económico del movimiento neoconservador. En primer lugar, los gobiernos deben eliminar todas las reglamentaciones y regulaciones que dificulten la acumulación de beneficios. En segundo lugar, deben vender todo activo que posean y que pudiera ser operado por una empresa y dar beneficios. Y en tercer lugar, deben recortar drásticamente los fondos asignados a programas sociales».

La terapia económica del 'shock' se experimentó con toda crudeza en Irak una vez que las fuerzas militares estadounidenses dejaron al país en la edad de piedra y varios millones de muertos a sus espaldas. Paul Bremer, delegado de la Administración de EE UU en el país árabe, decretó radicales medidas económicas neoliberales: privatizaciones en masa y la liberalización absoluta del mercado, reduciendo el margen de actuación del Gobierno iraquí a la mínima expresión. El entonces ministro provisional de Finanzas, Alí Abdul-Amir Allawi, declaró en un momento de desazón: «Estamos hartos de ser conejillos de indias (de EE UU). El sistema ha sufrido bastantes golpes por el momento, así que no nos hace ninguna falta una nueva terapia de 'shock económica'». Para los propietarios de las empresas estadounidenses que se iban a lucrar en la reconstrucción del país, la realidad era muy distinta. Mike Battles, exagente de la CIA y CEO de una empresa de seguridad privada, expresó con toda crudeza ese punto de vista: «Para nosotros, el miedo y el desorden representan una verdadera promesa».

En otras ocasiones, simplemente se trata de aprovechar las circunstancias. Por ejemplo, cuando el huracán Katrina destruyó Nueva Orleans en 2005, las fundaciones neoliberales y los políticos republicanos empezaron a declarar que el desastre abría nuevas oportunidades económicas. Se trataba de lo de siempre: aprovechar el trauma humanitario para poner en marcha las reformas económicas y sociales neoliberales.

La terapia económica del 'shock' se parece demasiado a las tácticas de interrogatorio que emplea la CIA en sus cárceles secretas. En el primer caso se trata de quebrar la resistencia de una sociedad a los cambios estructurales neoliberales, en el segundo el objetivo es romper la personalidad de un individuo. Para ello es necesario privar al prisionero de cualquier estímulo sensorial (mediante capuchas, tapones para los oídos, etc.). Luego se trata de todo lo contrario: sobreestimular el cuerpo con música a todo volumen, luces muy potentes, palizas y descargas eléctricas. El objetivo es crear un estado de terror que genere una parálisis mental. En ese momento, los interrogadores pueden obtener del torturado toda la información que desean.

Tal como explica un manual de interrogatorios de la CIA, desclasificado hace unos años: «Se produce un intervalo, que puede ser extraordinariamente breve, de animación suspendida, una especie de 'shock' o parálisis psicológico. Esto se debe a una experiencia traumática o subtraumática que hace estallar, por así decirlo, el mundo que al individuo le es familiar, así como su propia imagen dentro de ese mundo. Los interrogadores experimentados saben reconocer ese momento de ruptura y saben también que en ese intervalo la fuente se mostrará más abierta a las sugerencias, y es más probable que coopere entonces que durante la etapa anterior al 'shock'».

Por supuesto, Milton Friedman jamás admitió lo evidente: que las crisis están causadas por un sistema económico enfermo y disfuncional, que se ha vuelto absolutamente caótico al no disponer de regulaciones por parte de los estados y las instituciones públicas. Sin normas, al final gana el más fuerte y nadie protege a los débiles. Eso es precisamente lo que subyace en la ideología neoliberal de Friedman y los suyos que ahora impera en el mundo. No cabe duda, vivimos en un sistema en el que, cada vez más, priman los beneficios económicos, la competitividad y el individualismo a ultranza. En definitiva, una sociedad absolutamente materialista, una forma de darwinismo social que las élites económicas tratan de inyectar en todos los habitantes del mundo occidental. El sueño de todo satanista leveyano, cuya filosofía ya es una realidad...

Satanistas de izquierdas

A pesar de que los inicios del satanismo están vinculados con una filosofía individualista, hedonista y neodarwinista–como hemos apuntado en este capítulo reiteradamente–, en los últimos años han nacido otras organizaciones satánicas que comparten con el satanismo de Anton LaVey su ateísmo y la utilización de la figura de Satán como contrapunto a la filosofía cristiana, pero poco más, porque rechazan de plano esa visión individualista, neoliberal e hipercapitalista del pensamiento lavelyano. Estas asociaciones se sitúan claramente a la izquierda del espectro político y defienden la libertad de culto y de opción sexual, los derechos de las minorías y de los animales, se posicionan abiertamente a favor del movimiento feminista y contra el maltrato y la violencia en la infancia, y apoyan una sanidad pública y universal y una educación también pública y laica.

Sin duda, la organización satánica que lidera esta corriente dentro de la filosofía del sendero de la mano izquierda es el Templo Satánico, cuyos miembros son expertos en "trolear" a las iglesias ultraconservadoras de EE UU. Más que satanistas practicantes, los miembros del Templo Satánico son activistas políticos y culturales. Esta asociación se fundó en 2013 en Salem, en Massachussets (EE UU), donde a finales del siglo XVII tuvieron lugar los famosísimos juicios contra pretendidas brujas. No podía ser otro lugar, lo que da cuenta de su afán por llamar la atención.

Su activismo se dirige a reivindicar la separación entre las organizaciones religiosas y el Estado, el racionalismo, el pensamiento científico, el derecho al aborto, la defensa de los derechos de la comunidad LGBTI y, en definitiva, la promoción de los derechos humanos. Pero su activismo no se circunscribe únicamente a sus vistosas manifestaciones públicas, en las que cientos de personas practican performances disfrazadas de demonios y "demonias", habitualmente bastante sexis, y parodias religiosas y de misas negras. También han presentado diversas demandas en los tribunales para fomentar la secularidad del Gobierno de EE UU y la inclusión en la sociedad de las minorías religiosas, y se han opuesto a los castigos corporales en los niños y han iniciado campañas nacionales contra el abuso infantil y contra la discriminación de la comunidad gay y hacia los musulmanes. De hecho, Steve Hill, miembro del Templo Satánico, que se convirtió en candidato al Senado de California por el Partido Demócrata –y en el primer político en declararse abiertamente satanista–, brindó su protección a cualquier musulmán que se sintiera amenazado por posibles represalias a raíz de los atentados de París en 2015.

Pero si el Templo Satánico ha recibido las críticas más feroces ha sido por su oposición a la influencia de las organizaciones evangélicas en el Gobierno estadounidense. No en vano, los dos fundadores de la organización, Malcolm Jerry y Lucien Greaves –un neurocientífico graduado en la Universidad de Harvard– decidieron poner en marcha el Templo Satánico cuando en 2013 el entonces presidente George Bush Jr. aprobó una iniciativa para que su Administración pudiese financiar a organizaciones religiosas.

Haciendo bandera de la libertad de culto en EE UU, el Templo Satánico ha exigido en los tribunales los mismos privilegios que cualquier iglesia evangélica. Por ejemplo, cuando el Senado de Florida legalizó la realización de oraciones en asambleas estudiantiles, algunos miembros del Templo Satánico decidieron organizar sus propias oraciones en honor a Satán. Pero su gran éxito consistió en conseguir que se aprobara la presencia de una estatua de Baphomet –una especie de demonio que supuestamente adoraban los miembros de la Orden del Temple– en el Capitolio de Oklahoma como respuesta a un monumento de los Diez Mandamientos. Ninguna ley ni legislador pudo oponerse a los razonamientos de los abogados de la organización satanista: en un lugar público cualquier símbolo religioso puede estar representado. Finalmente, las autoridades políticas de Oklahoma optaron por retirar la estatua de los Mandamientos, y el Templo Satánico declinó colocar la suya, poniéndola finalmente en su sede de Detroit, ante las airadas protestas de cientos de cristianos evangélicos.

En 2015 y 2016 organizaron contraprotestas para enfrentarse a los manifestantes antiabortistas que se agolpaban frente a clínicas que practican interrupciones del embarazo en EE

UU, insultando a las mujeres que requerían esta clase de servicios. En dichas concentraciones, los miembros del Templo Satánico aparecían ataviados con vestimentas sadomasoquistas y fetichistas y llevaban a cabo performances eróticas, ante el escándalo y la incomodidad de los antiabortistas. Otras de sus iniciativas más polémicas han sido la realización de ceremonias pretendidamente mágicas de contenido homosexual ante las tumbas de conocidos homófobos; la creación de los Clubs Satánicos Extraescolares, para oponerse a los Clubs Cristianos Extracurrículares que se han aprobado en algunos estados de EE UU; o la celebración de una masiva misa negra en Los Angeles después de que su alcalde la declarara "ciudad cristiana". Varias organizaciones cristianas decidieron "contraprogramar" la misa negra mediante la contratación de un avión que dibujara con humo en el cielo una enorme cruz cristiana. Sin embargo, algo falló y la cruz se dibujó invertida, ante el alborozo de los satanistas.

En abril de 2019, el Templo Satánico fue reconocido como organización religiosa en EE UU. La misión del Templo consiste, tal como se puede leer en su web y en otros sitios en línea, «en fomentar la benevolencia y la empatía entre todas las personas, rechazar la autoridad tiránica, defender el sentido común práctico y la justicia, y ser dirigido por la conciencia humana para llevar a cabo actividades nobles guiadas por la voluntad individual. De mentalidad cívica, el Templo Satánico ha participado en una serie de buenas obras, incluida la toma de posición frente a la controvertida y extremista Iglesia Bautista de Westboro, trabajando en nombre de los niños en las escuelas públicas que han sido objeto de castigo corporal y más».

La Iglesia Bautista de Westboro es, sin duda, una de las organizaciones religiosas más extremistas de EE UU. Sus miembros son abiertamente homófobos y antisemitas. La organización administra varias páginas web con nombres como "Dios odia a los maricones" o "Dios odia a América". En su particular exégesis, culpan de todos los males que sufre EE UU a la existencia de homosexuales. También condenan abiertamente a católicos, musulmanes y judíos y a todos los que apoyan los derechos de la comunidad gay, incluyendo a numerosos países y partidos políticos. Son famosas sus protestas violentas en el Día del Orgullo Gay o sus piquetes en funerales de homosexuales.

En cuanto a los principios del Templo Satánico, son los siguientes:

1. Uno debe esforzarse por actuar con compasión y empatía hacia todas las criaturas de acuerdo con la razón.
2. La lucha por la justicia es una actividad continua y necesaria que debe prevalecer sobre las leyes y las instituciones.
3. El cuerpo de uno es inviolable, sujeto solo a la propia voluntad.
4. Las libertades de los demás deben respetarse, incluida la libertad de ofender. Invadir deliberada e injustamente las libertades de otro es renunciar a las tuyas.
5. Las creencias deben ajustarse a nuestra mejor comprensión científica del mundo. Debemos tener cuidado de nunca distorsionar los hechos científicos para que se ajusten a nuestras creencias.
6. Las personas son falibles. Si cometemos un error, debemos hacer todo lo posible para rectificarlo y resolver cualquier daño que pueda haber sido causado.
7. Cada principio es un principio rector diseñado para inspirar nobleza en acción y pensamiento. El espíritu de compasión, sabiduría y justicia siempre debe prevalecer sobre la palabra escrita o hablada.

El seminario más "diabólico"

A veces pienso en ese día como uno de los más divertidos en los meses anteriores a la llegada a nuestras vidas del maldito COVID-19. En el momento de escribir estas líneas, mi país, España, se halla en pleno proceso de vacunación. Espero que para cuando este libro se encuentre en las librerías, ya podamos vivir con cierta normalidad, disfrutando de reuniones y actividades más o menos como antaño. Pero regresemos al "día de autos", el 28 de noviembre de 2019, cuando se celebró el más polémico seminario de los últimos años en la Universidad Complutense de Madrid. Organizado por la

Asociación de Jóvenes Investigadores en Ciencias de la Religiones en colaboración con la organización Satanistas de España, el seminario estaba centrado en el satanismo y en el "sendero de la mano izquierda", y se desarrolló en una sala de conferencias de la Facultad de Filología de la Complutense.

En una sala a rebosar, en la que además de adeptos y simpatizantes del satanismo –su 'look' denotaba sus preferencias–, se agolpaban historiadores, filólogos, antropólogos, policías de paisano y un buen puñado de periodistas, un heterogéneo elenco de especialistas presentó sus ponencias. Entre ellos se encontraban el practicante de la magia de Thelema y cirujano Mauricio Albanés; la escritora, traductora y ocultista Margit Glassel, el presidente de Satanistas de España Miguel Pastor o dos buenos amigos de quien escribe: el periodista David Cuevas y el historiador y divulgador Juan José Sánchez-Oro, que hablaron sobre la figura de Satán en el cine y sobre el "pánico satánico" respectivamente.

Pastor contó al público que su conversión al satanismo consistió en un proceso paulatino en el que acabó identificándose con la figura de Lucifer, que para él simboliza el materialismo, el espíritu crítico, la libertad, el placer, el goce de la vida y el conocimiento. «El satanismo es autodivinizarse, convertirte en tu propio Dios, ser auténticamente libre», aseguró. El presidente de Satanistas de España, que ha cursado el Máster de Ciencias de las Religiones y también forma parte de la Asociación de Jóvenes Investigadores en Ciencias de las Religiones, se define como ateo y no cree en la existencia de

Seminario sobre satanismo en la Universidad Complutense de Madrid. Estuvo organizado por la Asociación de Jóvenes Investigadores en Ciencias de la Religiones en colaboración con la asociación Satanistas de España.

fenómenos paranormales, pero se confiesa practicante de la magia: «Anton LaVey, el fundador de la Iglesia de Satán, concibe la magia como un cambio de situaciones o eventos según su propia voluntad, que de otro modo no podrían cambiarse, pero yo la concibo como un esfuerzo por conseguir mis deseos y también a modo de método de introspección».

En cierto momento del seminario, se presentó un grupo de jóvenes militantes del Sindicato Español Universitario (SEU), asociado a la Falange, y comenzaron a lanzar pasquines y a proferir gritos como «¡Viva Cristo Rey», «¡Fuera Satán de la Complutense!» o «¡Fuera masones de la universidad!». Lo de los masones nadie lo entendió, probablemente los muchachos del SEU tampoco. Luego desaparecieron, excepto un valiente, que se pasó un buen rato rezando en el exterior de la sala de conferencias.

Pero el acto todavía no había llegado a su fin. Todavía faltaba lo mejor. En un local del barrio madrileño de Malasaña se iba a celebrar una misa negra en formato 'burlesque'. No podía perdérmelo. Llegué al sitio convenido media hora antes de que comenzara el espectáculo, acompañado por los periodistas David Cuevas –que había sido ponente en el seminario, como expliqué anteriormente– y Teresa Porqueras, que entonces estaba escribiendo su imprescindible libro 'Yo, satanista. Una periodista dentro del movimiento satánico español' (Cydonia, 2020). Para nuestra sorpresa, en la puerta del local nos encontramos a un grupo de católicos de edades diversas que estaban rezando un rosario de desagravio y nos miraban como si estuviesen contemplando al mismísimo Satanás. Luego comenzaron las oraciones, más propias de un ritual de exorcismo, y plegarias a Dios para salvar a la institución universitaria de los influjos malignos: «Libra a la Universidad Complutense de Madrid de los lazos ocultos y defiéndela de los que sirven a Satanás».

De vez en cuando, alguno de los piadosos católicos empleaba un dispensador de líquido para rociar con agua bendita la rueda de oración y evitar de ese modo la influencia satánica. Otros levantaban cruces como método de protección en cuanto Cuevas y yo nos acercábamos a ellos para tomar algunas fotos. Alguno incluso me roció de agua bendita, acto que sinceramente agradecí, porque las intenciones de esos cristianos eran buenas y me pareció que se estaban preocupando por nosotros.

Mientras tanto, en el interior del local de Malasaña comenzaba el 'burlesque' satánico. «¡Ave Satán!», gritaba Miguel Pastor haciendo el papel de maestro de ceremonias. El público coreaba emocionado esas palabras. «¡Ave Lilith!», volvió a la carga el satanista. «¡Ave Lilith!», atronó la sala. «¡Que empiece la ceremonia y el 'troleo'!», anunciaba Miguel Pastor. Comenzaba el 'burlesque', con una sexi presentadora dando paso a las artistas, ataviadas con vestimentas alusivas a diversas entidades infernales. Como en todo burlesque que se precie, las artistas bromeaban con el público al tiempo que se iban desprendiendo de sus ropas al ritmo de Rammstein, el famoso grupo de 'black metal' alemán. Los presentes gritaban contra el racismo, la homofobia, el machismo o la transfobia a medida que se iba calentando el ambiente… hedonismo, disfrute y deshinibición marcaron la tónica del "espectáculo infernal".

Quizá alguno de mis compañeros periodistas presente en el 'burlesque' se esperaba otra cosa. No hubo orgías, ni sacrificios, ni sangre. Al contrario, tanto Miguel Pastor como Minerva García, una de las artistas que participó en el 'burlesque' satánico y que además es la vicepresidenta de Satanistas de España, se definen como animalistas y son veganos. Terminé la noche hablando largo y tendido con uno de los miembros de la organización satánica sobre la diversidad de corrientes de pensamiento dentro del satanismo. Cuando salimos de la sala, prácticamente de madrugada, los católicos ya se habían marchado, al igual que lo estaban haciendo los satanistas. Unos y otros debían estudiar o trabajar al día siguiente.

Satanistas, veganos y animalistas

Unos días después del polémico seminario, entrevistamos a Miguel Pastor durante la tertulia del programa La Rosa de los Vientos (Onda Cero), en la que participo habitualmente, y además emitimos varios audios que había grabado durante el 'burlesque' satánico, incluyendo los rezos del grupo de católicos que se aposentó en la puerta del local de Malasaña. Pasadas algunas semanas, acompañé a Teresa Porqueras a la entrevista que había cerrado con Pastor para su libro, al que estaba dando los últimos retoques antes de entregarlo a la editorial. La entrevista completa puede leerse en 'Yo, satanista', el libro de Porqueras, pero no quiero dejar pasar la ocasión de mostrar la filosofía que anima a Satanistas de España, que claramente está relacionada con la que defiende el Templo Satánico.

Durante la larga conversación, Pastor se definió como ateo: «Una gran mayoría de satanistas en el mundo somos ateos y creemos que solo existe esta vida y que cuando mueres, te mueres. No pensamos que después de esta existencia alguien nos pueda premiar o castigar. Tampoco creo en la reencarnación. Con estas cosas podría llegar a ser muy crítico, porque pensar esto a nivel social pueden ser muy negativo. Cuanta más importancia se les da a estos temas, menos importancia le damos a nuestra vida. Cuando se acaba, se acabó».

También se declaró vegano, animalista y defensor de los derechos humanos, así que con ese bagaje ideológico, ¿por qué identificarse con la figura de Satán y no simplemente como un ateo progresista? Directamente le pregunté: «¿Por qué en vez de crear Satanistas de España no creaste Ateos de España?», a lo que respondió: «Esta es una de las preguntas que más nos hacen. Para mí, Satán es el arquetipo de la rebeldía, de la búsqueda de conocimiento y del placer, o lo puedes concebir también como una faceta de tu psique, aspectos y valores muy positivos que yo adopto en mí. Satán es una forma de recordarme todos esos objetivos, porque esto no deja de ser un camino en el que cada uno debe sentirse dueño de su propia vida. Satán es también lo que Jung llamaría "la sombra", porque no deja de representar a las bajas pasiones. Tener la posibilidad de poder conocer a tus demonios interiores es una faceta muy oscura que implica conocerte a ti mismo, pilar indispensable para saber de qué condicionantes nos hemos de liberar. Militar como satanista implica llevar, por tanto, un estilo de vida más proactivo consistente en ser lo más libre posible mientras te empoderas para llegar a ser tú mismo a la enésima potencia. Esta, para mí, es una labor muy noble. En ese sentido, un ateo no busca exactamente eso. Personalmente, a mí el nihilismo no me gusta, yo soy más existencialista. El satanismo es más epicúreo, mejor y más sano que el simple hedonismo. De hecho, bebe mucho de Nietzsche, y esto aporta una serie de matices, de diferencias, que, aunque no son muy grandes, para mí sí son más practicas y más sanas».

Tampoco perdí la oportunidad de interpelar a nuestro interlocutor sobre qué pensaba respecto al individualismo y la reivindicación del éxito personal por encima de todo, tan propio del satanismo clásico de Anton LaVey y su Iglesia de Satán. Pastor trató de explicarnos que la búsqueda de metas personales no tiene porque estar reñido con la ética: «Buscar la libertad y el poder no tiene porque convertirte en un empresario "tiburón", ni tiene porque hacerte pensar que estás por encima de los demás. Tú puedes perfectamente buscar un estilo de vida más sencillo, que se adapte a ti, una forma a través de la cual sientas que vas a disfrutar al máximo de tu vida».

Quise ahondar más en su concepto de moral, así que le pregunté:

–¿En qué consiste tu moralidad? ¿Cuáles son tus límites?

–Mi límite es no hacer daño a seres inocentes que no hayan hecho nada malo a nadie, como son los niños y los animales. Y aquí hago hincapié para desmentir todo lo relacionado con los sacrificios humanos y animales.

–Si fueras un "empresario tiburón" y tuvieras que desahuciar a familias, ¿cómo actuarías en ese caso?

Miguel Pastor, joven académico que preside Satanistas de España. La mayoría de sus miembros son de ideología progresista.

–Yo no lo defiendo. Has de saber que la mayoría de nosotros somos de izquierdas y, si preguntas, casi todos van a estar en contra de eso. Lo que aquí no se hace es putear a otra gente. En todo caso, a lo mejor, puede que haya algún seguidor laveyano, defensor del darwinismo social, que sí pueda defender eso.

Mientras hablaba, Teresa Porqueras se fijó en un enorme tatuaje en la cara interna de su brazo derecho. Era una frase en latín. Teresa se interesó por su significado. Pastor nos lo mostró y dijo: «Pone 'HIC EST TEMPLVM LIBERI'. Significa 'aquí está el templo de Liber'. Liber era un antiguo dios romano que más tarde fue asimilado por el dios Baco. Representa el dios de la juventud, de la libertad y del vino». La entrevista se dilató en el tiempo y ahondamos en asuntos muy interesantes, pero que trascienden el objetivo del presente capítulo. Como ya he apuntado, se encuentra íntegra en 'Yo, satanista', el profundo y a la vez entretenido libro de Teresa Porqueras.

Sucumbir a las tentaciones

Esa visión del Diablo como símbolo de la liberación de la pesada carga del pecado que todos, en mayor o menor grado, portamos sobre nuestras espaldas por haber nacido y vivir en una sociedad de moral judeo-cristiana, es compartida por prácticamente todos los satanistas, defiendan alguna clase de darwinismo social al estilo de LaVey o bien avancen por la senda del progresismo. Miguel Algol, profesor de filología y uno de los satanistas más respetados por la comunidad del "sendero siniestro" en España, escribe de forma magistral sobre dicha cuestión en su interesante libro 'Materia obscura' (Infernalia, 2012):

> «La religión pregona que mis deseos vienen del exterior, que no son realmente yo mismo. El Demonio está fuera y me va soplando ideas a través de la oreja izquierda. No solo esos deseos no son yo, sino que ni siquiera han sido imaginados realmente por mí mismo: el Demonio se inventa las maldades y luego me las propone. Yo soy culpa-

> ble de la ignominiosa debilidad de aceptarlas, de no haber sabido usar mi libre albedrío... A esta ficción de los deseos venidos del exterior, de un sitio ajeno y malvado, se le llama en la jerga cristiana "la tentación". Y con tal escenario es previsible que el buen cristiano "caiga" una y otra vez en las ofertas del Demonio. Pero, en definitiva, el objetivo de fondo era conseguir del feligrés el mayor grado de autodesprecio, de vergüenza, de odio contra sí mismo (hasta que se asumiera auténticamente como un "yo pecador").
>
> No creas a los clérigos. El Demonio no te habla desde fuera, tus grandes deseos no han sido inventados en un mundo lejano y maligno (...) Porque tú eres el único y genial tentador de ti mismo, y jugar al juego de dejarte convencer no es una falta ni una culpa, sino un gran privilegio del que gozan los que desean y están vivos».

Como colofón a este capítulo, me gustaría añadir una breve reflexión, pues el satanismo es la evidencia de que cualquier religión o filosofía da lugar en su desarrollo a las más variadas perspectivas ideológicas, incluso enfrentadas entre sí. Porque, aunque ambos puedan definirse como satanistas, ¿qué tienen que ver, desde el punto de vista ideológico, los seguidores del satanismo laveyano, neoliberal y neodarwinista, con los progresistas del Templo Satánico o de Satanistas de España? Esta circunstancia no debe sorprendernos, porque es un común denominador en cualquier organización religiosa, incluida la Iglesia católica. Los teólogos de la liberación se consideran católicos, al igual que los miembros de los Legionarios de Cristo, pero su ideología es claramente opuesta: los primeros militan en la izquierda revolucionaria y los segundos en el conservadurismo más fundamentalista.

19.
LA GUERRA SECRETA DE LAS REENCARNACIONES

EL EXILIO TIBETANO Y EL GOBIERNO CHINO SE ENFRENTAN POR LA PRÓXIMA REENCARNACIÓN DEL DALÁI LAMA

“En mayo de 1995, unos emisarios del dalái lama localizaron en Tíbet a un niño que reconocieron como la reencarnación del panchen lama, fallecido en 1989 y número dos del budismo tibetano. Unas semanas después, el Ejército chino secuestró al pequeño y el Gobierno del coloso asiático eligió un nuevo panchen lama prochino. El asunto es de suma importancia porque cuando fallezca el actual dalái lama, será el panchen el encargado de buscar su reencarnación…

El jueves 17 de mayo de 2007 los medios de comunicación daban a conocer una noticia de gran importancia para el futuro del Tíbet: el dalái lama planteaba jubilarse. El rumor había surgido unos días antes en Bruselas (Bélgica), donde el primer ministro del Gobierno Tibetano en el Exilio (GTE), Sandhong Rinpoché, celebró una serie de encuentros con numerosos grupos de apoyo a la causa de los lamas. El diario británico 'The Independent' consiguió algunas declaraciones

El dalái lama es el líder espiritual y político del exilio tibetano (Wiki Commons).

de dirigentes cercanos al dalái lama en este sentido, incluida la de su secretaria personal. Ésta afirmó: «El liderazgo político será transferido en poco tiempo, aunque el dalái continuará siendo el líder espiritual, porque de momento esto es imposible de cambiar».

La información, que se presentó a la opinión pública como una mera anécdota, no lo era. Se trataba de una estrategia política directamente relacionada con la supervivencia de la comunidad tibetana en el exilio. El fondo de la noticia tenía que ver con una historia –digna del mejor 'thriller'– en la que se entremezclan servicios secretos, asesinatos, detenciones, secuestros, creencias reencarnacionistas y oscuras tramas políticas. Pero como en toda historia, conviene empezar por el principio.

El panchen lama en el Tíbet ocupado

14 de mayo de 1995. No era la primera visita que los emisarios del dalái lama realizaban a la pequeña aldea tibetana de Lhari. Debían ser cautelosos, pues eran conscientes de que el servicio secreto chino estaba al tanto de que algo se tramaba en la residencia oficial del líder budista, en Dharamsala (India).

De nuevo, entraron en la misma casa, donde fueron recibidos con la misma amabilidad por el joven y pobre matrimonio. Si su hijo, de tan solo seis años, pasaba las últimas pruebas que le tenían preparadas, sería nombrado XI panchen lama: representante en la Tierra del Buda de la Infinita Luz y segunda autoridad del budismo tibetano después del dalái lama. Le mostraron al pequeño una serie de objetos y, otra vez, prestó atención a aquellos que habían pertenecido al X panchen, fallecido de forma sospechosa en 1989, después de criticar la feroz política represiva del Ejército chino en el "techo del mundo". Los lamas-oráculos que localizaron mediante sueños y técnicas adivinatorias el lugar donde se había reencarnado el panchen estaban en lo cierto. Los emisarios del dalái lama esbozaron una sonrisa. Habían conseguido su objetivo.

Días después, portavoces del Gobierno Tibetano en el Exilio (GTE) hicieron oficial la noticia. El niño, Gedhun

Choekyi Nyima, fue trasladado, como manda la tradición, al monasterio de Tashilhunpo para recibir una cuidada educación. En el seno del Gobierno chino, el malestar era evidente, pues el dalái lama había demostrado al mundo que mantenía la suficiente influencia y poder en el Tíbet como para llevar a cabo una acción tan importante a espaldas del coloso amarillo.

Además, según la tradición, los panchen lamas son los responsables de encontrar a la reencarnación de los dalái. En otras palabras, a la muerte del actual líder tibetano, Gedhun Choekyi sería el encargado de localizar la reencarnación de éste. Por lo tanto, el GTE tendría el control sobre el proceso de elección de su siguiente líder.

El secuestro

Un par de semanas después, el sonido de varios helicópteros pertenecientes a un equipo de élite del Ejército chino rompió la tranquilidad del monasterio de Tashilhunpo. En una operación relámpago, los soldados entraron en la residencia del panchen lama y secuestraron al niño y a sus padres. Algunos días más tarde, cerca de cincuenta monjes fueron detenidos por la Policía, incluido el lama Chadrel Rinpoché, abad del monasterio y líder de la comisión de búsqueda del panchen. En la cárcel, según denunciaron organizaciones protibetanas, sufrieron toda clase de torturas.

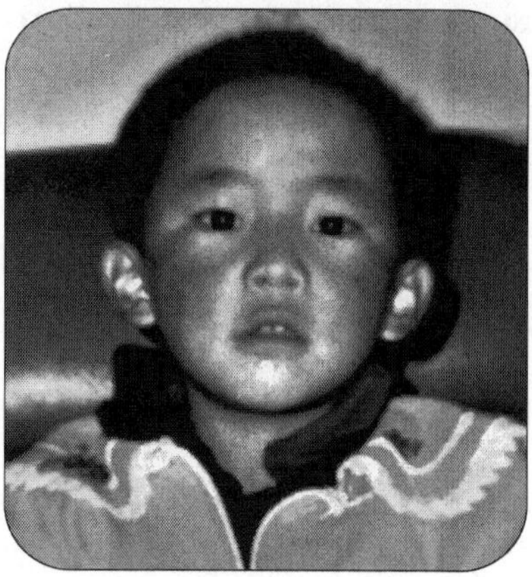

El pequeño Gedhun Choekyi Nyima, reconocido como el panchen lama por el exilio tibetano y el dalái lama, acabó secuestrado por un equipo de operaciones especiales del Ejército chino.

Durante un año, las autoridades chinas se negaron a ofrecer algún dato sobre el paradero del panchen lama y su familia. Finalmente, una escueta nota de la agencia oficial de noticias china, Xinhua, anunciaba que Gedhun se encontraba bajo protección de las autoridades chinas a petición de sus padres, para evitar que fuera secuestrado por los "rebeldes separatistas".

El Gobierno chino volvió a sorprender al mundo, cuando dio a conocer el 29 de noviembre de 1996 que varios monjes tibetanos habían anulado el nombramiento del dalái lama, eligiendo a un nuevo panchen en la persona de Gyaltsen Norbu, un joven de familia budista, pero cuyo padre pertenecía al Partido Comunista Chino. La operación, que contó con la colaboración de varios lamas prochinos, suponía que el nuevo panchen lama no era más que un títere en manos del servicio secreto del "dragón dormido".

Por supuesto, el GTE denunció la invalidez de esa elección, al tiempo que se movilizaba para hacer frente a la nueva situación. Como hemos apuntado anteriormente, a la muerte del dalái lama será el panchen quien tendrá el papel más relevante en la elección del nuevo líder, por lo que el Gobierno chino podría elegir a un dalái cuando desaparezca el actual. Inmediatamente, sabios e intelectuales del exilio tibetano desempolvaron casos históricos en los que los panchen lamas no habían elegido al siguiente líder del budismo.

Por su parte, el actual dalái lama comenzó a realizar declaraciones en el sentido de que a su muerte no se reencarnaría en el Tíbet, sino en el exilio. En ese sentido, la posible jubilación del dalái lama se enmarca dentro de una cuidada estrategia para poner al frente del GTE a nuevos líderes que puedan hacer frente a un hipotético escenario futuro en el que existan dos dalái: uno elegido por el GTE y otro por las autoridades chinas, sirviéndose como en el caso del panchen de algunos lamas colaboracionistas.

Todos los pasos de Gyaltsen Norbu, el "panchen comunista", se planifican con sumo cuidado, siempre con la meta de hacer de él un líder budista enfrentado al dalái. De hecho, vive casi todo el año en China y son contados sus viajes al Tíbet. En 2006, las autoridades chinas decidieron organizar en su territorio el Foro Mundial del Budismo, al que por supuesto no invitaron al dalái. Por el contrario, prepararon todos los actos para que la estrella del encuentro mundial fuese Gyaltsen Norbu, que entonces contaba con dieciséis años de edad.

Entre las acciones propagandísticas diseñadas por el Gobierno chino para realzar la figura de Gyaltsen Norbu destacaron los encuentros entre el joven panchen y diversas autoridades. Así, en 2004, Norbu se entrevistó con el entonces presidente chino Hu Jintao en una pomposa ceremonia trasmitida a bombo y platillo por la televisión estatal. Hu definió al panchen lama como un ejemplo de amor al estado y a la religión, a la vez que anunció que su Gobierno redoblaría los esfuerzos para luchar contra la pobreza en el Tíbet. Gyaltsen Norbu aplaudió efusivamente tras escuchar las palabras del presidente.

Genocidio en el techo del mundo

En 1949, el régimen comunista recién instalado en China envió tropas para invadir el Tíbet. A modo de lavado de cara obligaron a los líderes tibetanos a firmar un "tratado de colaboración", que reconocía la autonomía del Gobierno tibetano en asuntos de carácter interno. La resistencia a los ocupantes tuvo su punto álgido en 1959 con un levantamiento nacional, según algunas fuentes apoyado por la CIA. En ese mismo año, presumiblemente en una operación organizada por el servicio secreto de EE UU, el dalái lama logró escapar del Tíbet.

Durante los años 60 y 70 el Ejército chino actuó sin contemplaciones contra el pueblo tibetano. Según los datos manejados por el Gobierno en el exilio, una quinta parte de la población, alrededor de 1.200.000 tibetanos, perdieron la vida como resultado de las políticas represoras de China. Muchos más acabaron en campos de trabajo o sufrieron terribles torturas. Además, miles de monasterios y templos fueron destruidos y saqueados. En definitiva, independientemente de las guerras de cifras entre los exiliados tibetanos y las autoridades chinas, la invasión solo puede calificarse de genocidio.

El dalái lama y miles de exiliados consiguieron que el Gobierno indio les cediera el territorio de Dharamsala para organizar un gobierno propio. Hasta la invasión, el Tíbet hacía de "amortiguador" de las tensiones fronterizas entre el coloso amarillo e India, por lo que el Gobierno de este último país analizó la ocupación china como una amenaza contra su propio territorio. Apoyando a los exiliados, la India tenía en sus manos un elemento de presión contra el régimen chino.

Por su parte, los invasores comenzaron a colonizar con población foránea aquellos territorios tibetanos más rebeldes. Al mismo tiempo, en el norte del altiplano tibetano, el Gobierno chino construyó el principal complejo de investigación y desarrollo nuclear de su país. Según informaciones de la CIA, hoy en día existen tres o cuatro lugares de lanzamiento de misiles nucleares en el Tíbet. Se sospecha que el número exagerado de muertes por cáncer y otras extrañas enfermedades en algunas zonas del país tiene su explicación en la basura nuclear que se habría enterrado allí.

Lo anterior no implica, en modo alguno, que la imagen que ha llegado a Occidente de la vida en el Tíbet antes de la invasión tenga más de mito que de realidad. No era un país regido por la espiritualidad en el que la población vivía en un permanente estado de felicidad. Se trataba de una sociedad feudal, en la que una élite dirigente –formada tanto por laicos como por los lamas que controlaban los más importantes monasterios– se repartía la propiedad de las tierras, llevando una vida ociosa e improductiva. Por contra, la mayor parte de la población estaba conformada por una especie de siervos que trabajaban los campos y debían pagar impuestos a sus señores.

El orden social se basaba en la creencia budista en la reencarnación y el karma, según la cual a cada persona le corresponde una determinada existencia en función de los actos que hubiese realizado en sus vidas pasadas. Así, por ejemplo, un campesino que estaba condenado a la pobreza durante toda su vida, aceptaba sin más su situación como un "aprendizaje" en su evolución. Por tanto, si se comportaba correctamente y obedecía a sus señores, en otra existencia podría reencarnarse en un gran lama. Incluso el propio dalái lama, en más de una ocasión, se mostró crítico con la forma de gobierno en el Tíbet, reconociendo que presentaba elementos indeseables.

La CIA y el dalái lama

A partir del año 1955, la CIA comenzó a introducir exiliados tibetanos armados en el país de los lamas. A finales de los 90 diversas publicaciones, como 'Newsweek' o 'Chicago Tribune', accedieron a documentos y testimonios sobre el apoyo de la agencia de espionaje de EE UU a las guerrillas que luchaban contra los invasores en el Tíbet. Los rebeldes recibían entrenamiento en las Montañas Rocosas (Colorado). Después embarcaban en aviones del Ejército estadounidense que sobrevolaban el territorio tibetano. Los guerrilleros saltaban en paracaídas a las zonas menos controladas por las tropas chinas. Con informaciones e indicaciones recibidas de sus instructores de la CIA, llevaban a cabo acciones de sabotaje contra los militares chinos acantonados en la zona. Sin embargo, la mayoría de los comandos guerrilleros fueron derrotados por el Ejército del gigante asiático.

Ante el fracaso de las operaciones, en 1964 la CIA decidió rebajar la asignación anual a la organización tibetana en el exilio de 1,7 millones de dólares a 1,2. Según publicaron diversos medios, el dalái lama recibía de la agencia de espionaje casi 190.000 dólares al año, los cuales eran empleados para abrir sedes del GTE en varias ciudades de Europa y EE UU. De todos modos, parece que esta ayuda tan directa de la CIA se terminó en los años 70. No es ningún secreto, el propio dalái lama y otros altos cargos en el exilio han reconocido esta especial relación con la CIA durante décadas.

Las autoridades chinas aseguran que la concesión del Premio Nobel de la Paz al dalái lama en 1989 fue una operación política de los servicios secretos occidentales para magnificar su figura. De este modo, las críticas del líder tibetano contra la ocupación ganarían más "espacio" en los medios de comunicación internacionales, además de poseer una inmejorable carta de presentación para reunirse con los más importantes líderes mundiales.

A través de organizaciones estadounidenses, como la Fundación Nacional a Favor de la Democracia –según muchos una pantalla de los servicios secretos americanos–, el GTE sigue recibiendo millones de dólares para sus actividades. Por otro lado, el dalái lama mantiene excelentes contactos con políticos de EE UU, tanto demócratas como republicanos, y es habitual que se reúna con presidentes estadounidenses.

George Bush Jr., cuando era presidente de EE UU, se convirtió en uno de los principales aliados del dalái lama al firmar el Acta de Políticas Tibetanas: una serie de acciones cuyo fin era establecer una mesa de diálogo entre la comunidad de exiliados y China, en la cual EE UU actuaría como una especie de árbitro, mediante la creación de una oficina en Lhasa, la capital del Tíbet, dirigida por funcionarios estadounidenses. Bush también expresó en varias ocasiones su apoyo al pueblo tibetano.

Diplomacia y geopolítica

Desde el año 2002, el Gobierno chino y representantes del dalái lama iniciaron un proceso de diálogo, cuyo resultado más visible han sido varios encuentros públicos entre las dos partes. Los tibetanos cuentan con el asesoramiento del Departamento de Estado estadounidense. Cuando se trata de presionar a las autoridades del coloso amarillo, el Gobierno de EE UU alude al abuso de los derechos humanos en el Tíbet. En definitiva, EE UU utiliza la cuestión del Tíbet para presionar a las autoridades chinas cuando conviene a sus intereses.

Sin embargo, los primeros intentos de diálogo por parte del GTE datan de finales de los años 80. En septiembre de 1987, el dalái lama presentó ante el Congreso de EE UU un documento titulado 'Plan de Paz para el Tíbet en Cinco Puntos', cuyo eje central era que el Tíbet debía convertirse en una especie de zona de distensión entre China e India. Poco después estallaron unas revueltas en la capital tibetana, que según diversos analistas no eran casuales. Estos hechos provocaron que Occidente presionara a Pekín para que reanudara las conversaciones con el exilio.

Un año después, con este elemento de presión en sus manos, el dalái lama sorprendió al mundo al proponer que el Tíbet continuara "asociado" a China y que las tropas de ese país se quedaran en la zona por tiempo indefinido, olvidando así sus ansias independentistas. A cambio, el dalái pedía al Gobierno chino que la vida económica y cultural del techo del mundo estuviese regida por un Gobierno tibetano laico.

Desde entonces, la postura oficial del líder budista –que cuenta con importantes opositores entre el exilio– ha sido la de llegar a un acuerdo con los invasores. También ha jugado un papel de cierta relevancia en la política interna china, sobre todo cuando brindó su apoyo a Deng Xiaoping en cuanto éste se convirtió en el presidente de la potencia asiática. Xiaoping era un crítico de Mao y su Revolución Cultural y se propuso desde el principio de su mandato abrir China a los mercados capitalistas.

¿Qué ha sido del panchen lama?

La última información que facilitó Pekín sobre Gedhun Choekyi Nyima, el panchen lama secuestrado, data de abril de 2019. Según un portavoz gubernamental, Gedhun había terminado su educación universitaria y comenzado a trabajar. Además, añadió que tanto el joven como su familia «no quieren que se interfiera en sus vidas». Esta declaración tampoco era una novedad, puesto que las autoridades chinas nunca han aclarado nada sobre el paradero del panchen lama elegido por el dalái lama.

En 2013, un grupo de trabajo de la ONU especializado en desapariciones forzosas solicitó al Gobierno chino permiso para visitar el país e investigar el secuestro de Gedhun, pero nunca recibieron respuesta.

En octubre de 2000, el entonces secretario de Relaciones Exteriores británico, Robin Cook, informó al Comité de Asuntos Exteriores de la Cámara de los Comunes que las autoridades chinas habían mostrado a funcionarios de su departamento dos fotografías de Gedhun, que entonces tenía 11 años. En una aparecía jugando al tenis de mesa y en la otra escribiendo caracteres chinos en una pizarra, aunque, por supuesto, no tuvieron modo de comprobar que efectivamente se trataba del pequeño. Tampoco pudieron quedarse con las instantáneas.

En 2018, el dalái lama volvió a insistir en que su próxima reencarnación nacería probablemente en la India, país que acoge al GTE. El líder político y espiritual aseguró: «En el futuro, en caso de que se nombren dos dalái lamas, uno de aquí, en un país libre, y otro elegido por China, entonces nadie confiará, nadie respetará (al elegido por China). Ese es un problema adicional para los chinos».

China elegirá al próximo dalái lama

En cuanto a Gyaltsen Norbu, el panchen lama elegido por el Gobierno chino, en 2010 fue elegido vicepresidente de la Asociación Budista de China y también el miembro más joven –entonces tenía solo 20 años– del Comité Nacional de la Conferencia Consultiva Política del Pueblo Chino (CCPPCh). Dos años después, el 26 de abril de 2012, hizo su primera aparición fuera de China continental para dirigirse a más de 1.000 monjes en el Foro Budista del Tercer Mundo. En 2016, el Gobierno de Pekín anunció que Gyaltsen Norbu presidiría en Tíbet una celebración de Kalachakra Tantra –una de las ceremonias más largas y complejas del budismo y que tiene que ver con el ciclo del tiempo–, precisamente después de anunciarse que el dalái lama ofrecería la misma iniciación en la India en enero de 2017. Según cifras oficiales, el panchen

El Gobierno chino eligió al joven Gyaltsen Norbu como el verdadero panchen lama tras secuestrar al niño elegido por el dalái lama.

lama prochino reunió en julio de 2016 a 100.000 personas durante cuatro días, a pesar del frío y la lluvia. Pero el GTE argumentó que la mayoría de los presentes lo hicieron bajo presiones del Gobierno chino.

En declaraciones al diario 'The Washington Post', Elliot Sperling, profesor de la Universidad de Indiana y experto en cuestiones tibetanas, aseguró: «China ya ha establecido su plan para elegir un dalái lama propio una vez que el actual fallezca. Y está claro que el panchen lama chino jugará un papel importante en ese proceso. En su caso, las autoridades han comprobado que efectivamente pueden poner a dedo a un lama rechazado por gran parte de la población y aun así mantenerlo en su posición simplemente mediante la coerción y el poder del Gobierno. Esto es muy significativo, porque está claro que nadie simpatizará con un dalái lama elegido por el Estado chino».

No es ningún secreto que Gyaltsen Norbu no reside en Tíbet, sino en Pekín, siempre custodiado por oficiales chinos. Sus declaraciones siempre son favorables al Gobierno del gigante asiático, como cuando afirmó: «Las vidas de las masas avanzan hacia el bienestar y la civilización. El futuro tibetano es brillante como la interminable luz del dorado Sol». También se ha referido en varias ocasiones a que la invasión de Tíbet por el Ejército chino supuso «una liberación al Tíbet de la servidumbre feudal».

El Gobierno chino continúa estableciendo una estrategia de comunicación alrededor de Gyaltsen Norbu, que ya se ha reunido en varias ocasiones con el actual presidente chino Xi Jinping. Encuentros que han sido ampliamente divulgados por los medios de comunicación chinos, todos bajo el control férreo del Estado.

20.
HUGO CHÁVEZ Y FIDEL CASTRO: UNIDOS POR LO OCULTO

AMBOS LÍDERES Y ALTOS CARGOS DE SUS PAÍSES PRACTICABAN CEREMONIAS MÁGICAS

“No solo se admiraban mutuamente, se ayudaban y mantenían similares ideas políticas, sino que su afinidad personal se fundamentaba en sus creencias en los dioses africanos, en el poder de la magia o en el contacto con entidades del más allá, según han declarado personas próximas a ambos mandatarios.

En agosto de 2006, los cubanos pudieron contemplar por vez primera, a través de las pantallas de televisión, una imagen insólita: Fidel Castro, postrado en la cama, con claros síntomas de debilidad en su rostro. A su lado, el hermanísimo Raúl Castro, que le sucedió al frente del Gobierno cubano, y el presidente venezolano Hugo Chávez, líder de la Revolución Bolivariana. Fidel vestía un chándal rojo y el mandatario venezolano una camisa de idéntico color. Este hecho desató una oleada de rumores, pues según diversas informaciones, ambos dirigentes son adeptos a la santería y practican diversos ritos esotéricos. De hecho, el rojo es el color de Changó, uno de los principales 'orishas' (dioses) del panteón afrocubano, al que se cree que está ofrecido Castro. «Sus asesores espirituales le dijeron que tenía que vestir de rojo para que Changó le ayude a recuperar la salud», comentaban algunos sacerdotes de la santería a los periodistas extranjeros en la isla caribeña.

Según informaciones procedentes de organizaciones contrarias a Hugo Chávez, éste había viajado en varias ocasiones a Cuba de incógnito, con el fin de asistir a diversos rituales de protección, oficiados por los brujos personales de Fidel Castro. Sobre este controvertido asunto habló en su momento un conocido santero venezolano. Paulino Baptista declaró al semanario 'Quinto Día': «Yo hablo con ellos (los 'babalaos' o santeros mayores de la isla caribeña) y, cuando fui a Cuba, me dijeron que en uno de sus viajes, Chávez fue rociado con la sangre de un toro».

El médium Hugo Chávez

Aunque no existe una sola prueba sobre lo anterior, lo cierto es que el presidente venezolano profesaba una serie de creencias mágicas, tal como revelaron en sus últimos años personas muy cercanas a él. Por ejemplo, el capitán retirado Luis Valderrama, uno de los líderes de la intentona de golpe de estado comandada por Hugo Chávez el 4 de febrero de 1992, y que al igual que éste y otros cabecillas de la asonada militar terminó en el penal de Yare, narra historias sorprendentes: «En la cárcel vivimos muchas experiencias de ese mundo de la santería, lindante con la hechicería y la brujería (...) La incorporación de espíritus en personas que hacían de médiums. Y resulta que Chávez, hablando con los presos, les dice que él tiene facultades para ser médium (...) Y deciden hacer una sesión para demostrar que eso era verdad. Roland (uno de los presos) arregló la sesión para que se incorporara el espíritu de Maisanta a Chávez (...) Nos reunimos todos en una celda. Chávez se sentaba en una silla con tabaco (...) Entonces empieza a fumar el tabaco y, de inmediato, empieza a hacer gestos con el cuerpo para señalar que le está entrando el espíritu (...) Entonces se incorpora el espíritu (...) Y era Maisanta quien hablaba a través de Chávez (...) Eso lo hicimos dos o tres veces». De este modo tan gráfico cuenta el militar sus vivencias con el revolucionario venezolano al profesor Agustín Blanco Muñoz, autor del libro 'La Maisantera Chávez'. Maisanta es el sobrenombre de Pedro Pérez Delgado, coronel del Ejército del dictador Juan Vicente Gómez, que terminó enfrentándose al sátrapa al tiempo que se convertía en una especie de bandolero y líder popular de finales del siglo XIX y principios del XX. Chávez estaba convencido de que éste fue su bisabuelo materno.

En este sentido, Herma Marksman, pareja de Hugo Chávez durante once años (1983-1994) y colaboradora de éste en sus proyectos revolucionarios, le contó a Agustín Blanco lo siguiente: «Él sostiene que Maisanta lo protege, lo guía, y fíjate lo que te contaba de lo que me dijo cuando la muerte del señor Adarmes (un revolucionario del grupo inicial dirigido por Chávez, que era muy crítico con él): 'Ya Maisanta hizo justicia'. En otra ocasión, durante una discusión de pareja, paró el coche en el que viajaban y, de repente, sopló una brisa. Entonces le dijo a su prometida: 'Te das cuenta, Herma, que hasta Maisanta está tranquilo porque ya hicimos las paces'». Herma también confirmó que el líder venezolano era aficionado al espiritismo y había participado en varias sesiones. Además, según ella, estaba convencido de que los revolucionarios Ezequiel Zamora y Simón Bolívar también le echaban una mano desde el mundo de los espíritus.

Poseído por los espíritus

El teniente coronel Francisco Arias Cárdenas se convirtió en miembro de la Comisión Promotora encargada por el presidente Hugo Chávez para la conformación del Partido Socialista Unido de Venezuela. Hombre de ideas izquierdistas, codirigió junto a Chávez el intento de golpe de estado del 4 de febrero de 1992. Una vez que el revolucionario llegó al poder, ocupó importantes cargos políticos, como el de canciller de Venezuela ante las Naciones Unidas, gobernador del Estado de Zulia o embajador de Venezuela en México, cargo que ostenta en el momento de escribir estas líneas. Él también vio cómo Chávez ejercía de médium en la cárcel de Yare. En cierta ocasión, se lo encontró con un escapulario de Maisanta, sosteniendo una botella de ron y fumando un puro, al más puro estilo de un ritual de posesión típico de la santería y otras religiones de origen africano. Chávez le dijo que estaban convocando a los espíritus y, entonces, comenzó a temblar y a hablar con la voz de un anciano. «En eso, salta de inmediato Torres Naumberg, uno de los que estaba cuadrado conmigo, y le dice: '¡Mi general Bolívar!'. Y Chávez contesta: 'Yo no soy el general Bolívar, no me ponga tan arriba'. Salta entonces Roland Blanco (otro de los presentes): '¡Mi general Maisanta!'.'Claro, mijo, aquí estoy', soltó Chávez».

La tarotista Esmeralda Queen asegura que le leyó las cartas al mandatario venezolano en 1996, anticipándole el papel crucial que iba a desempeñar en la política latinoamericana. La vidente incluso llegó más lejos en sus afirmaciones, asegurando que, además de contar con el consejo de unos santeros, realizaba viajes periódicos a La Habana para que se le practicaran una serie de limpiezas espirituales por mediación de Fidel Castro. De hecho, la afición de Chávez por la adivinación viene de tiempo atrás. Cristina, la hermana de Herma Marksman, antigua compañera sentimental del líder bolivariano, solía predecirle el futuro a éste mediante el tarot, el tabaco o la lectura de las líneas de las manos. Cierto día, narra Marksman, Chávez le dijo a Cristina que no podía dormir porque los espíritus le atormentaban, por lo que la mujer le recomendó que realizase un ritual, consistente en voltear un vaso, en cuyo interior debía introducir un papel con su nombre. Al parecer, Chávez poseyó hasta el final de su vida ese vaso volteado sobre su mesilla de noche.

En otra ocasión, tras "tirarle" los naipes, Cristina le recomendó que rompiese una carta que le iba a llegar por agua, convocándolo a una reunión. No debía acudir bajo ningún concepto. Jornadas después, recibió la susodicha misiva: una invitación de la guerrilla colombiana de las FARC para que se reuniera con algunos de sus altos cargos, pero éste hizo lo que le había recomendado la hermana de Herma.

La revolución de los 'orishas'

8 de enero de 1959. Hacía una semana que la revolución había triunfado. Tras 25 de meses de lucha, los rebeldes, encabezados por Fidel Castro, su hermano Raúl, Ernesto Che Guevara y Camilo Cienfuegos, habían conseguido acabar con la dictadura del general Fulgencio Batista. Camilo y Fidel, al frente de la Columna Uno José Martí, saludaban a las multitudes desde un todoterreno descapotable. Finalmente, la comiti-

va se detuvo en el Palacio de la República. Allí, Fidel Castro se dirigió brevemente a los miles de habaneros congregados para citarlos, esa misma noche, en el campamento militar de Columbia. Sería el primer discurso del líder cubano tras el triunfo de la Revolución.

Ante la atenta mirada de millones de cubanos, y es que el discurso también era transmitido por la televisión, Fidel tomó aire, lanzó una furtiva mirada de complicidad a Camilo Cienfuegos, que se hallaba a su lado, y comenzó a hablar. En un momento determinado, bajo el cielo del campamento aparecieron dos palomas blancas iluminadas por los potentes reflectores del recinto. Las aves se acercaron al mandatario cubano y, primero una y luego otra, se posaron en su hombro. Entonces el público estalló en aplausos y comenzó a gritar enfervorizada: «¡Fidel, Fidel, Fidel!». Desde ese momento, la Revolución se ganó para la causa a los creyentes y practicantes de las religiones afrocubanas. Babalaos, santeros, abakuas, paleros y creyentes en general conocían el significado que el suceso tenía para su religión: la paloma blanca es la representación de Obatalá, descendiente de Olofi, la gran divinidad del panteón de la religión africana. Obatalá es el rey del pensamiento, de la pureza, de la paz y del progreso. Y, por si fuera poco, el 8 es su representación numérica. Recordemos que el suceso de las palomas ocurría precisamente un 8 de enero de 1959. Además, la Revolución había triunfado un 1 de enero, día sagrado en el que los 'orishas' marcaron el curso de la historia, tal como pretendía hacer el nuevo líder. Así cautivó Castro a gran parte del pueblo cubano, en su mayoría creyente en la santería y otros cultos africanos.

Iniciado en el Palo Mayombe

Según algunos paleros en el exilio es un secreto a voces entre los practicantes de esta religión que Fidel Castro Ruz fue "rayado", es decir, iniciado en el palo mayombe a la tierna edad de seis años. Al parecer, el futuro mandatario cubano, nacido en una finca a las afueras de Santiago de Cuba, se encontraba muy débil y enfermo, por lo que una negra conga, amiga de una criada de la madre, convenció a la señora Ruz para "rayarlo en palo" y así salvarle la vida. En el transcurso del ritual, Castro fue sometido a un "registro", es decir, un estudio mágico sobre su futuro por parte del palero, para averiguar si la curación era permitida por los 'orishas'. Desde ese momento, Fidel Castro se encontraría bajo la protección de Ayaguna, una de las manifestaciones de la gran divinidad. De dicha deidad se derivan todos los dioses guerreros: Ogún, Changó, Aggayú y Ochosi.

Desde luego, no tenemos la certeza de que este hecho tuviera lugar realmente o simplemente estemos ante una leyenda, al igual que otras muchas que circulan sobre la persona de Castro. Sin embargo, el propio Fidel, en una serie de entrevistas sobre cuestiones religiosas concedidas al sacerdote y escritor Frei Betto, se refirió al ambiente mágico y sobrenatural que existía en el lugar donde pasó su infancia, en el cual sin duda la creencia en la santería y el palo estaba enormemente extendida.

Frei Betto recopiló sus entrevistas con el comandante en jefe en un curioso libro titulado 'Fidel y la religión'. En este volumen hallamos algunas informaciones interesantes sobre el entorno mágico en el que creció Castro. Así, al referirse a sus vecinos, Fidel afirma: «Aquellas familias tenían creencias de distintos tipos. En realidad, recuerdo cómo era el ambiente del campo sobre esta cuestión. Creían en Dios, creían en distintos santos. Algunos de esos santos estaban en la liturgia, eran santos oficiales; otros no». Sin duda, se refería a los santos de la santería.

Más adelante, continúa diciendo que «mucha gente creía también en los espíritus, en los fantasmas. Recuerdo que de niño oía cuentos de espíritus, de fantasmas, de apariciones; todo el mundo hacía cuentos. De manera que el mundo en el que yo nazco, era un mundo bastante primitivo en ese sentido. Ese ambiente lo veía en todas las familias y, en parte, también en mi propia casa». Ante la pregunta de Frei Betto sobre si en su domicilio existían imágenes religiosas, Castro responde: «Muchas imágenes: de los santos, de la Virgen de la Caridad, la patrona de Cuba (...) Ahora en mi casa había también un san Lázaro, que no estaba dentro de los santos oficiales de la Iglesia católica». Efectivamente, san Lázaro, el santo más popular de Cuba, es la representación de Babalú Ayé, el 'orisha' de las enfermedades contagiosas y una de las divinidades de la santería más veneradas. No es de extrañar, por tanto, que en ese ambiente la madre del pequeño Fidel lo llevara a una sesión de palo con la intención de sanarlo.

Entre espiritistas y santeros

Lo que ya no es ningún secreto es que algunas de las personas más cercanas a Castro, ya fallecidas, fueron practicantes de la santería o el espiritismo, como el comandante y médico personal del líder cubano, René Vallejo; su secretaria personal durante muchos años, Celia Sánchez; o su íntima amiga Haydee Santamaría, presidenta hasta su muerte de la Casa de las Américas de La Habana y miembro del Comité Central del Partido Comunista Cubano. Esto ha dejado de ser un tema tabú y miembros del Gobierno cubano lo reconocen sin problemas.

El médico cubano Roberto Orozco, actualmente en el exilio, siempre fue un entusiasta investigador de la parapsicología. Cuando todavía residía en la isla, fundó una asociación de investigación sobre fenómenos paranormales, integrada por miembros de las facultades de Física, Psicología y Medicina de las universidades de La Habana, Santa Clara y Santiago de Cuba, además de altos cargos del Partido Comunista Cubano. De este modo, Orozco entró en contacto con René Vallejo y Celia Sánchez.

«Sabíamos –asegura– que muchos de los miembros del Partido, del Ejército o del servicio de inteligencia tenían concomitancias con alguna que otra secta africana o con la obra espiritual. Así es que la idea era llevarles materiales de parapsicología científica para justificar sus actividades poco ortodoxas, nigromantes entre otras, ante la omnipotente visión del mundo materialista que las personas del régimen vehiculizaban al exterior, y también mantener la estabilidad en la lucha por el poder. Entonces, nosotros, para disfrutar de una cierta anuencia o tolerancia para investigar, nos acercábamos a los personajes del régimen que supiéramos tuviesen algún tipo de filiación con las ideas espirituales o espiritistas, o el submundo de las sectas africanas, con la finalidad de darles material de parapsicología científica. De este modo, establecimos una forma de chantaje benigno. Nosotros, sin filiación política, les dábamos material científico que fundamentase los fenómenos de la santería o del espiritismo o de cualquier otra corriente espiritualista que ellos profesaran, y ellos, moralmente, tenían que tolerarnos, porque nosotros, al mismo tiempo, podíamos hablar de sus vinculaciones y sus aceptaciones de estas ideas.

Así fue que me acerqué a Celia Sánchez, a través de Miguelito Ugando, por los años 66, 67, 68, que era administrador del hospital de emergencia, donde René Vallejo operaba. Era el que todas las semanas compraba las flores para las sesiones de espiritismo clásico en casa de Celia Sánchez, en el Vedado. Solo pude asistir a tres de ellas porque se dieron cuenta de que yo era un elemento sin ninguna filiación, simplemente un estudiante de Medicina de cuarto año, y me dijeron que no podía asistir más. A través de Joaquín Castillo, un transfusionista médium del Hospital Oncológico, tuve acceso a los hermanos Vallejo. Joaquín actuaba como médium y yo como investigador en esas reuniones donde asistía un pequeño y selecto público. Yo siempre buscaba una entrevista con el comandante René Vallejo, pero éste tuvo el tremendo cuidado de no dármela. Sin embargo, los materiales que allí llevaba se absorbían como agua por tierra seca y, según me decían, el comandante y su hijo los leían y me daban las gracias por esa información».

Elián González, el niño Elegguá

El 24 de noviembre de 1999, Elisabeth Brotons, su hijo Elián González y el padrastro de éste huyeron de Cuba a bordo de una patera junto a otras doce personas. Como en otras muchas ocasiones, la patera se hundió (las cifras más realistas apuntan a más de 10.000 cubanos fallecidos en el intento de alcanzar las costas de Florida) y solo quedó con vida Elián González, de tan solo seis años de edad. Agarrado a un neumático, el niño aguantó cerca de 48 horas en el mar, hasta que unos pescadores lograron rescatarlo. Una vez en tierra, el

Servicio de Inmigración de EE UU, en vista de que el niño estaba huérfano de madre, decidió dejarlo temporalmente bajo la custodia de sus parientes más cercanos en Miami.

Inmediatamente, el régimen cubano puso en marcha una campaña propagandística internacional para lograr que Elián regresara al país caribeño. Algunos líderes del exilio, bien informados de lo que sucede dentro de las altas instancias políticas de la isla, declararon a la prensa que el gran interés de Castro por este asunto se debía a que los santeros del líder cubano le habían dicho que, según los dioses africanos, Elián González era la representación en la Tierra de Elegguá, el 'orisha' que tiene en sus manos el futuro de los hombres, el que abre o cierra caminos. Elegguá se suele representar dentro de la iconografía de la santería como un niño y, en este caso, según los santeros del comandante en jefe, si Elián no regresaba, el castrismo podría desaparecer en un futuro no muy lejano.

El escritor cubano exiliado Guillermo Cabrera Infante –Premio Cervantes 1997– también opinaba que Castro creía realmente que "el balserito" podía decidir el futuro de la isla. Cabrera Infante aludió a un suceso ocurrido durante el encuentro, a finales de enero de 2000, entre Elián y sus abuelas llegadas desde Cuba. Las autoridades norteamericanas, en parte debido a la campaña diplomática desplegada por el Gobierno cubano, permitieron que las mujeres vieran al niño. En el encuentro –que duró unas horas y tuvo lugar en el domicilio de sor O'Laughl, rectora de la Universidad de Barry, en Miami Beach–, las abuelas mordieron la lengua de Elián, una práctica que, como puso de manifiesto Cabrera Infante, es típica de la santería. Días después, las abuelas del pequeño justificaron su extraña actitud declarando que «solo seguimos instrucciones». ¿Acaso alguien desde el Gobierno cubano les ordenó realizar esta práctica mágica para lograr el regreso del niño? Para los líderes del exilio la respuesta es sí, categóricamente.

Después de que varios agentes federales de EE UU lo sacaran a la fuerza del domicilio de sus parientes, Elián pasó el día junto a su padre en una casa de Miami, perteneciente a la Sección de Intereses Cubanos, bajo la custodia de agentes castristas. Dentro del recinto que rodea la construcción se distinguía una figura de Elegguá en madera. Además, los periodistas que vigilaban en el exterior escucharon dentro de la vivienda la característica música de tambor de un "toque de santo": ritual en el que los 'orishas' poseen a los santeros presentes para danzar y hablar a través de su boca.

Castro en una ceremonia mágica

Durante un viaje a Cuba para estudiar la pervivencia de las religiones africanas en la isla, varios santeros me comentaron que, durante un breve espacio de tiempo, en las librerías de La Habana se vendió un libro sobre un viaje a África que había realizado Fidel Castro en los años 70. Al parecer, en Nigeria, Castro recibió algún tipo de iniciación mágica, tal como atestiguaban dos fotografías que incomprensiblemente aparecían en dicha obra. En una de las instantáneas se veía a Castro vestido totalmente de blanco y, en otra, recibiendo un despojo de serpiente, en lo que parecía un acto ritual. A los pocos días de su publicación, cuando ya circulaban por el país infinidad de rumores sobre las fotografías, fue retirado de todas las librerías. En Miami, varios grupos de anticastristas se han encargado de divulgar algunas de esas instantáneas en diferentes medios de comunicación y por internet.

Alina, la hija rebelde de Fidel Castro, también tuvo vinculación con la santería. Natalia Bolívar, descendiente del libertador de América y la más prestigiosa antropóloga cubana, puso en contacto a Alina con Rafael Chaveco, un conocido espiritista de La Habana. Éste, tras consultar a los espíritus, miró fijamente a Alina y comenzó a hablar. Dijo que, según el espíritu del militar Ta Juan, ella era una persona libre, pero al mismo tiempo estaba presa; que debía tratarse de los nervios y que había un militar, un hombre fuerte, detrás de ella. Natalia Bolívar recuerda la escena: «Vi a Ta Juan, personificado en Chaveco, que imitaba exactamente los andares de ese militar. Le dijo a la joven que ella quería irse del país. Pero que no iba a salir como ella misma, sino como otra persona. Que saldría disfrazada. Nos quedamos asombradas».

Alina regresó a la consulta de Chaveco en otra ocasión, esta vez sola, y luego regresaría más veces. Cierto día, un vecino le dijo a Chaveco que esa chica era la hija del comandante en jefe, y del susto el espiritista casi visita su adorado mundo de los espíritus para toda la eternidad. No sabemos si fue por las indicaciones de Ta Juan, pero el caso es que Alina abandonó Cuba con una peluca, convenientemente disfrazada, y con un pasaporte español falso, rumbo a Madrid.

Lo que es un secreto a voces, tal como me comentaron varias personas relacionadas con los servicios de inteligencia, es que buena parte de los santeros y paleros de Cuba son informadores de los servicios secretos cubanos. Y es lógico, pues son los que mejor conocen los problemas y circunstancias de su vecindario y probablemente los mejor informados sobre las actividades de individuos contrarios o descontentos con el régimen comunista.

Pero la información más jugosa que la DGI (Dirección General de Inteligencia) o la contrainteligencia del MININT (Ministerio del Interior) obtienen de paleros y babalaos se refiere a las confidencias que puedan hacerles altos cargos del Partido Comunista Cubano, también creyentes en la santería, o políticos y empresarios extranjeros que acuden a Cuba a consultar a famosos sacerdotes de las religiones africanas. En este sentido, Enrique García Díaz, un excapitán del servicio de inteligencia del MININT, le confesó al periodista Andrés Oppenheimer que alrededor de la mitad de los babalaos de Cuba habían sido captados por el servicio de inteligencia del Ministerio del Interior.

Alina, la hija rebelde de Fidel Castro, estuvo vinculada con la santería (Wiki Commons).

Las profecías de los 'orishas'

Parece que fue entre finales de 1990 y principios de 1991, que Fidel Castro y la plana mayor del Partido Comunista Cubano se percataron de que debían apoyar a las religiones africanas en la isla. Se dieron cuenta de que el elemento vertebrador de la sociedad cubana no era el marxismo sino la santería. Millones cubanos creen "a pies juntillas" en los poderes de los 'orishas', por lo que los miembros del Comité Central del Partido Comunista Cubano decidieron lanzar una gran campaña para ganarse a los fieles de las tres grandes religiones africanas: la santería, el palo monte y las sociedades secretas abakuá.

En primer lugar, decidieron encargarle un informe sobre la cuestión al Departamento de Estudios Sociorreligiosos de la Academia de Ciencias. En un voluminoso informe, la Academia recomendaba un cambio radical de la política oficial seguida por el Gobierno cubano sobre estos cultos. La conclusión del informe indicaba que si se lograba que los santeros, paleros y abakuás apoyaran la revolución, se podría llenar el vacío dejado tras la caída del comunismo. Un punto clave sobre el que incidió la Academia se refería a la posibilidad de lograr que los santeros se abstuviesen de realizar profecías sombrías sobre el futuro.

Efectivamente, todos los primeros días de cada año, los babalaos mayores de Cuba –algo más de 100– se reúnen para consultar a los 'orishas' cómo se desarrollará el año. Esta reunión no sale publicada en los medios de comunicación de la isla, pero las profecías de los 'orishas' son esperadas por todos los cubanos con gran interés. Una vez terminada la reunión, los babalaos mayores regresan a sus lugares de origen e informan de las profecías de los 'orishas' a otros hermanos de religión, quienes las transmiten a su vez a otros hermanos, creyentes y vecinos.

A los pocos días todos los habitantes de la isla saben lo que los dioses africanos les comunicaron a los babalaos mayores. Pero incluso con mayor interés que la población, esperan los dictámenes de los babalaos los miembros del Comité Central del Partido Comunista, no necesariamente porque crean en el poder de los 'orishas', sino por saber qué actitudes tomará la población ante determinados eventos que tendrán lugar durante el año. Por esta razón, el servicio secreto cubano se esfuerza por tener bajo control a los líderes de las religiones de origen africano de la isla.

Chávez en ritos chamánicos

Durante su lucha contra el cáncer que finalmente lo llevó a la tumba, Hugo Chávez se prestó a ser objeto en público de ceremonias chamánicas, misas cristianas, rezos evangélicos y hasta bilongos africanos. En uno de estos rituales fue designado "Gran Cacique" de los pueblos ancestrales de Venezuela y honrado con cánticos y bailes rituales para protegerlo de la enfermedad y sus enemigos. Durante la ceremonia chamánica, una anciana curandera yekuana le colocó en la cabeza un penacho de plumas multicolor bendecido en las selvas del Alto Orinoco. Frente al líder bolivariano, líderes wayúu, jivi y cumanagoto invocaron a sus ancestros para que permitieran la recuperación de Hugo Chávez.

«Desde el punto de vista espiritual, me he reencontrado con profundidades de mi alma. Cosas que pasaron, cosas que uno fue, que uno hizo, que uno carga por dentro y han estado floreciendo: la voluntad de vivir y la voluntad de seguir gobernando Venezuela por muchos años más», aseguró Chávez entre los aplausos de los presentes al acto mágico. Unas semanas antes el "presidente eterno" de Venezuela había recibido el influjo positivo de un grupo de chamanes-músicos africanos y

Hugo Chávez era médium espiritista y creyente en la santería. Tras su fallecimiento, se levantó una capilla en su honor.

de jóvenes tanto católicos como evangélicos. Incluso la propaganda oficialista creó una oración: "Chávez nuestro", a imitación nada menos que del padrenuestro. Tras su fallecimiento, se construyó su mausoleo en el Cuartel de la Montaña, en Caracas. A poca distancia se erigió la capilla de San Hugo Chávez del 23.

Los brujos de Nicolás Maduro

En cuanto a Nicolás Maduro, sucesor de Hugo Chávez al frente del Gobierno venezolano, es sabido que era un fiel devoto del gurú indio Sai Baba, lo que no constituyó impedimento alguno para que continuara con su devoción católica y por las religiones afrocubanas. Hugo "El Pollo" Carvajal, actualmente en paradero desconocido y acusado de narcotráfico por EE UU, ocupó durante casi diez años el cargo de jefe del servicio de inteligencia venezolano, lo que no impidió que se acabara convirtiendo en uno de los mayores enemigos de Maduro, acusándolo de ser el principal responsable de los problemas que aquejan a Venezuela. En una carta pública enviada a Maduro aseguró: «¿Cómo te atreves a llamarte cristiano cuando eres seguidor de cuanta creencia se te cruza por enfrente? Eres un devoto santero, seguidor de Sai Baba».

"El Pollo" Carvajal declaró que a costa de los presupuestos del Estado se pagan enormes sumas de dinero a un santero de la localidad cubana de Guanabacoa, que realiza poderosos rituales y sacrificios de animales para proteger a Maduro. Según el exjefe del espionaje venezolano, en cierta ocasión se envió al santero un maletín con 500.000 dólares, transportado hasta La Habana en un avión de Petróleos de Venezuela.

El periodista venezolano David Placer, afincado en España y autor del libro 'El dictador y sus demonios', en el que realiza una profunda investigación sobre los nexos de Chávez con el mundo de las religiones afrocubanas y la brujería, dio credibilidad a las palabras del exdirector del servicio secreto venezolano, y en declaraciones al diario 'El Mundo' aseguró que «el brujo de Maduro cobra hasta 90.000 dólares por consulta a los empresarios venezolanos que acuden a su oficina».

David Placer también declaró al citado periódico que «Chávez y Maduro han hecho de la brujería una política pública». En cuanto a las creencias del actual mandatario venezolano dijo: «Maduro ha dicho en más de una ocasión que era agnóstico, incrédulo, hasta que conoció a Chávez. Entonces hasta sus convicciones más íntimas se removieron. Comenzó a ver la cara de Chávez por todas partes, en el Metro, en el Cuartel de la Montaña, en forma de pajarito. También dijo, después del atentado con el dron, que estaba protegido por una enorme fuerza espiritual».

El biógrafo de Nicolás Maduro, Roger Santodomingo, autor del libro 'De verde a Maduro', declaró que el despacho del presidente de la República de Venezuela –donde lo entrevistó para su libro durante bastantes horas– «estaba lleno de amuletos e incluso tenía trenzas rojas». Algunos de esos amuletos, dijo Santodomingo, «provenían de Sai Baba».

Santeros en el poder

David Placer va más allá en sus afirmaciones y asegura que la santería se convirtió durante el mandato de Chávez –y, según él, sigue siéndolo actualmente con Maduro– en el verdadero "pegamento" del poder político y militar en Venezuela. En una entrevista que concedió al diario 'El Universal' dijo:

> «Chávez tenía un carácter profundamente supersticioso. Creció en los llanos venezolanos escuchando cuentos de fantasmas y ánimas. Y Fidel Castro, viendo en él esa personalidad marcadamente creyente y supersticiosa, se aprovechó de esa debilidad. Lo llenó de babalaos (sumos sacerdotes) de la santería cubana para que supuestamente lo guiaran en sus caminos espirituales. Pero esos consejeros, que no solo acompañaron a Chávez sino a altos jerarcas del chavismo, gobernadores, militares y jefes de empresas públicas, eran espías. Esta sorprendente revelación en mi libro la hace Raúl Baduel, exministro (venezolano) de Defensa y quien fue compadre y amigo íntimo de Chávez (…) En pleno Palacio Presidencial de Miraflores hay ele-

mentos de santería como una cabeza de caimán, caramelos y pétalos de rosa sobre la espada del libertador Simón Bolívar. Y todo esto pude presenciarlo con mis propios ojos porque estuve en esos salones del Palacio Presidencial y saqué fotografías de todos esos elementos que no se explican desde otra óptica que desde la de la santería».

Según el periodista venezolano afincado en España, altos cargos políticos y militares del chavismo convocan en reuniones espíritas a las almas de los líderes libertadores de América del yugo español. Además, están convencidos de que Chávez murió como consecuencia de una maldición del espíritu de Simón Bolívar, porque en 2010 Chávez se atrevió a exhumar los restos del héroe libertador y transmitir el acto por televisión, durante el transcurso del cual comenzó a hablar a los huesos de Bolívar.

Placer dijo a 'El Universal' que la santería continúa jugando un papel protagonista dentro del régimen bolivariano: «La santería cubana comenzó en la jerarquía del chavismo y fue permeando hasta las bases sociales del país. En puertos, en el aeropuerto, ministerios y en las empresas públicas donde domina el chavismo, también domina la santería. Se convirtió en la religión oficial del régimen. Y los chavistas lo sabían: si eran santeros, más posibilidades tenían para ascender cuando sus jefes también son santeros. El propósito era tener una religión oficial, porque la Iglesia católica siempre fue muy crítica con el chavismo».

En la actualidad, según el autor de 'El dictador y sus demonios', «todos esos elementos santeros siguen en Miraflores y Nicolás Maduro y muchos de sus jerarcas siguen consultándose con sus brujos y adivinos. Es una característica innata y en tiempos de dificultades se acrecienta esa dependencia hacia los rituales y las ciencias ocultas. La incertidumbre los hace que pidan certeza. Necesitan autoconvencerse de que los problemas amainarán».

V
LA HISTORIA PROHIBIDA

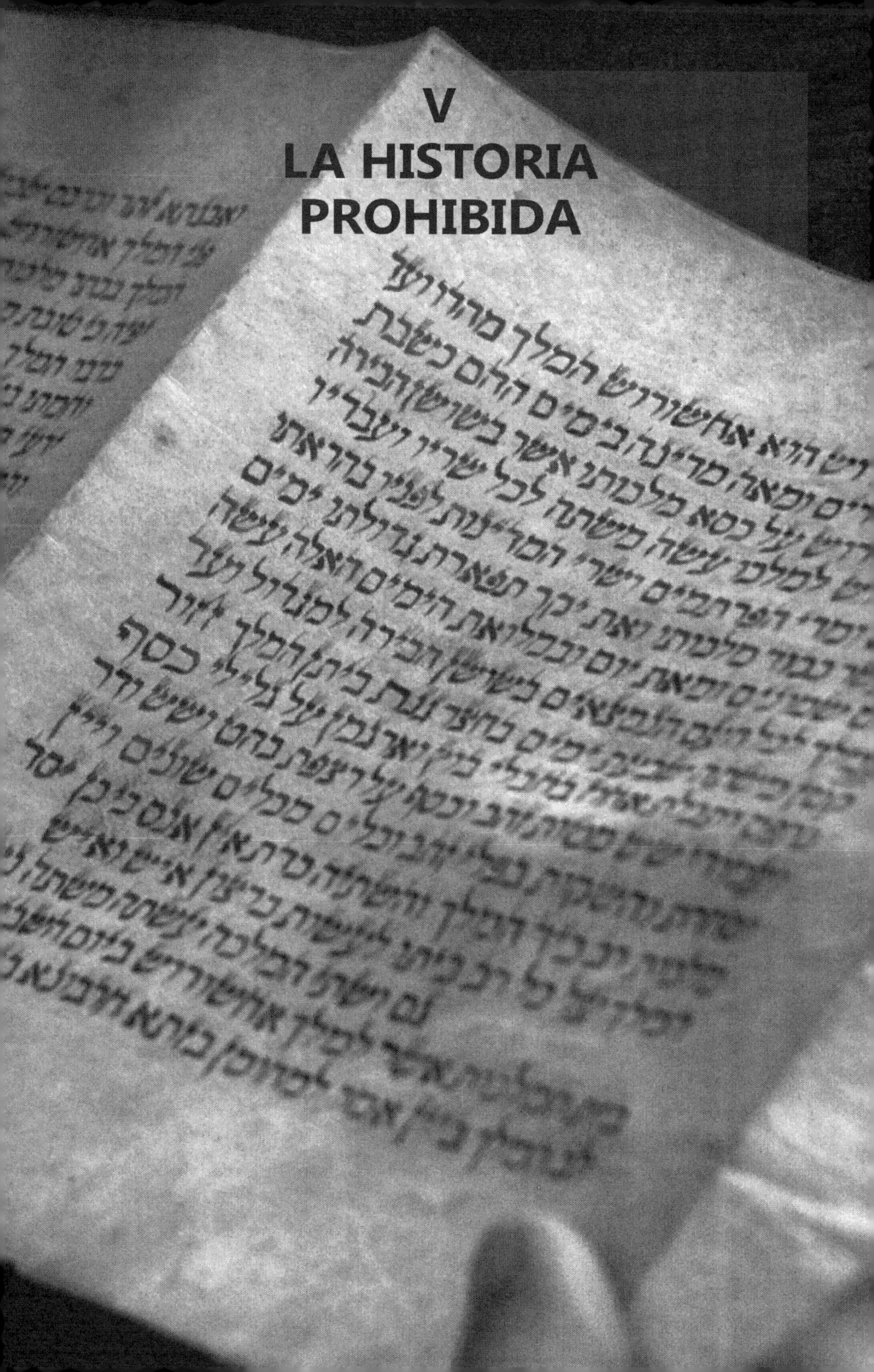

21. DIMETILTRIPTAMINA: LA SUSTANCIA DE DIOS

EL ALUCINÓGENO QUE DIO LUGAR AL PENSAMIENTO RELIGIOSO Y AL CONTACTO CON EL MÁS ALLÁ

“La dimetiltriptamina, conocida como DMT, que está presente en diversas plantas alucinógenas, bien pudo ser el catalizador que provocó que nuestros primeros ancestros descubrieran el trance y el contacto con “otros mundos”. Desde entonces, ese culto a los “vegetales sagrados” que abren las puertas entre diferentes dimensiones de la existencia, ha ido impregnando diversas religiones y creencias, incluida la judeocristiana.

Desde la noche de los tiempos, las más variadas culturas han empleado a nuestras "hermanas" del reino vegetal con el objetivo de acceder a otros planos de la existencia para sanar a los enfermos, encontrar respuestas a las preguntas que nos inquietan o penetrar en el mundo de los dioses o los espíritus, a fin de recibir sus mensajes. Se conocen por infinidad de nombres –plantas maestras, de poder, sagradas, mágicas, luminosas, visionarias, psicodélicas, etc.–, y su uso tiene como objetivo fundamental provocar en quien las ingiere un estado alterado de conciencia que, según diversos investigadores, podría abrirnos las puertas a otras dimensiones de la realidad.

En la actualidad, físicos, matemáticos, antropólogos o arqueólogos experimentan –siempre bajo medidas de control en laboratorio o dirigidos por verdaderos chamanes– con las llamadas plantas alucinógenas o enteógenos, término que prefieren los estudiosos para referirse a dichos vegetales, pues la palabra enteógeno está compuesta de 'entheos' –'dios adentro' en griego– y la raíz "gen", que denota movimiento. Es decir, "aquello que nos enseña nuestra divinidad interior".

Son muchos los estudiosos que, tras haber ingerido dichas plantas, aseguran haberse topado en esa "realidad paralela" con inteligencias de otras dimensiones, con las que incluso han llegado a comunicarse. Para algunos científicos, dichos seres simbolizan el aspecto y propiedades de nuestro yo más profundo, pero otros defienden que tienen una existencia real en distintos universos paralelos.

Hoy en día, en pleno siglo XXI, grupos de experimentadores, que se llaman a sí mismos "psiconautas" –viajeros de la psique o la conciencia–, tratan de explorar esas dimensiones paralelas. Para ello emplean sobre todo la dimetriltriptamina (DMT), también conocida como "la molécula del espíritu", una sustancia que contienen algunas plantas, como la chacruna ('Psychotria viridis'), pero que también genera el cerebro humano de forma natural.

Científicos que viajan entre dimensiones

Cada participante en estas experiencias sincronizadas debe escoger un símbolo por el que será identificado por el resto de los psiconautas cuando se halle surcando el hiperespacio. Aunque pueda parecer sorprendente, buena parte de los psiconautas "cartografían" un espacio muy similar, perciben idénticas sensaciones y se encuentran con el mismo tipo de entidades. En resumen, tres elementos definen esa dimensión paralela por la que "navegan" los psiconautas de la DMT:

1. El llamado crisantemo o barrera energética. Sería la puerta de acceso al "otro lado", y se caracteriza por una serie de figuras geométricas indescriptibles, de hermoso colorido y gran belleza. Algunos viajeros del hiperespacio no logran atravesarla porque en el mismo instante de hacerlo son "poseídos" por una especie de pánico existencial.
2. Si logramos traspasar el crisantemo, llegaremos al conocido como domo o "patio de los extraterrestres". Vendría a ser algo así como una especie de centro de recepción de los confundidos exploradores tridimensionales. Muchos sienten una suerte de mensaje que penetra en todos los poros de su ser, el cual podría ser traducido

como "lo lograste, ya estás al otro lado". En esta ignota región más allá del espacio-tiempo, la realidad a la que estamos acostumbrados se difumina, y no es extraño que aparezcan traviesos seres que comienzan a jugar con la materia-energía, que el asombrado psiconauta descubrirá que no es más que la extensión de su conciencia.

3. Luego hacen acto de presencia otra clase de entidades, que cada cual identifica con extraterrestres, inteligencias dimensionales, hadas, ángeles, demonios, etc. En ocasiones son alegres y amigables, pero otras veces atacan a los psiconautas o simplemente muestran un absoluto desinterés hacia ellos. Pueden llegar a comunicarse con los humanos que penetran en sus dominios en una especie de idioma-creador, pues para dichas entidades el acto de la comunicación es como el arte de la creación. No existe diferenciación entre verbo, materia y energía, por lo que la conclusión es que si alguna de estas inteligencias poseyera la capacidad de penetrar en nuestro mundo tridimensional, las tomaríamos por el mismísimo Dios.

La DMT es el elemento principal de la ayahuasca, un brebaje para penetrar en las dimensiones paralelas que preparan los chamanes del Amazonas. Es una combinación de plantas medicinales y plantas visionarias. Aunque existen distintas for-

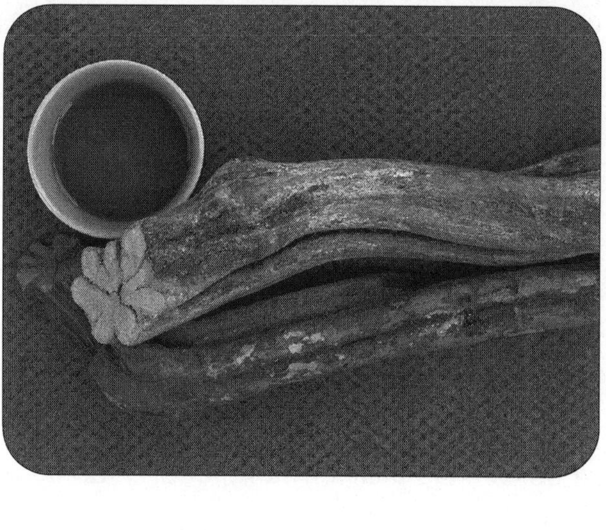

Liana 'Banisteriopsis caapi' y brebaje de ayahuasca.

mas de prepararla, siempre incluyen un inhibidor MOAI, como la liana 'Banisteriopsis caapi', conocida como "la viña de los espíritus", y una planta que contenga la famosa DMT.

El Dr. Jeromy Narby, un prestigioso antropólogo canadiense, defiende en su libro 'The Cosmic Serpent' que los chamanes amazónicos emplean la ayahuasca para entrar en contacto con el ADN del enfermo y así curarlo. Narby escribe: «Mi investigación me ha llevado a formular la siguiente hipótesis: en sus visiones, los chamanes llevan su conciencia a nivel molecular y obtienen acceso al ADN, al que llaman 'esencias animadas' o 'espíritus'. Aquí es donde ven dobles hélices (la forma del ADN), espirales y formas cromosómicas. Así es como las culturas chamánicas han conocido por milenios que el principio vital es el mismo para todos los seres vivos y tiene forma de dos serpientes entrelazadas (una viña, una cuerda, una escalera)».

El manjar de los dioses

En los últimos tres millones de años el tamaño del cerebro humano se triplicó, lo que para buena parte de los antropólogos que estudian la evolución humana constituye el avance más rápido de un órgano complejo en toda la historia de la vida en la Tierra. Se cree que este proceso evolutivo llegó a su punto álgido hace unos 100.000 años, cuando nuestros ancestros se transformaron en individuos conscientes. Esto conllevó el uso de herramientas, el descubrimiento del fuego y la aparición de un modo de comunicación complejo con los miembros de su misma especie.

Pero, ¿a qué se debió tamaña mutación? Existen teorías para todos los gustos que intentan explicar ese rápido proceso evolutivo. Una de las más llamativas es la propuesta por el etnobotánico Terence McKenna, quien en su libro 'El manjar de los dioses' (Paidós, 1994) defiende que «los alcaloides de las plantas, particularmente los compuestos alucinógenos como la psilocibina, dimetiltriptamina (DMT) y harmalina, pueden ser los factores químicos de la dieta protohumana que catalizaran la emergencia de la autoconciencia humana». Pero el investigador va mucho más allá con su hipótesis: «En un estadio posterior de ese mismo proceso, los alucinógenos actuaron como catálisis en el desarrollo de la imaginación, alimentando la creación de estrategias internas y posibilidades que quizás concordaron con la emergencia del lenguaje y la religión».

Para McKenna tuvieron que darse tres etapas en cuanto a la relación homínidos-alucinógenos. En una primera fase, nuestros ancestros prehistóricos habrían ingerido pequeñas cantidades de psilocibina y/o DMT sin tener conocimiento de sus efectos. Esta circunstancia habría generado una mayor agudeza de sus cinco sentidos, lo que constituiría una mejora en las técnicas de caza. En la segunda, ya conscientes del "poder" de dichas sustancias, descubrirían que producía una mayor excitación sexual, con lo que el hongo favorecería la reproducción de la especie.

Finalmente, el tercer nivel sería el del trance chamánico, mediante el cual ciertos miembros del grupo que habrían tomado altas dosis, protagonizarían viajes a otras realidades, en las cuales mantendrían contacto con los dioses, con las entidades superiores que "marcarían" el camino a seguir por el grupo. De este modo surgiría cierta estratificación social, pues solo algunos individuos tendrían mayores facilidades para penetrar en el mundo de los dioses, por lo que se convertirían en los "portavoces" de éstos de cara al resto de la comunidad.

Al tratar de identificar qué planta habría sido la catalizadora del cambio evolutivo, McKenna advierte que la candidata,

El etnobiólogo Terence McKenna defendía que la dimetiltriptamina (DMT) se convirtió en un pasado remoto en la catalizadora de la autoconciencia humana (Jon Hanna-Wiki Commons).

sin duda, debe ser africana, porque todos los indicios apuntan a que en dicho continente aparecieron los primeros humanos. Además, dicha planta debía estar continuamente a disposición de una población nómada, ser abundante y fácilmente detectable. Y, por supuesto, su ingesta no debía requerir ningún tipo de preparación y tenía que provocar efectos tangibles e inmediatos en los individuos.

Cara a cara con el "Creador"

Con estos requisitos, el etnobiólogo plantea una hipótesis bastante plausible desde mi punto de vista. Nuestros ancestros habrían descubierto que en el estiércol de los animales crecían ciertos hongos, algunos de los cuales contenían psilocibina. Concretamente apunta a dos especies: 'Panaeolus' y 'Stropharia cubensis'. Esta última es conocida hoy en día como "el hongo mágico" por psiconautas de todo el mundo. «De todas las especies de hongo –escribe McKenna en 'El manjar de los dioses'–, solo la 'Stropharia cubensis' contiene psilobicina en cantidades concentradas y está libre de compuestos que producen náuseas. Solo ella es pandémica; se encuentra en las regiones tropicales, por lo menos donde haya ganado de cebú ('Bosindicus')».

El eminente antropólogo R. Gordon Wasson describe en su obra 'The Wondrous Mushroom: Mycolatri in Mesoamerica' (McGraw-Hill, 1980) en qué consiste un trance chamánico provocado por alucinógenos, según sus propias investigaciones:

'Stropharia cubensis', posiblemente el hongo estercolero que consumieron nuestros ancestros y que posibilitó la emergencia del pensamiento religioso.

«En su trance, el chamán emprende un largo viaje –al lugar de los ancestros que han fallecido, o al mundo subterráneo o a donde moran los dioses–, y este país de las maravillas es, me permito sugerir, precisamente donde nos llevan los alucinógenos (...) Cuando estás en un estado de éxtasis, tu misma alma parece salir del cuerpo y alejarse. ¿Quién controla su vuelo? ¿Eres tú, tu inconsciente o un 'poder superior'? Quizás esté totalmente oscuro, pero oyes y ves con más claridad que nunca. Estás finalmente cara a cara con la Verdad Definitiva; se trata de una impresión (o ilusión) arrolladora que te atrapa. Puedes visitar el infierno, los Campos Elíseos de Asfodel, el desierto del Gobi o las inmensidades árticas. Conoces el asombro, la dicha y el miedo, incluso a veces del mismo modo. El éxtasis es la auténtica esencia del chamanismo».

En las últimas décadas, un buen puñado de antropólogos, nada sospechosos de heterodoxia, han recopilado experiencias de campo, protagonizadas por chamanes amazónicos e incluso por ellos mismos, en las cuales la toma de estos alucinógenos da lugar a vivencias difíciles de explicar desde el punto de vista de la ciencia ortodoxa. Esta clase de experiencias tienen lugar, sobre todo, cuando se emplea el 'yagé', un brebaje preparado mediante la mezcla de la enredadera 'Banisteriopsis caapi' y otras "vides para hablar con los muertos", bien conocidas por los chamanes del Amazonas. La 'Banisteriopsis', además de contener DMT, posee un alcaloide, la harmina, conocida por los científicos con el nombre de "telepatina", precisamente porque se cree que su ingesta provoca la comunicación entre distintas mentes a distancia.

El antropólogo W. McGovern, uno de los primeros en describir los efectos del 'yagé', refiere en uno de sus informes que un chamán vio la muerte del jefe de una tribu lejana durante uno de sus trances alucinógenos, justo en el momento en que tenía lugar. La enorme precisión del relato fue confirmada posteriormente por McGovern. Otro antropólogo, Manuel Córdova-Rios, observó cómo estaba falleciendo su madre a miles de kilómetros de distancia de donde se encontraba, cuando participaba en una sesión de toma de 'yagé' con unos chamanes amazónicos. Más tarde pudo verificar punto por punto todos los detalles.

El mágico don de la autoconsciencia

Lo cierto es que existen infinidad de tradiciones en casi todas las culturas que dan cuenta de lo que supuso el descubrimiento del poder de las plantas, que conferían a quienes las ingerían el don de la autoconciencia. No tenemos que acudir a exóticas religiones, sino a nuestra propia cultura judeocristiana, pues uno de los episodios más conocidos del Génesis, la expulsión del Paraíso, podría aludir precisamente a dicha circunstancia. En realidad, estaríamos frente a un relato cuyo origen procede de tradiciones que se pierden en la noche de los tiempos. En este libro, perteneciente al Antiguo Testamento, leemos:

> «Cuando la mujer vio que el fruto del árbol era bueno para comer y que era placentero a la vista y a la contemplación, lo tomó y lo comió. Lo ofreció también a su esposo y éste lo comió. A ambos se les abrieron los ojos y se dieron cuenta de que estaban desnudos; por lo que con algunas hojas se confeccionaron un taparrabos.
>
> El Señor hizo túnicas de piel para Adán y su mujer y los vistió. Dijo: 'El hombre se ha convertido en uno de nosotros, conoce el bien y el mal: ¿Qué quedará si estira el brazo y también toma el fruto del Árbol de la Vida, lo come y se convierte en inmortal?' Por lo que el Señor lo echó del Jardín del Edén para que arara el suelo del cual había sido arrancado».

¿Acaso la figura de la mujer, Eva, que comparte el "fruto prohibido", no estaría simbolizando a las propias plantas de poder, en realidad una especie de "madres" –pues parece que en la más remota antigüedad las sociedades eran fundamentalmente matriarcales y, por tanto, las deidades eran diosas– que provocan que los seres humanos tomen autoconciencia de sí mismos? Así parece darlo a entender la frase «los ojos de ambos se abrieron y se dieron cuenta de que estaban desnudos». Es decir, que eran formas de vida individuales.

Pero el Génesis no es, ni mucho menos, el único libro sagrado que se refiere a la importancia de las plantas de poder. Por ejemplo, los textos religiosos de los pueblos indoeuropeos, los Vedas –datados en el II milenio a. C.–, dan cuenta del 'soma', sin duda una planta con características muy especiales, pues provocaba la visión del "otro mundo". Las loas al 'soma' son más que abundantes en los Vedas:

> «Tus jugos, soma purificado, que todo lo penetran, rápidos como el viento, fluyen como la descendencia de veloces yeguas; los celestiales alados y dulces jugos, los más excelsos estimulantes del regocijo, arden en el receptáculo.
>
> Tus jubilosos jugos que todo lo penetran, están desatados como carrozas; las dulces olas de soma llegan a Indra, el señor del trueno…
>
> Como un caballo dispuesto para la batalla, quienes dominamos el ímpetu del cielo que todo lo conoce, vamos hasta el receptáculo cuya madre es la nube.
>
> Soma purificado, tus celestiales corceles, veloces como el pensamiento, se han vertido junto con la leche en el receptáculo…».

La diosa de la vegetación

Volvemos a tener conocimiento del 'soma' durante la instauración del zoroastrismo, religión surgida en la meseta iraniana en el II milenio a. C. En el 'Avesta', el libro sagrado de esta fe, existen varias alusiones a esta "sustancia mágica" que, al parecer, fue prohibida por los líderes zoroastristas. En cuanto a la "identidad" del 'soma', aunque se han propuesto innumerables teorías, lo único cierto es que se desconoce por completo, aunque plantas candidatas no faltan, ni mucho menos.

De todos modos, el recuerdo de la "diosa de la vegetación" pervivió a pesar del paso de los milenios. Según la mayoría de los estudiosos, la civilización minoica comenzó en torno al 6.000 a. C., cuando una población venida de la zona de Anatolia –probablemente de la ciudad de Catal Hüyük, surgida en dicha región en torno al 6.500 a. C.– llegó a orillas de la isla de Creta. Estos emigrantes llevaron consigo el culto a la diosa de los vegetales, así como unas novedosas técnicas agrícolas. Durante cuatro milenios, los cretenses alcanzaron un enorme progreso social y tecnológico, hasta que en el siglo XV a. C. la isla cayó bajo el dominio de los aqueos. Todavía entonces seguían manteniendo vivo el culto a la diosa.

Muy posiblemente, tal como se han encargado de demostrar numerosos historiadores, los llamados cultos mistéricos del mundo griego, surgidos alrededor del siglo IV a. C., tengan su origen en los que se practicaban en Creta. Dichos cultos, sobre todo los llamados dionisiacos y eleusinos, constituyeron las últimas reminiscencias en Occidente del uso de plantas alucinógenas para rasgar el velo de la realidad tridimensional y penetrar en esos "otros mundos" donde se encuentra el verdadero conocimiento.

La deidad griega Dioniso es, sin ninguna duda, una clara reminiscencia del culto a las plantas de poder. Hijo de Zeus y la mortal Semede, nacido dos veces, es el dios de la intoxicación, capaz de llevar a las mujeres hasta la locura más absoluta. Según McKenna: «Hay algo ancestral, salvaje y extraño que se cierne sobre él. Es un dios de la vegetación, un dios loco y agonizante, un dios de la orgía, lo andrógino y la intoxicación».

De Eleusis a la Física Cuántica

En cuanto al misterio de Eleusis, se celebró durante más de 2.000 años en una llanura cercana a Atenas. El festival tenía lugar dos veces al año: durante la primavera, para dar la bienvenida al retorno de la vegetación, y en la época de la cosecha. Indudablemente, tenía una relación más que evidente con el reino vegetal. Estos misterios, como ya comentamos, tenían su origen en los antiguos cultos minoicos. Según escribió Cicerón, riadas de personas llegaban desde todas las partes para iniciarse en el templo de Eleusis, el cual es descrito como un recinto de proporciones gigantescas que asombraba por su espectacular arquitectura.

En el ritual de iniciación, cada persona tomaba una sustancia alucinógena que lo transportaba al mundo de los dioses, donde recibía de éstos alguna clase de revelación. Se trataba de una experiencia transformadora que cambiaba las vidas de los neófitos.

Del mismo modo que hace miles de años los líderes religiosos de diversos pueblos ingerían alucinógenos para comunicarse con los dioses, hoy en día antropólogos y físicos también utilizan dichas sustancias –sobre todo la DMT– para rasgar el velo de nuestra realidad tridimensional y acceder a esos universos paralelos que los físicos todavía están empezando a comprender. Quizá –¿por qué no?–, si algunos de los físicos cuánticos o cosmólogos de vanguardia probaran a vivir por sí mismos estos estados trascendentes, podrían recabar informaciones o intuiciones útiles para sus fascinantes campos de estudio.

22.
UN MITO SOLAR LLAMADO CRISTIANISMO

LA VIDA DE JESÚS Y LOS MÁS IMPORTANTES DOGMAS Y CREENCIAS DEL CRISTIANISMO SON UNA COPIA DE MESÍAS Y RELIGIONES MUY ANTERIORES

"Numerosas evidencias apuntan a una verdad muy incómoda para millones de creyentes: que el cristianismo es una religión basada en el culto solar del Antiguo Egipto y en dioses y mesías muy anteriores al nacimiento de Jesús de Nazaret, como Osiris, Horus, Mitra o Atis.

Todas las antiguas culturas de la Tierra han adorado al Sol como símbolo de vida y de abundancia, porque sin el astro rey no sería posible la agricultura y, por lo tanto, no podríamos sobrevivir. De una u otra forma, los diferentes pueblos que han habitado la Tierra han asociado al Sol con el padre, el que otorga la vida, el que fecunda a la Madre Naturaleza con su calor y su luz. De ese binomio entre la luz y la naturaleza nace la vida en su sentido más amplio: la vida humana, pero también la animal y la vegetal.

Otro concepto vinculado con el astro rey desde el principio de los tiempos es el de muerte-resurrección, porque todos los días desaparece engullido por las tinieblas y vuelve a renacer triunfante ganándole la batalla a la oscuridad. Este binomio muerte-resurrección era evidente en la mitología del Antiguo Egipto. Desde las primeras dinastías, alrededor del 3.000 a. C., el astro rey se personificaba en Horus, un dios antropomorfo que, como no podía ser de otro modo, era considerado el iniciador de la civilización del país del Nilo. Otra deidad, Seth, se creó como su opuesto, como símbolo de la oscuridad, del caos y de la sequía. Metafóricamente, cada jornada Horus triunfaba sobre Seth y luego sucumbía a su poder. Así una y otra vez de forma indefinida, en un eterno retorno. La oscuridad (Seth) y la luz (Horus) terminaron por convertirse en metáfora del bien y del mal, creencia que ha permeado la concepción cristiana de bien y mal.

No creo que sea complicado entrever en las líneas anteriores una serie de conceptos que nacieron en el país de los faraones y que luego serían atribuidos a la figura del Dios cristiano y del propio Jesucristo, su personificación en la Tierra. Esos atributos cristianos que primero estuvieron presentes en la mitología del Antiguo Egipto son "Dios Padre", "dador de vida", "luz del mundo" y "muerte y resurrección de Jesucristo".

Tras la conquista de Egipto por el Imperio Romano en el año 30 a. C., los dioses del país de los faraones pasaron a formar parte del panteón romano, sincretizándose con otros propios de Roma y de distintos pueblos que también estaban bajo el control del Imperio. Aunque es cierto que incluso antes, los cultos y los dioses egipcios ya habían entrado con fuerza en el Imperio Romano como consecuencia de la conquista de Grecia, en donde los mitos egipcios formaban parte de su cultura religiosa al menos desde la conquista de Egipto por parte de Alejandro Magno en el siglo IV a. C. Por tanto, la asimilación de las deidades egipcias por Roma no es un proceso abrupto, sino extendido a lo largo de un período amplio de tiempo.

La Virgen Isis

Es entonces, unas décadas antes del nacimiento de Jesús de Nazaret, cuando comienza a extenderse el culto a Isis y a su hijo Horus (hijo divino y niño-dios). La diosa Isis se representaba sentada y sosteniendo en brazos al niño Horus que, como dios solar, solía aparecer con un halo luminoso alrededor de su cabeza, y era nombrado con expresiones que luego en el cristianismo se vincularían a Jesús, como "hijo predilecto", "luz del mundo", "sagrado Hijo de Dios", "buen pastor", "cordero de Dios", etc. Es dicha representación de Isis y Horus la que luego se haría popular en el mundo cristiano para mostrar a la Virgen María y al niño-Dios Jesús, quien suele verse con un halo de santidad alrededor de su cabeza.

Tal como escribe la joven periodista Irene Fernández Sáez en un revelador reportaje titulado "La Virgen María es Isis" ('AÑO/CERO', 366):

> «Los atributos de Isis relativos a la protección, la bondad y la pureza resultaron muy atrayentes para el cristianismo emergente. Sus devotos necesitaban disponer de una figura femenina a la que adorar, y esto acabó provocando que la figura de María resultase muy similar a la de Isis (...) de modo que ciertos ídolos ilíacos fueron reutilizados, recibiendo así una nueva interpretación como estatuas de la Virgen María. ¿Esto significa que el culto a Isis se extinguió con el auge del cristianismo? No. Más bien parece que acabó siendo asimilado por la nueva religión monoteísta.
>
> Si estudiamos la simbología e historia de Isis y María, los paralelismos entre ellas resultan innegables: ambas alumbraron un hijo y, por tanto, son símbolo de maternidad y fecundidad, y las dos se representan sentadas, con su bebé sobre sus faldas mientras lo amamantan, lo que nos conduce directamente a las Isis 'lactans' egipcias. Sin duda, son numerosos los símbolos atribuidos a la diosa Isis a lo largo de su historia que posteriormente son heredados por la Virgen María. Aunque más que heredados, son calcados por el cristianismo.

La diosa del Antiguo Egipto Isis amamantando a su hijo Horus, antecedente de la representación de la Virgen María en idéntica actitud con el niño Jesús.

Incluso sus propios mitos son paralelos. En primer lugar, concibieron a sus hijos de manera inusual: la Virgen María mediante la acción del Espíritu Santo e Isis de un modo verdaderamente curioso, concibiendo a Horus mientras estaba en el vientre de su madre junto (a su hermano) Osiris. En definitiva, ambas son vírgenes y, por consiguiente, "puras" (...) En resumen, la Virgen detenta los atributos de Isis, tal como se demuestra en su iconografía. Sin embargo, ese estatus divino de la Virgen se fue diluyendo y los fieles acabaron atribuyéndole un papel más terrenal y secundario dentro de la cosmovisión cristiana, en la que domina el carácter patriarcal frente a la primigenia idea matriarcal de la Virgen, deudora de la diosa Isis. Al final, María se quedó completamente ligada a la definición de la naturaleza de su hijo Jesús, y no como una divinidad propia».

Osiris de Nazaret

El escritor Mario Pizutti, autor del libro 'Descubrimientos arqueológicos no autorizados' (Obelisco, 2013), escribe respecto a otro asunto que vincularía la religión del Antiguo Egipto con el cristianismo: «Los egipcios, análogamente a lo que sucedió más tarde en el cristianismo, no adoraban a un solo dios-Sol, sino a una trinidad sagrada que encontraba su representación antropomórfica en la familia divina de Osiris (dios-padre), Isis (diosa hermana-esposa de Osiris) y Horus (hijo divino y niño-dios)».

De hecho, la figura de Jesús de Nazaret también posee evidentes similitudes con Osiris, el dios-padre de Horus. Sin ir más lejos, Osiris, según la mitología del Antiguo Egipto, fue asesinado por su hermano Seth y resucitó al tercer día, igual que Jesús; Osiris era considerado un dios encarnado en un cuerpo mortal, como el de Nazaret; y Osiris está vinculado tanto con la crecida del Nilo como con el trigo, y en 'Juan 12' Jesús también es comparado con el trigo. Por si fuera poco, en los Evangelios se describe que el cuerpo de Jesús, una vez muerto en la crucifixión, fue envuelto en una sábana y ungido con mirra y aloe. De una manera similar, menciona Plutarco que era tradición que la representación de Osiris se envolviera en una sábana y fuera perfumada con ungüentos durante la festividad que conmemoraba su muerte y resurrección.

Por otro lado, son numerosos los investigadores que vinculan pasajes muy concretos de los Evangelios con la mitología del Antiguo Egipto. Manuel Fernández Muñoz hace notar en su reportaje "Jesús, el último faraón egipcio" ('AÑO/CERO', 366) un ejemplo evidente de lo que decimos:

> «Lucas, cuyo Evangelio es bastante más antiguo que el de Juan, reseña la existencia de Marta y de María, pero no menciona en ninguna parte que tuvieran ningún hermano. Algo del todo extraño si, como sabemos, se supone que tanto Jesús como sus discípulos solían descansar y comer en su casa. No obstante, este médico convertido al cristianismo pondrá en boca de Jesús de Nazaret un curioso cuentecillo protagonizado por el rico epulón y un hombre pobre llamado Lázaro.
>
> Cuando ambos mueren, el rico es enviado al submundo, donde los sufrimientos y el desconsuelo no dejan de atormentarlo. Estando en estas, mira hacia arriba y ve al hombre pobre descansando plácidamente en el seno del patriarca Abraham. Desesperado, el rico le pide a Abraham que envíe a Lázaro con algo que pueda refrescarlo del calor de las llamas. Meneando la cabeza, Abraham le recuerda las compensaciones que ya obtuvo en la Tierra, así como su vida disoluta y licenciosa, por lo que rechaza su petición.
>
> Aunque el rico insiste para que al menos Lázaro sea enviado con una advertencia para sus hermanos, Abraham vuelve a mostrarse inflexible, arguyendo que aunque Lázaro resucitase, sus amonestaciones no causarían mayor impacto que las palabras de los profetas de Israel que sus hermanos llevaban ignorando toda su vida. Por tanto, al final ni Lázaro resucita ni el hombre rico recibe el consuelo que esperaba.
>
> El Evangelio lucano hace especial hincapié en la importancia de los pobres en el reino de Dios, empero, ¿fue realmente Jesús el autor de esta parábola? ¡La respuesta es no!

Antes bien, el relato es una adaptación de la leyenda egipcia del príncipe Jaemuaset (Setme II) y de su primogénito Si-Osiris (hijo de Dios).

Durante el gobierno de Ramsés II, Jaemuaset –cuarto hijo del faraón– ostentó el cargo de sumo sacerdote del dios Ptah, siendo considerado el hombre más sabio del país, por lo que pronto empezarán a surgir numerosas leyendas narrando sus hazañas. Una de esas fábulas afirma que el príncipe Jaemuaset tuvo un hijo con poderes fabulosos, Si-Osiris, al que muchos consideraron la reencarnación de un gran mago de los tiempos de Tutmosis III o incluso del mismísimo Dios. En cierta ocasión, estando el príncipe asomado a una ventana, es testigo del entierro de dos hombres, uno rico y otro pobre. Mientras el cuerpo del rico era acompañado por una ingente cantidad de amigos y familiares, y enterrado en una tumba nueva con todos los honores, el del pobre era echado a un sencillo agujero sin nadie que llorase por él.

Estando en estas, Jaemuaset reflexiona sobre la mala suerte del menesteroso, deseando para sí el destino del hombre pudiente, lo que sin embargo le será rebatido por su prodigioso hijo, quien no dudará en conducirlo hasta el inframundo para enseñarle el lugar que ocupaban los dos finados en el reino de los muertos. Será allí donde se encuentren al hombre enterrado con gran pompa sufriendo los tormentos más terribles, en tanto más arriba, en el séptimo cielo, junto al tribunal de Osiris, se hallaba el indigente disfrutando de la compañía de los dioses. Justo en ese momento Si-Osiris le revelará a su progenitor que el destino en la otra vida depende exclusivamente de las obras que se hagan en esta, lo que casará a la perfección con la doctrina del Nazareno».

El Mesías egipcio

Según defiende en su fascinante libro 'Érase una vez... Jesús, el egipcio' (La Tempestad, 2015) el exégeta Llogari Pujol, especialista en textos bíblicos y egipcios, el relato del nacimiento y vida de Si-Osiris, el hijo de Jaemuaset (Setme II), posee indudables vinculaciones con la vida de Jesús de Nazaret. Para Pujol, que ha estudiado los textos que nos han llegado del Antiguo Egipto sobre Si-Osiris, el relato de las peripecias de este "elegido" de los dioses posee unas claves que lo vinculan a la figura de Jesús. A saber: «El mundo está en constante peligro de recaer en el "Caos". La figura del faraón es el Dios-hombre que tiene como misión mantener el orden cósmico, propiciado por la diosa Maat. Los enemigos etíopes, sus magos, lanzan una ofensiva para aniquilar la supremacía egipcia. Para desbaratar tan insensato empeño, un niño, Si-Osiris, dotado de extraordinarios poderes, se alza en contra de los "magos negros". Al final se manifiesta como "el enviado del Más Allá", presto a volver de nuevo sobre la Tierra».

Pujol destaca, entre otros elementos que vincularían el relato de Si-Osiris con el que transmiten los Evangelios sobre Jesús de Nazaret, que Mahituskhet, madre de Si-Osiris y esposa de Setme II, recibió la anunciación divina de que se iba a quedar encinta, como la Virgen María. Del mismo modo, al igual que José, esposo de María, Setme II también fue avisado por los dioses de que su mujer iba a concebir un hijo muy especial al que debía llamar Si-Osiris, y «que serán muchas las maravillas que él hará en la tierra de Egipto».

En cierto momento, Jesús de Nazaret, como relatan los Evangelios, descubrió su verdadera identidad y misión divina a sus discípulos: «Sí, como dices, soy Rey. Yo para esto he nacido y para esto he venido al mundo: para dar testimonio de la verdad» (Juan 18, 37); «yo soy el Camino, la Verdad y la Vida» (Juan 14, 6); «He venido a arrojar fuego sobre la tierra y ¡cuánto desearía que estuviese ya encendido! Con un bautismo tengo que ser bautizado y ¡qué angustiado estoy hasta que se cumpla! ¿Creéis que estoy aquí para dar paz a la tierra? No, os lo aseguro, sino división» (Lucas 12, 49-51). También Si-Osiris revela su auténtica entidad como dios que ha encarnado en el mundo desde el Más Allá (el Hades) para salvar a Egipto de sus enemigos: «Yo soy Horus (...) Yo rogué a Osiris en el Hades que me permitiera salir a la tierra otra vez, para evitar que la tierra de los Negros (los etíopes) fuera la humillación de Egipto. Ello fue ordenado delante de Osiris, para traerme fuera en el mundo. Yo desperté, volé en embrión inteligente hasta que encontré a Setme, el hijo del Faraón, en la montaña de Heliópolis o de Menfis. Yo crecí en esta planta de lechuga, con el intento de retomar el cuerpo otra vez, que yo podría nacer en el mundo, para hacer magia contra este enemigo de Egipto que se encuentra en la corte».

Una vez cumplida su misión, como todo mesías que se precie, Si-Osiris regresa al Más Allá, esperando su próxima encarnación: «Osiris desapareció como una sombra fuera de la visión del faraón y de su padre, Setme, ellos no pudieron verle». También Jesús, consumado el encargo del Padre, regresó al Más Allá ascendiendo a los cielos.

Jesús es Mitra

Como es lógico, siempre se construye sagrado sobre sagrado, y los templos y lugares sacros de unas religiones se superponen sobre los de otras. Del mismo modo, los dioses y héroes de unos cultos toman los atributos de los de cultos anteriores en un sincretismo sin fin, porque ninguna religión nace de la nada, sino que basa sus dogmas, creencias y visión del mundo en las existentes antes que ella. En la Vieja Europa la Iglesia católica acabó con el paganismo no aniquilando sus lugares de culto y dioses, sino sustituyéndolos por santos y apariciones varias de Jesús, de sus apóstoles o de la Virgen. Como escribió el papa Gregorio Magno (540-604): «Suprimirlo todo de una vez de esos espíritus incultos (los paganos) es empresa imposible. Quien quiera llegar a la cima debe proceder por grados y no por impulsos. Guardaos, pues, de destruir sus templos; destruid solo sus ídolos y reemplazadlos por reliquias».

Por eso no es de extrañar que la figura de Jesús de Nazaret también posea importantes concomitancias con otros mesías anteriores a su nacimiento y a los que se rendía culto en el Imperio Romano, como Atis o Mitra. De hecho, el 25 de diciembre celebramos la Navidad, el nacimiento de Jesús, porque el 25 de diciembre era el día en el que se conmemoraba en la Roma Clásica el nacimiento de Mitra, un dios de origen persa muy anterior a Jesús de Nazaret, cuyo culto se acabó extendiendo por todo el Imperio Romano. Según la tradición, Mitra había venido al mundo un 25 de diciembre en torno al año 1200 a. C., había nacido de una Virgen, formaba parte de una trinidad sagrada, su día señalado era el domingo y su culto incluía el rito del bautismo, mediante el cual el neófito nacía a una nueva vida. Como vemos, elementos de los que luego se apropiaría el cristianismo.

Pero hay más, porque en el mitraísmo nos encontramos con conceptos claramente cristianos: la predestinación, el cielo y el infierno, el paraíso, la redención y la batalla del fin de los tiempos entre el bien y el mal. Además, Mitra era conocido como luego lo sería Jesús de Nazaret: "la luz del mundo", porque precisamente entre el 21 y 25 de diciembre se celebraba esa victoria simbólica del Sol sobre la oscuridad (solsticio de invierno), puesto que a partir de esas fechas la luz empezaba poco a poco a ganarle la partida a la oscuridad (después de la noche más larga, los días comenzaban a crecer).

En realidad, los antiguos romanos celebraban el 25 de diciembre el día del nacimiento de todos los dioses solares. Los cristianos solo empezaron a conmemorar el nacimiento de Jesús en esa fecha a partir del siglo IV. El primer documento que lo establece negro sobre blanco data del 336 d. C. En otras palabras, la Iglesia católica tomó la decisión de absorber las fiestas paganas más importantes del Imperio Romano para dar un impulso al culto cristiano.

Mitra sacrificando un toro. La vida de este dios de origen persa es clavada en muchos aspectos a la de Jesús de Nazaret que relata el Nuevo Testamento (Ángel M. Felicísimo- Wiki Commons).

Como hemos apuntado, resulta también muy llamativo que los seguidores de Mitra practicaran el bautismo, que luego los cristianos básicamente copiaron. El bautismo mitraico significaba para el neófito el perdón de sus pecados, y luego el sacerdote le hacía un signo en la frente, que muchos especialistas creen que era precisamente una cruz. Posteriormente, los nuevos miembros del culto a Mitra eran agasajados con un banquete muy similar a la cena pascual que Jesús celebró con sus discípulos.

Pero hay más, porque Mitra no solo nació de una madre Virgen, sino que lo hizo en una cueva y fue adorado por pastores poco después de su alumbramiento, igual que Jesús tal como cuentan los Evangelios apócrifos. Aunque los canónicos no dan cuenta de esta circunstancia, el nacimiento de Jesús en una cueva es una creencia muy extendida en el mundo cristiano.

La verdad incómoda

En cuanto a Atis, en la mitología griega y frisia era el amante de Cibeles. Su culto dio comienzo alrededor del año 1.200 a. C., pero empezó a cobrar fuerza en el mundo griego en el sigo IV a. C. La fiesta de Atis tenía lugar entre el 15 y 28 de marzo, período en el que se celebraba la muerte y renacimiento del dios, y que luego se convertiría en la celebración de la Pascua cristiana, en la que también se conmemora la muerte y el renacimiento de Jesús. El Primer Concilio de Nicea (325) estableció la fecha de la Pascua como el primer domingo después de la luna llena tras el equinoccio de primavera en el hemisferio norte, fijando el equinoccio en el 21 de marzo. Por lo tanto, la fecha varía entre el 22 de marzo y el 25 de abril. Por si fuera poco, el cuerpo de Atis era comido metafóricamente con el pan consagrado, tradición que sería tomada por los primeros cristianos y que ahora conocemos como Eucaristía.

Con todo lo expuesto hasta el momento, no es de extrañar que el santo y filósofo cristiano Justino Mártir (100-165 d. C.) escribiese: «Cuando decimos que él, Jesucristo, nuestro maestro, no nació de una unión sexual, fue crucificado, muerto y resucitado, y luego ascendió al cielo, no decimos nada diferente de lo que dicen los que se consideran hijos de Júpiter». Atormentado por su descubrimiento de que el cristianismo y los cultos paganos presentaban tantas concomitancias, decidió encontrar el equilibrio de su fe echando mano del Demonio. Concluyó que las religiones paganas eran una manifestación del Maligno, que las concibió antes del nacimiento de Jesús de Nazaret para poner a prueba la fe de los cristianos. Desde luego, el que no se consuela es porque no quiere...

Navidad pagana

Una de las tradiciones navideñas más extendida, la del árbol de Navidad, como no podía ser de otra manera, también tiene su origen en el más puro paganismo. Bien podría encontrarse en Mesopotamia miles de años antes del nacimiento de Jesús. Al menos, eso defienden numerosos antropólogos que han estudiado tal costumbre. En ese territorio, ubicado entre los ríos Tigris y Éufrates, existía una creencia muy extendida: la resurrección de Nimrod, uno de los reyes míticos de Mesopotamia, que acabó convertido en un semidiós y al que la Biblia atribuye la responsabilidad de ordenar la construcción de la Torre de Babel. La resurrección de Nimrod se simbolizaba mediante una imagen: un árbol de hoja perenne naciendo de un tronco muerto. Aquí se encontraría no solo la raíz de la tradición del árbol de Navidad, sino que la muerte y resurrección de Nimrod y la de muchos otros mesías anteriores al nacimiento de Jesús, como hemos explicado, siglos después dio lugar a ese trascendental evento en la vida del Nazareno.

Nimrod acabó convertido en el dios del fuego purificador, al que se ofrecían sacrificios humanos, sobre todo niños de corta edad, puesto que a través del fuego divino era posible purgar todas las manchas de las generaciones pasadas de una estirpe. Para ello, el cabeza de familia debía dejar a merced de las llamas a uno de sus vástagos...

Los árboles, concretamente los robles, constituían uno de los elementos esenciales en los ritos celebrados por los pueblos del norte de Europa desde la noche de los tiempos. Así, en el solsticio de invierno –el 21 de diciembre–, en la noche más larga del año, se encendía un fuego con madera de roble en todos los hogares. Simbolizaba el triunfo de la luz y la vida sobre la muerte y la oscuridad, porque a partir de esa fecha, la luz del día comenzaba a ganarle la partida a las tinieblas de la noche. El fuego debía permanecer encendido hasta el solsticio de verano, en el 21 de junio, cuando los días empezaban a acortarse. Con las cenizas de esas llamas se curaban las heridas del ganado. Del mismo modo, se fertilizaban los campos de cultivo y se empleaban como talismanes. Este fuego del hogar también tenía la función de guiar a las almas de los parientes fallecidos de vuelta a casa.

Precisamente en el día del solsticio de invierno, la tradición mandaba colocar un árbol de hoja perenne en el hogar, como representación del universo en el que creían los pueblos nórdicos. La copa simbolizaba Asgard –la morada de los dioses– y el Valhalla –donde residía el dios Odín–, y las raíces, el Helheim, el Infierno subterráneo tal como lo concebían esas gentes. Pero ocurría que en el otoño muchos árboles perdían sus hojas (aquellas especies de hoja caduca), hecho que interpretaban como el abandono de los espíritus que animaban a dichos árboles. Por eso los adornaban con frutas, antorchas y ramas de especies perennes, para atraer de nuevo a los espíritus a sus "hogares arbóreos" en la primavera, haciendo que reverdecieran otra vez.

Fiestas orgiásticas

Los primeros evangelizadores cristianos que llegaron al norte de Europa en los siglos V y VI se encontraron con esos cultos, así que, obrando de manera muy inteligente, optaron por incorporarlos al credo cristiano en vez de demonizarlos. En el siglo VIII, san Bonifacio, evangelizador de Alemania, extendió la tradición de adornar los árboles del solsticio de invierno únicamente con manzanas y velas, en un intento de cristianizar definitivamente tal tradición. Las manzanas simbolizaban la de Eva, es decir, el pecado original y las tentaciones, que siempre había que tener presentes para no caer en ellas. En cuanto a las velas, significaban la luz que Cristo había otorgado a la humanidad con su nacimiento y ejemplo. De este modo, el triunfo de la luz en el solsticio de invierno acabó convirtiéndose en la victoria del Mesías y el cristianismo sobre las fuerzas del mal y la oscuridad.

Del 17 al 23 de diciembre se celebraban en el Imperio Romano unas fiestas absolutamente salvajes: las saturnales, que pretendían honrar a Saturno, dios del fuego y de la agricultura. En esos días, los señores daban plena libertad a sus esclavos, se aplazaban ejecuciones, se indultaba a ciertos presidiarios y se celebraban banquetes públicos que terminaban en orgías y celebraciones desenfrenadas. Cuando el emperador Teodosio proclamó al cristianismo como la religión oficial del Imperio Romano, los nuevos sacerdotes incorporaron las saturnales a la celebración del nacimiento de Cristo, cristianizando así unos festejos absolutamente paganos. Resulta paradójico que, de la noche a la mañana, el cristianismo pasase de ser una religión perseguida, cuyos líderes trataban de que mantuviese su pureza ritual, a convertirse en la fe del Imperio. Para sobrevivir y ocupar el puesto hegemónico, los jerarcas cristianos tomaron la acertada decisión de absorber toda las fiestas y cultos paganos que practicaba el pueblo romano, convirtiendo al cristianismo en lo que es hoy en día: un culto sincrético.

Tal era la vinculación entre las celebraciones navideñas, las fiestas más descontroladas y las prácticas sexuales grupales, que los puritanos ingleses que habían colonizado Norteamérica prohibieron la Navidad en muchas ciudades, como ocurrió en Boston en 1630. Unos años más tarde, en 1644, le tocó el turno al Parlamento inglés, que mediante un decreto también prohibió la celebración de la Navidad «por su carácter de regodeo carnal». Dieciséis años después, en 1660, volvió a permitirse tal celebración.

Ritos de fertilidad

Con el tiempo, las manzanas y las velas del árbol de Navidad acabaron transformándose en adornos esféricos (las populares bolas). Las de color rojo simbolizan las peticiones para el nuevo año; las plateadas, el agradecimiento por los deseos concedidos; las doradas, las alabanzas a Dios; y las azules, el arrepentimiento por los pecados cometidos. Pero la costumbre del árbol navideño comenzó a extenderse definitivamente cuando los jerarcas de la Iglesia protestante de Suecia y Alemania se dedicaron a potenciar la tradición del árbol frente a la del Belén, muy unida a la Iglesia de Roma.

Habría que esperar hasta el siglo XVI para encontrar las primeras referencias escritas al árbol navideño, aunque su utilización comenzó a hacerse habitual en Alemania en el XVIII. En ese mismo siglo, la reina Carlota de Mecklemburgo-Strelitz, consorte de Jorge III, llevó la tradición a la corte inglesa, y en el XIX hizo lo propio la española Eugenia de Montijo, esposa de Napoleón III, en la corte francesa. Por esas mismas fechas, los inmigrantes protestantes que desembarcaron en Norteamérica para colonizar dicho territorio, se llevaron consigo la costumbre de adornar un árbol en las fiestas navideñas.

Otra de las costumbres más generalizadas en Navidad consiste en colgar una rama de muérdago en las puertas de las casas. Como no podía ser de otro modo, su origen también es pagano. En los países del sur de Europa, como España, se suele regalar como amuleto que otorga buena suerte. Debe colocarse cerca de la entrada del hogar y quemarse en la noche de Año Nuevo para expulsar de la vivienda las malas energías.

Los druidas, los sacerdotes de los pueblos celtas, tenían la costumbre de recolectar estas plantas semiparasitarias –que se desarrollan en los troncos de los árboles– en fechas cercanas al solsticio de invierno, y las empleaban en sus ritos de fertilidad y curativos. Solo debía cortarse el muérdago que crecía en los robles, árbol sagrado para los pueblos celtas. Los druidas primero pedían permiso a las fuerzas espirituales que concedían vida al roble, y luego cortaban los brotes de muérdago de un solo tajo con una hoz. Si caía al suelo ya no servía para su uso ritual, pues se "infectaba" de las malas vibraciones terrenales.

Es curioso que en lo que respecta a España, la tronca, toza o tizón de Navidad es una tradición navideña que se celebraba en los Pirineos y que todavía pervive en algunas zonas de montaña de Aragón y Cataluña. Su origen hay que buscarlo en los ritos que celebraban los pueblos celtas en el solsticio de invierno y que hemos explicado a lo largo del presente capítulo. Básicamente, consistía en depositar en la noche de Navidad (Nochebuena), cerca de la chimenea, la pieza más grande de leña (tronca), que siempre se reservaba para tal evento. Más adelante, también se comenzó a dejar junto al árbol navideño. Los pequeños debían recitar frases esperanzadoras y bendiciones, al tiempo que se rociaba la tronca con un poco de vino.

Actualmente, en las zonas orientales del Alto Aragón, el ritual presenta una parte más lúdica, cuando los pequeños golpean a la tronca para que "cague" regalos, que suelen ser caramelos o pequeños juguetes. En Cataluña esta costumbre es más conocida por el nombre de "tió de Nadal" (tronco de Navidad, en catalán). En Galicia –territorio donde se asentaron poblaciones procedentes del norte de Europa– encontramos una tradición muy parecida, llamada "cepo de Nadal".

Lo dicho, siempre sagrado sobre sagrado, tradición sobre tradición, mesías sobre mesías, religiones sobre religiones. ¿Acaso alguien puede pensar que una religión puede surgir sin más, como nacida de la nada? Por supuesto que no. En cualquier culto, secta o religión, siempre es posible encontrar dogmas, rituales y creencias cuyo origen es muy anterior. No puede ser de otro modo.

23. JERUSALÉN: LA CIUDAD DEL MESÍAS PROMETIDO

LA CAPITAL ESPIRITUAL DEL MUNDO ES EL EPICENTRO DE UN CONFLICTO POLÍTICO, MISTÍCO, PROFÉTICO Y RELIGIOSO

"La urbe más poblada de Israel es considerada sagrada por las tres grandes religiones monoteístas –cristianismo, judaísmo e islam–, pues en apenas un kilómetro cuadrado tuvieron lugar algunos de los hechos más trascendentes de dichos credos y se profetizaron acontecimientos que cientos de millones de personas esperan que se concreten. Predicciones que en pleno siglo XXI son el motor de un conflicto que enfrenta a Palestina y otros países árabes contra Israel…

Lo primero que llama la atención del visitante que pisa por vez primera Jerusalén –probablemente el territorio más sagrado del planeta– es que los lugares santos están muy próximos, quizá demasiado cerca unos de otros, da igual si pertenecen a la tradición cristiana, judía o islámica. Este es el principal reclamo y a la vez la maldición de una ciudad que, sin duda, podríamos calificar como la capital religiosa del mundo, donde los monumentos y centros sagrados de las tres grandes religiones monoteístas del planeta se entremezclan y en ocasiones se superponen en una especie puzle desordenado y sincré-

El Muro de las Lamentaciones, el lugar más sagrado del judaísmo, es una de las paredes de la Explanada de las Mezquitas, uno de los centros sagrados del islam.

tico. No en vano, el Muro de las Lamentaciones, el enclave más sacro del judaísmo, forma parte de la estructura de la Explanada de las Mezquitas, sitio santo del islam a la altura de La Meca y Medina –porque desde ahí Mahoma ascendió a los cielos– y también del cristianismo, pues en este enclave Abraham se dispuso a asesinar a su hijo Isaac por mandato de Yavéh y Jacob experimentó su famoso "sueño celeste".

En esta misma zona Jesús de Nazaret protagonizó muchas de las escenas descritas en el Nuevo Testamento, y a tan solo diez minutos caminando de la Explanada de las Mezquitas se erige el Santo Sepulcro, donde habría permanecido el cuerpo del Hijo de Dios hasta que resucitó a los tres días de su muerte.

La morada de Dios y el Arca de la Alianza

Según la milenaria tradición rabínica, Jerusalén se empezó a construir alrededor de la 'Shejiná' –la Roca Fundacional–, la morada perpetua de Dios. Desde allí decidió el Todopoderoso la creación del mundo y amontonó la tierra que utilizó para formar a Adán. También en este punto geográfico Caín y Abel realizaron sus ofrendas, Noé construyó el primer altar tras el diluvio, Jacob soñó con cientos de ángeles que subían y bajaban del cielo por una escalera y Abraham iba a terminar con la vida de su hijo Isaac como prueba de fe, hasta que en el último momento «un ángel apareció y se sacrificó un carnero en su lugar» (Samuel 24, 18-25).

Según el Antiguo Testamento, unos 800 años después de tal evento, alrededor de 1.000 a. C., el rey David levantó un altar en ese sitio. El monarca indicó a su hijo y sucesor Salomón que colocara sobre dicho altar nada menos que el Arca de la Alianza, y para protegerla se erigió una sala: el 'Sancta Sanctorum'. A la muerte de su padre, Salomón comenzó allí la construcción de un gran templo, en torno al cual nació la ciudad sagrada de Jerusalén. En el Talmud leemos que tardó siete años en terminar el enorme santuario, pero a causa de una razón de momento desconocida, permaneció trece años sin usarse. Cuando finalmente se consagró, se introdujo con todo boato el Arca de la Alianza, lo que se celebró con siete días de fiesta.

Pero en 587 a. C., las tropas de Nabucodonosor II, rey de Babilonia, destruyeron por completo el Sagrado Templo. Años más tarde, en 538 a. C., Ciro, monarca de los persas y los medos, conquistó Babilonia y devolvió la libertad al pueblo judío. No solo eso, sino que financió la reconstrucción del santuario, signo inequívoco para los judíos de que llegaría el ansiado Mesías que tanto habían profetizado los sacerdotes y que las gentes esperaban con los brazos abiertos. Sin embargo, se trataba de una construcción mucho más humilde que la anterior y, además, no se encontró rastro del Arca de la Alianza. Tampoco el Mesías hizo acto de presencia…

En el año 63 a. C., Jerusalén cayó bajo el yugo del Imperio Romano, y las tropas invasoras asesinaron a la mayoría de los sacerdotes del Templo, que intentaron evitar que los soldados profanaran el 'Sancta Sanctorum', el lugar donde había permanecido el Arca, que hacía siglos que ya no se encontraba en el santuario, sino muy probablemente a buen recaudo en un lugar seguro.

Para gobernar los territorios de Judea, Galilea, Idumea y Samaria, el Imperio eligió a Herodes el Grande, que pasó a la historia por sus proyectos constructivos colosales, entre los que están la expansión del Segundo Templo de Jerusalén y la construcción del puerto de Cesarea Marítima y las fortalezas de Masada y Herodión, y también por ordenar la Matanza de los Inocentes. Según el Nuevo Testamento, mandó ejecutar a los niños menores de dos años nacidos en Belén. Si hacemos caso al pasaje de Mateo, Herodes tomó tal decisión al sentirse engañado por los sabios del Oriente, que habían prometido proporcionarle el lugar exacto del nacimiento de Jesús. Para dicho evangelista, este acontecimiento cumple con la profecía de Jeremías (31:15): «Entonces Herodes, al ver que había sido burlado por los magos, se enfureció terriblemente y envió a matar a todos los niños de Belén y de toda su comarca, de dos años para abajo, según el tiempo que había precisado por los magos. Entonces se cumplió el oráculo del profeta Jeremías: 'Un clamor se ha oído en Ramá, mucho llanto y lamento: es Raquel que llora a sus hijos, y no quiere consolarse, porque ya no existen'». (Mateo 2:16-18).

El templo de la discordia

Herodes allanó el monte Moriah, donde se situaba el Sagrado Templo del pueblo hebreo, e inició su reconstrucción con la intención de que se convirtiese en un edificio todavía más grandioso que el de Salomón. Para ello, elevó el terreno tras rodear el monte con una muralla que hizo rellenar con escombros, dando así forma a lo que actualmente es la Explanada de las Mezquitas. Porque solo durante unas décadas pudieron admirar los habitantes de Jerusalén la grandiosidad del santuario (conocido como Segundo Templo), puesto que en el año 70 d. C., los romanos lo destruyeron por completo, erigiendo allí otro en honor al dios Zeus, que siglos después –cuando el Edicto de la Tolerancia del emperador Constantino I el Grande, en 313 d. C., hizo que el cristianismo se convirtiera en religión legal y favorecida por el Estado– se sustituyó por una iglesia cristiana.

Por tanto, el enclave antes ocupado por el templo más sagrado del pueblo judío, acabó sirviendo como base para un santuario pagano y otro cristiano. Pero en este pequeño pedazo de tierra no solo tuvieron lugar los acontecimientos más importantes del judaísmo y el cristianismo, sino también del islam, porque en el siglo VII, el profeta Mahoma anunció en La Meca a sus seguidores que una noche había viajado al santuario más lejano, guiando a otros profetas en sus oraciones. Aunque no aludiera a Jerusalén por su nombre, se interpretó que se refería al templo de dicha ciudad, que desde ese momento se convirtió en uno de lo territorios más sagrados del islam junto a La Meca y Medina. Pero todavía más importante para los seguidores de dicha religión es que, según la tradición, justo desde el santuario Mahoma ascendió a los cielos, acompañado por el ángel Gabriel, para reunirse con Dios.

Cuando en el año 638 d. C., el califa Omar aceptó la rendición de Jerusalén, entonces bajo el control del Imperio Bizantino, inmediatamente se interesó por la explanada donde se había erigido el templo, levantando allí una mezquita en conmemoración del ascenso a los cielos del profeta Mahoma. Dicha mezquita acabaría siendo reemplazada por la Cúpula de la Roca (691 d. C.), que destaca en todas las imágenes de Jerusalén por su cúpula dorada, y la mezquita de Al-Aqsa (715 d. C.). En definitiva, como hemos apuntado, la actual Explanada de las Mezquitas está construida sobre lo que en el pasado era el Templo de Jerusalén, el sitio más sagrado del judaísmo.

Lo único que hoy en día queda en pie del Templo del pueblo hebreo es el Muro Occidental o de las Lamentaciones, donde miles y miles de judíos oran día y noche, colocando con sumo cuidado sus plegarias y peticiones en papel entre las rocas que conforman la muralla. Se trata de una pared de contención –que data de la época de Salomón–, que actualmente es uno de los muros de la Explanada de las Mezquitas. Como no puede ser de otro modo, los accesos a ambos enclaves sagrados están muy próximos y la tensión se masca en el ambiente. Para entrar tanto al Muro de las Lamentaciones como a la Explanada de las Mezquitas hay que sortear unos controles de seguridad custodiados por vigilantes fuertemente armados que revisan las pertenencias de los visitantes, y en el caso del primer sitio, también hay que pasar por un detector de metales. Por supuesto, el Muro está protegido por policías israelíes, pero en la Explanada la seguridad es compartida.

Conflicto profético, militar y político

Tras la Guerra de los Seis Días, que entre el 5 y el 10 de junio de 1967 enfrentó a Israel contra una coalición árabe formada por Egipto, Jordania, Irak y Siria, el país hebreo llegó a una serie de acuerdos con el Gobierno jordano, entre los que destacaba la cesión del control de la Explanada al Waqf Islámico de Jerusalén, un consorcio manejado por Jordania y supervisado por el gran muftí de Jerusalén y el Consejo Supremo Islámico. Pero en 1994, el país hebreo y Jordania firmaron el Tratado de Paz de Wadi Araba, por el cual la nación árabe recibía el control administrativo de todos los emplazamientos musulmanes de la Ciudad Santa. El acuerdo sigue vigente en la actualidad, pero son agentes israelíes los que se encargan de la seguridad tanto del barrio musulmán como de la Explanada de las Mezquitas.

Como decimos, la seguridad en el kilómetro cuadrado más sagrado del mundo se palpa a cada paso, pero eso no impide que de cuando en cuando se produzcan actos violentos. Eso ocurrió el jueves 14 de julio de 2017, cuando tres palestinos armados con dos rifles de construcción casera y una pistola asesinaron a tiros en uno de los accesos a la Explanada de las Mezquitas a dos policías israelíes e hirieron a un tercero, antes de ser abatidos en su huida por agentes hebreos. Enseguida, el movimiento islamista Hamás aplaudió el atentado. «Es la respuesta natural al terror israelí y la contaminación de Al Aqsa. Enfatiza la continuidad de la Intifada y la unidad de nuestro pueblo en torno a la resistencia». No así el presidente palestino, Mahmud Abás, que en una conversación telefónica con su homólogo israelí, Benjamin Netanyahu, mostró su «enérgica condena y repulsa por el incidente que ha tenido lugar en la mezquita de Al-Aqsa».

Al día siguiente del atentado, la Explanada permaneció cerrada, y cuando las autoridades hebreas tomaron la decisión de abrirla, lo hicieron instalando nuevas medidas electrónicas de seguridad, como cámaras y detectores de metales. Estas medidas fueron muy criticadas tanto por los líderes de la Waqf –la institución islámica que administra el complejo– como de la Autoridad Nacional Palestina. De hecho, el director de la mezquita de Al-Aqsa, el jeque Omar Kiswami, definió las nuevas normas de seguridad como «destinadas a controlar total-

Vista aérea de la Explanada de las Mezquitas (Andrew Shiva-Wiki Commons).

mente Al-Aqsa (por el Gobierno de Israel)». Kiswami se negó a cruzar el detector de metales por considerarlo una humillación, y tuvo que oficiar las plegarias de ese día desde el exterior del recinto.

Lo cierto es que la Explanada de las Mezquitas es el auténtico epicentro del siempre candente conflicto palestino-israelí. Todavía resuena con fuerza lo ocurrido en este enclave en el año 2000, cuando el entonces líder de la extrema derecha de Israel, Ariel Sharon, se paseó por la Explanada bajo la protección de policías y militares. Este hecho dio lugar a una revuelta popular de los palestinos que desembocó en la llamada Segunda Intifada, que causó cientos de muertos y duros enfrentamientos entre diversas organizaciones palestinas y el Ejército hebreo. Sin embargo, el mayor agravio para los palestinos no fue la caminata en sí, sino que en plena Explanada, Sharon proclamara: «Es la hora del Tercer Templo», afirmación que venía a ser una declaración de guerra a todo el mundo musulmán.

Pero, ¿por qué las palabras de Sharon –que tres años después se convertiría en primer ministro israelí– tenían semejante trascendencia? Sencillo. Porque movimientos fundamentalistas judíos pretenden reconstruir el Templo de Salomón –al que denominan Tercer Templo, ya que el primero y el segundo, como explicamos, fueron destruidos por babilonios y romanos respectivamente–, lo que conllevaría la destrucción de la Cúpula de la Roca y la mezquita de Al-Aqsa.

La llegada del Mesías judío

La situación goza de una enorme complejidad, con sentimientos patrióticos y religiosos de por medio, pero lo cierto es que todavía falta el condimento más peligroso, porque a lo anterior se une el factor mesiánico. Los rabinos radicales pretenden el levantamiento del Tercer Templo porque esto supondría el advenimiento del Mesías judío –nada que ver con la figura de Jesucristo, al que la religión hebrea no otorga ninguna característica divina– y el inicio de una nueva era de prosperidad para Israel. Para defender esta tesis se basan en las profecías bíblicas de Ezequiel y en los textos de Maimónides, el rabino más importante de la tradición judía, quien dejó escrito que el Mesías llegaría cuando se levantara el Tercer Templo. En este punto debemos hacer una precisión, pues a diferencia de los cristianos, que esperan la segunda venida del Salvador, encarnado en la figura de Jesús, el Mesías de los judíos todavía no ha hecho su aparición, por lo que esta cuestión si cabe goza de mayor trascendencia en la tradición rabínica que en la cristiana.

La importancia del Templo de Salomón en el imaginario judío es difícilmente explicable en unas líneas, pero para hacernos una mínima idea baste decir que fue construido siguiendo las indicaciones ofrecidas por Dios en el Antiguo Testamento. Los historiadores y arqueólogos calculan que en tiempos de Jesús, el Templo tenía aproximadamente una superficie de 450x300 metros y sus muros se levantaban más de 30 sobre el nivel de la calle. La entrada, también descomunal, sería de unos 14x14 metros. Al parecer, eran necesarios unos doscientos hombres para cerrar las puertas. En las antiguas crónicas se describe el lugar como un conjunto de bellos edificios, gran parte de ellos recubiertos de oro. Se trataba, qué duda cabe, de una edificación descomunal, orgullo del pueblo israelita.

En el pensamiento ultraortodoxo judío, la destrucción del Templo solo se puede explicar por un castigo del propio Dios debido a las depravaciones y pecados del pueblo. Desde este punto de vista, la reconstrucción del Templo supondrá que Dios considera al pueblo israelita del siglo XXI merecedor de levantar su morada de nuevo. Esta creencia se encuentra avalada por las palabras del profeta Jeremías, que vivió en el siglo VI a. C., algunos años antes de la primera destrucción del Templo. El profeta mantenía que el pueblo de Israel había pecado en tantas ocasiones, que Dios mismo permitiría la destrucción de su propio Santuario.

También Jesús de Nazaret profetizó la destrucción del Templo. En Marcos 13, 1-2 leemos: «Al salir del templo, le dice uno de sus discípulos: 'Maestro, mira qué piedras y qué construcciones'. Jesús le dijo: '¿Ves estas grandiosas construcciones? No quedará piedra sobre piedra que no sea derruida'». Es más, parece que durante el proceso al nazareno salieron a relucir testigos falsos, quienes aseguraron que Jesús amenazó con destruir el Templo: «Nosotros le oímos decir: 'Yo destruiré este santuario hecho por hombres y en tres días edificaré otro no hecho por hombres'» (Marcos 14, 58); «¡Eh, tú!, que destruyes el santuario y lo levantas en tres días» (Marcos 15, 29); «Destruid este santuario y en tres días lo levantaré» (Juan 2, 19); «Jesús el Nazareno destruirá este lugar y cambiará las costumbres que Moisés nos transmitió» (Hechos de los Apóstoles 6, 14).

«Sabemos donde está el Arca»

Incluso en el Apocalipsis de San Juan encontramos bastantes alusiones al Templo de Salomón. Por ejemplo, el profeta narra en la obra cómo recibió la orden de medir el edificio: «Después me entregaron una caña que era parecida a una vara de medir y me ordenaron: 'Levántate y mide el Templo de Dios y el altar y calcula los que allí dan culto'».

En el año 2003, el partido Likud ganó las elecciones con Ariel Sharon a la cabeza. Los pequeños partidos religiosos que también obtuvieron representación en el complejo parlamento israelí decidieron apoyar al Gobierno de Sharon, pero a cambio de una de sus demandas más repetidas: la reconstrucción del Templo de Salomón. Los impulsores de la reconstrucción de la antigua "morada de Dios" se agrupan en una organización cada vez más poderosa llamada Los Fieles del Monte del Templo o Instituto del Templo, fundada a finales de los años 80 del siglo XX. Los miembros del Instituto del Templo pretenden seguir al pie de la letra las indicaciones de la Biblia. Como en el Antiguo Testamento leemos que solo un selecto grupo de descendientes de Aarón podían ser los sacerdotes del santuario, los responsables de la organización se preocuparon de encontrar a los candidatos idóneos para el futuro sacerdocio estudiando el árbol genealógico de los numerosos candidatos para tal honor.

Además, basándose en las instrucciones del profeta Ezequiel, los miembros del Instituto del Templo están confeccionando en oro y plata los 93 objetos litúrgicos pertinentes para poder realizar el primer acto religioso en el santuario. Entre estos objetos se encuentran enormes campanas y trompetas, cuchillos para los sacrificios, las vestimentas sacerdotales, una menoráh de oro, etc. También afirman conocer el lugar exacto en el que se halla oculta el Arca de la Alianza: en una estancia localizada en un punto concreto de la intrincada red de túneles que horadan el subsuelo de la Explanada de las Mezquitas. Estaría muy cerca de otra reliquia de incalculable valor: la Piedra de Dios o Piedra de la Fundación, la roca sobre la que el Creador edificó el mundo y encima de la que ordenó construir el Tabernáculo.

Lo cierto es que a causa del conflicto que rodea a la Explanada de las Mezquitas, nunca se han explorado las 45 cuevas, túneles y cámaras que se dispersan bajo el sagrado sitio. Pero el rabino Chaim Richman, que fue director del Instituto del Templo de 1989 a 2020, ha declarado en repetidas ocasiones que los líderes de su organización conocen el lugar exacto en el que se encuentra el Arca: «Está escondida a un kilómetro de aquí (del Instituto del Templo, que se erige muy cerca de la Explanada de las Mezquitas), en una cámara subterránea construida durante la época de Salomón. Poseemos una cadena ininterrumpida de información registrada, transmitida de generación en generación, que indica su posición exacta. Existe una gran fascinación por la búsqueda del Arca Perdida, pero nadie pregunta a los judíos. Sabemos donde está desde hace miles de años. Podríamos encontrarla si excavamos el Monte del Templo, pero la zona está controlada por los musulmanes».

Túneles secretos

Actualmente, los visitantes pueden acceder a unos túneles que recorren 488 metros de la parte norte del Muro de las Lamentaciones, justo debajo de la Cúpula de la Roca. Solo se pueden visitar mediante circuitos guiados que conviene reservar al menos una semana antes, porque son muchos los turistas y fieles que quieren recorrerlos. Tuve la suerte de permanecer más de una hora y media en su interior, acompañado por un guía del Ministerio de Turismo de Israel, que me mostró las enormes piedras de los cimientos del Muro, entre las que destaca una de trece metros de largo y 587 toneladas de peso. Todavía es un misterio cómo los constructores del Templo de Salomón pudieron mover tal mole. Son muchos los que piensan que la gigantesca roca oculta el acceso a la sala donde permanece el Arca a buen recaudo, razón por la que numerosos judíos rezan en el subsuelo, al lado de la enorme piedra, para encontrarse lo más cerca posible del Arca.

El filósofo judío Maimónides escribió que en el Templo de Salomón existían nueve terneros completamente rojos y sin manchas, y que la aparición de un décimo sería la antesala de la venida del Mesías. Por eso Richman y su gente del Instituto del Templo llevan décadas obsesionados por encontrar ese ternero color sangre. En 2015, el entonces presidente de la organización anunció que durante años habían estado trabajando para criar un ternero rojo en colaboración con un experimentado ganadero israelí. El animal se sacrificará y, tras su cremación, las cenizas resultantes se emplearán para la purificación ritual, penúltimo acto antes de sacar a la luz el Arca de la Alianza como preludio de la llegada del Mesías. Un representante del citado Instituto declaró a la prensa: «El destino del mundo depende de la vaca roja, pues sus cenizas es el único ingrediente que falta para la restauración de la pureza bíblica y, por lo tanto, para la reconstrucción del Templo Sagrado».

El martirio de Jesús

Muy cerca de la Explanada de las Mezquitas y el Muro de las Lamentaciones se encuentra la Vía Dolorosa, el recorrido que, según la tradición, hizo Jesús de Nazaret con la cruz a cuestas antes de ser clavado a la misma. Se tiene constancia histórica de que ya en el siglo VIII los peregrinos de Tierra Santa hacían las paradas rituales para señalar las distintas estaciones del Vía Crucis, pero en la Edad Media la cristiandad romana se escindió en Oriental y Occidental, y ambas facciones trazaron itinerarios distintos. En el siglo XIV, la Orden de los Franciscanos –custodia de Tierra Santa desde la época de los Cruzados– unificó de nuevo la ruta, que comenzaba en el Santo Sepulcro. Así permaneció durante casi dos siglos, hasta que nuevamente sufrió una serie de cambios a instancias de los peregrinos europeos, que pretendían seguir el orden en el que sucedió el martirio de Jesús según los Evangelios, terminando en el lugar de la crucifixión. La primera estación, donde se cree que Poncio Pilatos condenó a Jesús, se encuentra actualmente dentro en la escuela islámica Al-Qmariyeh. De este punto, siguiendo los carteles, encontraremos las siguientes estaciones: donde el Maestro se cayó al suelo por primera vez, el lugar en el que la Verónica le limpió la cara, etc. La novena es donde se desplomó por tercera vez, y las restantes cinco ya se encuentran en el interior de la iglesia del Santo Sepulcro: donde fue despojado de sus vestiduras, clavado a la cruz, murió y luego su cuerpo fue descendido y finalmente sepultado.

Como decimos, la iglesia del Santo Sepulcro es donde se cree que permaneció el cuerpo de Jesús después de morir en la cruz y antes de que resucitara. Desde el año 132 d. C., cuando el emperador Publio Adriano ordenó destruir todos los templos judíos y cristianos de Jerusalén, se pierde su pista. Habría que esperar hasta 325 d. C., año en que Helena, madre del emperador Constantino y devota cristiana, consulta

Santo Sepulcro, donde según la tradición permaneció el cuerpo sin vida de Jesús de Nazaret antes de que resucitara al tercer día.

a los sabios judíos de Jerusalén, que le indican donde se ubica la tumba, sobre la que se había construido un santuario romano dedicado a la diosa Venus. Según la tradición, tras demoler el pagano templo, Helena y el obispo cristiano Macario encontraron el sepulcro de Jesús e incluso la cruz en la que habría fallecido el Maestro. La iglesia del Santo Sepulcro se encuentra en la frontera entre los barrios cristiano y musulmán de Jerusalén y, como no podía ser de otro modo, también próxima al Muro de las Lamentaciones y la Explanada de las Mezquitas. Cada una de las estaciones del Vía Crucis que se encuentran dentro de la iglesia cuenta con una capilla, pero también existen otras que honran diversos acontecimientos, como el lugar donde Elena excavó y halló la cruz o los sepulcros de los primeros jefes de los Cruzados. Cada capilla está controlada por una iglesia cristiana diferente: la griega-ortodoxa, la armenia, la copta, la etíope, la siria y la romana, representada por la Orden de los Franciscanos.

Curiosamente, son dos familias musulmanas las encargadas de custodiar la iglesia del Santo Sepulcro: la Al Husseini y la Nuseibeh. La primera guarda la llave con la que todos los días a las cuatro de la mañana se abre la puerta del templo, y algún miembro de la segunda es el responsable de hacerlo. Los Nuseibeh llevan protegiendo la iglesia del Santo Sepulcro desde el año 637 por orden del califa Omar, y los Al Husseini desde 1187 por mandato del sultán Saladino.

En fin. Sirva este apurado capítulo para mostrar una visión panorámica del conflicto político-místico-religioso que tiene su epicentro en Jerusalén. Si tienen la oportunidad, no dejen de visitarla con calma, disfrutando de sus barrios, de sus calles, de sus gentes, de sus templos y enclaves religiosos, y estoy seguro de que palparán esa sensación especial en el ambiente, solo perceptible en la que es, sin duda, la capital espiritual del mundo.

24.
CUANDO EL FARAÓN MENTUHOTEP "DESCUBRIÓ" AMÉRICA

NAVEGANTES DEL ANTIGUO EGIPTO EN LAS COSTAS MEXICANAS

"Jeroglíficos egipcios de diferentes épocas se refieren a un misterioso país, denominado Punt, al cual varios faraones del país del Nilo enviaron sendas expediciones. Todavía constituye un misterio su verdadera ubicación, aunque algunos arqueólogos, basándose en las evidencias que mostramos a continuación, piensan que se trata de México. Esta teoría explicaría las sorprendentes similitudes entre las culturas mesoamericanas, como la maya, y la del Egipto faraónico…

Por orden del faraón Sahura, perteneciente a la V Dinastía (2500-2350 a. C.), partió la primera expedición al misterioso Punt de la que se tenga conocimiento, aunque según los expertos es más que probable que hubieran tenido lugar otras en siglos anteriores. Habría que esperar a la VI Dinastía (2350-2190 a. C.) para que el faraón Pepi II enviara otra flota hacia dicho territorio. La siguiente se realizó bajo el reinado de Mentuhotep IV, quien gobernó entre los años 1983 y 1976 a. C. Pretendía traerse del Punt toda clase de mercancías exóticas, para lo que organizó una auténtica flota naval formada por 3.000 hombres armados.

En el valle de Uadi Hammamat, a más de 400 millas al sur de El Cairo, existen una serie de inscripciones sobre las rocas que describen aspectos de la expedición ordenada por Mentuhotep. Al parecer, el responsable de los grabados fue un tal Henú, líder de la flota que partió hacia Punt, quien dejó el siguiente mensaje para la posteridad: «Fui enviado a conducir barcos al país de Punt para traer al faraón especias fragantes que los príncipes del país Rojo recolectan profusamente, puesto que entusiasman a todas las naciones. Y partí de la ciudad de Coptos, pues Su Santidad ordenó que los hombres armados que debían acompañarme debían ser del sureño país de los Tebanos».

Quédense con la última frase porque tiene una importancia capital para aquellos que relacionan a Punt con el continente americano, y más en concreto con México. Según se desprende de la misma, el faraón dispuso que los guerreros embarcados debían ser oriundos «del país sureño de los tebanos», lo que para buena parte de los especialistas significa que eran de raza negra, pertenecientes a alguna de las culturas de Nubia-Sudán dominadas por Egipto. Sin duda, algunos de ellos habrían trabajado como obreros o esclavos, por lo que es de suponer que tenían conocimientos sobre el traslado y el tallado de grandes bloques de piedra y, por supuesto, en relación a la construcción de edificaciones piramidales.

Los nubios que fundaron la cultura olmeca

Diversos autores, como el hindú R. A. Jairazbhoy –autor de 'Orígenes del Viejo Mundo en la civilización americana'–, se muestran convencidos de que algunos de estos hombres de raza negra procedentes del Antiguo Egipto en la expedición ordenada por Mentuhotep IV –o en otras anteriores o posteriores– fueron abandonados en tierras mexicanas, pues las embarcaciones egipcias debían desprenderse de "peso" para cargar mercancías de regreso al país del Nilo. Éstos, abandonados

Bajorrelieve en el Templo de Deir el-Bahari que muestra un poblado del país de Punt (Hans Bernhard –Schnobby– Wiki Commons).

en el continente americano, habrían dado lugar a la enigmática cultura olmeca, surgida alrededor del 1500 a. C. en parte de los territorios ocupados actualmente por los estados mexicanos de Tabasco y Veracruz. Las monumentales cabezas olmecas, talladas en gigantescas piedras, serían una prueba de ello, pues sus rasgos son claramente negroides. Otra de las características más llamativa de estos gigantescos rostros son unos vistosos cascos que tapan parte de su testa, los cuales parecen haber sido de cuero. Son, sin duda, calcados a los empleados por ciertos grupos nubios.

En pleno siglo XXI, todavía son escasas las informaciones que los arqueólogos han conseguido arrancarles a las piedras olmecas, por lo que los orígenes y filiación étnica de dicha cultura aún permanece en los brumosos territorios del desconocimiento. Durante mucho tiempo, los especialistas consideraron que la olmeca había sido la "cultura madre" de Mesoamérica. Por lo tanto, de la misma habrían derivado la maya o la azteca, entre otras. Hoy en día no se puede defender esta hipótesis con absoluta rotundidad, pues numerosos datos la han puesto en solfa.

Sin embargo, lo que está fuera de toda duda es que los olmecas, si no dieron lugar directamente al resto de culturas mesoamericanas, influyeron decisivamente en la configuración cultural y religiosa de las mismas. Así, parece demostrado que el culto a las cuevas, a las montañas o a la Serpiente Emplumada –deidad principal presente en la mitología de numerosos pueblos prehispánicos de Mesoamérica– parte de los olmecas.

De hecho, las representaciones más antiguas de la Serpiente Emplumada se han hallado en enclaves olmecas, como los relieves del Monumento 19 de La Venta, el mayor asentamiento de dicha cultura en el golfo de México. En los mismos se aprecia un personaje cuya vestimenta denota que se trata de un importante sacerdote. Detrás de este personaje se aprecia una serpiente con plumas. Otra representación se encuentra en las grutas de Juxtlahuaca, situadas a unos 50 kilómetros al sureste de Chilpancingo de los Bravo, capital del estado mexicano de Guerrero. Estas cuevas albergan un buen número de pinturas rupestres olmecas. Pero a nosotros la que nos interesa es una en la cual se aprecia una serpiente con el cuerpo de color rojo y una careta de plumas verdes sobre la cabeza.

Africanos en la América precolombina

Antonio de Herrera, uno de los cronistas de los conquistadores españoles, escribió una obra depositada actualmente en la Biblioteca Nacional de España, cuya primera edición data de 1601. En la misma podemos leer lo siguiente: «Dijo también (Colón) que por aquel camino pensaba experimentar lo que decían los indios de La Española, que había ido a ella de la parte del Sur y del Sudeste, gente negra, que traían los hierros de azagayas de un metal que llamaban Guanín, del cual había enviado a los Reyes, hecho el ensaye (¿?) adonde se halló, que de treinta y dos partes, las dieciocho eran de oro, y las seis de plata, y las ocho de cobre». Por tanto, parece claro que el propio Colón tuvo conocimiento de la existencia de individuos de raza negra en América.

Pero no solo el almirante de la Mar Océana, pues años después otros cronistas españoles dieron cuenta de lo mismo. Por ejemplo, fray Gregorio García (1554-1637) detalla en su libro 'Origen de los indios del Nuevo Mundo' que navegantes españoles vieron negros en una playa cercana a Cartagena (Colombia). También el navegante y explorador portugués Vasco de Gama (1460-1524) se topó con una tribu formada por individuos de raza negra en 1513, a su paso por el istmo de Darién, poco antes de descubrir el océano Pacífico.

Las cabezas de la cultura olmeca presentan rasgos negroides. En la imagen, una de las mismas conservada en el Museo Nacional de Antropología de México (Luidger-Wiki Commons).

También el cronista Pedro Mártir de Anglería (1457-1526) describe el encuentro del conquistador Núñez de Balboa (1475-1519) con personas de color en Darién: «Encontraron esclavos negros a solo dos días de distancia de Caruaca, donde habitan más negros feroces y extraordinariamente crueles. Los exploradores creyeron que durante los tiempos antiguos los negros, quienes emigraron para robar, navegando desde Etiopía y habiendo naufragado, se establecieron por sí mismos en aquellas montañas. Los habitantes de Caruaca sostenían peleas internas llenas de odio con estos negros. Se esclavizaban unos a otros o simplemente se mataban entre ellos mismos». Por otro lado, vale la pena reseñar que se han hallado tribus aisladas, repartidas por buena parte del continente americano, cuyos miembros son negros: los charrúas brasileños, los jamassi de Florida, los caribes negros de San Vicente, etc.

En el campo de la antropología también hallamos rotundas evidencias de la presencia de africanos en América antes de que Cristóbal Colón pusiera sus pies en el continente. Por ejemplo, el antropólogo Ernest Hooter ha estudiado varios cráneos encontrados en enclaves precolombinos del sur de Texas y el norte de México, concluyendo que «se parecen estrechamente al modelo craneal de grupos negros que vinieron de alguna parte de África». En la misma línea apuntan las investigaciones llevadas a cabo por arqueólogos del Instituto Smithsoniano sobre dos esqueletos de mujeres localizados en las Islas Vírgenes (EE UU). Fueron datados alrededor del 1200 d. C., pero lo verdaderamente interesante es que los dientes de ambos cráneos «se parecen estrechamente al modelo craneal de grupos de negros que vinieron de alguna parte de África», según se puede leer en el informe preparado por los científicos.

Inscripciones africanas en México

El periodista e investigador José León Cano defiende la hipótesis de que al menos parte de estos individuos de raza negra provenían de Egipto. En su magnífico libro 'El vuelo de la serpiente' (Miraguano Ediciones, 2002) escribe: «En resumidas cuentas, cuando los olmecas aparecieron en América, según todos los indicios, los reyes nubios de Kush, de la dinastía Nepata, comenzaron a gobernar el Alto Egipto, mientras los libios lo hicieron en el Bajo Egipto. Fueron tiempos particularmente revueltos, y ya sabemos que esos tiempos también son particularmente propicios para los aventureros del mar. Tanto libios como nubios, pero sobre todo estos últimos, habían mostrado ya ganas de rebelarse durante la época de Ramsés II, cosa que lograron plenamente durante el reinado de Ramsés III con el asesinato de este faraón en el 1065 a. C.».

El estudioso R. A. Jairazbhoy, en su 'Orígenes del Viejo Mundo en la civilización americana', obra a la que ya hemos hecho alusión, asegura lo siguiente: «Ramsés II (1195-1164 a. C.) fue uno de los pocos faraones que poseía los penes de sus enemigos truncados, amontonándolos y los cuales llevaba contados por escribas. Esta costumbre aparece entre los olmecas, quienes representan a sus enemigos retorciéndose los miembros de su virilidad, o a sus ejecutores que sostienen sus trofeos en alto o tienen el instrumento mortal en sus manos».

Llegados a este punto, es buen momento para recapitular. Bien ocurriera en la época de la dinastía nubia de Napata (750-300 a. C. aproximadamente), como defiende José León Cano, o en épocas muy anteriores –durante los reinados de los faraones Sahura, Pepi II o Mentuhotep IV, en las famosas expediciones al misterioso país de Punt, que sería nada menos que el actual México–, tal como apuntan Jairazbhoy y otros investigadores, lo cierto es que diversas evidencias apuntan a una hipótesis fascinante: la civilización olmeca, que influyó decisivamente en el nacimiento de otras del área mesoamericana y cuyos miembros poseían claros rasgos negroides, habría surgido como consecuencia de navegantes nubios procedentes de Egipto.

El antropólogo e historiador Clyde-Ahmad Winters es uno de los prestigiosos estudiosos que defiende la vinculación Nubia-cultura olmeca. Winters tradujo una serie de inscripciones grabadas en varias hachas de jade que fueron encontradas en La Venta, uno de los más importantes enclaves olmecas, localizado en el estado mexicano de Tabasco. Para el antropólogo, las inscripciones están en mandinga, un idioma utilizado en la antigua Nubia, y las traduce del siguiente modo: «Fue leal a su dios, un hombre virtuoso. Donde reposa es un santuario de los hombres virtuosos...».

Ramsés II fumaba tabaco

En 1992, científicos del Museo de Munich (Alemania) decidieron realizar una serie de estudios toxicológicos sobre los restos de la momia de la reina egipcia Henut Taui, perteneciente a la XXI dinastía (1070-944 a. C.) y que por avatares del destino había terminado en el país bávaro. Para llevar a cabo tal estudio contrataron a la Dra. Svelta Belabanova, una prestigiosa toxicóloga forense. Lo que jamás pudieron imaginarse es que los resultados obtenidos darían la vuelta mundo, generando el interés de cientos de científicos y de importantes medios de comunicación. La razón es que Belabanova encontró en la momia trazas de cocaína y nicotina en cantidades similares a las de cualquier persona con graves problemas de drogadicción en la actualidad. Ante tan desconcertantes resultados, la científica llevó a cabo nada menos que trescientos nuevos análisis, y ¡todos ellos ofrecieron idénticos datos!

Hasta entonces la tesis oficial era que las plantas de tabaco y coca únicamente habrían germinado en América, por lo que

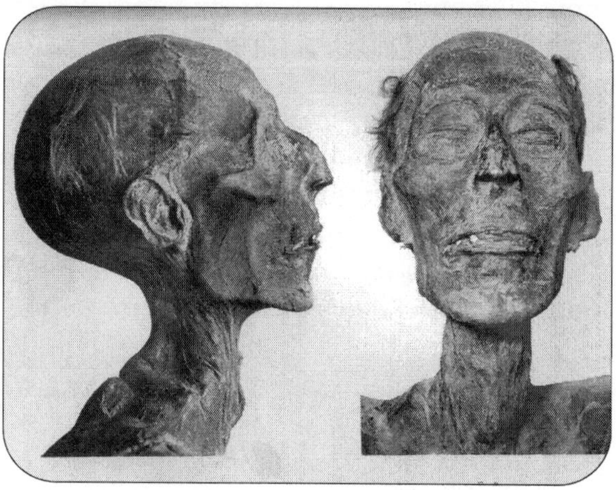

La momia del faraón Ramsés II presentaba restos de nicotina. ¿Acaso una evidencia de que el país de Punt formaba parte del continente americano? (G. Elliot Smith-Wiki Commons).

solo después del desembarco de Colón en dicho continente se extendieron por otras tierras. Sin embargo, los análisis toxicológicos efectuados a la momia de Henut Taui indican que 1.000 años antes del nacimiento de Cristo, la nobleza del Antiguo Egipto ya las consumía. La única explicación posible para esta desconcertante realidad es que navíos egipcios hubieran desembarcado en América, regresando al país del Nilo con esas y otras plantas. En realidad, tampoco sería tan extraño, pues estudios etnobotánicos han demostrado que plantas como las habas, el algodón o el plátano llegaron a América procedentes de África hace muchos miles de años.

Para más inri, tampoco era la primera vez que se encontraban restos de tabaco en una momia egipcia. En 1976, la momia del faraón Ramsés II, conservada en el parisino Museo del Louvre, fue sometida a un proceso de "limpieza" para que no acabara desapareciendo a causa de la acción de las 89 especies de hongos que se habían desarrollado en su cuerpo. Antes de llevar a cabo la "curación", un equipo de científicos efectuó numerosos análisis sobre los restos de Ramsés II, descubriendo con estupor que presentaba restos de nicotina.

Lo cierto es que una expedición egipcia de hace miles de años habría podido llegar al continente americano, pues los marinos del país del Nilo eran mejores navegantes de lo que se pensaban los expertos hasta el 2000. En ese año, un grupo de arqueólogos estadounidenses hallaron las barcas solares egipcias más antiguas de las que se tenga conocimiento hasta ahora. De unos 5.000 años de antigüedad y, por tanto, pertenecientes a la I dinastía, los catorce navíos estaban enterrados en el santuario de Seti I, en Abidos. Uno de los mismos medía nada menos que 23 metros de largo por dos de anchura. El director de las excavaciones, Dr. Matthew Adams, afirmó que «las grandes dimensiones de estas naves revelan que los egipcios eran entonces maestros en el arte naval, y el uso de maderas importadas pone de manifiesto que habían establecido ya contactos comerciales con el exterior».

Egipcios en América: la demostración de Heyerdahl

En la misma dirección apunta el ejercicio de "arqueología experimental" llevado a cabo por Thor Heyerdahl (1914-2002), sin duda el más famoso explorador y aventurero del siglo XX. Biólogo marino de formación y viajero por vocación, Heyerdahl se convirtió en el mayor defensor de las tesis difusionistas, según las cuales los pueblos de la antigüedad habrían mantenido contactos transoceánicos mucho más fluidos de lo que la arqueología oficial aceptaba. En el caso que nos ocupa, el aventurero sueco demostró que los egipcios estaban en condiciones técnicas de llegar al Nuevo Mundo a bordo de barcos de papiro desde el año 2000 a. C. Para ello, construyó una nave de papiro, basándose fielmente en antiguas pinturas de embarcaciones egipcias. Con unos 15 metros de eslora, 5 de manga y 2 de calado, fue bautizada como Ra I. En 1969, Heyerdahl y seis expedicionarios más partieron de África con rumbo a Sudamérica, pero tras navegar 2.700 millas, una tormenta causó graves daños a la embarcación, imposibilitando que siguieran adelante.

Un año después volvieron a intentarlo a bordo de la Ra II. Salieron de la ciudad marroquí de Safi con rumbo a las Islas

Thor Heyerdahl y su equipo construyeron la Ra II, una nave como la que podían haber construido en el Antiguo Egipto (Heyherdhal Ralf Roletschek-Wiki Commons).

Canarias, y de allí hacia el Caribe, aprovechándose de unas corrientes marinas para cruzar el Atlántico, tal como hizo el propio Cristóbal Colón. Recorrieron 3.270 millas en 57 días, alcanzando Bridgetown, en las Islas Barbados, a solo 300 millas de la costa sudamericana.

Dioses del Antiguo Egipto en textos mayas

Los antiguos egipcios estaban obsesionados por viajar al que denominaban País de Occidente, cuya ubicación se desconoce en la actualidad, aunque no faltan candidatos. Tanto en el 'Libro de los Muertos' –redactado durante el Imperio Nuevo, aunque sus orígenes se remontan a los Textos de las Pirámides del Imperio Antiguo (2700-2300 a. C.)– como en el 'Libro de lo que hay en el hemisferio inferior' se hace referencia al viaje de "un dios grande" a dicho territorio occidental, que bien podría ser alguna zona costera del continente americano, tal como defienden ciertos estudiosos.

Curiosamente, en el 'Popol Vuh' –recopilación de varias leyendas de los quiché, un pueblo de la cultura maya que ocupó partes de Guatemala y de Honduras– se hace referencia a unos misteriosos «descendientes del antepasado que emigró aquí», lo cuales decidieron regresar a las tierras de sus ancestros. En el citado texto sagrado de los quichés leemos que cruzaron el mar hacia Oriente –¿las costas del norte de África?– y se presentaron ante Nacxit, legislador de un gran reino. Tiempo después, regresaron a los territorios del actual México, cruzando de nuevo el Océano Atlántico.

Pero hay más, pues en los 'Libros del Chilam-Balám', obras escritas por personajes anónimos en lengua maya durante los siglos XVII y XVIII, y que recogen antiquísimas tradiciones orales en relación a la historia de la civilización maya, se habla del retorno del dios Kukulcán-Quetzalcóatl. Sorprendentemente, dicha deidad aparece en esos textos bajo el nombre de Nacxit-Xuchit. En vista de todo lo anterior, no es tan descabellado pensar que el tal Nacxit era en realidad un faraón egipcio que habría recibido a los navegantes mayas llegados al país del Nilo, quienes, tal como revela el 'Popol Vuh', eran a su vez descendientes de antiguos navegantes egipcios que habrían desembarcado en las costas del actual México décadas o cientos de años antes.

En 'El vuelo de la serpiente', José León Cano concluye en relación al misterio que nos ocupa: «Nacxit, sugiere Jairazb hoy, bien pudiera provenir de Nakht o Najt, uno de los cinco nombres de Ramsés III; o bien podría tratarse –añadimos nosotros– de una alusión a su padre, el también faraón Sethnaht (Najt), quien reinó solo dos años, una treintena después de Ramsés III».

Mayas y egipcios: un mismo Más Allá

Las similitudes entre la cultura maya y la egipcia son absolutamente sorprendentes: Por ejemplo, Brasseur de Bourbourg, el abate francés que descubrió en el siglo XIX el 'Popol-Vuh', estaba convencido de que el nombre de Menes, fundador de las dinastías egipcias, procede de Men, «personaje del calendario maya que representa al décimo segundo signo y uno de los veinte jefes primitivos de la genealogía maya, así como que este nombre, tanto en egipcio como en maya, significa fundador, edificador», escribe José León Cano. Y continúa: «También nos recuerda Brasseur que existe en Guatemala una corriente fluvial considerable, llamada Nil, que desciende de la cordillera de Soconusco al océano Pacífico. Este nombre, en el vocabulario quiché de Ximénez, se traduce como "casa sosegada, que está en paz", lo que coincide con el carácter generalmente sosegado del Nilo africano. Por otra parte, ese vocabulario quiché da al poniente –es decir, a la costa del Pacífico– el nombre de Pa-Nile, la región del Nilo».

Miguel Rivera Dorado, arqueólogo y catedrático de Cultura Maya en la Universidad Complutense de Madrid (ya jubilado), se muestra más bien escéptico respecto al contacto entre el Antiguo Egipto y América, pero no oculta las similitudes entre la cultura maya y la del Antiguo Egipto. Durante una entrevista que mantuve con el experto, me dijo lo siguiente: «Las analogías entre rasgos culturales del Antiguo

Egipto y de los mayas centroamericanos son realmente paralelismos, consecuencia de semejantes retos medioambientales y de parecidos problemas en lo que respecta al nivel tecnológico y al desarrollo social».

De todos modos, en lo concerniente a la vida después de la muerte, el profesor Rivera pone sobre el tapete una serie de creencias similares que sorprenden al más escéptico. En primer lugar, para los egipcios la orilla occidental del Nilo era el camino para acceder al "otro lado". Los mayas también estaban convencidos de que el mundo de los muertos se ubicaba en el occidente. Para ambas culturas era necesario emplear una determinada embarcación para arribar a dicho "país de ultratumba".

En uno de sus trabajos, titulado 'Más rasgos religiosos de los mayas y los egipcios' (Revista Española de Antropología Americana, 2009), Rivera escribe: «Los egipcios, por tanto, relacionaban el movimiento de barcas por el río Nilo con el viaje de la llamada 'barca solar' que, sin embargo, llevando al dios Ra y al faraón difunto, hacía diariamente un camino perpendicular este-oeste. Los mayas pensaban que la superficie de la tierra que habitaban flotaba como una tortuga, un cocodrilo o un enorme sapo en una gran masa acuática; océano que era necesario atravesar para llegar al Más Allá. Por otro lado, tanto en la civilización africana como en la americana se suponía la presencia de ríos en el Amduat y en Xibalbá, lo que seguramente demuestra la gran significación religiosa de esos accidentes geográficos en las dos áreas: un Nilo subterráneo y uno de los muchos ríos visibles en las grutas de la península de Yucatán; posiblemente imaginados todos ellos como sectores de una única corriente de agua que conducía o formaba parte del 'locus inferi'».

El bote que transportaba el alma del difunto debía hacer frente a ciertas amenazas antes de llegar a su destino. Así, el Apofis egipcio trataba de engullir la barca solar, al igual que podía hacerlo una serpiente del inframundo maya.

Tanto la canoa egipcia como la maya, que simbolizaban el desplazamiento a esa dimensión paralela, debían ser manejadas por "barqueros especializados". En el segundo caso se trataba de los dioses remeros, metáforas deificadas de la luz y la oscuridad, del día y la noche o de las diferencias entre nuestro plano de existencia y el mundo de los espíritus. Es más que llamativo el hecho de que en las dos culturas las flores de loto o nenúfares eran importantes símbolos funerarios, hasta el punto de que en el Antiguo Egipto adornaban las barcas mortuorias.

Los espíritus del ser humano

Continuando con el mundo de ultratumba, después de su muerte, los faraones egipcios eran identificados con Osiris, el dios de la resurrección, de la vegetación, de la agricultura y símbolo de la fertilidad y regeneración del Nilo. También presidía el tribunal del Juicio de los Difuntos. Los monarcas mayas lo hacían con Kawil, deidad del rayo, las tormentas y la agricultura, y muy relacionado con la legitimidad en la sucesión regia. Al ser considerado una "potencia" agraria, sin duda poseía lazos evidentes con el dios del maíz, tal como se aprecia en algunas escenas pintadas en vasijas.

Como se puede comprobar, las más que reseñables semejanzas no pueden dejar a nadie indiferente. Y si de costumbres hablamos, tanto en el Antiguo Egipto como en el área maya existía la de que los cortesanos se llevaran la mano derecha al hombro izquierdo cuando estaban ante reyes o dioses, muy probablemente en señal de sumisión.

Siete eran las entidades espirituales del ser humano según las creencias del Egipto faraónico, aunque las más importantes eran el Ka y el Ba. La primera era considerada el doble inmaterial del individuo, es decir, el "yo espiritual" que en último término configura la personalidad de cada individuo. El Ba estaba presente tanto en los seres humanos como en los dioses, y se incorporaba al cuerpo de cada uno en el momento de su nacimiento. Vendría a constituir la base de la conciencia, aquella que nos dice lo que está bien y lo que no lo está, por lo que en ocasiones podía entrar en conflicto con el Ka. Por otro lado, tenía el poder de entablar comunicación con los espíritus, los cuales podían trasladarse fuera de su tumba también gracias al Ba.

En el mundo maya también existían una serie de "potencialidades del espíritu" que otorgaban a cada ser una personalidad diferente. Por ejemplo, el Baah, estrechamente relacionado con la cabeza y cuyo nombre es muy parecido al Ba egipcio que, sorprendentemente, también tiene relación con la testa, sede de la conciencia. En la actualidad, algunos descendientes de los mayas todavía creen que portan el Ch'ulel, una especie de sombra oscura que interviene decisivamente en la configuración del carácter de cada persona. Los egipcios también tenían su particular sombra oscura, encarnada en el Khaibit, otra de las siete entidades espirituales del "yo".

Pirámides: puertas al inframundo

Para el profesor Miguel Rivera, tanto las pirámides egipcias como las mayas fueron edificadas en honor a alguna persona. En 'Diez rasgos religiosos en el Mayab y Egipto', uno de sus trabajos, escribe: «Así, el templo de Hatshepsut en Deir-el-Bahari, el de Seti I en Gurna y el de Ramsés II en la orilla occidental de Tebas, tienen sus paralelos en los templos mayas de Yax Kuk Moo en Copán, de Janab Pacal en Palenque o de Hasau Chaan Kawil en Tikal. En uno y otro caso, esos templos no son verdaderos santuarios dedicados a los dioses y su culto, sino templos "sociales" en los que los dioses están presentes mediante efigies o inscripciones, sobre todo para acompañar y proteger al personaje o la familia a los que corresponde el edificio».

Por otro lado, las plantas de templos y tumbas en el Nuevo Reino egipcio poseen características calcadas a templos y tumbas mayas del período clásico. Todos tienen que ver con el tránsito o la comunicación con el "otro mundo", y las etapas de dicho camino están representadas por patios y galerías. El profesor de cultura maya ha puesto de manifiesto en sus estudios que el modelo arquitectónico de dichas construcciones mayas y egipcias fue la montaña con cuevas, «icono gráfico y mental de enorme importancia en la cosmovisión mesoamericana». Y continúa: «La gruta que conduce literalmente al inframundo y que reproduce la idea de los sinuosos caminos que hay que recorrer para llegar a él, equivale a los hipogeos del

Valle de los Reyes, y a las escaleras interiores del Templo de las Inscripciones de Palenque, o al semisubterráneo Satunsat de Oxkintok, donde también se halló una tumba de cámara».

Durante un viaje a México junto a Miguel Blanco, director del popular programa radiofónico Espacio en Blanco (RNE), tuve la oportunidad de visitar un buen número de ciudades mayas, en cuyas paredes existen esculturas y grabados que apuntan hacia el contacto de diversas culturas orientales con otras del área mesoamericana. Una de esas antiguas urbes es Uxmal, situada en la península de Yucatán. Uno de los guías oficiales, Jorge Burgos Chan, nos mostró algunas estatuas de origen claramente budista, pero nos dejó absolutamente perplejos cuando nos confesó que uno de los múltiples grabados que adornan las construcciones podía ser de origen egipcio. Se encuentra en un lugar más que discreto, por lo que pasa desapercibido a los ojos de los turistas. Hay que fijarse muy bien para localizarlo y ni siquiera es sencillo fotografiarlo. Se trata de una cabeza con una corona que nos recuerda a las de los faraones: una mitra alta, adornada por delante con el ureo, serpiente protectora del Alto Egipto.

Horus y Hun Ahau: ¿un mismo dios?

Otra similitud que no podemos pasar por alto es la referida a la escritura jeroglífica de ambas culturas, pues como asegura Miguel Rivera, «la escritura sagrada de los sacerdotes y los reyes divinos obedece al mismo sistema logo-silábico en Egipto y en el Mayab: en ambos casos hay signos fonéticos, signos ideográficos, signos determinativos y otras desinencias».

El dios Sol, según la cosmogonía egipcia, realizaba cada noche un peligroso recorrido por el inframundo, enfrentándose a numerosos retos. Por sorprendente que pueda parecer, el astro rey deificado de los mayas debía llevar a cabo idéntico periplo por el inframundo, sorteando casi iguales contingencias. En el país de los faraones, el Sol de la noche se simbolizaba con un felino de apariencia gatuna matando a una serpiente. Los mayas lo representaban con la imagen felina de un jaguar. Curiosamente, en dicha cultura los dioses con atributos de jaguar son los que se enfrentan al pez-serpiente y a los dragones acuáticos.

Otro parecido más que notable se refiere al nacimiento del dios solar. Así lo explica Miguel Rivera: «La teología egipcia daba como padres del dios solar Horus a los dioses Isis y Osiris; este último muerto y descuartizado por las fuerzas negativas encarnadas en Seth. El dios solar maya, que en el 'Popul Vuh' lleva el nombre de Hunahpú, pero que en el Período Clásico se llamaba Hun Ahau, tiene como padres a Ixquic y Hun Hunahpú, muerto y decapitado por las fuerzas negativas encarnadas en los señores del inframundo. Ambos dioses masculinos, en las dos civilizaciones, engendran a su hijo el Sol después de morir».

La última expedición al Punt

La reina Hatshephut se convirtió en el último regente egipcio en enviar una flota al misterioso país de Punt. Hacía casi medio milenio que se habían perdido los itinerarios para llegar a dicho territorio y, por supuesto, los documentos de las expediciones anteriores habían desaparecido. Solo quedaban algunas leyendas que hablaban de esas maravillosas tierras, por lo que la empresa se hacía prácticamente imposible. En el templo de Dehir el Bahari, mandado construir por la reina Hatshepsut, podemos contemplar una serie de grabados e inscripciones alusivos a esta última expedición hacia el Punt. De este modo, sabemos que partieron cinco naves. De hecho, en una de las inscripciones se puede leer: «Navegando en el mar y habiendo comenzado el fabuloso itinerario hacia la tierra del dios, diariamente en paz, y encaminándonos hacia la tierra de Punt, por el ejército del Señor de las Dos Tierras, de acuerdo con las órdenes del señor de los dioses, Amón...». Pasados dos años de la partida, regresaron del Punt los navíos con numerosos presentes para la regente: galgos, leopardos, esclavos, diferentes plantas y frutos, oro, maderas, etc. Al igual que sucede con los anteriores viajes al enigmático país, nada nos dicen las inscripciones sobre su ubicación. Es más, posiblemente ni siquiera se trataba del mismo lugar al que arribaron las flotas de pasadas expediciones egipcias, pues, como hemos apuntado, ya entonces se desconocía su emplazamiento.

A la muerte de la reina Hatshephut, su heredero, Tuthmés III, ordenó que se hiciera borrar todo rastro de la faraona, como estatuas, cartuchos, etc. Sin embargo, Hatshephut llevó a cabo tantas iniciativas, que muchas inscripciones sobrevivieron a la sistemática labor de destrucción; entre otras las relativas a la expedición al Punt.

En definitiva, existen suficientes evidencias para que arqueólogos y antropólogos investiguen con mayor profundidad la posibilidad de que hace miles años navegantes del antiguo Egipto hubieran desembarcado en las costas americanas, y a la inversa. Pero éste es tan solo uno de los múltiples casos de comunicaciones transoceánicas en la antigüedad, pues como sostienen los defensores de la teoría difusionista –cuyo exponente más conocido fue el famoso Thor Heyherdhal–, dichos contactos entre pueblos separados por las aguas miles y miles de kilómetros fueron mucho más comunes de lo que la arqueología oficial acepta actualmente. Aunque, todo hay que decirlo, las cosas están empezando a cambiar también en el ámbito académico.

25.
PRISCILIANO, EL HEREJE ENTERRADO EN COMPOSTELA

EN LA CATEDRAL DE SANTIAGO NO DESCANSA EL CUERPO DEL APÓSTOL SANTIAGO, SINO EL DE UN PAGANO AJUSTICIADO POR LA IGLESIA

"El primer hereje ejecutado por la Iglesia católica, iniciador de un movimiento cristiano de gran influencia en diversos países de Europa, bebió de las fuentes del antiguo druidismo, el paganismo y los saberes esotéricos. Todos los datos apuntan a que su cuerpo es el que se venera en la catedral de Santiago de Compostela, y existen autores que defienden la tesis de que sus enseñanzas influyeron en las creencias de los cátaros.

La fecha de su nacimiento no está clara, aunque según todos los indicios su llegada al mundo tuvo lugar entre los años 340 y 345. Procedente de una rica familia cristiana de la Gallaecia Hispánica (nombre con el que los romanos identificaron al territorio situado en el extremo noroccidental de la península ibérica), Prisciliano desde muy joven se sintió atraído por el saber, principalmente por los conocimientos herméticos. En Burdeos fue alumno del famoso Delfidio, quien se decía poseedor de la sabiduría de los antiguos druidas y de san Agustín, un pagano seguidor de las tesis maniqueistas (creencia de que el mundo es una confusa mezcla entre el bien y el mal como consecuencia del conflicto primordial entre una luz y unas tinieblas en equilibrio) que finalmente se convirtió al cristianismo.

A partir del año 375 aproximadamente, Prisciliano regresa a la Gallaecia, donde comienza a predicar su visión de los textos sagrados, influido sin duda por sus conocimientos gnósticos y maniqueos. El contacto con las sencillas gentes del pueblo hizo que Prisciliano absorbiese todo tipo de conocimientos paganos que incluyó en su particular teología, ya de por sí deudora de los saberes del "druida" Delfidio.

Aparte conoció a Egeria, una curiosa mujer que recorrió Sinaí, Palestina y otros territorios orientales durante los años 381 y 384. Egeria se interesó especialmente por los ascetas de Oriente. Después de su estancia en Jerusalén, emprende un largo rodeo hacia el noroeste para visitar a los monjes de Mesopotamia, de quienes se queda prendada. En esa época se extiende como la pólvora por los monasterios de Mesopotamia el movimiento mesaliano, por lo que es lógico pensar que Egeria tomó contacto con estos conocimientos, cuya influencia se verán reflejados claramente en el movimiento priscilianista. Los mesalianos defendían una visión dualista del mundo; utilizaban los evangelios apócrifos; estudiaban el mundo demoniaco y le otorgaban una gran importancia a las mujeres. Cuestiones estas que tomó Prisciliano para su pensamiento.

El hereje Prisciliano pronto se hizo con un importante número de seguidores, entre los que destacaban numerosos nobles y obispos, como los influyentes Instancio y Salvanio. Sin embargo, sus prédicas calaron hondo sobre todo en el pueblo llano de zonas como las actuales Andalucía, Extremadura, Portugal, Asturias, Cataluña y, por supuesto, Galicia, donde obtuvo un éxito sin igual.

Enseñanzas heréticas

Existen varios documentos que contienen algunas de las claves del pensamiento priscilianista. Nosotros vamos a basarnos principalmente en tres fuentes, sin duda las más importantes a decir de la mayoría de los especialistas. Nos estamos refiriendo a un códice de la época de Prisciliano descubierto a finales del siglo XIX y que actualmente se puede consultar en la Biblioteca Universitaria de Wurzburgo (Alemania); y a las actas del Concilio de Zaragoza del 4 de octubre del 480, en el cual varios obispos cargan contra las heréticas prácticas de Prisciliano y sus seguidores. También tienen su importancia las crónicas del historiador Sulpicio Severo, coetáneo de Prisciliano.

En cuanto a los llamados manuscritos de Wurzburgo, hemos de decir que no se conoce su autor, aunque historiadores e investigadores coinciden en señalar que es alguien conocedor o seguidor de las doctrinas priscilianistas. De estos últimos manuscritos se desprende que el hereje y sus simpatizantes pensaban que el mal había entrado en las iglesias españolas debido al excesivo materialismo de sus líderes. Contra esto clamaban por una vuelta a un cristianismo más sencillo en el que primara el ascetismo y la relación directa de cada persona con Dios.

Por otro lado, los días, los momentos y las estaciones tenían una gran importancia en sus prácticas. A decir de varios especialistas, lo anterior tendría una relación directa con determinados cultos politeístas, como por ejemplo las creencias de origen celta. Prisciliano le otorgaba una gran importancia al significado oculto de los números. Así llega a decir que no admite un quinto evangelio porque el número sagrado cuatro corresponde a las tres inmersiones y a la única fuente del bautismo. También se advierte en estos documentos que el hereje aceptaba la veracidad de los evangelios apócrifos, y además creía que el don de la profecía carismática seguía presente en el pueblo de Dios, por lo que todavía podían existir profetas.

Un hecho más que interesante es que, a pesar de que los manuscritos de Wurzburgo no lo explicitan claramente, es fácil deducir la exigencia vegetariana para todos sus seguidores. Todavía más sorprendente si cabe es su defensa del sacerdocio femenino, algo que de nuevo nos retrotrae a la antigua religión celta, en la cual existían tanto druidas como druidesas. Finalmente, en estos textos se aprecia un conocimiento importante por parte de Prisciliano de ciertos saberes ocultos. De

Catedral de Santiago de Compostela, que podría albergar los restos del hereje Prisciliano.

este modo vemos que conoce bastante en profundidad al movimiento herético de los maniqueos, las bases del gnosticismo y la demonología. Por si esto fuera poco, el aquitano del siglo V Sulpicio Severo, quien nos dejó varios escritos sobre el movimiento priscilianista, afirma que el hereje cayó bajo la influencia de una dama de la aristocracia llamada Agape y de un orador, Elpidio, quienes habían tenido amistad con un maestro gnóstico, Marco de Menfis, que llegó a España desde Egipto. En los santuarios secretos de Menfis se decía que los adeptos podían aprender a montar cocodrilos y obligar a los mangos de escoba a servir a los hombres.

Una de las acusaciones más graves que se vierten contra los priscilianistas en el Concilio de Zaragoza es la de ir con los pies descalzos, pues esto significaba una asociación con prácticas mágicas. No estaban equivocados los obispos del concilio, porque los pies descalzos era un requisito indispensable para la eficacia de las prácticas rituales llevadas a cabo en tiempo de sequía, algo muy común en las tradiciones populares de la época y que todavía perduran en nuestros días. De hecho, otras de las acusaciones contra Prisciliano eran las de participar en ceremonias de campesinos encaminadas a asegurar el clima favorable para las cosechas y la de poseer un amuleto.

Decapitado

En sus crónicas, Sulpicio Severo nos informa que Prisciliano, junto a los obispos Instancio y Salvano, decide salir hacia Roma con la intención de entregarle al papa Dámaso cartas de solidaridad y apoyo de los fieles y el clero al movimiento priscilianista. De este modo pensaban contrarrestar las graves acusaciones habidas contra ellos en el Concilio de Zaragoza. También tenían previsto permanecer algún tiempo en Milán, buscando apoyos eclesiásticos para su causa.

En su camino hacia Roma se trasladaron primeramente a Aquitania, donde parece que fueron recibidos de forma muy calurosa por el pueblo, aunque de manera reticente por parte del alto clero. La influencia de nuestro protagonista en esta zona debió ser muy importante, por lo que existen autores que no dudan en afirmar que el catarismo, otra gran herejía nacida en esas tierras siglos después, retomó parte de los saberes priscilianistas.

En esta zona de la actual Francia encontraron la hospitalidad de un viejo conocido de Prisciliano: el druida Delfidio, una importante figura de la sociedad aquitana. Su esposa Eucrocia y su hija Prócula enseguida se apasionaron por la filosofía de Prisciliano, hasta el punto de que con el permiso de Delfidio decidieron acompañar a los priscilianistas en su viaje a Roma. Es más, según cuenta en su crónica Sulpicio, se rumoreó que Prisciliano y Prócula habían mantenido relaciones sexuales, de manera que la muchacha quedó encinta, librándose de la criatura mediante un aborto. En este viaje parece que otros hombres y mujeres se unieron a la "caravana" con destino a Roma. Esto no hizo más que dificultar la ya maltrecha reputación de Prisciliano, sobre todo por el gran número de mujeres que se adhirieron al grupo atraídas por la defensa que hacía el hereje de la existencia de sacerdotisas.

En contra de lo esperado, no fueron recibidos por el Sumo Pontífice. Y es que las acusaciones contra los herejes eran gravísimas. A Roma llegaron avisos de los dos enemigos más descarnados de Prisciliano: los obispos Itacio y Orosio. Además de reafirmarse en el uso de ritos mágicos rurales relacionados con el tiempo, acusan a los priscilianistas de pronunciar conjuros; de consagrar un ungüento con imploraciones al Sol y a la Luna, sustancia preparada para verterla sobre alguna piedra sagrada del campo; de realizar prácticas mágicas descalzo y acompañado por mujeres; y de utilizar un libro apócrifo llamado 'Memoria Apostolorum', el cual contendría información sobre los misterios de los poderes del fuego y la humedad.

Dicho libro supuestamente enseñaba que Dios no es el responsable directo de las cosas buenas de este mundo, ya que existe una Virgen-Luz que Dios enseña al Príncipe de la Humedad cuando quiere obsequiar al hombre con lluvia. Al ver a la Doncella, el Príncipe de la Humedad se excita tanto que su sudor produce lluvia y sus gruñidos truenos.

En el año 384 se convoca un concilio en Burdeos en el que se despoja de sus cargos a los obispos seguidores de Prisciliano. Éste decide entonces acudir al emperador

Máximo, por lo que es convocado en Tréveris (Alemania). Allí llegaron también los obispos Hydacio de Mérida e Itacio, dos fieros enemigos del priscilianismo, quienes consiguieron con malas artes convencer al emperador de que el hereje debía ser sometido a un juicio.

En Tréveris las acusaciones se recrudecieron. Al parecer Prisciliano confesó, no sabemos bajo qué presiones o torturas, que estudiaba las artes mágicas y que había celebrado reuniones nocturnas con mujeres, además de haber rezado completamente desnudo. El juez Evodio declaró a Prisciliano culpable de practicar la magia. Desde el Edicto de Diocleciano, la magia y el maniqueísmo estaban asociadas, por lo que a la acusación de practicar la magia se le sumó la de ser maniqueista. Esto último parece ser la causa principal por la que fue condenado a muerte.

Después del primer juicio, el hereje fue encarcelado y el problema de la sentencia recayó en los hombros del mismísimo emperador, quien influenciado por los obispos enemigos del encausado lo condenó a ser ejecutado. Con él murieron los clérigos Felicísimo y Armenio, la entonces viuda de Delfidio, Eucrocia, y un renombrado poeta cristiano llamado Latroniano. Después de ser torturados de la forma más horripilante, fueron decapitados. Poco después se enviaron tribunos a España para llevar a cabo una extensa investigación sobre la influencia del priscilianismo. Como resultado, los seguidores y simpatizantes del recién ajusticiado fueron perseguidos y asesinados. Ni que decir tiene que un buen número de obispos, antes devotos de Prisciliano, se convirtieron 'ipso facto' a la más pura ortodoxia cristiana.

Prisciliano en Compostela

Tiempo después, los cuerpos de Prisciliano y sus más acérrimos seguidores fueron embarcados con destino al lugar en el que el hereje era más venerado. Nos referimos sin duda a los territorios de la actual Galicia. Uno de los máximos expertos en la cuestión, el profesor Jacques Chocheyras, lo explica del siguiente modo:

«Luego de tres años, un cuerpo no se reduce al estado de esqueleto. Solo se puede transportar en un sarcófago, en el que fue inhumado, por vía marítima, sobre todo si la distancia es larga. Los siete sarcófagos (se refiere a los de Prisciliano y algunos de sus seguidores. Nota del autor) son entonces embarcados sobre el Mosela, descendiendo las embarcaciones por la corriente del río, y luego por el Rin. Allí son transbordados sobre un navío de altura, que se dirige hacia La Manga (...) El navío retoma la ruta de alta mar, el estrecho de Gibraltar, A Coruña, islas Sorlingas, es decir, la ruta del estaño. Hace escala en Burdeos y allí deposita los cuerpos de Eucrocia y aparentemente el de Latroniano. Evita continuar hacia A Coruña (la diócesis de Britonia era fiel a la ortodoxia) dirigiéndose a Iria Flavia (localidad de Padrón, en la provincia de A Coruña. Nota del autor), bastión del priscilianismo. Allí son desembarcados los sarcófagos de Prisciliano y dos de sus clérigos que, transportados en una lancha, remontan el río Ulla (...) Luego son colocados en el interior de un pequeño templo pagano de mármol, tal vez transformado en capilla por transposición de cultos».

Este pequeño templo al que se refiere el profesor Chocheyras se convertiría más tarde en la catedral de Santiago de Compostela, donde se veneran los restos del

En la catedral de Santiago se venera el sepulcro del Apóstol del mismo nombre, aunque este nunca pisó Galicia. Muy probablemente en el templo compostelano se encuentran los restos del hereje Priscialiano.

apóstol Santiago. Como ya habrán adivinado los lectores, quien probablemente está enterrado en la catedral compostelana no es un apóstol, sino uno de los mayores herejes a los que se enfrentó la Iglesia en toda su historia. Pero no adelantemos acontecimientos.

El lugar en el que se encontraba enterrado el cuerpo de Prisciliano y sus seguidores se transformó en un lugar de peregrinación. Multitud de gentes de los cuatro puntos cardinales acudían a la tumba del hereje para rezarle o para obtener curaciones milagrosas. Eran los principios del Camino de Santiago tal y como lo conocemos en la actualidad, aunque bien es cierto que ya había la tradición, que se pierde en la noche de los tiempos, de peregrinar a Finisterre, la tierra del fin del mundo. Lamentablemente esta cuestión excede los límites de este capítulo, aunque me centro en la misma en mi libro 'Conocimiento Prohibido' (Cydonia, 2014).

El ajusticiamiento de Prisciliano provocó un cisma en toda regla en las iglesias de los actuales territorios de España, Portugal, Francia e Italia. Numerosos obispos, simpatizantes de las tesis priscilianistas, se enfrentaron vehementemente a los obispos más ortodoxos. Simposio, líder de los obispos gallegos, declarado admirador del hereje, siguió conmemorando a Prisciliano como un mártir, algo que molestó a otros de sus compañeros, que invitaron al gallego a acudir al Concilio de Toledo en el año 396 para que firmase un compromiso de condena de los priscilianistas, cosa que por supuesto Simposio no hizo. Y es que Dictinio, hijo de Simposio y de gran influencia sobre su padre, era un entusiasta defensor de la memoria de Prisciliano, además de luchar por el reconocimiento en el seno de la Iglesia de los libros esotéricos y las doctrinas avanzadas.

La falsa tumba del apóstol

A principios del siglo IX, la Iglesia española, en su afán por cristianizar cualquier culto pagano, varía el método utilizado hasta el momento para luchar contra el pueblo infiel. En lugar de destruir los lugares de tradición pagana, decide asimilarlos, atribuyendo milagros, curaciones y demás no a dioses o deidades, sino a los santos cristianos. Solo teniendo en cuenta esto, y en el contexto de la Reconquista, podemos entender cómo y por qué razón nace el mito del apóstol Santiago enterrado en Compostela.

Cuenta la tradición defendida por la Iglesia que, decapitado el apóstol por mandato de Herodes Agripa, sus restos fueron llevados por dos de sus discípulos desde Palestina a las costas de Iria Flavia (A Coruña). Allí, amarraron la barca a una roca que todavía hoy se conserva bajo el altar de la iglesia de Santiago, en Padrón. Nos referimos al famoso "O Pedrón". Entendían los discípulos que debían enterrar en esas tierras al apóstol, por lo que pidieron a la pagana reina Lupa, que dominaba desde el Pico Sacro todo su territorio, un lugar para enterrar a Santiago. Lupa se negó y los encerró, pero no tardaron en escapar y, tras una serie de hechos milagrosos, la malvada reina Lupa se convirtió y les proporcionó dos bueyes para transportar el santo cuerpo. Se pararon en un determinado punto, donde actualmente se levanta la catedral, y allí reposan los restos del Maestro.

Este transcendental hecho permaneció en el olvido hasta que en la segunda década del siglo IX, el ermitaño Pelagio observa una extraña luz en los cielos, bajo la que descubre una tumba de mármol. Una vez avisado, acudió al lugar el obispo de Iria Flavia, Teodomiro, autentificando los restos como los del apóstol e informando de ello al rey Alfonso II el Casto.

Cuenta la tradición que, decapitado el apóstol, sus restos fueron transportados por dos de sus discípulos en una barca hasta las costas de Iria Flavia (A Coruña). Allí, amarraron la barca a una roca que todavía hoy se conserva bajo el altar de la iglesia de Santiago, en Padrón. Es el famoso "O Pedrón".

Sin embargo, si nos vamos a la historia hallamos que son tres documentos fechados en los años 829, 844 y 854 los que indican que el cuerpo de Santiago fue revelado en tiempos de Teodomiro, pero no facilitan más datos. Se puede demostrar que las autoridades eclesiásticas del momento no dieron gran importancia a este hecho, ya que la primera iglesia levantada sobre la tumba del pretendido apóstol era pequeña y pobre, tal como revelaron las excavaciones arqueológicas. En las adiciones al martirologio del diácono Floro de Lyón, fechado en torno al año 850, encontramos por primera vez la pista de un traslado de las reliquias (restos del apóstol), indispensable para la credibilidad del descubrimiento, ya que la fecha y lugar de su muerte eran conocidos: Palestina en el año 44. Era necesario, por tanto, demostrar con documentos todo lo concerniente a su traslado.

La 'Translatio Sancti Iacobi', posterior al martirologio de Floro de Lyon, es el documento español más antiguo con relación al traslado, de donde emana la leyenda popular de Santiago que hemos narrado anteriormente, eso sí, con algunas diferencias. Posteriormente, a esta versión se le añadirían nuevos matices en la famosa carta atribuida al papa León III, contemporáneo al descubrimiento del santo cuerpo, aunque todos los estudios indican que debió ser adjudicada a León I. En esta nueva versión, que procede de la abadía de San Marcial de Limoges, por ejemplo, se pone el acento por primera vez en el factor divino que guió la barca hasta Iria Flavia.

Habrá que esperar hasta el año 1077 para encontrar un acta que mencione las misteriosas luces voladoras sobre el Santo Sepulcro, suceso que posteriormente se añadiría a la leyenda. Pero el espaldarazo definitivo al culto apostólico se produce en 1879 en el curso de unas excavaciones arqueológicas iniciadas un año antes en la catedral de Santiago, cuando los arqueólogos descubren un nicho con tres esqueletos. ¿Eran estos los tres esqueletos que habían sido venerados como los del apóstol y sus dos discípulos? La conclusión del proceso canónico compostelano, sancionado por la Congregación de Ritos y por la Constitución 'Deus Omnipotens' del papa León XIII, fue afirmativa.

De lo dicho anteriormente deducimos claramente que la creencia generalizada de que en la catedral de Santiago se encuentran los restos del apóstol no es más que eso, una creencia sin ninguna base histórica creada por las autoridades eclesiásticas españolas del siglo IX. Sin embargo, sí que existen indicios que nos indican que en realidad en la catedral compostelana descansan Prisciliano y varios de sus seguidores. En este sentido, Henry Chadwick, catedrático de Teología en la Universidad de Oxford y una de las mayores autoridades en historia religiosa, afirma:

> «Trabajos posteriores (se refiere a las excavaciones arqueológicas llevadas a cabo en la catedral de Santiago. Nota del autor) durante los años 1946-59 sacaron a la luz algunos baños del siglo III y IV y, bajo la nave, una amplia necrópolis con tumbas de los siglos IV y V que pertenecían a familias modestas (...) Los enterramientos cesan alrededor del año 600. Los datos no serían incompatibles con la hipótesis de que aquí se enterraba a los cristianos que ansiaban (como muchos en la antigüedad) encontrarse cerca de algún santo. Sin documentos ni inscripciones es imposible decir quién era el santo».

Y remata el renombrado especialista: «¿Se trata de Prisciliano? Esta pregunta no se puede contestar con la información de la que ahora disponemos. Pero Compostela es la región idónea para su santuario y no faltarían analogías con otros grandes centros ortodoxos de peregrinación instalados en una localización anteriormente asociada con el cisma y la herejía».

26.
HIPERBÓREA: LA ATLÁNTIDA NAZI

LA CREENCIA QUE DIO LUGAR AL HOLOCAUSTO

"Milenarias tradiciones celtas, relatos de historiadores y navegantes griegos y textos sagrados de las religiones hindú y zoroástrica, entre otras evidencias históricas y legendarias, se refieren a la existencia de un continente en el ártico hace unos 14.000 años, cuando en esas tierras reinaba un clima primaveral y abundaba la vegetación y la vida animal. Altos jerarcas nazis buscaron Hiperbórea como hogar ancestral de la raza aria, y precisamente la creencia en esa tierra dio lugar al Holocausto que acabó con la vida de más de seis millones de judíos.

Pocos especialistas dudan de que antes del fin de la última glaciación –hace más de 10.000 años atrás– en ciertas regiones árticas dominaba un microclima cálido que posibilitaba una abundante vegetación y, por lo tanto, la existencia de animales y caudalosos ríos. Sin duda, en estas zonas se habrían desarrollado pueblos sobre los que poco o nada sabemos, y cuyo recuerdo solo ha pervivido a través de relatos legendarios como el de Hiperbórea: un continente situado en el ártico y habitado por una avanzada civilización. Un repentino cambio del clima en esas tierras habría provocado que los hiperbóreos se vieran obligados a huir de su "hogar boreal", desembarcando en las costas de medio mundo.

Pero, ¿hay evidencias de la existencia de territorios cálidos en el "norte del mundo" en épocas prehistóricas? Rotundamente sí, como mostraremos a lo largo de este capítulo, aunque el más sorprendente de todos los hallazgos que apuntan en tal dirección tuvo lugar a finales de enero de 2015. Dam Watson y Rob Spray, dos buceadores que forman parte de una organización volcada en la conservación de la fauna marina, descubrieron en las costas de Norfolk (Inglaterra) un gigantesco bosque subacuático de al menos unos 12.000 años de antigüedad. Pero lo absolutamente extraordinario de este hallazgo es que, según los científicos que se encuentran estudiando el asunto, la masa vegetal habría tenido ¡un tamaño como el de Europa en plena Edad de Hielo!, extendiéndose por el Atlántico Norte, precisamente donde las leyendas ubican Hiperbórea.

Existieron otras humanidades

En esta selva, rica en caza y pesca y donde tampoco faltaban fuentes de agua dulce, marismas y enormes pantanos, se daban todas las condiciones para el desarrollo de sociedades humanas. Este "paraíso terrenal" acabó desapareciendo bajo las aguas cuando gigantescas capas de hielo se derritieron a consecuencia del ascenso de las temperaturas, haciendo que el nivel del Atlántico Norte subiera 120 metros. ¿Cuántos restos de civilizaciones puede ocultar esta gigantesca masa verde ahora sumergida? La realidad es que poco sabemos sobre lo que ocurría en las regiones boreales en esos pretéritos tiempos, solo evocados en ciertas tradiciones y antiguas narraciones que conocemos sobre todo gracias a los sabios de la Antigua Grecia.

Es el caso de Hecateo de Abdera, historiador y filósofo de la escuela escéptica, quien recopiló buena parte de los relatos, a medio camino entre la historia y la leyenda, que los eruditos griegos habían reunido en el siglo IV a. C. en relación al continente hiperbóreo, que estaría situado en las imprecisas tierras del "lejano norte". Lamentablemente los escritos de Hecateo se perdieron para siempre, pues solo sabemos del contenido de los mismos gracias a los trabajos de Diodoro de Sicilia, que vivió en el siglo I a. C. Según su descripción, «en las regiones más allá de la tierra de los celtas se esconde en el mar una isla no más pequeña que Sicilia (...) Está situada en el norte y habitada por los hiperbóreos, que son llamados de esa manera porque su casa está más lejos del punto donde golpea el viento del norte».

Según Diodoro, esta isla se caracterizaba por sus tierras fértiles y clima templado, común denominador en todos los relatos legendarios de la Antigua Grecia en relación a estas tierras desconocidas. El poeta Píndaro (siglo VI a. C.) escribía que en Hiperbórea no existe la enfermedad ni la vejez y sus bellos y jóvenes habitantes vivían en paz y armonía. Virgilio y Cicerón, que vivieron en el siglo I de nuestra era, aseguraban que los hiperbóreos disfrutaban de una felicidad sin igual y largas existencias. Por su parte, Ptolomeo (siglo II d. C.) y Marciano de Heraclea (siglo IV d. C.) situaban el continente perdido en el Mar del Norte y señalaban que en dicho territorio el sol salía únicamente una vez al año, lo cual apunta directamente a las regiones polares árticas.

Éstas y otras referencias, que vamos a obviar para no cansar al lector, conformaron la "mitología" griega sobre la civilización hiperbórea, denominada así porque se suponía que sus habitantes se encontraban «más allá del viento del Norte». Teniendo en cuenta que Boreas, la deidad de los vientos, vivió en Tracia –región que se extendía desde Macedonia hasta el mar Negro y desde el Egeo hasta el río Danubio–, este continente estaría situada más lejos (hiper) de la "tierra de Boreas".

El misterioso pueblo de Thule

Piteas de Marsella, un intrépido navegante griego del siglo IV a. C., realizó una hazaña absolutamente increíble para la época: con un barco a remo de bajo calado navegó miles de millas por el Atlántico Norte, atravesando mares embravecidos y congelados. Regresó al cabo del año narrando que había desembarcado en unas tierras situadas en los confines del círculo ártico. Las gentes que allí habitaban le dijeron que si navegaba un día entero hacia el norte hallaría "el mar sólido". Piteas había llegado a un territorio que sus gentes bautizaron como Thule, donde los días prácticamente duraban 24 horas durante el período del solsticio de verano y todo lo contrario en la época del solsticio de invierno. Desde la gesta del navegante, en la tradición griega se dio por hecho que Thule era la capital de Hiperbórea.

Hace siglos que antropólogos e historiadores se esfuerzan por localizar la Thule de Piteas de Marsella. Sucesivamente ha sido ubicada en las islas Shetland, las Feroe, Islandia, Groenlandia y, más recientemente, Smola, isla que se localiza frente a la ciudad noruega de Trondheim, que se convirtió en sede de la realeza tribal escandinava hacia el siglo I. De todos modos, por el momento no se ha encontrado ninguna pista definitiva sobre su verdadera ubicación.

Si hemos de hacer caso a otros relatos legendarios de la Antigua Grecia, los hiperbóreos solo rendían culto a Apolo, el dios de la luz, otra pista que apuntaría directamente a las regiones árticas, caracterizadas por meses de luz y oscuridad perpetuas. Pero también la tradición germánica alude a un paraíso terrenal, el edén nórdico de Asgard, que terminó sepultado por diversos cataclismos de nieve, viento y hielo. Asimismo, en las epopeyas hindúes se menciona a la Isla del Esplendor, localizada en el mismo impreciso norte del mundo. ¿Acaso estamos ante dos leyendas que aluden a la misma civilización, cuya existencia pervive en mitos y creencias de los más variados pueblos?

Según los relatos recopilados por historiadores y geógrafos griegos, Hiperbórea estaba situada en los confines del océano boreal y protegida por una muralla "mágica" de hielo. Tras un enorme cataclismo de proporciones planetarias, el clima de estas "míticas" tierras boreales cambió abruptamente y la eterna primavera ártica dio lugar a unas temperaturas gélidas. Sus habitantes no tuvieron otro remedio que emigrar hacia el sur, en dirección a Escandinavia, y de ahí hacia otras zonas más alejadas.

Pero, ¿en un pasado remoto los territorios árticos tenían las condiciones para el desarrollo de la vida humana? Todo parece indicar que sí, puesto que en islas árticas hoy inhabitables –como la de Vrangel, localizada en el Océano Ártico– se han hallado restos de fauna congelada. Por tanto, no caben dudas de que en otros tiempos eran territorios en los que existía vegetación y animales y, por lo tanto, un clima más o menos cálido. Una teoría defendida por especialistas de distintos campos apunta a que la Tierra no siempre presentó una inclinación en su órbita alrededor del Sol, sino que en la noche de los tiempos una catástrofe causó su estado actual. Antes de este hecho, giraba perfectamente erguida, con su ecuador en el mismo plano que la eclíptica. Entonces nuestro planeta tardaba 360 días en dar la vuelta a la estrella. Cerca del ecuador el clima sería siempre cálido y en las proximidades de los polos frío.

Pero a causa de la distribución de la tierra y el mar –muy distinta a la actualidad–, ciertas regiones hoy heladas gozarían de unas temperaturas cálidas. En los polos el astro rey ni saldría ni se pondría, sino que sería visible siempre, trazando un círculo alrededor del horizonte una vez al día. Sin duda, las condiciones serían inhóspitas para el desarrollo de la vida. Pero en las regiones ártica y antártica las cosas podrían ser muy diferentes.

Un paraíso en medio del Ártico

A este respecto, el erudito británico Joscelin Godwin escribe en su interesante 'El mito polar' (Atalanta, 2005) lo siguiente: «Con la probable ayuda de las corrientes marinas y el calor interno de la Tierra, doce horas de luz solar posibilitarían la fertilidad hasta latitudes muy altas. Incluso hoy, el sol bajo la primavera ártica da lugar a una asombrosa variedad de vegetales, insectos y vida animal (...) Con los ejes erguidos, esto sería la norma durante todo el año. No habría necesidad de gastar energía en migraciones; las crías de animales podrían crecer en cualquier época del año y nunca faltaría alimento para ello».

Dos importantes geólogos, Wallace Broecker y George Denton, demostraron en 1990 que la causa de los cambios abruptos del clima tenía relación con la aparición de agua cálida en el Atlántico Norte. Sin duda, el líquido elemento pudo cambiar las condiciones climáticas de la tierra al circular en forma de corrientes profundas por los océanos del mundo. Según ambos científicos, esta corriente de agua profunda en el Atlántico Norte estuvo aislada hasta el final de la última Edad de Hielo, hace unos 14.000 años, de modo que la región ártica destacaría por su clima primaveral y vegetación. Dos milenios más tarde, los glaciares ya estaban comenzando a desaparecer y las temperaturas ascendían a buen ritmo.

Sin embargo, este período llegó a su fin abruptamente solo cien años después. Broecker y Denton mostraron que la causa de esta pequeña Edad de Hielo había sido consecuencia del desbordamiento del Agassiz, un lago prehistórico situado en el norte de Canadá y de un volumen mayor que todos los grandes lagos existentes en la actualidad. El Agassiz alcanzó el río Mississipi llegando al golfo de México. A causa de una serie de circunstancias concatenadas, el agua del enorme lago acabó en el Atlántico Norte, reduciendo la salinidad de la superficie del mar y provocando que los niveles superiores no descendieran al fondo. Esto detuvo la circulación del agua caliente y toda la región se terminó helando. Ésta habría sido la causa más probable del llamado período Dryas, en el que la temperatura en la zona ártica descendió radicalmente. Sería en ese momento, hace unos 11.000 años, cuando la Edad de Hielo Menor y la "inundación glacial" provocaron que los habitantes de Hiperbórea, situada en algún lugar de la región ártica, huyeran de su territorio, hasta entonces más o menos cálido y habitable, hacia otras zonas en donde empezar de nuevo.

Uno de los investigadores que con más ardor defendieron la existencia de un continente perdido en las regiones árticas fue Bâl Gangâdar Tilak (1856-1920), uno de los líderes de la independencia de la India del Gobierno británico. En su primera obra, titulada 'Orión o investigaciones sobre la antigüedad de los Vedas'(1893), defendía con abundantes datos astronómicos que la posición de los astros descritos en distintos pasajes védicos podía datarse con bastante precisión. Tilak no solo poseía un dominio absoluto sobre el idioma de los Vedas, sino que era uno de los mejores especialistas sobre estos textos. Además, recibió instrucción de uno de los mayores sabios hindúes del momento, Govindananda Bharati.

A causa de sus actividades a favor de la independencia de la India, nuestro protagonista acabó encarcelado por los colonizadores británicos, de modo que con la ayuda del eminente orientalista alemán Max Müller, invirtió sus años de condena en el estudio todavía más exhaustivo de los Vedas. Fruto de ese trabajo es 'El hogar ártico de los Vedas', que terminó de escribir en 1898, pero que no logró publicar hasta 1903. Comienza su obra mostrando los datos que ya entonces evidenciaban la existencia de una lejana época en la que el clima cálido dominaba en las regiones árticas, y luego se centra en aquellos antiguos textos indios que describen el reino de los dioses como un lugar donde el Sol sale y se pone una vez al año, de modo que sus autores podrían haber detentado informaciones respecto a las condiciones astronómicas del Polo Norte y sus confines.

Pero el hallazgo que lo convenció definitivamente de que los dioses de la religión hindú eran los habitantes de un pueblo situado en las regiones árticas, son una serie de himnos védicos a la aurora, repletos de alusiones que no tienen sentido en un contexto donde el sol sale cada día, pero que casan como anillo al dedo si los aplicamos a las regiones polares.

Basándose en tales evidencias, Tilak defendía la siguiente cronología para los hiperbóreos:

–**10.000-8.000 a. C.** En algún momento de este período tuvo lugar la destrucción del "paraíso ártico" a causa de la última Edad de Hielo.

–**8.000-5.000 a. C.** Los supervivientes hiperbóreos emigraron hacia el norte de Europa y Asia en busca de un nuevo hogar.

–**5.000-3.000 a. C.** Época en la que se componen los himnos védicos, los cuales contienen referencias a la patria boreal primigenia.

Otro erudito, H. S. Spencer, llegó a la misma conclusión que Tilak, pero no estudiando los Vedas, sino los textos zoroástricos. En 1965 escribió 'El ciclo eclíptico ario', que obtuvo los parabienes de S. Radhakrishnan, entonces presidente de la India. Spencer extrajo de los textos zoroástricos alusiones a las posiciones sucesivas del Sol durante el ciclo procesional, de modo que pudo datar muchos de los acontecimientos que se describen en los mismos. Su "ciclo eclíptico ario" comienza en el año 25.528 a. C. y termina en el 292 d. C. Los arios, defendía el erudito, desarrollaron una avanzada civilización en su hogar polar durante la Era Interglaciar, cuando el clima era más benigno en esa zona.

Finalmente, se vieron obligados a dejar sus tierras a causa de la llegada de nieve y un frío intenso hace unos 12.000 años. La influencia de estos hiperbóreos que dejaron atrás su "paraíso ártico" hizo posible que nacieran avanzadas culturas, como la egipcia, la sumeria o la babilónica. «La consecuencia más importante que resultó de esas influencias –escribió Spencer–

es la sustitución, en el concepto religioso básico de esas razas no arias, de la supremacía del Purusa o concepto femenino de Dios por el masculino. Este cambio es un resultado inevitable de la impregnación de las doctrinas monoteístas en su pensamiento religioso básico».

Los supervivientes de Hiperbórea

'Sobre la lengua y la sabiduría de los indios' es el título del libro más conocido de Friedrich von Schlegel (1772-1829), en el cual defendía que los antiguos habitantes de la India influyeron notablemente en la formación de las lenguas escandinavas. El erudito apuntaba que los indios sentían una gran veneración por el norte, de modo que, en una lejana época, ciertas tribus debieron poner rumbo hacia esa zona. Como resultado de sus investigaciones sobre la lengua y las tradiciones nórdicas e indias, llegó a la conclusión de que ambos pueblos tenían un tronco común. En 1819 Von Schlegel proporcionó un nombre común para todos ellos: los arios.

Años después, en 1886, otro incisivo sabio, John Rhys, lanzó la teoría de que los arios podrían tener su origen en el círculo ártico, concretamente en algún lugar al norte de Finlandia. «En 1889 –escribe Joscelyn Godwin, autor de 'El mito polar'– Gerald H. Rendall, un profesor de Liverpool, identificó a los arios como 'la raza rubia y dolicocéfala que se crió a orillas del Báltico'. Imaginaba que se habían puesto en marcha de forma súbita tras 10.000 años de establecimiento, de los que son un mudo testigo los enormes concheros de las costas del suroeste escandinavo. Se habían convertido en constructores de dólmenes, y dejaron monumentos para marcar su rastro a través de Francia, España y el norte de África, nada menos que hasta las orillas del Nilo».

Desde este punto de vista, nada impide aceptar que los supervivientes de Hiperbórea exportaran sus tradiciones, mitos sabiduría y símbolos –como la esvástica, clara representación del astro rey– hasta distintos puntos de Asia Central. Siglos después, sus descendientes pondrían en pie pueblos y civilizaciones que acabarían extendiéndose por todo el continente.

Un ejemplo evidente de esta verdad incómoda para la historia oficial serían las momias de Tarim, cuyos rasgos físicos son claramente de tipo europeo caucásico. Datadas entre el segundo y el primer milenio a. C., fueron halladas en el territorio actualmente ocupado por China, en la cuenca del río Tarim. El estudio genético de los cuerpos momificados indica, sin lugar a dudas, que su origen se encuentra al oeste de Eurasia, y muy probablemente pertenecían a una antiquísima cultura indoeuropea. Sus características occidentales son innegables, lo que ha suscitado no pocas polémicas entre los especialistas.

Tampoco podemos olvidar las innumerables leyendas referidas a hombres blancos que instruyeron en diversos saberes a los habitantes originarios del continente americano. Incluso los conquistadores españoles se encontraron, ante su sorpresa, con hombres blancos, y así quedó registrado en numerosas crónicas de la época. Cuando el conquistador Francisco de Orellana llegó a las cercanías de la actual Manaos, tras remontar el río Amazonas, escuchó de boca de los indígenas historias sobre la presencia de hombres de tez pálida, altos y rubios. Orellana y sus hombres no tardaron en toparse cara a cara con estos peculiares locales.

Otros cronistas se refieren a los blancos chachapoyas, pueblo que se desarrolló entre el año 900 y el 1470 d. C. en el departamento peruano de Amazonas. Son conocidos por sus particulares sarcófagos, en realidad sepulcros para una sola persona que reproducen el contorno de una figura de aspecto humano con evidentes rasgos occidentales. Por si quedara alguna duda del extraño aspecto de estos indígenas, veamos cuál es la descripción que hace de los mismos el cronista Pedro Cieza de León a mediados del siglo XVI: «Son los más blancos y agraciados de todos cuanto yo he visto en las Indias».

Las similitudes entre los sarcófagos y máscaras chachapoyas –que tuve la oportunidad de fotografiar en el Museo Nacional de Arqueología, Antropología e Historia de Perú– con los moáis de Isla de Pascua es más que evidente. Según la tesis defendida por el famoso explorador y biólogo noruego Thor Heyerdahl, fueron los misteriosos viracochas blancos quienes se lanzaron a la mar desde las costas peruanas y acabaron llegando a Pascua.

Los dioses instructores de América

Pero, ¿cómo eran estos viracochas? Unos hombres de tez blanca, altos, robustos y barbados que llegaron en barcos al continente americano en la noche de los tiempos. Detentaban una serie de conocimientos que transmitieron a los oriundos, pero un día desparecieron sin dejar rastro. Por eso cuando Cristóbal Colón y los suyos pusieron sus pies en el Nuevo Mundo fueron tomados por los viracochas.

El 6 de noviembre de 1492, el navegante dejó escrito: «Contaron mis mensajeros que después de una marcha de doce millas, habían llegado a una aldea de como de unos mil habitantes. Los indígenas los recibieron con grandes muestras de afecto y los hospedaron en sus más bellas casas. Los llevaron en hombros, les besaron manos y pies e intentaron hacerles comprender que ya sabían que los hombres blancos eran los enviados de los dioses. Hasta cincuenta hombres y mujeres insistieron en regresar con ellos al cielo de los dioses eternos».

Por su parte, el cronista Antonio de Herrera y Tordesillas escribe lo siguiente en su 'Descripción de las Islas y Tierra Firme del mar Océano que llaman Indias Occidentales' (1622): «La región del Reino de Chile es muy poblada de indios blancos, y está situado en las riberas del mar del sur...». Alusiones a los "indios blancos" aparecen en crónicas de Américo Vespucio, José de Acosta, Pedro Cieza de León, Felipe Guamán Poma de Ayala o Garcilaso de la Vega, entre muchos otros.

También debemos destacar que las representaciones en piedra de hombres blancos con barbas abundan en las construcciones de distintos pueblos precolombinos. Sobre esta cuestión, el prestigioso antropólogo Paul Rivet destacó en su obra 'Los orígenes del hombre americano' (1943) que «los documentos relativos a hombres barbados abundan en las representaciones precolombinas de México (Tabasco, Guerrero, Veracruz, Oaxaca, Valle de México, Yucatán, Chiapas), de Guatemala, de Honduras (Copán), de El Salvador, de Nicaragua, de Costa Rica, de Panamá (Coclé), del Alto Perú (región de Tiahuanaco) y del Bajo Perú, donde son frecuentes desde los orígenes de la civilización Chimú y tal vez desde los de la civilización Nazca».

Rivet también hace notar en su trabajo que «el dios maya Itzamná aparece muchas veces representado con bigote y barba». Y todavía más: «En muchas regiones, la tradición conserva el recuerdo de hombres blancos y barbados que habían precedido a las actuales poblaciones, especialmente en Perú, en la región de Huamanga, y en las islas del Titicaca».

Muchos especialistas a lo largo de las décadas se han preguntado por el verdadero origen de estos viracochas. Y algunos de ellos apuntaron directamente a las regiones árticas. Es el caso del profesor Roberto Rengifo, autor de 'El secreto de la América aborigen' (1921) y 'El papel del territorio de Chile en la evolución de la humanidad prehistórica' (1935). El investigador defendía que hace unos 13.000 años atrás los habitantes de un desconocido pueblo emigró desde el archipiélago antártico hacia las costas de América.

La isla de la eterna juventud

El texto irlandés titulado 'La batalla de Mag Tuired' se cuenta entre las más antiguas de las epopeyas celtas de Irlanda. En el mismo se narra cómo, tras un Gran Diluvio, los habitantes de unos misteriosos pueblos llegaron en barcos a las costas de Irlanda. De todos ellos destacaban los Tuatha Dé Danann (las Tribus de la Diosa Dana) que, según el 'Mag Tuired', «vivían en las Islas del Norte del Mundo, aprendiendo la ciencia, la magia, el druidismo, la brujería y la sabiduría, y superaron a todos los sabios paganos en las distintas artes». En resumen, los Tuatha Dé Danann fueron los introductores de la religión druídica en Irlanda y procedían del más que impreciso territorio de las Islas del Norte del Mundo. Muchos son los estudiosos que han querido ver en esta breve descripción una referencia a los hiperbóreos, que se vieron obligados a abandonar su refugio ártico a causa de un cambio brusco de las condiciones climáticas. Estos primigenios invasores de Irlanda también exportaron a una serie de dioses que acabaron incorporándose al panteón de deidades de los pueblos celtas. Me refiero a dioses como Ogma-Ogmios o Lug, que da nombre a varias ciudades europeas.

'El Libro de las Invasiones' es un conjunto de manuscritos que relatan la construcción nacional irlandesa como suma de las distintas invasiones celtas desde su creación hasta el siglo XI, fecha en la que están datados. De todos modos, las narraciones que incorpora se originaron miles de años atrás y pasaron de generación en generación por transmisión oral. Tanto 'El Libro de las Invasiones' como 'La Batalla de Mag Tuired' narran que después de una serie de desastres climáticos, ocuparon la isla los seguidores del rey Partholon, a los que sustituyeron Nemed y sus súbditos, los cuales acabaron dividiéndose en dos grupos que se asentaron en otras partes del mundo. Eran los Fir Blog y los Tuatha Dé Danann. Estos últimos no solo crearon la religión druídica, sino que también eran grandes guerreros y detentaban increíbles conocimientos científicos y astronómicos.

Dominaban técnicas como la metalurgia, la medicina, la agricultura o la carpintería y, como ya aclaramos, provenían de algún territorio mucho más al norte que Irlanda. Según los textos tradicionales, los seguidores de la diosa Dana desembarcaron en las costas irlandesas con los cuatro talismanes más importantes de la religión céltica: la Piedra del Destino, la Lanza flamígera de Lug, la Espada de Nuada –que acabará convirtiéndose en la fantástica Excálibur del ciclo artúrico– y el inextinguible Caldero de Dagda –también antecedente del Grial–.

En cuanto a la Piedra del Destino, se trata de un bloque de piedra arenisca que jugaba un papel protagonista en las ceremonias de coronación de los reyes de esa misteriosa civilización nórdica. Durante la Edad Media, la Piedra del Destino acabó en Escocia y, como no podía ser de otro modo, se empleaba en el ritual de investidura de los nuevos monarcas de aquel país. En el siglo XIII, el rey Eduardo I de Inglaterra "capturó" el bloque de arenisca para emplear sus capacidades mágicas en las coronaciones de los reyes ingleses. Permaneció cientos de años en la abadía londinense de Westminster, a pesar de las reiteradas peticiones para que fuese devuelta a sus legítimos propietarios escoceses. En 1950 cuatro estudiantes consiguieron hacerse con la piedra y la trasladaron a Escocia. Sin embargo, las autoridades acabaron localizándola e inmediatamente volvió a la abadía de Westminster, a tiempo para la coronación de Isabel II de Inglaterra en 1953. Finalmente, en 1996 el Gobierno británico devolvió la piedra a Escocia, con la condición de que regresara a Londres para su uso en futuras ceremonias regias. Férreamente custodiada por el Ejército, viajó desde Londres hasta el castillo de Edimburgo, donde puede visitarse hoy en día junto al resto de joyas de la de la monarquía escocesa.

Hiperbórea y el Camino de Santiago

Para los antiguos celtas estas tierras situadas al norte del mundo, de las que procedían las Tribus de la Diosa Dana, los primeros druidas, solo podían ser una isla en medio del tenebroso océano. De esta visión quizá un tanto idílica parte la identificación del más allá tal como la concebían estos pueblos. El paraíso que nos espera tras la muerte era conocido como la Isla de la Eterna Juventud, un lugar de infinita felicidad en el que abundaba la vegetación y la caza, los hombres y las mujeres permanecían siempre bellos y jóvenes y, por supuesto, no existían las enfermedades.

Este paraíso celta se encontraba más allá del extremo occidental del mundo, en el Finisterre, en el noroeste de la península ibérica, donde se terminaba la tierra conocida. A lo lejos solo podía divisarse el tenebroso Atlántico, patria de la Isla de la Eterna Juventud, a la que viajaban las almas de los muertos en forma de estrellas fugaces, siempre siguiendo el camino marcado por la Vía Láctea. De ahí la tradición de pedir un deseo cada vez que vemos uno de estos cuerpos celestes, puesto que esos espíritus acabarán transmitiéndole nuestro deseo a los dioses una vez que alcancen la "mítica" isla. Estas almas-luceros debían llegar hasta las costas de la actual Galicia –la última porción de la Tierra–, donde el Sol se ocultaba todos los días, dando paso a la oscuridad nocturna. Allí esperaba paciente la deidad encargada de transportar en su barca mágica a los espíritus de los celtas fallecidos en dirección a la Isla de la Eterna Juventud.

De dicha creencia parte la tradición de peregrinar hacia el fin del mundo, en el noroeste peninsular, para rendir honor a los dioses allende los mares. A partir del siglo IX la iglesia cristianizó esta milenaria y pagana costumbre, transformándola en lo que hoy se conoce como Camino de Santiago. Por tanto, a nadie debe extrañar que en las zonas costeras más occidentales de Galicia todavía pervivan ritos y creencias íntimamente vinculados con el paso de los difuntos al "otro mundo". Dos de estos lugares, sin duda los más conocidos, son Finisterre ("el fin de la Tierra") y San Andrés de Teixido, santuario al que todos debemos peregrinar una vez en la vida si no queremos hacerlo de muertos.

Al respecto, en mi libro 'Conocimiento prohibido' (Cydonia, 2014) escribía lo siguiente: «Una de las creencias más extendidas es que cualquier peregrino que se dirija a San Andrés va acompañado por el espíritu de algún familiar que no visitó el santuario de vivo. Al "fantasma" hay que hablarle para que no se pierda e, incluso, es necesario llevar comida suficiente para el invisible visitante. Si ningún familiar se apiada de las almas de aquellos que nunca pisaron el santuario, tendrán que viajar en forma de animales, por lo que los peregrinos tienen prohibido dañar a cualquier "criatura de Dios". Otras almas quedarán encerradas en objetos inanimados, como piedras, de modo que los devotos tienen que recoger algunos guijarros que se encuentran por el camino y dejarlos

Vista del pueblo de San Andrés de Teixido.

cerca de San Andrés, para que los muertos puedan finalmente viajar desde ese mágico lugar al paraíso del "otro lado". Sin duda, se trata de una reminiscencia de la pagana creencia en la Isla de la Eterna Juventud, a la que viajaban los espíritus desde San Andrés de Teixido, Finisterre y otros lugares de la costa occidental de la península ibérica».

Nazis en busca del continente perdido

El 1 de junio de 1935, Heimrich Himmler, máximo dirigente de las temidas SS, se reunió con eruditos en distintos campos del conocimiento. Su objetivo confeso: fundar un instituto de investigación cuyo objetivo principal consistiese en hallar los orígenes de la raza aria. El 'Reichsführer', estudioso del ocultismo y de las leyendas nórdicas, estaba convencido de que los arios procedían del continente desaparecido de Hiperbórea, tesis que, con matices, también defendían otros de los participantes en aquella reunión inaugural de la bautizada como Sociedad para la Investigación y Enseñanza sobre la Herencia Ancestral Alemana (más conocida como Ahnenerbe). Era el caso de Walter Darré, entonces ministro de Alimentación y Agricultura del Reich, y Herman Wirth, uno de los prehistoriadores más célebres de Alemania. Todos ellos, al igual que algunos importantes jerarcas nazis, como Alfred Rosenberg –que llegaría a ocupar el importante cargo de ministro para los Territorios Ocupados del Este–, pretendían "crear" un sistema de creencias paganas que sustituyese al cristianismo y al protestantismo.

Wirth, experto sanscritista y conocedor de infinidad de lenguas muertas, había realizado alabados trabajos académicos sobre las máscaras mortuorias de los esquimales de Alaska y la relación entre los dólmenes irlandeses y las creencias en el más allá de sus constructores. En 1935, cuando se reunió con Himmler, llevaba años estudiando una antigua escritura sagrada que, según su tesis, había sido creada por una civilización nórdica cuyos vestigios se hundían en el Atlántico Norte miles de años atrás. El viejo profesor estaba convencido de que dicha escritura había sido obra de los primeros hiperbóreos, de modo que se proponía descifrarla para descubrir los secretos de la ancestral "religión aria". Esto, ni que decir tiene, entusiasmó al ocultista de Himmler, quien no tardó en nombrarlo director de la Ahnenerbe.

Rosenberg, Himmler y Wirth defendían la tesis de que Hiperbórea había sido un continente real, cuna de los antiguos arios, cuyos vestigios podían rastrearse en las costas atlánticas. Creían que, en su momento de mayor esplendor, Hiperbórea había ocupado una extensión que abarcaba desde Islandia hasta las Azores. La hipótesis, diría que enfermizo convencimiento, de estos tres hombres no era totalmente novedosa, sino que bebía en las fuentes del ariosofista Guido von List, quien afirmaba que los megalitos prehistóricos de Austria mostraban la existencia de una isla que en su momento habría formado parte de Hiperbórea.

La isla alemana de Heligoland, situada en el Mar del Norte, fue el lugar elegido por Himmler para empezar a buscar pistas de ese continente desaparecido, de modo que envió a diversas expediciones de la Ahnenerbe con el objetivo de realizar toda clase de mediciones topográficas e investigaciones antropológicas. El jerarca nazi estaba convencido de que muy cerca de sus costas se encontraban algunas de las ruinas de Hiperbórea. Por contra, Rosenberg tenía sus ojos puestos en Islandia. Éste defendía con ardor que el continente desaparecido había sido la patria de la raza aria primigenia, que acabó creando una poderosa y avanzada civilización en zonas «donde hoy se agitan las olas del océano Atlántico y que son atravesadas por gigantescas montañas de hielo». En julio de 1936, Herman Wirth dirigió una expedición a Escandinavia financiada por la Ahnenerbe.

Peligrosas creencias

El periodista y escritor Óscar Herradón es el autor de 'Los magos de la Guerra' (Libros Cúpula, 2014), el mejor libro en castellano sobre los orígenes mágicos y esotéricos de la terrible ideología nazi. En dicha obra describe pormenorizadamente todos los hallazgos realizados por el protohistoriador y su equipo: «Durante su viaje por tierras boreales, la expedición sacó gran cantidad de moldes de yeso de esculturas y tallas en distintos yacimientos y regiones. Aquel fue un periplo tan fascinante como agotador a través de fiordos, escarpados y peligrosos acantilados, espesos bosques... trasladando moldes que en ocasiones alcanzaban los tres metros de longitud y pesaban más de 100 kilos. En septiembre ya habían tomado 55 grandes moldes (...) Después partieron hacia la costa occidental de Noruega, rumbo a la pequeña isla Rodoya, a solo unos cientos de kilómetros del Círculo Polar Ártico, donde se hallaba un desconcertante relieve al que calcularon unos 4.000 años de antigüedad, no lejos del lugar donde el erudito creía que se hallarían los vestigios de los primeros arios». Sin embargo, Wirth no halló ni rastro sobre la existencia de Hiperbórea...

Aunque pueda resultar sorprendente, lo cierto es que estas ideas sobre la existencia de un continente desaparecido en las regiones árticas, de donde procedería la raza aria, tuvo una enorme influencia no solo en la formación de la ideología nazi, sino también en la llamada Decisión Final que acabó con la vida de más de seis millones de judíos. Y es que Himmler, Rosenberg y Wirth crearon el mito de que el declive de los hiperbóreos y de la primigenia raza aria había sido causada por la mezcla con "razas inferiores", de modo que para no caer en los mismos errores y regresar al modelo de perfección física y espiritual de los primeros habitantes de Hiperbórea, se imponía la eugenesia, la depuración racial e incluso el genocidio contra las "razas impuras". Sin duda, estamos frente a un claro ejemplo de cómo determinadas creencias pueden degenerar en regímenes perversos y en actos absolutamente inhumanos como el Holocausto judío.

De todos modos, estos execrables hechos no pueden empañar todas las evidencias y hallazgos que apuntan a la existencia de un continente ahora desaparecido en las regiones árticas, y que he tratado de exponer de la forma más clara posible.

Libro solidario

Este libro tiene un valor añadido. Ediciones Cydonia ha asumido el compromiso de destinar un porcentaje del precio de venta de este libro a un proyecto benéfico, sin que se refleje en aumento del precio de portada.

Con esta actitud, la editorial pretende aportar un grano de arena a las miles de iniciativas solidarias que se desarrollan en todo el mundo en beneficio de las personas y los colectivos más desfavorecidos.

Los proyectos que se apoyan desde cada título no serán un acto de caridad, sino una mano que se tiende para que los beneficiarios puedan superar un escollo y salir adelante por sus propios medios. Siguiendo aquel viejo adagio, se apoyarán proyectos que enseñen a pescar, no los que regalan el pescado.

Por este motivo, esperamos que el apoyo de nuestros lectores pueda servir para ayudas de emergencia médica, cubrir necesidades puntuales de personas en situación límite, apoyar la construcción de escuelas, hospitales y otras iniciativas solidarias.

Si Vd. ha comprado este libro, le agradecemos su interés. Puede ver dónde y cómo se ha destinado ese porcentaje a través de nuestra página en internet (www.edicionescydonia.com), o si lo prefiere puede escribirnos a nuestra dirección postal (Apartado de Correos 222, 36400 O PORRIÑO - Pontevedra). Gustosamente le mantendremos informado de todo.

Los editores